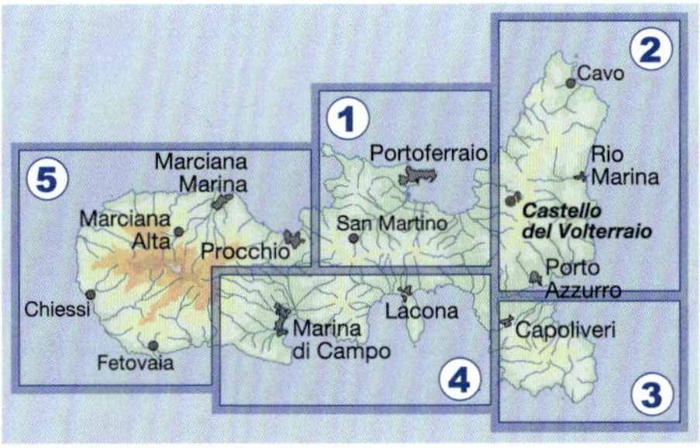
1
Portoferraio
San Martino
2
Cavo
Rio
Marina
Castello
del Volterraio
Porto
Azzurro
5
Marciana
Marina
Marciana
Alta
Procchio
Chiessi
Fetovaia
Marina
di Campo
Lacona
4
Capoliveri
3

Isola di
Gorgona
Isola di
Capraia
Piombino
Grosseto
Isola d'Elba
Toskanischer
Archipel
Porto
Santo
Stefano
6
Isola di
Pianosa
Isola del
Giglio
Isola di Montecristo
Isola di Giannutri

Unterwegs mit

Sabine Becht

Sabine Becht studierte Amerikanistik und Kommunikationswissenschaft und war schon in den Semesterferien für den Michael Müller Verlag in Griechenland unterwegs.

Sie ist Autorin zahlreicher Reiseführer zu Italien, Mecklenburg-Vorpommern, Griechenland und Österreich. Ihre Bücher wurden mehrfach ausgezeichnet – mit dem Premio Enit für den besten Reiseführer zu Italien (Abruzzen) sowie dem ITB BuchAward für Piemont & Aostatal, Usedom und Mecklenburg-Vorpommern.

Zum ersten Mal nach Elba kam ich 1986. In Ermangelung von Führerschein und natürlich auch Auto damals noch unbewusst umweltbewusst mit der Bahn – über Nacht im Liegewagen eines TUI FerienExpress. Ankunft war am Bahnhof von Piombino und der letzte Akt hieß: bei brütender Hitze am Hafen auf die Fähre warten – keine Bar, keine Stazione Marittima und schon gar keine Aircondition weit und breit. Die Hochöfen nebenan spuckten damals noch Ruß und Asche, und von Tourismus war zumindest hier überhaupt nichts zu spüren. Auf der Insel dann: absolute Ruhe und flirrende Hitze, das Zirpen der Grillen und der blühende Oleander, das glasklare, badewannenwarme Meer – ein wunderbarer Ort für einen italienischen Sommerurlaub.

Seit damals halte ich Elba die Treue, und natürlich hat sich inzwischen vieles verändert. So ruhig wie 1986 ist es schon lange nicht mehr, auf den Inselstraßen einfach so entlanglaufen und nur ab und zu einer hupenden Ape ausweichen zu müssen – Vergangenheit. Heute kommen die meisten Gäste mit dem Auto. Verständlich, man will möglichst viel von der Insel sehen. Dennoch: Manche Dinge ändern sich auf Elba nie. Die Insel ist nach vielen Jahren auch heute noch ein wunderbarer, vielleicht sogar der beste Ort für einen italienischen Sommerurlaub.

Was haben Sie entdeckt?

Haben Sie ein besonderes Restaurant, ein neues Museum oder ein nettes Hotel entdeckt? Wenn Sie Ergänzungen, Verbesserungen oder Tipps zum Buch haben, lassen Sie es uns bitte wissen!

Schreiben Sie an: Sabine Becht, Stichwort „Elba"

c/o Michael Müller Verlag GmbH | Gerberei 19 | D – 91054 Erlangen

sabine.becht@michael-mueller-verlag.de

Elba

und der Toskanische Archipel

Sabine Becht

9. komplett überarbeitete und aktualisierte Auflage 2024

Inhalt

Die wunderhübsche Inselhauptstadt mit schickem Yachthafen liegt auf einer Landzunge am nördlichen Ende der gleichnamigen Bucht. Viele schöne Strände rundum.

Interessante Orte wie Cavo und Rio Marina sowie das Bilderbuch-Bergdorf Rio nell'Elba, schönster Hafen ist das lebendige Porto Azzurro. Dazwischen ein paar Strände.

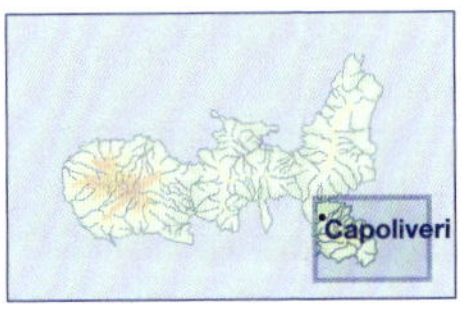

Einst wurde hier Eisenerz abgebaut, die stillgelegten Minen sind noch zu besichtigen. Rundum nette kleine Badebuchten, Highlight ist das uralte Bergdorf Capoliveri.

Das Badeparadies der Insel! Drei große Sandbuchten, eine schöner als die andere. Traditionsreicher Badeort und abendlicher Treffpunkt ist Marina di Campo.

Das landschaftliche Highlight Elbas. Panoramastraße an der Steilküste, viele Wanderwege um den Monte Capanne. Schöne Bergdörfer wie Marciana Alta und Poggio.

Brettflach die ehemalige Gefängnisinsel Pianosa, ein mystischer Kegel das sagenumwobene Montecristo, das karge Capraia und die entlegene Insel Gorgona. Am bekanntesten: Giglio und Giannutri mit seiner römischen Villa.

Was haben Sie entdeckt?

Haben Sie ein besonderes Restaurant, ein neues Museum oder ein nettes Hotel entdeckt? Wenn Sie Ergänzungen, Verbesserungen oder Tipps zum Buch haben, lassen Sie es uns bitte wissen!

Schreiben Sie an: Sabine Becht
Stichwort „Elba"
c/o Michael Müller Verlag GmbH | Gerberei 19 | D – 91054 Erlangen
sabine.becht@michael-mueller-verlag.de

Preise Übernachten
(DZ in der Hauptsaison)

€	bis 90 Euro
€€	90–140 Euro
€€€	140–200 Euro
€€€€	200–300 Euro
€€€€€	über 300 Euro

nachhaltig, ökologisch, regional

mein Tipp Die besondere Empfehlung unserer Autorin

Blick auf Volterraio – bei Acquabona

Orientiert

auf Elba

Die Insel im Profil

Elba ist …

Die Insel präsentiert sich als ungemein abwechslungsreiches Bade-, Sport- und Wanderparadies und ist für Feinschmecker genauso gemacht wie für Weinliebhaber. Kurzum: als Urlaubsziel, das keine Langeweile aufkommen lässt.

Die wichtigsten Orte auf Elba

… die größte Insel des toskanischen Archipels

Die nach Sizilien und Sardinien drittgrößte Insel Italiens liegt nur rund 10 km vor der toskanischen Küste. Mit 224 km² ist Elba dennoch relativ klein, bringt es aber auf eine außerordentliche landschaftliche Vielfalt, die man so gar nicht erwarten würde: flache Küstenlandschaften mit herrlichen Sandbuchten im Süden, als Kontrast der steile und kahle Granitgipfel des Monte Capanne (1019 m) im Westen, uralte Kastanienwälder mit dichtem Unterholz, felsige Küstenabschnitte, die nur durch wenige kleine Buchten unterbrochen werden, und überall auf der Insel auch die typische mediterrane Macchia. Dass diese Schönheit auch erhalten bleibt, dafür sorgt man schon seit 1996, damals wurde der Parco Nazionale Arcipelago Toscano geschaffen, dank dem die herrlichen Landschaften und Meeresräume des Archipels geschützt werden.

Die Inselhauptstadt Portoferraio – hier leben übrigens knapp 12.000 der insgesamt etwa 32.000 Elbaner – versprüht ein besonderes Flair, eine Mischung aus Gassengewirr und (Yacht-) Hafenromantik, überragt von Leuchtturm und Festung, mit Stadtstrand und zahlreichen Sehenswürdigkeiten, dazu unzählige einladende Restaurants für jeden Geschmack. Ohne den Besuch in der Inselhauptstadt bleibt ein Elba-Urlaub unvollständig.

… voller idyllischer Dörfer

Vor allem auf den Hügeln liegen sie, die wunderbar beschaulichen Dörfer der Insel, allen voran das exponierte Capoliveri im Südosten der Insel, das es an den Abenden der Hochsaison in puncto Besucherandrang locker mit der Inselhauptstadt Portoferraio aufnehmen kann. Auch die Bergdörfer rund um den Monte Capanne können sich sehen las-

sen, ein Streifzug durch die Gassen bietet zahllose Fotomotive und herrliche Weitblicke – z. B. in Marciana Alta oder aber im benachbarten Poggio.

Wer zur Urlaubsidylle auch Wasser braucht, findet quasi in jeder Ecke der Insel einen malerischen Hafen mit Flanierpromenade: Marina di Campo, der nach der Inselhauptstadt zweitgrößte und traditionsreiche Badeort, Marciana Marina, das gemütliche Hafendorf etwas abgelegen an der Nordwestküste, und Porto Azzurro in der tiefen Bucht im Südosten: Sie alle sind auch schöne und beliebte Häfen für Segler, die sich hier allabendlich einfinden. Bleiben die „Unscheinbaren" im Nordosten: Auch Rio nell'Elba, Rio Marina und Cavo lohnen einen Besuch, gerade weil sie ein wenig im Schatten der anderen Inselschönheiten stehen.

… die Insel der Mineralien

Geologisch betrachtet ist Elba eine Sensation: Die Insel bringt 170 verschiedene Mineralienarten hervor, die bekanntesten davon sind Pyrite, Hämatite, Magnetite und Quarzkristalle, aber auch Malachite, Azurite, Topase und Granate. Der Ilvait, benannt nach dem alten römischen Namen Elbas, kommt sogar nur hier vor. Ihren frühen Wohlstand hat die Insel aber einem ganz anderen Bodenschatz zu verdanken: Große Eisenerzvorkommen lockten schon die Etrusker an, die als erste den Rohstoff im großen Stil abbauten, geschlossen wurde die letzte Mine bei Capoliveri im Jahr 1981. Die aufgerissenen Abbruchhalden im Osten Elbas sind noch heute gut sichtbar. Im Osten wird man auch am ehesten auf der Suche nach Mineralien fündig, während der Westen der Insel in weiten Teilen aus Granitgestein besteht – das wiederum auch schon von den Etruskern und Römern abgebaut wurde.

… umgeben von weiteren Inselschönheiten

Der Legende nach soll Venus beim Bad im Tyrrhenischen Meer sieben Edelsteine aus ihrem Diadem verloren haben: einen großen – das ist Elba – und sechs recht kleine, das sind die umliegenden, kleinen Inseln des Toskanischen Archipels. Kleine Inseln, wie sie unterschiedlicher nicht sein könnten: brettflach die heutige Ausflugs- und ehemalige Gefängnisinsel Pianosa, im Kontrast dazu das sagenumwobene Montecristo, ein mystischer Kegel, der bis zu 645 m aus dem Meer ragt. Eine Gefängnisinsel war auch das nördlich von Elba gelegene Capraia, dessen Nachbarinsel Gorgona noch heute eine Haftanstalt beherbergt. Von größerer touristischer Bedeutung sind nur das bergig-karge Giglio, die „Insel der Lilie", weit südlich von Elba vor der toskanischen Küste, und das kleine, fast flache Giannutri, das mit seinen römischen Überresten ein besonders interessantes Ausflugsziel darstellt. Ausflüge sind übrigens von Elba aus nach Pianosa, Capraia und Giglio möglich. Wer nach Gorgona oder Giannutri will, muss den Umweg übers Festland in Kauf nehmen. Allein das unter strengem Naturschutz stehende Montecristo ist für Besucher nur eingeschränkt an wenigen Tagen im Jahr zugänglich.

Nationalpark & Napoleon

Erlebnis Natur & Kultur

Was tun, wenn man mal einen Tag nicht am Strand verbringen will? Es sind nicht nur der Meeresnationalpark und die wunderschöne, geschützte Natur, die die Besucher anziehen, Elba und die Toskanischen Inseln sind auch voller historischer Orte, die es zu entdecken gilt.

Ein Sommer der „Eventi"

Der Veranstaltungskalender ist im Sommer prall gefüllt, das Angebot reicht von Open-Air-Konzerten über Opernaufführungen auf der Naturbühne bis hin zu Hafen- und Weinfesten, Mittelalterfesten, Wallfahrten und Prozessionen.

Einen Überblick finden Sie auf S. 238 sowie unter elbaeventi.it.

Parco Nazionale Arcipelago Toscano

Der Nationalpark des Toskanischen Archipels – mit fast 75.000 ha Fläche der sechstgrößte Nationalpark Italiens – umfasst alle sieben toskanischen Inseln und weite Teile des Tyrrhenischen Meeres zwischen dem toskanischen Festland und Korsika. Fast drei Viertel seiner Fläche liegen im Wasser. 1999 wurden die Meeresschutzzonen mit dem Santuario Internazionale per i Mammiferi Marini (Internationales Schutzgebiet für Meeressäuger) nach Norden bis an die südfranzösische Küste und im Süden bis an die Nordküste Sardiniens erweitert, im Jahr 2003 entstand die Riserva della Biosfera MAB („Man and Biosphere") UNESCO – Isole di Toscana, so der etwas sperrige Name des „Biosphärenreservats Toskanische Inseln der UNESCO", das sich ganz besonders den Schutz der Ökosysteme und den Einklang von Mensch und Natur auf die Fahnen geschrieben hat.

Die Meeressäuger danken es mit Anwesenheit, seien es die mittlerweile häufig auftauchenden Delfine mit ihren anmutigen Synchronsprüngen, oder aber – seltener, dafür umso spektakulärer – die mächtigen Finnwale und die nur unwesentlich kleineren Pottwale, die ebenfalls in den Gewässern um die Inseln zuhause sind. Whalewatching geht manchmal auch vom Ausflugsboot aus. Kaum zu sehen bekommt man wahrscheinlich die Unechte Karettschildkröte, die seit einer Weile wieder zur Eiablage nach Elba kommt, oder die vom Aussterben bedrohte Mittelmeermönchsrobbe, die auch im Sommer 2023 wieder bei Capraia gesichtet wurde.

Doch auch an Land kann man die wunderbare, geschützte Natur der Inseln genießen, sei es beim Wandern oder einfach beim Spazierengehen. Die bunte Vielfalt wird durch zahlreiche endemische Arten (meist Blumen) bereichert.

Kulturelle Highlights

Portoferraio: Zuerst einmal ist die Inselhauptstadt Portoferraio als Ganzes eine Besichtigung wert. Die unter den Medici im 16. Jh. erbaute Stadt mit all ihren Befestigungen ist gut erhalten und die Festung Forte Falcone hoch über der Altstadt zeugt nicht nur von Wehrhaftigkeit, sondern beherbergt auch ein Museum, das sich der Geschichte der Stadt und ganz Elbas widmet. → S. 29

Wehrturm mit Aussicht – Castello del Volterraio: Apropos Wehrhaftigkeit: Befestigungen der Pisaner gegen die Bedrohung durch sarazenische Piraten sind noch überall auf Elba in Form von Wehrtürmen sichtbar, den besten Blick hat man vom Castello del Volterraio hoch über der Bucht von Portoferraio. → S. 61

Wallfahrtskirche Madonna di Monserrato: Wer sich hingegen für besonders schöne Kirchen interessiert, sollte auf keinen Fall den Besuch der Madonna di Monserrato auslassen. Das einsame Kirchlein liegt wunderschön in einem Talschluss bei Porto Azzurro. → S. 84

Urlaubsparadies der Antike

Dass es sich die alten Römer gut gehen ließen, ist kein Geheimnis, und eine Ferienresidenz auf einer der Inseln war ein Privileg. Die Überreste mehrerer römischer Villen sind zu besichtigen, eine am Hafen der Altstadt von Portoferraio (→ S. 33), eine weitere, sehenswertere bei Le Grotte an der Bucht gegenüber (→ S. 51), sowie auf Pianosa (→ S. 162) und bestens erhalten auf Giannutri (→ S. 182). Wer auf Pianosa ist, sollte auf jeden Fall den frühchristlichen Katakomben einen Besuch abstatten (→ S. 167).

Auf Napoleons Spuren

Auf Elba wurde Weltgeschichte geschrieben, als im Jahr 1814 Napoleon abgesetzt und hierher verbannt wurde. Dass es der große französische Kaiser nicht lange auf der kleinen Insel aushalten würde, war klar, obwohl er sie per Dekret eigentlich für den Rest seines Lebens nicht mehr hätte verlassen dürfen. Dennoch hat er mit seinen beiden Residenzen Villa dei Mulini (→ S. 31) und San Martino (→ S. 44) aus heutiger Sicht zwei absolute Besuchermagnete hinterlassen. Im Westen der Insel soll Napoleon oft an der besonders schönen Kirche Madonna del Monte (→ S. 142) verweilt haben und wehmütig zu seiner Heimatinsel Korsika hinübergeblickt haben, bevor er am 26. Februar 1815 die Insel wieder verließ, um Europa ein letztes Mal herauszufordern – der Rest ist Geschichte. Den Elbanern ist der Kaiser aber noch heute jeden Tag präsent: Unermüdlich sprudelt die nach ihm benannte Fonte Napoleone (→ S. 146) aus den Tiefen des höchsten Inselberges und liefert köstliches (und kostenloses!) Trinkwasser für alle. Und natürlich flattert überall auf Elba die vom Kaiser gestiftete Drei-Bienen-Flagge.

Industriekultur von gestern

Dass Elba über Jahrhunderte auch ein wichtiger Standort des Eisenabbaus war, ist heute nur noch vereinzelt im Osten der Insel zu sehen, wo die spärlichen Überreste der Verladehäfen an das einstige Auskommen vieler Elbaner erinnern. Man kann auch unter Tage gehen, bis zu 24 m tief in die Galleria del Ginevro auf der Halbinsel Calamita. → S. 100

Strandleben und mehr

Baden & Aktivurlaub

Elba ist in erster Linie berühmt und beliebt als Badeinsel. Neben der entspannten Zeit am Strand bieten Insel und Meer aber auch wunderbare Gelegenheiten für sportliche Aktivitäten.

Die **Urlaubssaison** beginnt auf Elba etwa um Ostern und reicht bis in den Oktober – wenn das Wetter mitspielt, sogar bis Ende Oktober. Die Wassertemperatur des Meeres erreicht erst im Laufe des Mai die angenehme 20-Grad-Celsius-Marke. Hauptsaison sind natürlich Juli und August, ein schöner Reisemonat für Sportler auch der September, wenn es nicht mehr ganz so heiß ist.

Badestrände ohne Ende

Die größte Insel des Toskanischen Archipels ist ein Traum aus weiten Sandstränden und schmalen Kiesbuchten vor steiler Felskulisse. In allen Nuancen glitzert das Meer türkis und blau. Im warmen Sand, auf schneeweißen Kieseln oder vom Meer glattpolierten Felsen findet wirklich jeder sonnenhungrige Besucher ein Plätzchen für seinen Tag am Meer.

Die großen Badebuchten mit ihren herrlichen Sandstränden erstrecken sich vor allem im Süden der Insel, allen voran die Spiaggia Grande von Lacona (→ S. 110), ihre „kleine Schwester" Laconella (→ S. 110) oder die herrlichen Strände im Golfo Stella (→ S. 106 und S. 108). Im Norden sind vor allem die Sandstrände von Biodola (→ S. 48) und Procchio (→ S. 152) für Badeurlauber attraktiv. Abgeschieden, etwas „wilder", vor allem aber farblich kontrastreicher sind die Strände im Osten, wie beispielsweise die Spiaggia Topinetti (→ S. 72) zwischen Rio Marina und Cavo. Im Westen der Insel sind es nur wenige, kleine Buchten, die in die schroffe Felsküste hineinragen. Hier aber finden sich zwei der schönsten Strände der Insel: Wie gemalt die Bucht von Fetovaia (→ S. 129) und der winzige Strand von Cotoncello bei Sant'Andrea mit seinen bizarren Felsformationen (→ S. 135). Wer beim Badeurlaub auf strandnahes städtisches Flair nicht verzichten will, ist in Marina di Campo richtig (→ S. 115). Aber auch auf der „Rückseite" von Portoferraio finden sich kleine attraktive Strände (→ S. 41).

Vielerorts stehen die Liegen und Sonnenschirme der „Stabilimenti Balneari" in Reih und Glied am Strand. In der ersten Reihe kann der Mietpreis im Hochsommer um die 30 € und mehr pro Tag betragen und oft sind sie auch noch ausgebucht. In den hinteren Reihen wird es günstiger und es steigt die Chance, auch noch spontan ein bequemes

Set aus Sonnenschutz und Liegen zu ergattern. Stets aber finden sich neben und zwischen den Stabilimenti Balneari bzw. „Bagni" auch freie Strandabschnitte, auf denen man sein Handtuch ausbreiten kann.

Ein Paradies für Wassersportler

Auch wenn die Mehrheit der Urlauber zum Baden nach Elba kommt, man kann sich auch sportlicher aufs Wasser wagen: Angebote zum Segeln und Surfen finden sich fast überall auf der Insel. Und auch Kajaks und SUP-Boards werden an einigen Stränden verliehen. Vor allem die endlosen Buchten im Süden sind das Ziel von Surfern. Segler hingegen schätzen die schönen Stadthäfen der Insel, von denen es auf Elba nicht weniger als sechs gibt – jeder auf seine Weise ein herrlicher Anleger.

Wer das Segeln lernen will, findet in der Bucht von Portoferraio zwei deutschsprachige Segelschulen: in Bagnaia (→ S. 57) und in Magazzini (→ S. 55). Das Angebot reicht vom Schnupperkurs mit der Jolle bis zum Scheinerwerb und Segeltörns.

Unterwasserparadies Elba

Die Gewässer des Toskanischen Archipels – vor allem um Elba und Pianosa – sind ein Paradies für Taucher, manchen gelten sie als die besten im Mittelmeer. Mit unterschiedlichen Anforderungen sind sie sowohl bei Anfängern als auch bei Profis beliebt und dank der vielen verschiedenen Tauchspots kommt sicher auch keine Langeweile auf. Viele Taucher zieht es zu den Unterwasserschätzen vor Elbas schroffer Westküste – u. a. zum Schiffswrack vor Pomonte oder an die Costa dei Gabbiani vor der Halbinsel Calamita, nicht zu vergessen die faszinierenden Tauchplätze vor der Küste Pianosas.

Auf Elba gibt es auch deutschsprachige Tauchschulen: in Magazzini (→ S. 55), in der Barbarossa-Bucht (→ S. 82), in der Bucht von Morcone (→ S. 97) und in Marina di Campo (→ S. 118).

Wandern

Zahlreiche reizvolle (und sehr gut markierte) Wanderwege durchziehen die Insel, allen voran die G.T.E., die Grande Traversata Elbana. Die „Große Elba-Überquerung" ist rund 60 km lang und bietet herrliche Ausblicke fernab allen Baderummels. Einen Eindruck von diesem fantastischen Wanderpfad samt überwältigender Aussicht bekommt man bei der Wanderung 2 (→ S. 247) von Rio nell'Elba nach Porto Azzurro.

Unvergesslich bleibt die Bezwingung des höchsten Inselbergs, des Monte Capanne (1019 m). Belohnung für den schweißtreibenden Aufstieg ist ein einzigartiger Rundblick über den Toskanischen Archipel bis Korsika, Wanderung 9 (→ S. 262). Ein herrlicher Küstenwanderweg führt mit Wanderung 10 von Marciana Marina nach Sant'Andrea (→ S. 264).

Mit dem Mountainbike

Als einfache MTB-Tour sei die Umrundung der Halbinsel Calamita empfohlen: Rad-Wanderung 4 (→ S. 252). Hier gibt es weitere Touren der verschiedensten Schwierigkeitsgrade, hervorragend Mountainbiken kann man auch im Nordosten Elbas und im Westen um den Monte Capanne.

Familienurlaub auf Elba

Mit Kindern …

Die Insel Elba ist wie gemacht für einen Urlaub mit Kindern in jedem Alter – am Meer, auf Besichtigungstour oder sportlich unterwegs. Viele Italiener finden das übrigens auch und verbringen ihre Sommerferien mit den Kindern auf ihrer liebsten Urlaubsinsel.

Familien-Glamping

Eine Mischung aus Safari-Zelt und Mobile Home mitten in der Natur, idealerweise mit Blick aufs Meer: sicherlich die aufregendste Art des Inselurlaubs. Die Glamping-Zelte stehen meist ein wenig abseits der üblichen Ferienhäuser und Bungalows, am schönsten „glampt“ man an der Costa dei Gabbiani (→ S. 103), aber auch bei Bagnaia (→ S. 56) oder am Lido di Capoliveri (→ S. 107).

… am Meer

Die wunderschönen, flach abfallenden Sandstrände im Süden der Insel sind wahre Kinderparadiese, sie bieten sowohl den Komfort der „Bagni“ als auch genug Freiraum an der „Spiaggia libera“. Trutzige Sandburgen findet man allerorten, Tret- und sonstige Boote wie auch SUP-Boards werden an fast jedem größeren Strand vermietet. Für angehende Freischwimmer (und alle anderen): Als Grenze zwischen dem seichten und dem tieferen Wasser sind an den größeren Stränden auf Höhe von 1,60 m Wassertiefe weiße Bojen angebracht, rote Bojen befinden sich 200 m von der Strandlinie und markieren die Schifffahrtsgrenze.

Die badetauglichsten Strände für Kinder sind die weiten Buchten von Lacona (→ S. 109) und Marina di Campo im Süden (→ S. 115), der lange Strand von Procchio (→ S. 153) im Norden der Insel und – etwas kleiner – Fetovaia (→ S. 129) und Cavoli (→ S. 126) an der (Süd-)Westküste. Wer einen Ausflug nach Pianosa (→ S. 162) unternimmt, sollte dort unbedingt auch einen Strandgang einplanen: Nirgendwo ist das Wasser klarer, ideal zum Schnorcheln und für Entdeckungen der Unterwasserwelt.

Das Meer kann man natürlich auch bei einem der Bootsausflüge entdecken, die von allen größeren Hafenorten angeboten werden, und wer Glück hat, sieht bei der Fahrt sogar Delfine, die hier gar nicht mal so selten sind. Ein besonderes Erlebnis ist die Fahrt mit dem Glasbodenboot „Nautilus“, das von Marciana Marina aus bis zum Schiffswrack von Pomonte (→ S. 130) fährt und dabei freien Blick auf den Meeresgrund erlaubt.

Festungen und Museen

Gleich zwei uralte Befestigungen sind auch für Kinder interessant und sehenswert: die Festung Forte Falcone in

Portoferraio, die in ihrem trutzigen Gemäuer ein Museum beherbergt, und die Ruinen des Castello del Volterraio, die allerdings ein wenig mehr Mühe beim Aufstieg erfordern – von oben gibt es aber einen besonders schönen Blick über die Insel. → S. 30 und S. 61

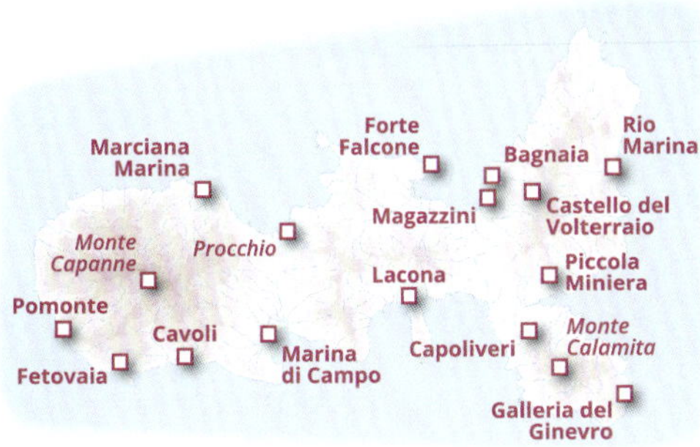

Das Museo del Mare in Capoliveri zeigt hingegen den ganzen Schatz eines gesunkenen Schiffes von 1841 – Juwelen, Schmuck und goldene Münzen aus den Tiefen des Wracks vor der Costa dei Gabbiani. → S. 90

Auf den Spuren der Bergleute

Die Bergarbeiterinsel Elba wird auch für Kinder erfahrbar – im wahrsten Sinne des Wortes: In der Piccola Miniera (→ S. 77) am Ortsrand von Porto Azzurro fährt man tatsächlich in einer nachgebauten Lore durch einen nachgebauten und kindgerecht hergerichteten kleinen Stollen. In Rio Marina hingegen kann die ganze Familie mit dem „Trenino" (Bähnchen) auf Mineraliensammler-Exkursion gehen (→ S. 69). Nicht mehr ganz so klein sollten die Kinder vielleicht beim Besuch der einzigen zugänglichen „echten" Mine sein: Die 1981 aufgelassene Galleria del Ginevro kann – ausgerüstet mit Helm und Taschenlampe – im Rahmen einer Führung besichtigt werden (→ S. 100), dafür geht es 208 Stufen hinunter bzw. 24 m tief unter den Meeresspiegel, eine wirklich interessante und aufregende Exkursion!

Sportlich unterwegs

Bei vielen Sportarten richtet sich das Angebot für Erwachsene mittlerweile ganz selbstverständlich auch an Kinder: Mountainbikes für eine Rundtour um den Monte Calamita werden in Capoliveri (→ S. 91) auch in Kindergröße angeboten und natürlich wird auch an Helme in entsprechender Größe gedacht.

Die beiden deutschsprachigen Segelschulen in Magazzini (→ S. 55) und Bagnaia (→ S. 57) haben Optimistensegeln für die Kleinsten ebenso wie Jollensegeln für schon etwas größere Kinder und Jugendliche im Programm, dazu natürlich immer auch die passende Betreuung, Ausflüge, Grillabende etc.

Auch Tauchschulen haben sich auf jüngere Gäste eingestellt, wobei darauf hingewiesen werden soll, dass bei vielen Schulen Kinder erst ab 12 Jahren einen Tauchkurs bzw. Tauchschein machen dürfen und bis 16 Jahre ein Erwachsener den Tauchgang begleiten muss.

Was sonst noch?

Unbedingt auf den Monte Capanne! Den mit 1019 m höchsten Berg der Insel – und des gesamten Toskanischen Archipels – sollte man bezwingen, sei es zu Fuß (mit kleineren Kindern vielleicht etwas anstrengend), oder aber mit der Cabinovia, die aber vielmehr eine altmodische Stehgondel ist. Gemächlich geht es in rund 15 Minuten im gelben Stehkäfig hinauf, von oben hat man einen tollen Blick auf die Inseln. Bei Marciana Alta. → S. 142

Steinmonster suchen kann man vor allem im Westen Elbas rund um den Monte Capanne, hier findet man zahlreiche, von der Natur geformte Steinskulpturen – Kaninchen und Krokodil, Indianer oder Schildkröte. Der Fantasie sind keine Grenzen gesetzt. → S. 136/137

Unterwegs an der Westküste Elbas

Unterwegs

auf Elba

Portoferraio und Umgebung

Die exponierte Lage auf einer Landzunge und der Alte Hafen Darsena machen Portoferraio zu einem der schönsten Häfen im Tyrrhenischen Meer. Südöstlich der Inselhauptstadt erstreckt sich eine weite Bucht, nach Westen dagegen zahlreiche Kiesstrände vor imposanter Steilküste.

Römisches Erbe Portoferraio

Die Römer ließen es sich gut gehen, wenn sie es sich denn leisten konnten, gleich zwei eindrucksvolle Landvillen befanden sich in Traumlage an der Bucht von Portoferraio. → S. 33 und S. 51

Mit der Fähre nähert man sich der Inselhauptstadt ganz gemächlich. Zunächst rückt der Leuchtturm in den Blick, dann der mächtige Hammerturm Torre del Martello, der alte Hafen und die Altstadt und natürlich die wuchtige Festung der Medici. Davor dümpeln am Molo del Gallo zwischen altem und neuem Hafen noch eine Handvoll betagter Fischerboote, doch längst hat sich die Stadt dem modernen Schiffsverkehr gewidmet – Fähren im Stundentakt, Yachten von elegant bis protzig im Darsena-Hafen und hin und wieder auch ein Kreuzfahrtschiff am langen Kai.

Doch erst bei einem Spaziergang am Hafen und durch die Altstadt hinauf zur Festung erschließt sich das besondere Flair Portoferraios. Vor allem am Abend ist die Hauptstadt inselweiter Anziehungspunkt für Flaneure, die sich früher oder später in einem der vielen, oft hervorragenden (Fisch-)Restaurants zum Essen einfinden.

Viel Fährverkehr bedeutet allerdings zumindest tagsüber auch viel Autoverkehr, doch ist der Weg zu den herrlichen Badebuchten der Umgebung oder ins Grüne von Portoferraio aus meist nicht weit. Bei den Buchten entlang der Nordwestküste hat man die sprichwörtliche Qual der Wahl, noch ein Stück weiter westlich liegt mit Biodola eine der schönsten Sandbuchten der ganzen Insel.

Nur wenige Kilometer sind es von der Inselkapitale in südwestliche Richtung in die Hügel, wo sich inmitten üppigen Grüns ein weiteres Highlight in Sachen Inselbesichtigungen befindet: Napoleons Sommerresidenz.

Bleibt schließlich die weite Bucht von Portoferraio: Die wenigen Strände hier sind zwar nicht schlecht, können es aber mit den Badebuchten im Süden der Insel sicher nicht aufnehmen. Eine weite Ebene erstreckt sich hier, vielfach von Weinreben bestanden, in einigen Weingütern kann man edle Tropfen erstehen. Ganz im Osten der Bucht liegt das gemütliche ehemalige Fischerdorf Bagnaia.

Was anschauen?

Forte Falcone: Portoferraios „Falkenfestung" thront mächtig über der Stadt – von Cosimo de' Medici erbaut, vom Piraten Dragut für uneinnehmbar erklärt. In den Gemäuern befindet sich ein sehenswertes Museum. **→ S. 30**

Napoleonresidenz Villa dei Mulini: Der Mann, der nicht nur Portoferraio, sondern die ganze Insel weltberühmt gemacht hat, lebte hier oben in der bescheidenen Stadtresidenz über den Dächern von Portoferraio und blickte sehnsüchtig übers Meer. **→ S. 31**

Villa San Martino: Napoleons zweite Villa auf Elba – ähnlich bescheiden, aber hübsch im Grünen. Bei San Martino. **→ S. 44**

Wo baden?

Le Ghiaie: Der gepflegte Stadtstrand von Portoferraio liegt in bequemer Laufdistanz zum Zentrum. Weiße Kiesel, Strandservice, Restaurants und Bars. **→ S. 41**

Capo Bianco: Die Spiaggia di Capo Bianco erstreckt sich traumhaft vor steiler Felskulisse – weiße Kiesel und türkisgrün schimmerndes Wasser. Steile Treppen führen hinunter zum Strand, oberhalb eine Bar mit Sonnenuntergang. Etwa 1,5 km westlich von Portoferraio. **→ S. 41**

Sansone: Eine der schönsten Badebuchten westlich von Portoferraio, auch hier Steilküste, weiße Kiesel, türkisgrünes Wasser. Bar oberhalb. **→ S. 42**

Biodola: Eine besonders schöne Bucht mit traumhaftem Sandstrand – Bagni, Hotels, Bars, Restaurants und Blick auf die Bergwelt im Westen Elbas. Etwa 7 km westlich von Portoferraio. **→ S. 48**

Wo wandern?

Am Capo d'Enfola: Ein Rundweg führt um die Enfola-Halbinsel und zum einsamen Kap. **Wanderung 1 → S. 246**

Wo essen?

Stella Marina: Der Klassiker seit vielen Jahren, wenngleich nicht ganz so idyllisch am Fährhafen gelegen. Aus der Küche des feinen Ristorante kommen hervorragender Fisch und beste Meeresfrüchte. **→ S. 30**

Molo G: Die „Osteria Portuale" liegt ein wenig versteckt an der Werft. Shabby-maritimer Stil, junges Publikum, Segler und moderne Fischküche. **→ S. 38**

Teatro Bistro & Wine Bar: Die Terrasse oben in der Altstadt von Portoferraio ist ein schöner Ort für ein romantisches Abendessen. **→ S. 39**

Was sonst noch?

Segeln lernen: Zwei deutsche Segelschulen befinden sich in der Bucht von Portoferraio. Vielleicht genau der richtige Ort, um damit anzufangen. **→ S. 55** und **S. 57**

Portoferraio-Panorama

Portoferraio

Die quirlige Inselhauptstadt liegt auf einer Landzunge im Nordwesten der großen Bucht von Portoferraio. Sie ist die wichtigste Anlaufstelle der Fähren, Neuankömmlinge landen hier zunächst in der etwas hektischen Neustadt. Die hübsche Altstadt erstreckt sich hinter der Porta a Mare am alten Hafen Darsena den Hang hinauf. Auf der Nordseite der Landzunge laden saubere Kiesstrände zum Baden ein.

In der Stadt leben knapp 12.000 Elbaner, das ist mehr als ein Drittel der Gesamtbevölkerung der Insel. Portoferraio ist etwa stündlich mit der Hafenstadt Piombino an der etruskischen Küste verbunden, im Sommer herrscht reger Fährverkehr, aber auch Kreuzfahrtschiffe und viele Jachten legen hier an. Letztere ankern im romantischen, hufeisenförmigen alten Hafen **Darsena,** der durch einen von den Medici erbauten Torbogen, die **Porta a Mare,** mit der Altstadt verbunden ist. Die Grenze zwischen der modernen, wenig ansprechenden Neustadt und der idyllischen Altstadt mit ihren winkeligen Gassen bildet der ebenfalls von den Medici errichtete **Forte Falcone,** die Falkenfestung, mit deren Bau im Jahr 1548 begonnen wurde.

Vor allem in den Urlaubsmonaten Juli und August ist die Inselhauptstadt mehr als gut besucht. Kein Wunder, denn mit historischen Sehenswürdigkeiten ist Portoferraio überdurchschnittlich gut ausgestattet, neben den zahlreichen Medici-Hinterlassenschaften sind dies vor allem die Napoleon-Residenz **Villa dei Mulini,** die **Pinacoteca Foresiana** und schließlich das **Archäologische Museum** mit den Resten einer römischen Villa am Meer.

In Sachen Shopping hat das Inselstädtchen ebenfalls viel zu bieten, zahlreiche schicke Geschäfte befinden sich an der lang gezogenen Hafenpromenade und in der Altstadt rund um die Piazza Cavour. Hier und am Jachthafen Darsena spielt sich auch das Nachtleben von Portoferraio ab. Und das heißt wie in ganz Italien: Flanieren bis spät in die Nacht hinein. Die Straßen werden zu diesem Zweck für den Verkehr gesperrt, fliegende Händler bauen ihre Stände auf, Straßencafés und Bars sind bis auf den letzten Platz besetzt und vor den Gelaterie bilden sich lange Schlangen.

Dennoch lohnt sich ein längerer Aufenthalt in Portoferraio nur bedingt, denn die wenigen Hotels im Zentrum bestechen nicht unbedingt durch Romantik oder zumindest Komfort. Badefreunde sollten sich daher eine Bleibe an der Spiaggia delle Ghiaie oder noch weiter westlich an der Spiaggia Padulella suchen: zentrumsnah und dennoch am Strand.

Zu den Stränden in und um Portoferraio → S. 41.

Geschichte

An der Stelle des heutigen Portoferraio siedelten vermutlich bereits die Etrusker und die Griechen. Letztere nannten ihren Ort **Argoos**, da hier der Mythologie zufolge die Argonauten gelandet sein sollen. Unter den Römern entstand dann die Stadt **Fabricia** (von lat. „faber" = Handwerker, Schmied), die zum bedeutenden Handelszentrum wurde. Neben der Verhüttung und Verschiffung von Eisenerz nach Populonia auf dem gegenüberliegenden italienischen Festland spielte die Stadt als geschützter Naturhafen auch eine strategisch wichtige Rolle. Ab dem 1. Jh. v. Chr. verlor die Eisenverhüttung an Bedeutung, u. a. durch die Ausdehnung des Römischen Reiches, wodurch andere Eisenabbaugebiete auf dem nördlicheren Festland erschlossen werden konnten. Fabricia wurde berühmt als Sommerresidenz der römischen Kaiserfamilie. Von dieser glanzvollen Epoche zeugen noch die beiden römischen Villen aus dem 1. Jh. v. Chr.: an der „Linguella", der Landzunge von Portoferraio (beim Archäologischen Museum) und bei „Le Grotte" auf der gegenüberliegenden Seite der Bucht von Portoferraio.

Nach dem Ende des Weströmischen Reichs kamen im 6. Jh. die Langobarden und zerstörten zahlreiche Dörfer der Insel. Während des Mittelalters wurde Fabricia in **Ferraia** umbenannt. Die Pisaner, die im 11. Jh. die Macht über Elba ergriffen, setzten den Eisenerzabbau wieder in Gang und gründeten bei Ferraia die Festung Luceri.

Forte Stella – der Leuchtturm

Portoferraio und Umgebung → Karten Umschlag hinten und S. 42/43

Ein Medici als Stadtplaner

Man schreibt das Jahr 1548. **Cosimo I.,** Spross aus dem Florentiner Geschlecht der Medici und Herzog von Florenz, ist erst seit wenigen Tagen im Besitz der elbanischen Hafenstadt Ferraia, als auf seinen Befehl über 1000 Soldaten unter Anleitung der berühmten Baumeister **Giovanni Battista Belucci** und **Giovanni Camerini** ans Werk gehen, um aus dem neuen Besitz eine uneinnehmbare Festung zu machen. Wenige Jahre später – Cosimo herrschte mittlerweile im Prinzip über die ganze Toskana – reiste er höchstpersönlich zur Einweihung seiner Stadt auf die Insel, die zunächst nach ihrem Gründer benannt werden sollte: „Cosmopoli", was ja auch so viel wie „Weltstadt" bedeutet. Der Name wurde jedoch später verworfen und die Stadt erhielt den Namen, den sie bis heute behalten hat: Portoferraio, der „Eisenhafen".

In rascher Folge entstanden die Befestigungen **Forte Falcone** (Falkenfestung) und **Forte Stella** (Sternenfestung). Die Bauwerke waren durch mächtige Schutzmauern, die bald das gesamte Stadtgebiet durchzogen, miteinander verbunden. Am Ostende des mittlerweile befestigten Hafenbeckens Darsena entstand ein achteckiger Turm, die **Torre del Martello** (Hammerturm), von dem aus die Kontrolle sämtlicher ein- und ausfahrender Schiffe möglich war. Zusätzlich zur Sicherung wurden die beiden Stadttore **Porta a Mare** und **Porta a Terra** gebaut, damals die einzigen Zugänge zur Stadt.

Cosimos militärischer Stadtbau, der in nur zehn Jahren quasi aus dem Nichts herausgestampft wurde, hatte weitreichende Folgen für die weitere Geschichte von Portoferraio: Während Piratenüberfälle – wie z. B. unter dem berühmt-berüchtigten **Dragut** – andere Teile der Insel nach wie vor verwüsteten, galt Portoferraio schon nach wenigen Monaten mediceischer Bautätigkeit als uneinnehmbar, was sich dann bald auch in Piratenkreisen herumsprach. In der Folge zog Portoferraio nun die Bewohner anderer Teile der Insel (z. B. aus Capoliveri und Rio nell'Elba) wie auch vom toskanischen Festland zunehmend an. Die Bevölkerung stieg schlagartig an, was von Cosimo u. a. durch Steuervergünstigungen und andere Privilegien unterstützt wurde.

Portoferraio – in der Gesamtanlage von den Medici befestigt

Die Zeit der Pirateneinfälle – u. a. im Jahr 1442 wurde Portoferraio von Sarazenen nahezu völlig zerstört – war ab Mitte des 16. Jh. zumindest hier vorbei, und die florierende Stadt lebte überwiegend vom Export von Eisenerz und Wein.

Anfang des 17. Jh. war die Insel in drei Herrschaftsbereiche unterteilt: Portoferraio war noch immer im Besitz der **Medici**, Porto di Longone, das heutige Porto Azzurro, gehörte zum Einflussbereich der Spanier, und die anderen Teile der Insel besaßen die **Appiani**, die Fürstendynastie von Piombino. Als Leopold I. 1765 das Großherzogtum Toskana übernahm, begann für Portoferraio eine Zeit der militärischen und wirtschaftlichen Schwächung: Große Teile der Marine wurden auf das Festland bei Livorno verlegt, und beinahe wäre die Stadt sogar an die Engländer verkauft worden. Die kamen aber erst 31 Jahre später, und zwar als Antwort auf die 4000 Mann umfassende französische Truppe aus Toulon, die 1794 ihrer englisch belagerten Heimatstadt entflohen und nach Portoferraio gekommen war. Unter Admiral Nelson nahmen die Engländer die Stadt zwei Jahre später ein. 1802 übernahmen die damals verhassten Franzosen die ganze Insel, aus den drei Herrschaftsbereichen wurde erstmals einer.

Als **Kaiser Napoleon** am 3. Mai 1814 in seinem Exil auf der kleinen Insel eintraf, wurde er im Hafen von Portoferraio mit großem Jubel empfangen und Elba erreichte unverhofft den Höhepunkt seiner Geschichte, von dem die Insel noch heute zehrt (→ „Geschichte Elbas", ab S. 198). Nach Napoleons endgültiger Niederlage bei der legendären Schlacht von Waterloo wurde die Insel 1815 dem Großherzogtum Toskana angegliedert und vereinigte sich 1860 schließlich mit dem neuen Königreich Italien.

Bedeutung erlangte Portoferraio erst wieder im Jahr 1900 mit dem Bau der großen Hochofenanlagen auf dem Gelände, wo sich heute die Schiffswerften befinden. Rund 2000 Arbeiter waren in der Eisen verarbeitenden Industrie beschäftigt, und als es 1910 aufgrund mangelnder Nachfrage zu ersten Entlassungen kam, antworteten die Industriearbeiter mit Streiks. Während der beiden Weltkriege erfuhr die Eisenindustrie nochmals einen Aufschwung; die Hochöfen wurden jedoch durch Luftangriffe der Alliierten 1943 und 1944 weitestgehend zerstört und 1949 endgültig geschlossen (und abgetragen). Ein alliierter Luftangriff am 16. September 1943 traf auch Teile der Altstadt und forderte über 100 Todesopfer, ein weiterer Angriff am 19. März 1944 traf den alten Hafen Darsena und hier besonders die Torre del Martello sowie den zentralen Palazzo dei Merli, den man nicht mehr retten konnte. Nach dem Zweiten Weltkrieg kam es mangels Arbeitsplätzen zu einer großen Abwanderungswelle, die erst in den 1960er-Jahren durch den im großen Stil einsetzenden Tourismus gestoppt werden konnte. Seitdem sind die Einwohnerzahlen stabil, zuletzt leicht steigend.

Ape elbana – die Flagge mit den drei Bienen

Sehenswertes in der Altstadt

Beim Rundgang durch das **Centro storico** der Inselhauptstadt fallen zahlreiche historische Gebäude auf, die zumeist aus der Zeit der Medici stammen. Im Großen und Ganzen ist der Grundriss der Altstadt noch immer mit dem aus dieser Zeit identisch. Dramatische Veränderungen im Erscheinungsbild haben – sieht man einmal von den wenigen Napoleonischen Bauwerken ab – nicht stattgefunden. Lediglich die breite Uferpromenade, die Calata am **Darsena-Hafen,** ist ein Werk aus der Mitte des 18. Jh.; das Hafenbecken war ab Mitte des 16. Jh. durch eine hohe Mauer begrenzt, die die Stadt somit geradezu hermetisch gegen Angriffe der von den Franzosen unterstützten türkischen Flotte schützte. Auch von dem Kanal, der sich westlich des Forte Falcone befand und die heutige Altstadt vom Rest der Insel trennte, ist nichts mehr zu sehen.

Der Zugang von der Meerseite, die **Porta a Mare,** stammt aus dem Jahr 1549 und liegt fast genau in der Mitte des Hafenbeckens Darsena. An Stelle der Uhr über dem Torbogen waren früher die Wappen der jeweils Herrschenden angebracht: zuerst das der Medici, später das der Lothringer und für kurze Zeit auch das Napoleons. Das Gegenstück zur Porta a Mare bildet die **Porta a Terra** aus demselben Jahr, die noch heute als tunnelartige, etwa 30 m lange Durchfahrt unterhalb des Forte Falcone genutzt wird (parallel dazu gibt es einen Fußgängertunnel).

Von der Porta a Mare gelangt man auf die lang gezogene **Piazza Cavour** und von hier rechter Hand zur ehemaligen Markthalle, in der sich unter den Medici die **Arsenali,** die militärische Schiffswerft, befanden. In dem 1575 entstandenen Bauwerk waren zwei Galeazze

Im Hafen von Portoferraio

(Kriegsschiffe) untergebracht, drum herum siedelten sich Handwerksbetriebe und Fischhändler an. Später wurde das Gebäude mehrfach umgebaut, diente lange Jahre als Mercato Coperto (Markthalle) der Stadt, dann als eine Art Souvenir-Halle mit Supermarkt und einigen Marktständen – nicht so schick – und ist mittlerweile geschlossen. Von der ehemaligen Markthalle über die Via dell'Amore und dann links ab in die Via Roma gelangt man zur – heute als Parkplatz genutzten – **Piazza della Repubblica,** an deren östlicher Stirnseite sofort der **Duomo** ins Auge fällt. Die Grundsteinlegung der Kirche geht auf das Jahr 1549 zurück. Unter Cosimo I. diente das ehemals einschiffige Gotteshaus zunächst als Garnisonskirche, sein heutiges Erscheinungsbild erhielt es durch zahlreiche Anbauten im 17. und 19. Jh. In den 1990er-Jahren wurde die Kirche umfangreich restauriert (ganztägig bis spät abends geöffnet).

Von der Piazza della Repubblica in westliche Richtung stößt man auf das Municipio (Rathaus) im **Palazzo Comunale.** In dem großen rosa Gebäude sind heute Stadtverwaltung und Polizei untergebracht. Unter dem Medici-Architekten Giovanni Camerini entstand das imposante Bauwerk in den Jahren 1559–61 und diente zunächst als Warenlager und Zwieback- und Brotbäckerei, daher auch der Beiname „Biscotteria". Im Innenhof des Rathauses sind zahlreiche Gedenktafeln angebracht, die an große Männer erinnern, die sich um Elba und ganz Italien verdient gemacht haben – oder zumindest mal einen Fuß auf die Insel gesetzt haben: der Revolutionär Francesco Domenico Guerrazzi (1804–1873), der in den Kerkern des Forte Falcone als politischer Gefangener einsaß; Freiheitskämpfer Giuseppe Garibaldi (1807–1882), der im Jahr 1849 dem Ort Cavo im Nordosten der Insel einen kurzen Besuch abstattete; Giuseppe Mazzini (1805–1872), neben Garibaldi einer der wichtigsten Unabhän-

gigkeitskämpfer zur Zeit des Risorgimento und Vordenker des modernen italienischen Staats; der französische Dichter Victor Hugo (1802–1885), der einige Jahre seiner Kindheit auf der Insel verbrachte, sowie viele andere Inselpersönlichkeiten. Berühmtester Gast der Biscotteria war aber sicherlich Napoleon, der aus Mangel an standesgemäßen Alternativen die ersten Tage in seinem neuen Reich hier in einem schlichten Appartement nächtigen musste.

Vom Municipio führt die **Via Garibaldi,** früher wegen zahlreicher Gaststätten auch „Via del Buon Gusto" (Straße des guten Geschmacks) genannt und heute auch als Salita Napoleone bekannt, bergan. Gleich auf der Linken befindet sich die unscheinbare **Chiesa del Santissime Sacramento,** die ebenfalls unter Cosimo I. im Jahr 1551 entstand. Die Kirche befindet sich noch heute in Besitz der Sacramento-Bruderschaft und wurde 1945 in Teilen nach altem Vorbild rekonstruiert. Im überraschend prachtvoll ausgestatteten Inneren des Gotteshauses befindet sich eine ebenfalls prachtvolle Votivkapelle für die Kriegsgefallenen des Ersten Weltkrieges (ganztägig geöffnet).

Portoferraio und Umgebung → Karten Umschlag hinten und S. 42/43

Chiesa della Misericordia

Geht man auf der Via Garibaldi weiter die Treppen nach oben, stößt man auf der rechten Seite auf die schlichte, aber dennoch elegante Kirche der Ehrwürdigen Barmherzigkeit (Chiesa della Misericordia) aus dem Jahr 1676/77. Das Gotteshaus gehörte einer Bruderschaft, deren Gründung auf das Jahr 1566 zurückgeht. Auffällig im Inneren die prachtvolle Orgel aus dem ausgehenden 18. Jh. und die Trompe-l'œil-Decke, die unseren Augen eine Kuppel vorspielt. Sehenswert außerdem die marmorne Balustrade, an der sich einst Napoleon in seiner Sommerresidenz in San Martino erfreute. Unter dem Altar liegen die Gebeine des Stadtpatrons San Cristino. Dem großen Bonaparte huldigt man hier alljährlich am 5. Mai mit einem Gedenkgottesdienst zu seinem Todestag.

▪ Gleiche Öffnungszeiten wie das Museo della Misericordia (→ unten).

Teatro dei Vigilanti „Renato Cioni"

Von der Via Garibaldi in westliche Richtung gelangt man unweigerlich auf die Via Victor Hugo, die auf die kleine Piazza Antonio Gramsci führt. Von hier bietet sich der Blick auf die weniger besuchten Altstadtgassen Portoferraios. Auffälligster Bau an der Piazza ist das rosa gestrichene Teatro dei Vigilanti (Theater der Wächter), das von Napoleon in Auftrag gegeben wurde. Ursprünglich befand sich hier eine

Museo della Misericordia

Das kleine Museum neben der gleichnamigen Kirche beherbergt vor allem Exponate, die an den Aufenthalt **Napoleons** erinnern. Hier hängt zum Beispiel eine der Drei-Bienen-Flaggen, die zu Ehren des Verbannten gehisst wurden. Weiterhin sind in den drei liebevoll hergerichteten Räumen unter anderem Hand und Totenmaske Napoleons aus Bronze zu sehen. Die Totenmaske wurde der Stadt im Jahr 1852 von **Anatoli Demidoff** (→ S. 45) vermacht. Die Stücke wurden nach Gipsabdrücken gefertigt, die der Leibarzt von der Leiche des Kaisers genommen hatte. Ausgestellt ist auch eine Kopie des Sarges, in dem der Kaiser von St. Helena nach Paris überführt wurde. Ein Original aus der Zeit Napoleons auf der Insel ist das ausgestellte Empire-Ballkleid, außerdem einige Napoleon-Karikaturen.

Sehenswert sind aber auch die Exponate, die nichts mit dem Kaiser und seinem Elba-Aufenthalt zu tun haben. Im ersten Raum finden sich ein prächtiges Antiphonar (Liturgiebuch mit Wechselgesängen) von 1676, die Gründungsurkunde des Ordens der Barmherzigkeit (Misericordia) aus dem Jahr 1566 und die aus Carrara-Marmor gefertigte „Madonna mit dem Kind", die Tino di Camaino (14. Jh., Pisaner Schule) zugeschrieben wird. Im hinteren Raum ist ein historischer Krankenwagen der Misericordia-Bruderschaft ausgestellt, außerdem auch eine Kutte der Barmherzigen Brüder, die den Wagen einst gezogen haben.

▪ Von Ostern bis Ende Sept. Di und Do 9–12 Uhr, in der Hochsaison bis 13 Uhr. Eintritt 2 €, Kinder unter 10 J. frei.

Kapelle aus dem Jahr 1618, später eine größere Kirche. Diese wurde für das Theater geopfert, das Napoleon angeblich gar nicht gefallen hat, denn er soll zu dem Neubau bemerkt haben: „Ihr habt eine wunderschöne Kirche ruiniert, um ein hässliches Theater zu bauen". Auch der feierlichen Eröffnung des Theaters am 24. Januar 1815 blieb er fern und schickte stattdessen seine Schwester Paolina und Mutter Letizia zu dem pompösen Ball. Dennoch gab der Exilkaiser vor seiner Abreise am 26. Februar 1815 einen letzten Ball im Teatro dei Vigilanti.

Einziges originales Ausstattungsstück des Theaters ist der Bühnenvorhang, auf dem Apoll zu sehen ist. Das renovierte Theater mit nur 240 Sitzen in lindgrünem Samt dient auch heute noch seinem Zweck. Die Saison dauert von Dezember bis April und bietet ein buntes Programm, im September ist das kleine Theater dann ein Aufführungsort des **Festival Elba Isola Musicale d'Europa** (→ „Feste & Veranstaltungen", S. 37). Das Theater kann aber auch außerhalb der Aufführungen besichtigt werden. Über drei Stockwerke kann man fast 65 Logen betreten und den Bühnenvorhang in seiner ganzen Pracht bewundern, das war's aber auch schon. Namenspate **Renato Cioni** (1929–2014) war übrigens ein elbanischer Opernsänger, der – u. a. an der Seite von Maria Callas – in allen großen Opernhäusern dieser Welt auf der Bühne stand.

▪ Zuletzt wegen „lavori" geschlossen, regulär Anfang April bis Anfang Nov. Mo–Sa 9.30–13 Uhr, So geschlossen. Eintritt 5 €, erm. 3 € bzw. Cosmopoli Card, → S. 31. Piazza Gramsci, ✆ 0565-1930894.

Blick auf Forte Stella

Mediceische Festungsanlagen – Fortezze Medicee mit Forte Stella und Forte Falcone

Im Jahr 1548 begann **Cosimo de' Medici** damit, sein „Cosmopoli", das spätere Portoferraio, zu errichten. Die Kernstücke der militärischen Stadtanlage waren die beiden Festungen Forte Stella (Sternenfestung) und Forte Falcone (Falkenfestung), mit deren Bau noch im gleichen Jahr begonnen wurde. Die Arbeiten waren nach nur rund zehn Jahren im Wesentlichen abgeschlossen; Ende des 17. Jh. fanden lediglich einige Erweiterungen statt.

Das **Forte Stella** in erhöhter Lage am östlichen Ende der Altstadt war durch eine in Teilen noch erhaltene Befestigungsmauer mit dem wesentlich größeren Forte Falcone verbunden. Ihren Namen erhielt die Sternenfestung durch den gezackten Grundriss, heute befinden sich innerhalb der Mauern private Wohnhäuser und der Leuchtturm von Portoferraio aus dem 18. Jh. Der Besuch lohnt nur bedingt – ein paar schöne Aussichtspunkte auf Portoferraio, auf Napoleons Villa Mulini und

Portoferraio und Umgebung → Karten Umschlag hinten und S. 42/43

dahinter das Inselchen Lo Scoglietto und die Insel Capraia oder aber auf die Bucht von Portoferraio. Dazwischen hängt Wäsche auf der Leine, Kinderspielzeug liegt herum – innerhalb der Festungsmauern wird hauptsächlich gewohnt, alles eher privat.

▪ Auswärtige zahlen von 9.30–12.30 und 15–18.30 Uhr 2 € Eintritt, erm. 1,50 € (Kinder bis 10 J. frei). Über Mittag, abends und nachts ist die Anlage ihren Bewohnern vorbehalten.

Die Besichtigung der gewaltigen Befestigungsanlage **Fortezze Medicee,** die die Trennungslinie zwischen Alt- und Neustadt markiert und an deren oberem Ende sich das Forte Falcone befindet, ist da schon lohnender: Allein schon die gut erhaltenen trutzigen Außenmauern der Festung machen Eindruck. Der Pirat Dragut sah übrigens nach der Begutachtung des Bollwerks vorsorglich von einem Angriff auf die Festung ab. Auf dem Gelände der Festung befindet sich eine kleine Parkanlage, von der sich immer wieder schöne Blicke über die Altstadt, den Hafen und die Buchten an der Nordküste der kleinen Halbinsel von Portoferraio bieten. Auf einer der unteren Terrassen gibt es einen kleinen Spielplatz und weiter oben Tische und Bänke, die zum Picknick oder einfach nur zum Relaxen einladen. Zugang vom modernen Hafen aus durch die Porta a Terra bzw. vom oberen Ende der Via Guerazzi.

Durch den Park gelangt man hinauf zur Festung **Forte Falcone** selbst, dem auf dem höchsten Punkt gelegenen Kernstück der mediceischen Anlage. Aussichtsreich auf der Festungsmauer geht man in die Festung hinein und gelangt sogleich zu einer kleinen Terrasse (mit Bar/Café). Hier oben ist in einigen Räumen eine interessante Ausstellung zur Befestigung der Stadt unter den Medici und im Besonderen zu Cosimo de' Medici zu sehen, dazu Gemälde und alte Stiche zu Cosmopoli. Schöner Blick aus den Fenstern.

Im Erdgeschoss der Festung wurde eine kleine Dauerausstellung mit Werken von **Italo Bolano** (→ S. 43) eingerichtet. Eine weitere Ausstellung im labyrinthartigen Inneren der Festung widmet sich dem Zweiten Weltkrieg, als die elbanische Marine von hier aus die Gegend kontrollierte; zugänglich ist sie allerdings nur für Gruppen und nach Voranmeldung.

Blick vom Forte Falcone auf die Altstadt und die Bucht von Portoferraio

Die Festung mit Museum und Ausstellung ist übrigens auch von der anderen Seite zugänglich: Ab der Piazza Gramsci (neben Teatro Bistro) gehen Treppen hinauf zur Via del Falcone und weiter hinauf zum Eingang. Außerdem Zugang vom Napoleon-Museum (→ unten) aus über die Via del Falcone.

▪ **Fortezze Medicee (und Park):** Tägl. 9.30–20 Uhr (im Winter bis 18.30 Uhr), Eintritt 7 €, erm. 4 €, Kinder unter 6 J. frei. Im Sommer auch abendliche Führungen auf den Festungsmauern und im Museum (ital.), 12 €/Pers., Reservierung unter ✆ 0565-1933589.

Kombiticket: Die **Cosmopoli Card** zum Preis von 15 € (erm. 12 €, Familie 10 €/Pers.) erlaubt Ihnen den Eintritt zu folgenden Sehenswürdigkeiten: Forte Falcone, Archäologisches Museum (Linguella), Teatro dei Vigilanti, Pinacoteca Foresiana und Villa Romana delle Grotte. Kinder unter 9 J. haben freien Eintritt. Erhältlich bei den jeweiligen Kassen.

Im Garten der Villa dei Mulini – Napoleons Stadtresidenz

Villa dei Mulini/Palazzina dei Mulini – Museo napoleonico

Seine Stadtresidenz wählte Napoleon in allerbester Lage in der Oberstadt zwischen den beiden Festungen. An der Stelle von ehemals vier mediceischen Mühlen (= Mulini) befanden sich bei Ankunft des Exilkaisers die heruntergekommenen Offiziersquartiere des Pionierkorps. Nicht die Baulichkeiten, sondern die exponierte und gleichzeitig geschützte Lage war der Grund, dass Napoleon sich hier häuslich niederließ; zudem hatte er nach seiner Ankunft am 4. Mai 1814 zunächst in einem eiligst hergerichteten Appartement im heutigen Rathaus untergebracht werden müssen, einer Unterkunft, die dem kaiserlichen Standard in keiner Weise gerecht wurde. Die Villa dei Mulini wurde in nur zwei Wochen Renovierung und Erweiterung so weit hergerichtet, dass Napoleon einziehen konnte, endgültig abgeschlossen waren die Arbeiten an dem Gebäude allerdings erst im September 1814. Während Napoleon selbst im Erdgeschoss der Villa residierte, wurden die Räumlichkeiten des oberen Stockwerks von seiner Lieblingsschwester Paolina Borghese bewohnt. Vom ursprünglichen Mobiliar der Villa, das zum Großteil von Napoleons Schwester Elisa aus Piombino gestiftet wurde, ist nur noch wenig Originales erhalten. Die meisten Möbelstücke stammen zwar aus Napoleons Zeit, jedoch nicht aus seinem persönlichen Besitz; ausgestellt sind außerdem einige Kopien.

Rundgang: Die Besichtigung der Villa dei Mulini beginnt im Empfangsraum der Offiziere. Vor dort gelangt man gleich in das schmucke Esszimmer mit akkurat gedecktem Tisch, gefolgt u. a. von einem kleinen Salon.

Über eine Treppe geht's weiter ins Obergeschoss. Dessen eindrucksvollster Raum ist der große zentrale Festsalon, den Paolina selbst entscheidend mitgestaltet hat. Von hier bietet sich ein schöner Blick auf die Altstadt, den kleinen Garten der Villa und das Meer. Die Marmorbüsten im Salon stellen Paolina und den Kaiser als 30-Jährigen dar. Im anschließenden Appartement der Paolina befindet sich u. a. das prunkvolle kaiserliche Bett, dessen Kopfende von einem goldenen Baldachin überdacht ist – Napoleons Mutter hat es aus Sorge um die angemessene Bettruhe ihres Sohnes eigens aus Paris nach Elba schaffen lassen. Die Verzierungen am Bett sind übrigens „nur" vergoldet. Ein kostbarer Mantel der Exilkaiserschwester ist im folgenden ehemaligen Wohnzimmer ausgestellt.

Zurück im Erdgeschoss, geht es durch den privaten Bereich des Kaisers: Im Badezimmer samt Klosett sind das eher bescheidene „Feldbett" des Kaisers und sein Schlachtgepäck zu besichtigen. Dem gemütlich eingerichteten Schlafzimmer nebenan dagegen ist das Bett abhandengekommen. Schließlich erreicht man das schmucke Arbeitszimmer Napoleons samt der Bibliothek mit über 2000 Büchern – darunter auch Boccaccios „Decamerone" und Rousseaus „Nouvelle Heloïse".

Zu besichtigen ist auch der **Garten** der Napoleonischen Stadtresidenz: eine Terrasse hoch über der steil abfallenden Küste mit Blick auf den Leuchtturm des Forte Stella, das Inselchen Scoglietto und bis zum toskanischen Festland. Steinbänke laden zum Sitzen ein. Der Kaiser soll von der kleinen Steinbank an der Mauer immer wieder wehmütig aufs Meer geblickt haben.

▪ Mo und Do 14–18 Uhr, Mi und Fr–So 9–13 Uhr, Di geschlossen. Eintritt 5 €, erm. 2,50 €. ✆ 0565-915846.

Pinacoteca Foresiana im Centro Culturale De Laugier

Die Pinakothek ist im ersten Stock eines ehemaligen Franziskanerklosters von 1558 untergebracht, dessen Gründung ebenfalls auf Cosimo I de' Medici zurückgeht. Anfang des 19. Jh. wurde es zur Kaserne umfunktioniert, die später nach Cesare de Laugier, einem der Offiziere Napoleons, benannt wurde. Mittlerweile ist hier die Privatsammlung von **Mario Foresi** (1849–1932) untergebracht, einem bedeutenden Literaten und Mäzen der Insel, der der Stadt neben seinen Bildern auch noch eine Privatbibliothek, die **Biblioteca Foresiana** mit rund 40.000 Bänden vermacht hat (sie befindet sich heute im zweiten Stock). Die Foresis spielten im kulturellen Leben in der Toskana des 19. Jh. eine nicht unbedeutende Rolle und machten sich v. a. als Kunstsammler einen Namen.

Zu sehen sind in der **Pinacoteca** im ersten Stock des Centro De Laugier zahlreiche Landschaftsansichten von Elba und Portoferraio, Porträts der Familie Foresi, zeitgenössische Kopien großer Meister (z. B. von Botticelli), Karikaturen des florentinischen Malers Emilio Lapi (1814–1898) sowie weitere, z. T. romantische Landschaftsbilder und Stadtansichten von Rom, Florenz, Livorno etc. Interessant ist die große Darstellung des Forte Falcone aus dem 17. Jh. Die Gemälde stammen zum Großteil aus dem 18. und 19. Jh. Des Weiteren zählen zu den Exponaten einige religiöse Darstellungen aus dem 16. Jh. Die Pinakothek besitzt außerdem zahlreiche Bilder der elbanischen Maler Pietro Senno (1831–1905) und Giuseppe Mazzei (1867–1944). Hübsche Möbel aus dem 19. Jh. und Radierungen runden die äußerst sehenswerte und sorgfältig aufgebaute Ausstellung ab, die eine gute Vorstellung von Elba in früheren Jahrhunderten vermittelt.

In der **Sala San Salvatore** im Erdgeschoss finden manchmal Ausstellungen und Veranstaltungen statt, außerdem beherbergt das Centro Laugier das **Cinema „Nello Santi"** mit mehrmals wöchentlich stattfindenden Kinoabenden (Beginn 21.30 Uhr, So 17.30 und 21.30 Uhr).

▪ **Pinacoteca** und **Biblioteca Foresiana:** Mo–Sa 9–13 und 15.30–18.30 Uhr, So geschl. Eintritt 5 €, erm. 3 € (Bibliothek: freier Eintritt), Kombiticket → S. 31.

Archäologisches Museum (Museo Civico Archeologico)

Das Archäologische Museum befindet sich auf dem Gelände der ehemaligen **Fortezza della Lingua** an der **Linguella,** dem „Zünglein" von Portoferraio. Zu Zeiten der Medici im 16. Jh. befand sich an der Landzunge neben Forte Falcone und Forte Stella die dritte Festung der Stadt, einziges Überbleibsel davon ist die wuchtige **Torre del Martello** (der „Hammerturm") aus dem Stadtgründungsjahr 1548, der Turm erhebt sich unübersehbar am östlichen Hafenende (nur bei Ausstellungen geöffnet und zuletzt wegen Restaurierung geschlossen). Prominentester Insasse dieses Turmes, der im Lauf der Jahrhunderte auch als Gefängnis diente, war der Antifaschist und spätere Staatspräsident Sandro Pertini (1896–1990), den man hier im Jahr 1933 gefangen hielt.

Die Befestigungsmauern der Medici wurden im Zweiten Weltkrieg durch das Bombardement der Alliierten zerstört und später wieder aufgebaut, heute kann man darauf bis zum Martello-Turm spazieren. Neben dem Turm sind die Reste einer römischen Villa aus dem 1. Jh. v. Chr. zu sehen, der **Villa Romana della Linguella.** Eine schattige Parkbank am Meer lädt zur Pause ein.

Besichtigung: Das großzügig auf zwei Etagen untergebrachte Museum beherbergt u. a. (Klein-)Funde aus der nahe gelegenen zweiten römischen Villa Le Grotte (→ S. 51), vom Colle Reciso, von der Nekropole Profico bei Capoliveri und natürlich von der Villa Linguella

Die Grundmauern der römischen Villa und die Torre del Martello

selbst – Schmuck, Kochgeräte und kleinere (Trink-)Gefäße sowie Teile des antiken Fußbodens. Darüber hinaus sind Mosaikfragmente und marmorne Dekorationsstücke sowie oft sehr gut erhaltene Amphoren aus der Gegend um Elba, Montecristo, Pianosa und Capraia zu sehen. Die Amphoren, wichtigste Gefäße der Antike, stammen zumeist aus einer ganzen Reihe gesunkener Handelsschiffe griechischer, phönizisch-punischer und römischer Seefahrer – Elba lag an einer wichtigen Handelsroute der damaligen Zeit. Die meisten dieser Schiffe wurden in den 1960er- und 1970er-Jahren entdeckt.

Neben den antiken Überresten der Insel Elba, u. a. eine Grabstele aus Seccheto (2. Jh. n. Chr.) sowie verschiedene Funde aus der Gegend um Procchio, Sant'Andrea, Chiessi, Capoliveri und Porto Azzurro, sind hier auch Funde römischer Siedlungen auf den Nachbarinseln Montecristo und Capraia ausgestellt (1.–3. Jh. n. Chr.).

Schautafeln veranschaulichen das Transportwesen der Antike und die wichtigen Handelswege. Man erfährt viel über den Mittelmeerhandel im Allgemeinen, aber auch Spezielles, z. B. über den antiken Weinhandel oder die Eisenverarbeitung bei den Etruskern und den Römern. Die Exponate sind detailliert beschrieben und gut ausgeleuchtet, die Erklärungen sehr ausführlich – leider aber nur auf Italienisch.

■ Das Museum wie auch das Ausgrabungsareal waren zuletzt wegen Bauarbeiten geschlossen, Infos zu aktuellen Öffnungszeiten unter ☏ 0565-945528, visitaportoferraio.com. Eintritt zuletzt 5 €, erm. 3 €, Kinder unter 9 J. frei. Zum Kombiticket → S. 31. Calata Buccari. In der Arena della Linguella neben den Ausgrabungen der Villa Romana della Linguella finden im Sommer häufig Konzerte und andere Veranstaltungen statt.

Basis-Infos

Information **Info-Point der Comune,** von der Banchina Alto Fondale Richtung Darsena, allgemeine Auskünfte über Elba, freundlich und hilfsbereit. Ostern bis Ende Okt. tägl. 9.30–13 Uhr, in der Hochsaison auch nachmittags. Via Vittorio Emanuele II 2, ☏ 0565-1933589, visitaportoferraio.com.

Das **Info-Büro** des **Parco Nazionale dell' Arcipelago Toscano** befindet sich auf dem Viale Elba 2 (Ecke Calata Italia 4), unweit der Busstation. Allgemeine Informationen über Elba, Broschüren, Inselkarten und Stadtplan zu Portoferraio kostenlos, auch englisch- und deutschsprachig, darüber hinaus eine Auswahl an guten Wanderkarten und -führern (auch deutsch) sowie weitere Elba-Literatur im Verkauf. April bis Okt. tägl. 9–19 Uhr, sonst 9–15 Uhr (So bis 13 Uhr). ☏ 0565-908231, parcoarcipelago.info.

Gesundheit Das **Ospedale** von Portoferraio befindet sich in der Neustadt (Loc. San Rocco) an der Via G. Carducci, ☏ 0565-926111, **Notruf** unter ☏ 118.

Hafenamt **Capitaneria di Porto** an der Calata Buccari 10 (Darsena Richtung Torre del Martello), ☏ 0565-914000. Das Büro der privaten Marina (für ankommende Jachten) befindet sich an der Calata Mazzini 39, tägl. 8–18 Uhr, ☏ 0565-944024 oder 380-7607973, marinadiportoferraio.it.

Polizei Die Carabinieri finden Sie auf dem Viale Elba 58, ☏ 0565-922200, **Notruf** unter ☏ 112. Die Polizia di Stato auf dem Viale Manzoni 6, ☏ 0565-919511, **Notruf** unter ☏ 113.

Post Die Hauptpost der Insel befindet sich in der Via Manganaro 7 in der Neustadt.

Tauchbedarf Flaschenfüllung u. a. bei Nautica-Sport am Hafen (Calata Italia 3, etwa gegenüber von Molo 7) sowie bei Armeria Elbana in der Via Manganaro 12 (Verlängerung der Via Carducci stadtauswärts).

Reisebüro **Tesi Viaggi,** eine gute Anlaufstelle für die Vermittlung von Unterkünften, v. a. Appartements/Häuser, aber auch Hotels, außerdem Auto- und Zweiradverleih, Fährtickets. Es werden auch Exkursionen (zumeist sportlich) angeboten. Mo–Sa 9–14 und 15–20 Uhr, So 10–14 Uhr, in den Wintermonaten nur Mo–Fr 9–14 und 15–20 Uhr. Calata Italia 17 (im ersten Stock), ☏ 0565-930222, tesiviaggi.it.

Autoverleih/Verbindungen/Bootsausflüge

Portoferraio verfügt über ausgezeichnete Busverbindungen. Auch Ausflugsboote warten im Hafen, um Tagesausflügler zu den umliegenden Inseln zu bringen. Die Auswahl an Leihfahrzeugen ist ebenfalls ausreichend, aber Achtung: Wer im August kommt (vor allem um den 15. herum), sollte in jedem Fall reservieren. Das gilt besonders für Pkw, aber auch für Mopeds bzw. Scooter und sogar Fahrräder inkl. E-Bikes.

Verleiher **TWN,** neben dem Busbahnhof, Kleinwagen für 55–60 € am Tag (9–19 Uhr), 24 Std. 65–70 €, Cabrio etwa 30 % teurer, ab drei Tagen wird es generell deutlich günstiger, alles ohne Kilometerbegrenzung, Vollkasko zusätzlich 15 €/Tag, Kaution 300 € (Kreditkarte). Ein Scooter ist ab 35–50 € pro Tag (9–19 Uhr, 24 Std. 40–60 €) zu bekommen. Mitte Mai bis Anfang Okt. tägl. 9–19 Uhr, im Winter 9–12 Uhr, teils auch 16–19 Uhr. Viale Elba 32, ✆ 0565-914666 oder 329-2736412, twn-rent.it. Filialen in Lacona, Marina di Campo, Procchio und Lido di Capoliveri. Die Fahrzeuge können bei einer der Filialen zurückgegeben werden, ab drei Tage Mietdauer geht das auch kostenlos.

Rent Chiappi, gutes Angebot an Autos und Scootern an der Calata Italia (bei den Fähranlegern), ähnliche Preise wie obiger. Auch Segelcharter (Tagestouren). 9–19.30 Uhr geöffnet, in der Nebensaison nur bis 19 Uhr. Calata Italia 38, ✆ 0565-914366 oder 329-4290876, rentchiappi.it.

E-Bike-Verleih **Country E-Bike Rent** → S. 52.

Fähre Im Sommer bestehen von 5 Uhr bis mind. 20.30 Uhr (an Wochenenden in der Hochsaison bis 21 Uhr) mind. stündlich Verbindungen zwischen Portoferraio und Piombino an der toskanischen Küste, Fahrtdauer 1 Std., mit dem **Aliscafo** (Tragflächenboot, nur Personenbeförderung) etwa 40 Min. Näheres zu den Fähren von und nach Piombino → S. 214.

Moby/Toremar, Calata Italia 36, ✆ 0565-914133 oder 0565-918080, moby.it bzw. toremar.it.

Blu Navy, Calata Italia 25, ✆ 0565-269710, blunavytraghetti.com.

Inselbus Große Busstation der **A.T.** (Autolinee Toscane) auf dem Viale Elba 20/Calata Italia, ✆ 0565-882602, at-bus.it. Im Sommer Mo–Sa 7.30–20 Uhr geöffnet, Wintermonate 7.30–14.20 und 15.55–18.45 Uhr, So geschl. Ticketautomat davor. Der Orario (Busfahrplan) hängt aus, es gibt auch eine **App** („at bus" für iOS/Android über die jeweiligen Stores oder QR-Code vor Ort an der Biglietteria). Von

Bei Seglern äußerst begehrt – die Liegeplätze im Darsena-Hafen

Portoferraio und Umgebung → Karten Umschlag hinten und S. 42/43

Portoferraio bestehen Verbindungen zu allen größeren Orten, es fährt die **Linie 116** in den Westen der Insel, die **117** in den Nordosten/Südosten und die **118** nach Lacona und Bagnaia. Die Verbindungen im Detail: 2-mal tägl. Bagnaia, 8-mal Capoliveri, 8-mal Cavo, 6-mal Fetovaia, 2-mal Lacona, 9-mal Porto Azzurro, 8-mal Marciana Alta, 9-mal Marciana Marina, 10-mal Marina di Campo, 10-mal Pomonte (im Wechsel via Marina di Campo oder Marciana Alta), 11-mal Procchio, 8-mal Rio nell'Elba und weiter nach Rio Marina, 6-mal Sant'Ilario und San Piero in Campo (davon 3-mal mit Umsteigen und Wartezeit in Marina di Campo). Darüber hinaus verkehren im Sommer (10. Juni bis 10. Sept.) die Linien 6 und 7 etwa alle eineinhalb Stunden (in der Hochsaison sogar 8.30–20.30 halbstündlich) zu den Stränden von Biodola und Viticcio (Letztere über Padulella, Capo Bianco und Acquaviva). Die Busverbindungen sind an Sonntagen etwas eingeschränkt.

> Die **Elba Card** erlaubt freie Fahrt in allen Bussen der Insel, es gibt sie für einen Tag (10 €), 3 Tage (15 €) oder 6 Tage (25 €).

Die **Preise** für eine Busfahrt zu den Inseldörfern liegen bei 1,20–5,60 €, im Bus gekaufte Tickets sind etwa 40 % teurer. Weitere Infos unter at-bus.it.

> **Achtung!** Nach 20 Uhr fahren fast keine Busse mehr ab Portoferraio. Denken Sie daran, wenn Sie mit der Fähre ohne eigenes Fahrzeug ankommen!

Stadtbus Die **Navetta** (Linea Blu bzw. Linea 5) pendelt zwischen Altstadthafen und Fährhafen (Calata Italia und den Parkplätzen), mit der **Linea 1** außerdem etwa stündlich nach San Martino (Napoleon-Villa), Abfahrt an der Calata Italia; mit der **Linea 2** etwa stündlich nach San Giovanni, ebenfalls ab Calata Italia. Eine Stadtbusfahrt kostet 1,30 €.

Parken Großer Parkplatz an der Banchina Alto Fondale, von hier nicht weit in die Altstadt, Parkgebühr 9–24 Uhr 1,50 €/Std. Wer umsonst parken will, findet gegenüber der Busstation am Viale Elba einen kostenlosen Parkplatz (leider oft voll), ebenso am Viale Zambelli. Nah an der Altstadt parkt man auch beim Archäologischen Museum (1,50 €/Std.). Dieser Parkplatz kommt allerdings nur bis zum Nachmittag in Frage, denn im Sommer (Mitte Juni bis Mitte Sept.) wird ab 17 Uhr die Hafenstraße für den Verkehr gesperrt und man muss sich am Neustadt-Hafen und Umgebung einen Parkplatz suchen. Die gute Nachricht: Parkgebühren werden vielerorts nur von Juni bis Sept. verlangt, den Rest des Jahres ist Parken frei. In der Hochsaison pendelt am Abend zwischen 20 Uhr und 24 Uhr alle 15 Minuten ein kostenloser **Shuttle-Bus** (Linea 8) zwischen den Parkplätzen in der Neustadt über Viale Elba/Calata Italia und dem Molo del Gallo am Anfang der Z.T.L.

Taxi Taxistand am Molo Massimo (am unteren Ende des Viale Elba). Preisbeispiel: nach Porto Azzurro ca. 35 €, nach Lacona ca. 25–30 €. Hinzu kommen 20 % Feiertagszuschlag und 25 % Nachtzuschlag.

Touristenbähnchen Gibt es auch in Portoferraio, der **Elba Express Train** fährt Juni bis Sept. von der Banchina Alto Fondale (dem großen Parkplatz am Neustadthafen) über die Linguella, den äußersten Zipfel des Darsena-Hafens (Altstadt) durch die Neustadt mit dem Stadtstrand (Le Ghiaie) und wieder retour. Abfahrt gegenüber der Gelateria Zero Gradi, 20-Min.-Tour 5 €, Kinder bis 12 J. 3 €. Tickets an Bord.

Bootsausflüge Mitte Juni bis Mitte Sept. immer freitags ganztägig nach **Capraia** (Zwischenstopp in Marciana Marina), Überfahrt 2 Std., dann 5 Std. auf Capraia, pro Pers. 39 €, Kinder bis 4–12 J. 20 €; Tickets an Bord, Abfahrt zwischen Molo 6 und Molo 7, Infos und Reservierung unter ✆ 0565-976022 oder ✆ 328-7095470, aquavision.it.

Einkaufen

→ Karte Umschlag hinten

Lebensmittel **Supermarkt COOP,** Viale Tesei (vom Fährhafen stadtauswärts, auf der rechten Seite), Mo–Sa 8–20 Uhr, So 8–13 Uhr.

Ein großer **CONAD-Supermarkt** liegt ein Stück weiter stadtauswärts (linke Seite), tägl. 8–20.30 Uhr.

Inselmarkt an der Einfallstraße Richtung Hafen (Viale Zambelli) jeden Fr 7–13 Uhr.

Magie – dolce e salato **14**, hervorragende Pralinen – z. B. „le Ghiaie", die wie Kiesel aussehen, aber köstlich schmecken – und sonstiges Back-Kunstwerk, feinste Kuchen und Törtchen, Cookies etc. Auch was zum Frühstücken mit Cappuccino und Brioche oder herzhaftem Panino. Via Manganaro 116 (an der Einfahrtsstraße nach Portoferraio gleich beim Kreisel mit Tankstelle), auf der linken Seite, mit Parkplatz. Mo–Sa 6.30–14 Uhr. ✆ 0565-915385.

Calata Mazzini 15 **12**, der kleine Weinladen an der Hafenpromenade ist über und über gefüllt mit Weinflaschen. Der Schwerpunkt liegt auf elbanischen Weinen. Sollte in der Cantina eines hiesigen Weinguts die eine oder andere Abfüllung bereits ausverkauft sein, lässt sich vielleicht hier noch eine Flasche ergattern. Die Preise unterscheiden sich nicht wesentlich von denen, die in den jeweiligen Weingütern aufgerufen werden. Sehr freundlicher Service und gute Beratung. Calata Mazzini 15, ✆ 0565-1791796 oder 335-8113208, calatamazzini15.it.

Birra dell'Elba **16**, in der sympathischen, kleinen Brauerei werden über ein Dutzend hervorragende Biere gebraut. Die Ales, Stouts, IPAs werden inselweit vertrieben, einen kleinen Verkaufsstand gibt es auch hier in der Brauerei. Das beliebteste Bier ist wohl MaestrAle, ein gefälliges Helles, sehr gut auch das „Elba Pale Ale" (EPA). Ein Bier (0,33 cl) kommt auf 4 €. Via Rodolfo Manganaro 146, ✆ 0565-880069, birradellelba.it.

Kleidung Zahlreiche, oft recht schicke Bekleidungsgeschäfte (vor allem für Segler) befinden sich entlang der Flaniermeile Calata Mazzini (am Hafen Darsena).

Fiorella – Lavorazione Artigianale **19**, feine Lederwaren (Schuhe und Taschen), aber auch Kleidung, Tücher, Strandtaschen, Espadrilles und weitere Accessoires. Nicht ganz billig, aber sehr schick. Calata Matteotti.

An der **Piazza Cavour** werden allabendlich zahlreiche Verkaufsstände aufgebaut: viel Schmuck, aber auch Kleidung.

Bücher **Libreria MardiLibri** **6**, ein schöner, kleiner Buchladen mit viel Elba-Literatur, zum Teil auch auf Deutsch – z. B. gab es hier zuletzt auch noch das „Kochbuch der Insel Elba" von Pierangela Pellizza Piras. Sehr freundlich geführt, hin und wieder finden hier auch Veranstaltungen statt. Piazza della Repubblica 25.

Feste & Veranstaltungen

Alljährlich am 29. April findet am Hafen die große **Prozession** zu Ehren des Stadtpatrons San Cristino statt.

Am 5. Mai jedes Jahres **Gedenkgottesdienst** zum Todestag von Napoleon Bonaparte in der Chiesa della Misericordia.

Le Notti dell'Archeologia, die „Nächte der Archäologie", jedes Jahr den Juli über in der Toskana. Auf Elba Abendveranstaltungen und -führungen im Archäologischen Museum von Portoferraio und den Ausgrabungen nebenan, in der Villa Romana delle Grotte (→ S. 51) sowie im Archäologischen Museum von Rio nell' Elba (→ S. 65).

Festival Elba Isola Musicale d'Europa, zwei Wochen ab Ende August, das Festival jährt sich 2024 zum 28. Mal. Hauptsächlich Klassik, aber auch Jazz und Tanz, die Veranstaltungen finden in diversen Locations über die ganze Insel verteilt statt, hauptsächlich aber in Portoferraio. Programm-Flyer liegen überall aus, Infos und Tickets unter elba-music.it. Eine Biglietteria gibt es in der Sala della Gran Guardia in der Porta a Mare (geöffnet kurz vor dem Festival bis zu seinem Ende Mo–Sa 9.30–12.30 Uhr, an Veranstaltungstagen auch So 9.30–12.30 Uhr).

Wechselnde Kunstausstellungen finden ab und zu in der Torre del Martello statt, ansonsten ist der Turm nur von außen zu besichtigen (und über die Befestigungsmauern zu besteigen); zuletzt allerdings wegen Restaurierung geschlossen.

Portoferraio und Umgebung → Karten Umschlag hinten und S. 42/43

Übernachten

→ Karte Umschlag hinten

Die Auswahl an Unterkünften im Stadtzentrum und vor allem im historischen Zentrum ist leider bescheiden, empfehlenswert ist es, zu den Hotels an den beiden Stränden Le Ghiaie und La Padulella auszuweichen.

B & B Al 28 13, im ersten Stock eines Eckhauses gleich am Anfang der Via Carducci in guter Laufnähe zur Altstadt wie auch zum Stadtstrand Le Ghiaie. Zahlreiche Restaurants rundum, man befindet sich mittendrin in Portoferraio. Leser waren von der ansprechenden Ausstattung und der freundlichen Leitung sehr angetan, es gibt auch eine Frühstücksterrasse, einen „Soggiorno" und eine kleine Küche. Nur 4 Zimmer, 2 Zimmer erlauben auch Belegung zu dritt oder viert. Ganzjährig geöffnet. Via Carducci 28, 57037 Portoferraio (LI), ✆ 339-6488763, al28.it. ▪ **Lesertipp €€**

*** Albergo Le Ghiaie 1**, einfache Unterkunft für das kleinere Budget, direkt am gleichnamigen Stadtstrand, überdachte Terrasse übers Meer gebaut, in der Bar (und Restaurant) ist immer ziemlich viel los, zum Hotel gehören die Bagni Elba (Sonnenschirm- und Liegestuhlverleih, auch auf der Terrasse). Eher jüngeres Publikum, ca. 500 m vom Zentrum. Nur wenige, einfache und kleine Zimmer, alle mit Bad und Terrasse (einige zum Meer hin), den Mangel an Komfort macht die Lage wett. Oft ausgebucht. Eigener Parkplatz (kostenlos) im weiß getünchten Hof. Geöffnet 1. Mai bis 30. Sept. Im Zentrum ab Via Carducci/Piazza Citi beschildert. Via Alcide de Gasperi 6, Loc. Le Ghiaie, 57037 Portoferraio (LI), ✆ 0565-915178, hotel-leghiaie.business.site. **€€**

***** Villa Ombrosa 3**, gegenüber vom Albergo Le Ghiaie, 30 m vom Strand (privater Abschnitt). Gepflegtes, gediegenes Haus mit gemütlicher Terrasse unter Schatten spendenden Bäumen, komfortable Zimmer mit Bad und Balkon (teilweise zum Meer). Mit Ristorante. Im Sommer mit obligatorischer Halbpension und inkl. Strandservice, Zimmer mit Frühstück nur bis Mitte Juni und ab Mitte Sept. Ganzjährig geöffnet. Via Alcide De Gasperi 9, 57037 Portoferraio (LI), ✆ 0565-914363, villaombrosa.it. **€€€€–€€€€€**

Außerhalb des Zentrums * Acquamarina 2**, im Ortsteil Padulella, gut 1 km vom Zentrum auf der rechten Seite (Straße an der Nordküste Richtung Enfola). Privates Ambiente, Zimmer mit Bad und Balkon (herrlicher Blick auf die grüne Bucht). Besonders schöne Terrasse, Bar, freundlicher Service, 200 m Fußweg zum Padulella-Strand (mit Strandservice und Bar/Ristorante). April bis Okt. geöffnet. Viale Luigi Einaudi 6, Loc. Padulella, 57037 Portoferraio (LI), ✆ 0565-914057, hotel-acquamarina-elba.it. **€€€–€€€€**

Camping

Die Campingplätze liegen alle etwas außerhalb, die schönsten findet man westlich der Hauptstadt um das Capo d'Enfola. Pflanzenliebhabern sei der Platz **Rosselba le Palme** bei Magazzini/Ottone auf der anderen Seite der Bucht von Portoferraio empfohlen. Siehe die Abschnitte „Capo d'Enfola" (ab S. 46) und „Die Bucht von Portoferraio" (ab S. 50).

Essen & Trinken/Nachtleben

→ Karte Umschlag hinten

Stella Marina 17, Fischrestaurant mit Tradition. Schickes Ambiente, hervorragende Fischgerichte, viele Weine der Insel. Nicht ganz so idyllische Lage zwischen zwei Parkplätzen am Hafen, aber Blick auf die anlegenden Fähren inklusive. Kleine, gepflegte Terrasse. Antipasti/Primi 8–18 €, Secondi 12–24 €, Fisch teils nach Gewicht, Cacciucco 40 € (nach Vorbestellung). Es gibt auch Pizza (auch mittags). Für das Gebotene nicht teuer. Tägl. mittags und abends geöffnet. Via V. Emanuele II 1 (Banchina Alto Fondale), für abends unter ✆ 0565-964412 reservieren.

Molo G – Osteria Portuale 24, bei der Werft in der Neustadt. Angesagte Location, eher junges, schickes Publikum und auch einige Segler. Schön gelegen ist die vordere Terrasse am Kai mit den Jachten, nach hinten raus ist es ein wenig ruhiger und weitläufiger, innen shabby-mediterranes Ambiente. Netter junger Service, hervorragende Fischküche, wechselnde Karte, Antipasti/Primi 10–18 €, Secondi 18–28 €. Gute Auswahl an Weinen der Insel. Im Sommer ganztägig bis spätabends geöffnet (auch sanitäre Anlagen für Segler), in der Nebensaison nur mittags und Fr/Sa abends, Mo geschl. C/O Cantiere Navale Esaom, ✆ 0565-915024. *Anfahrt:* Auf der Einfahrtsstraße nach Portoferraio etwa gegenüber vom COOP am geschlossenen Tor (roter Schriftzug „Molo G") klingeln, dann kann man auch hineinfahren und innen parken. Um das Werftgebäude herum gelangt man zum Molo und den Booten, rechter Hand ist die Osteria. Für abends unbedingt reservieren!

Da Lido 7, seit 1970 gibt es dieses Altstadt-Lokal am Aufgang von der Piazza Cavour zur Festung. Nette kleine Terrasse (für abends reservieren!), innen rustikale Eleganz, netter Service, sehr guter Fisch und Meeresfrüchte zu etwas gehobenen Preisen: Antipasti/Primi 14–18 €, Secondi 15–30 € (z. B. ein hervorragender Schwertfisch vom Grill für 17 €). Weine u. a. von La Chiusa. Mittags und abends geöffnet, So nur abends. Salita del Falcone 2, ✆ 0565-914650, ristorantelido.org.

Osteria Pepenero 20, in der romantischen Via dell'Amore, stylishes Lokal mit hübscher Terrasse und viel gelobter, raffinierter Fischküche (mit Showküche), Degustationsmenüs zu 50 € (4 Gänge), 80 € (7 Gänge) und 120 € (10 Gänge), Einzelgerichte 16–28 €, interessante Weinkarte mit einigen elbanischen, vielen italienischen und ein paar ausländischen (meist französischen) Weinen. Ostern bis Ende Okt. nur abends ab 19 Uhr geöffnet, Di Ruhetag. Besser reservieren (nur wenige Tische draußen in der Gasse und auch innen nicht allzu viele). Via dell'Amore 48, ✆ 0565-916240, olmosteria.com.

Teatro Bistro & Wine Bar 4, neben dem Teatro dei Vigilanti (Piazza Gramsci), von der Terrasse Blick über die Stadt, romantisch sitzt man auf der Piazza mit kleinen Lämpchen am Tisch; abseits des Rummels gelegen, eher Osteria als Enoteca, sehr gute Küche, Antipasti/Primi 6–20 €, Secondi 18–20 €. Auch Vegetarier werden hier glücklich. Viele Weine der Insel, auch glasweise. Im Sommer tägl. mittags und abends geöffnet, ab 18.30 Uhr Aperitivo auf der Piazza, Mo Ruhetag, Nov. bis Febr. geschl. Via del Carmine 65, ✆ 335-8393722, teatrobistro.com.

Da Gianni 10, hausgemachte Orecchiette mit allen möglichen Soßen sind die Spezialität dieses oft ausgebuchten Restaurants – vegetarisch („al pomodoro"), mit Fleisch („al manzo") oder mit Fisch und Meeresfrüchten („alla pescatora"). " Darüber hinaus hervorragende Frischfisch-Secondi, den „Fang des Tages" gibt es ab 22 €, Cacciucco nach Vorbestellung für 26 €. Antipasti/Primi 17–22 €, Secondi ab 19 €, Fisch z. T. nach Gewicht. Mit Terrasse, in zweiter Reihe hinter dem Neustadthafen, wenige Schritte oberhalb der Via Carducci 96. Tägl. mittags und abends geöffnet, ✆ 0565-930976, ristorantedagianni.com.

La Centrale Gourmet 23, noch relativ neuer Fresstempel hinter dem Hafen (Eingang über Viale Zambelli) unterm Dach eines Einkaufscenters (Euro-Spin), erinnert mit seinen vielen verschiedenen Ständen ein wenig an Eataly, beim Essen hat man die Qual der Wahl. Modernes, aufgeräumtes Ambiente, mit großer Terrasse (Blick auf den Hafen) und Parkplatz. Tägl. 7–23 Uhr geöffnet. Viale Zambelli 3, ✆ 0565-963000, lacentralegourmet.it.

Pizzeria L'Ombelico del Mondo 11, der „Nabel der Welt" liegt am Anfang der Via Carducci bei der Piazza Citi (Neustadt). Winzige Pizzeria und Bar, schlichte Einrichtung, gute Musik, junges Publikum, bekannt auch für seine leckeren Schiaccine (gefüllte Pizzafladen), günstig. Der Pizzaofen ist hier bis spätabends in Betrieb (nur abends ab 18 Uhr, dann aber bis 3 Uhr nachts geöffnet). Mo geschl. Via Carducci 14, ✆ 0565-914317.

Ein Klassiker der italienischen Küche: Spaghetti alle Vongole

La Cisterna **5**, erstmal die vielen Stufen der Salita del Falcone hinauf, als Belohnung lockt eine leckere, saftige Pizza. Kleine, überdachte Terrasse mit Fenstern für die kühle Jahreszeit. Pizza 8–12 €, die „Gourmet"-Pizza um 16 €. Nur abends geöffnet, Di Ruhetag (in der Nebensaison auch Mo). Via delle Conserve 8, ✆ 0565-883314.

Tre Archi **9**, ein wenig außerhalb gelegen, doch der Weg lohnt, die Pizza ist hervorragend und saftig (wenngleich untypisch eckig), die Schiaccine köstlich und auch die Cecina (Kichererbsentorta à la Farinata, muss man beim Reservieren gleich mitbestellen) sollte man sich nicht entgehen lassen. Dazu gibt es das gute sardische Ichnusa-Bier. Günstig. Mit Terrasse/Wintergarten. Ganztägig geöffnet, Di Ruhetag. Via Cacciò 58, ✆ 0565-1933070. Anfahrt: Mit dem Auto stadtauswärts, ca. 400 m nach dem ersten Kreisel (Tankstelle) auf der rechten Seite. Bis gegen 19.30 Uhr fahren auch die Stadtbusse 1 und 2 hierher.

Enoteca BerBene **22**, Enoteca und Bar mit Bruschette, Panini, Salaten, kalten Platten, aber auch einigen warmen Pastagerichten. Kein Essen über 16 €, das meiste um 12 €, ein Glas Wein kostet um 4–5 €, wechselnde Weinkarte (hauptsächlich elbanisch und toskanisch, aber auch aus anderen Regionen Italiens), die Weine sind natürlich auch in der Enoteca erhältlich. Kleine Terrasse davor, freundlicher Service. Ein netter Ort. Abends ab 18.30 Uhr bis spät geöffnet (zuletzt Mo, Do und Fr auch mittags), in der Nebensaison Mi geschl. Via dell'Amore 40, ✆ 0565-1840076.

Gelaterie Ausgezeichnetes Eis und Granita (Halbgefrorenes mit Fruchtpüree, z. B. Pfirsich, Erdbeere, Limone, Caffè) gibt es bei **Zero Gradi** **21** am großen Hafenparkplatz an der Auffahrt zum Forte Falcone, wenngleich ein wenig teurer (ab 2,80 €). Via Vittorio Emanuele II 18, Filliale **8** in der Altstadt gegenüber dem rosa Rathaus in der Via Garibaldi.

mein Tipp **Da Massimo** **18**, das Eis dieser kleinen Gelateria ist nicht nur unschlagbar köstlich, sondern dazu auch noch günstig: 2 Sorten (gusti) ab 2,50 €. Das Fruchteis ist vegan. Ganztägig bis 23 Uhr, Via Carducci 3.

Aperitivo/Nachtleben **Sail Port** **15**, die alteingesessene Seglerkneipe an der Piazza Cavour ist ein wirklich einladender Ort in der Altstadt. Gute Cocktails und sonstige Drinks. Ab 18 Uhr zum Aperitivo geöffnet, bis 3 Uhr nachts. Piazza Cavour 56.

Portoferraio-Impressionen

Baden in und um Portoferraio

Stadtstrände

Portoferraio ist zwar nicht gerade ein Badeort, aber die beiden Stadtstrände an der Nordküste sind so schlecht nicht. Der Hauptstrand **Le Ghiaie** (nördlich der Stadt), heißt auf Deutsch „die Kiesel", und der Name ist durchaus zutreffend: weiße Kiesel und türkis schimmerndes Wasser. Abends ist die breite Promenade mit ihren Restaurants und Bars (nebst kleinem Park) ein beliebter Treffpunkt, der Strand liegt schließlich nur knapp 500 m vom Zentrum entfernt.

Weniger besucht ist der kleine Stadtstrand **Le Viste** (Sand und Kiesel) direkt unterhalb der mediceischen Festungsmauern. Von der Altstadt aus erreicht man den Strand mit schickem Restaurant über einen steilen Fußweg mit Serpentinen unweit der Villa dei Mulini. Beim Sonnenbad fällt der Blick dann auf die vorgelagerte Insel Scoglietto – das „Klippchen".

Strände westlich von Portoferraio

Etwa 800 m vom Zentrum entfernt liegt, beidseitig von steilen Felsen eingerahmt, die ruhige Kiesbucht **La Padulella.** Glasklares, türkis schimmerndes Wasser, allerdings wird hin und wieder Seegras angeschwemmt. Mit Sonnenschirm- und Liegestuhlverleih sowie hübschem Ristorante/Bar. Zugang von der Straße über einen Pfad hinunter (beschildert), am besten zu Fuß kommen – Parkplätze sind rar (10 €/Tag). Schon lange war hier zu viel Verkehr, sodass die Strecke von der Via delle Ghiaie Richtung Capo Bianco mittlerweile Einbahnstraße ist.

Weitere Bademöglichkeiten finden sich in den vielen kleinen Kiesbuchten entlang der teils steilen Nordküste in Richtung Capo d'Enfola, z. B. am **Capo Bianco:** Etwa 200 m nach dem Hotel Acquamarina (Straße Richtung Enfola) geht es rechts ab (beschildert), vom gebührenpflichtigen (14 €/Tag) und an Sommerwochenenden meist überfüllten Parkplatz führen Stufen links hinunter zum sauberen Strand vor der steil aufragenden Felswand des Capo Bianco. Ein schöner Strand mit großen, weißen Kieseln, man sollte sich daher eine weiche Unterlage mitbringen. Am Strand gibt es einen Sonnenschirm- und Liegestuhlverleih, des Weiteren werden Tretboote und Kanus angeboten. Das Meer am Capo Bianco ist türkis und glasklar, ideal für Schnorchler. Die **Bar Capo Bianco** oberhalb am Parkplatz bietet herrliche Blicke und zum Aperitivo einen ebenso herrlichen Sonnenuntergang.

Am Capo Bianco

Es folgen in westlicher Richtung die Buchten **Sottobomba** (mit Strandservice und gebührenpflichtigen Parkplätzen oben an der Straße), **Prunini/Seccione, Acquaviva** und **La Sorgente.** Die ersten drei ab der Straße beschildert und über Fußwege/Treppen zu erreichen, La Sorgente nur für Campinggäste des gleichnamigen Campingplatzes zugänglich (zu den Campings → S. 47). Parkplätze sind hier generell Mangelware, es fährt der Bus der Linie 7 ab Portoferraio, in der Hochsaison sogar im Halbstundentakt.

Eine der schönsten Buchten westlich von Portoferraio ist die etwas größere **Sansone-Bucht** gleich westlich neben La Sorgente: weißer Kies und türkisblaues Wasser. Sonnenschirm- und Liegestuhlverleih, Tretboote und Kanus, Bar oberhalb zwischen den beiden Buchten.

■ **Anfahrt:** Auf der Straße Richtung Enfola geht es zwischen den Campingplätzen Acquaviva und La Sorgente rechts auf einer schmalen Straße (Via Acquaviva) hinunter zur Spiaggia Sansone (beschildert). **Parken** muss man allerdings schon weiter oben am Straßenrand (hier ein weiteres Schild: „Spiaggia di Sansone"), dann gut 15–20 Min. zu Fuß, vorbei an der Sorgente-Bucht zum Sansone-Strand.

Zum Capo d'Enfola → S. 46.

Die Umgebung von Portoferraio

Museo Italo Bolano/ Giardino dell'Arte

Eine Symbiose zwischen Kunst und Natur herzustellen war die Idee, die hinter dem Open-Air-Museum des 2020 verstorbenen zeitgenössischen Künstlers **Italo Bolano** (1936–2020) steht. In einem kleinen Park im Tal von San Martino hatte der gebürtige Elbaner quasi sein gesamtes Lebenswerk ausgestellt: über 30 große Keramikkonstruktionen, deren mediterraner Charakter nicht zu übersehen ist und die sich kontrastreich und harmonisch zugleich in das verschwenderische Grün des schönen Kunstparks einfügen. Nach den Worten ihres Schöpfers Italo Bolano sollten die Keramikarbeiten in der mediterranen Kulturlandschaft „erblühen" und im jahreszeitlichen Wechsel in jeweils neuen Perspektiven erscheinen.

Bolanos abstrakte Werke sind von Kandinsky, Picasso und Paul Klee inspiriert. Den größten Einfluss auf seine Arbeit aber nahm nach eigenen Aussagen seine Heimatinsel Elba selbst, deren Mittelmeerflair er in intensiven Farben künstlerisch einzufangen versuchte. Weitere große Keramiken von Bolano sind auch auf Plätzen der Inselorte Portoferraio, Porto Azzurro, Rio nell'Elba, Capoliveri, Marciana Marina und Marina di Campo ausgestellt. 2017 kam ein Ausstellungsraum im Forte Falcone (→ S. 30) in Portoferraio hinzu, der aber bis zur Einrichtung einer größeren Ausstellung nur als Zwischenlösung dienen soll.

Zu den bedeutendsten Arbeiten des 1936 in Portoferraio geborenen Künstlers und späteren Professors für Kunstgeschichte zählen seine Zyklen über das Leben Napoleons und zu den Werken des Dichters Mario Luzi.

Zum 1993 eröffneten Giardino dell' Arte, der an ein bereits im Jahr 1965 gegründetes **International Art Center** angeschlossen ist, gehören auch eine kleine Galerie mit Aquarellen, Öl- und Acrylbildern, eine Keramikwerkstätte sowie das Atelier von Bolano.

Ein wenig Sonne, ein wenig Mond: Keramik in Italo Bolanos Giardino dell'Arte

▪ Mai bis Sept. täglich 15–20 Uhr, Eintritt frei. Im August werden hier auch Raku-Kurse angeboten. Infos unter ☏ 338-6996406, italobolano.com.

Anfahrt: Von Portoferraio kommend, weist gleich nach der Abzweigung von der Straße nach Procchio zur Villa San Martino (Villa Napoleone) ein gelbes Schild zum Open-Air-Museum. Über kleine Feldwege geht es weiter (dabei immer der Beschilderung folgen). Der Parkplatz befindet sich hinter dem Giardino.

Die Villa Napoleons in San Martino

Eines vorneweg: Das Reizvollste an Napoleons Sommerresidenz im hinteren Teil des Valle San Martino ist sicherlich die idyllische Lage, leicht erhöht und mit fürstlichem Blick über die Insel bis zum Meer. Die kleine Landvilla selbst wird von der unterhalb angebauten Galerie Demidoff bei Weitem in den Schatten gestellt. Auch die prachtvolle Auffahrt zu dem Anwesen und das gusseiserne Tor mit den vergoldeten kaiserlichen Adlern lässt mehr erwarten, als Napoleons Sommerfrische schließlich zu bieten hat.

Napoleon wurde es im Sommer 1814 in Portoferraio zu heiß, ein Landsitz musste her. Vermutlich beim Ausreiten entdeckte er den nur 6 km entfernten ehemaligen Bauernhof im kühlen und wasserreichen Valle San Martino, kaufte ihn für 180.000 Francs und ließ das Gebäude flugs zur repräsentativen Landvilla umbauen.

Besichtigung: In der Villa sind u. a. Vorzimmer, Salons, Schlafzimmer und Studierzimmer zu sehen – insgesamt acht Räume, mit zeitgenössischen Möbeln hübsch eingerichtet. Dabei handelt es sich allerdings um Imitationen, da fast der ganze Besitz Napoleons von den Erben verkauft wurde. Interessant gleich zu Anfang des Rundgangs ist die Darstellung der „Festung Portoferraio"

Die Galerie Demidoff

aus dem Jahr 1705. Das „Zimmer des Liebesknotens" zeigt ein schönes Fresko: Zwei Tauben (sinnbildlich für Napoleon und seine Gattin Marie-Louise, die dem Kaiser nicht ins Exil gefolgt war) mit einem blauen Band im Schnabel zurren beim Auseinanderfliegen den besagten Liebesknoten fest. Eine Überraschung ist das (vielleicht etwas kitschige) Speisezimmer, das „Ägyptisches Zimmer" genannt wird: Antikisierende Trompe-l'œil-Gemälde schaffen die Illusion einer ägyptischen Säulenhalle und erinnern an den Ägypten-Feldzug aus glorreicheren Tagen des Kaisers. Ein Highlight dort ist die anmutige, von **Antonio Canova** (1757–1822) aus weißem Marmor gearbeitete „Galatea", für die Napoleons Lieblingsschwester Paolina persönlich Modell saß. Über der Tür prangt der vergoldete Original-Schild Napoleons mit dem Adler als Symbol der kaiserlichen Macht, die Decke des Speisesaals schmückt ein gemalter Himmel, in der achteckigen Vertiefung in der Mitte des Raums waren Blumen angeordnet.

Zum Abschluss der Besichtigung kann man im Untergeschoss noch einen Blick in die Küche und das kleine Badezimmer werfen – mit Kamin und dem Wandbild einer Badenden über der Wanne (nur von außen durch Fenster einsehbar). Neuerdings gehört zum Rundgang auch das etwas abseits gelegene Gewächshaus (Serra), das aber, da auch nur von außen zu besichtigen, nicht zwingend einen Umweg wert ist.

Weit prachtvoller als die Villa von San Martino ist das ihr vorgelagerte Gebäude, die **Galerie Demidoff.** Anatoli Demidoff, bedeutender Kunstsammler im 19. Jh., war ein glühender Verehrer des Kaisers. Ob die Bewunderung für Napoleon der Grund für die Heirat mit dessen Nichte Matilde (der Tochter von Jerome Bonaparte) war, sei dahingestellt; die Ehe, die Demidoff nebenbei auch noch einen Fürstentitel einbrachte, hielt jedenfalls nur sechs Jahre, und nach der Trennung von Matilde im Jahr 1846 erwarb Anatoli die Villa San Martino und ließ hier die Galerie im klassizistischen Stil errichten. Das Gebäude ist einem dorischen Tempel nachempfunden, sein einziger Schmuck am Fries ist ein Band mit dem Buchstaben „N" (für Napoleon) im Wechsel mit dem Bienenwappen (für die fleißigen Elbaner). 1859 wurde die Galerie nach

Portoferraio und Umgebung → Karten Umschlag hinten und S. 42/43

achtjähriger Bauzeit eröffnet, zu den Exponaten zählten damals Erinnerungsstücke aus dem Privatbesitz Napoleons, die Demidoff während seiner Ehe mit Matilde erstanden hatte, die jedoch später von seinen eigenen Erben zum Großteil wieder verkauft wurden. Das letzte Stück der Napoleon-Sammlung fiel in den 1960er-Jahren bei Sotheby's in London unter den Hammer.

1932 erwarb der italienische Staat das repräsentative Gebäude und brachte hier zwischenzeitlich die Collezione Foresiana (jetzt Pinacoteca Foresiana im Centro de Laugier → „Portoferraio/Sehenswertes", S. 32) unter, heute bildet das feierliche Ambiente der Galerie den Rahmen für klassische Konzerte. Allzu viel sollte man sich von der Galerie nicht erwarten, hauptsächlich sind Gemälde aus der Zeit Napoleons zu sehen.

Am Parkplatz bieten zahlreiche Souvenirstände Napoleon-Souvenirs an, in den Imbissbuden nebenan werden Erfrischungsgetränke und Panini verkauft.

Verbindungen/Anfahrt **Busse** (Linie 1) etwa stündlich von und nach Portoferraio, Abfahrt an der Calata Italia/Viale Elba. Die Napoleon-Residenz liegt ca. 10 Autominuten von Portoferraio entfernt, zunächst Richtung Procchio, dann links ab (Beschilderung San Martino). **Parken** kostet pauschal 4 € (9–19 Uhr).

Öffnungszeiten Di, Do, Sa und So 9–13 Uhr, Mi und Fr 14–18 Uhr, Mo geschlossen. Eintritt 5 €, erm. 2 €. Fotografieren ohne Blitz ist erlaubt, Filmen verboten. Loc. San Martino, ✆ 0565-914688.

Übernachten ***** Il Caminetto,** gegenüber dem Parkplatz, 22 Zimmer mit Terrasse oder Balkon und Blick auf die Bucht von Portoferraio, zum Hotel gehört auch ein Pool mit Liegewiese. Sehr freundlich. Geöffnet Anfang Juni bis Ende Sept. Via San Martino 56, 57037 Portoferraio (LI), ✆ 0565-915700, hotelilcaminetto.it. **€€€**

Tenuta Santa Caterina, „ein exklusives kleines Paradies haben wir ganz in der Nähe von Portoferraio gefunden. Ein Weingut mit wunderschön gemütlichen Zimmern, Garten und Pool, super Frühstück ... ein Ort zum Bleiben!", schreibt uns eine begeisterte Leserin. Elf Zimmer und Suiten, Mai bis Mitte Oktober geöffnet. Loc. Scotto, 57037 Portoferraio (LI), ✆ 0565-1931963, tenutasantacaterinaelba.it. *Anfahrt:* Von Portoferraio Richtung Procchio/Biodola und San Martino, noch vor der Abzweigung nach San Martino geht es links ab auf eine schmale Straße (Beschilderung: Tenuta Santa Caterina), nach ca. 200 m rechts ab auf einen Feldweg und weitere 200 m bis zur Tenuta. ▪ **Lesertipp €€€€**

Capo d'Enfola/Viticcio

Wie ein grüner Kegel ragt die 8 km westlich von Portoferraio gelegene Landzunge aus dem Meer heraus. Außer zum Badeausflug etwas abseits des großen Rummels lädt das Capo d'Enfola auch zur Rundwanderung an der unzugänglichen Felsküste ein.

Bereits auf dem Weg zum Capo d'Enfola kann man an den sauberen Kiesbuchten vor der steil abfallenden Felskulisse der elbanischen Nordküste einen Zwischenstopp einlegen, z. B. am **Acquaviva-** und am kleineren **La-Sorgente-Strand** (Acquavivetta) sowie an der besonders schönen **Sansone-Bucht** (→ S. 42). An der Landenge des **Capo d'Enfola** befindet sich ein weiterer, größerer Kiesstrand mit herrlichem Blick auf die westelbanische Bergwelt. Das Wasser ist glasklar und Camper kommen auf den drei Plätzen an der Küste voll auf ihre Kosten. Außerdem bietet eine Tauchschule ihre Dienste an. Parken ist am Capo d'Enfola wie fast überall an der Küste ein Problem, es gibt zwar einen Parkplatz, allerdings ist es fast unmöglich, hier im Sommer Platz zu finden (daher möglichst früh am Morgen kommen). Hier an der Landenge von Enfola befindet sich die alte **Tonnara** (Thunfischfabrik), die bis Ende der 1950er-Jahre in Betrieb war (heute Verwaltungssitz des Nationalparks). Eine Schautafel informiert über den Thunfischfang der elbanischen Fischer. An der Landenge gibt es außerdem eine Bar mit Pizzeria.

Oben von der Straße (am Kreisel) zweigt eine kleine Stichstraße links ab nach **Viticcio,** einem kleinen, abgeschiedenen Badeort, der eigentlich nur aus drei Hotels und einer Hand voll Privathäusern besteht. Einzige Bademöglichkeit hier sind einige winzige Kiesstrände mit terrassenförmigen Felsen, vor der ruhigen Bucht gehen zahlreiche Jachten vor Anker. Ein Trampelpfad, **Sentiero Nr. 249,** verbindet Viticcio mit den südlich gelegenen Buchten von Forno und Scaglieri (von dort weiter nach Biodola).

Verbindungen Keine Busse direkt zum Capo d'Enfola, allerdings verkehrt die Linie 7 mind. 2-mal tägl. (in der Hochsaison als Marebus sogar halbstündlich!) ab Portoferraio (Calata Matteotti) nach Viticcio und man kann an der Abzweigung nach Enfola aussteigen (ab hier ca. 1 km zu Fuß bergab auf der Straße). Taxi ab Portoferraio ca. 22–25 €.

Wassersport **Enfola Diving Center,** Tauchschule an der Landzunge von Enfola (hinter dem Ristorante Emanuel). Getaucht wird hauptsächlich an der Nordküste um Enfola und Marciana Marina. Geführter Tauchgang inkl. Ausrüstung 45–65 €, Open-Water-Diver-Kurs 450 €, Flaschenfüllstation, auch Ausrüstungsverleih. Stellplätze und Bungalows am benachbarten Campingplatz können vermittelt werden (im Paket mit einem Tauchkurs). Die Tauchlehrer sprechen Englisch. Geöffnet Ostern bis Anfang Nov. ✆ 348-7925653, enfoladivingcenter.it.

Übernachten ***** Paradiso,** in Viticcio, terrassenförmig angelegtes, gepflegtes Hotel mit Pool und Tennisplatz, kleiner Kinderspielplatz, Hotelbar, professionell geführt. Zimmer mit Terrasse/Balkon, teilweise mit herrlichem Blick über die Bucht und zu den Bergen im Westen, eigener kleiner Strandabschnitt (unterhalb gelegen). Das Hotel liegt gleich am Ortsanfang von Viticcio auf der linken Seite. Anfang Mai bis Anfang Okt. geöffnet. Halbpension ist möglich, EZ auf Anfrage. Loc. Viticcio, 57037 Portoferraio (LI), ✆ 0565-939034, hotelparadisoelba.it. **€€€–€€€€**

Schroffe Felsküste am Capo d'Enfola

***** Viticcio,** ebenfalls in Viticcio, ein Stück weiter auf der anderen Straßenseite. Relaxte Atmosphäre, zuvorkommender Service, Zimmer mit Rattan und Terrakotta-Optik. Zum Hotel gehört ein schattiger Garten über dem Meer, Fußweg zur kleinen Kiesbucht (Einstieg ins Wasser etwas steinig). Mitte/Ende April bis Anfang Okt. geöffnet. Auch hier ist Halbpension möglich; in der Nebensaison deutlich günstiger. Loc. Viticcio, 57037 Portoferraio (LI), ✆ 0565-939058, hotelviticcio.it. **€€€–€€€€**

**** Scoglio Bianco,** in Viticcio am Ende der Straße, günstigste Unterkunft des Ortes. Hübsch gelegen, schöner Innenhof und Restaurant mit Blick aufs Meer. Fußweg hinunter zu den Badefelsen, eher einfache Zimmer, zumeist mit Terrasse/Balkon. Mitte Mai bis Ende Sept. geöffnet. Zimmer mit obligatorischer Halbpension. Hunde erlaubt (8 €/Tag). Loc. Viticcio, 57037 Portoferraio (LI), ✆ 0565-939036, scogliobianco.it. **€€€–€€€€**

Camping **** Camping Acquaviva,** ca. 5 km westlich von Portoferraio in Richtung der Halbinsel Enfola. Netter Platz, die gleichnamige

Kiesbucht ist sehr schmal und nicht besonders attraktiv (Campinggäste können von hier zu den Nachbarbuchten Sorgente und Sansone hinüberlaufen). Schattige Stellplätze z. T. am Hang und mit Blick aufs Meer. Kleiner Pool, Spielplatz, Minimarket, Ristorante/Pizzeria und Bar am Platz. Übernachten kann man auch in Mobile Homes („Chalets") oder Bungalows („Cottages"): für 2–4 Pers. 106–221 €/Tag, in der Hochsaison wochenweise Buchung. Der Platz ist von der Straße in Richtung Enfola beschildert. Stellplatz inkl. 2 Pers. 45–63 €. Hunde willkommen. Geöffnet Mitte April bis Mitte Okt. Spiaggia dell'Acquaviva, 57037 Portoferraio (LI), ✆ 0565-919103, campingacquaviva.it.

** **Camping La Sorgente,** gepflegter, schattiger Platz, ca. 6 km von Portoferraio Richtung Capo d'Enfola rechts ab, beschildert. Den Gästen stehen zwei schöne Kiesbuchten (La Sorgente und die traumhafte Sansonse-Bucht, dazwischen eine Bar) zur Verfügung. Leihfahrräder für Campinggäste, Supermarkt. Geöffnet April bis Okt. Stellplatz inkl. 2 Pers. 49–59 €, Hund kostenlos. Auch Bungalows für 3–4 Pers. (110–220 €/Tag + Endreinigung). Camper-Service vor der Schranke (30 €/Nacht). Via Acquaviva 42, 57037 Portoferraio (LI), ✆ 0565-917139, campinglasorgente.it.

*** **Camping d'Enfola,** am Ende der Straße zum Capo d'Enfola, 8 km von Portoferraio. Terrassenförmig an einen Hang gebaut, sehr schattig, direkt bei der Kiesbucht von Enfola. Kleiner Platz, nur wenige Stellplätze, besonders nett sind die Zeltplätze ganz oben, teilweise mit eigener Terrasse hoch über dem Meer. Tauchschule unterhalb. Mit super Restaurant (Osteria di Mare) über dem Meer, außerdem Café/Bar und Market, Leihfahrräder. Geöffnet Ende April bis 10. Okt. Stellplatz inkl. 2 Pers. 48–63 €. Es werden auch einige Case Mobili (2–3 Pers. 125–160 €/Tag, 4–5 Pers. 175–240 €/Tag, jeweils + Endreinigung) vermietet, diese sollte man so früh wie möglich buchen. Loc. Enfola, 57037 Portoferraio (LI), ✆ 0565-939001, campingenfola.com.

Essen & Trinken **Ristorante Da Giacomino,** in Viticcio, sehr beliebter Familienbetrieb mit netter Terrasse zwischen weißen Häusern am Meer, hervorragende Fischküche (Antipasti/Primi 14–18 €, Secondi 15–25 €), wunderbar der Sonnenuntergang von der Terrasse. Mittags und abends geöffnet, besser reservieren! Unterhalb des Albergo Scoglio Bianco (um dieses quasi herumgehen und die Treppen hinunter). ✆ 0565-915381, ristorantedagiacomino.it.

Wanderung 1: Zum Capo d'Enfola
Rundwanderung über die kleine Halbinsel zum Kap – ca. 5 km, Gehzeit etwa 2:30 Std. → S. 246

Biodola-Bucht/Scaglieri-Bucht

Die traumhafte Nachbarbucht südlich von Viticcio ist mit dem Fahrzeug nur von Portoferraio aus zu erreichen, einzige direkte Verbindung entlang der Küste ist ein Wanderpfad (ab Hotel Scoglio Bianco in Viticcio, Beschilderung: „Sentiero 249"). Die **Biodola-Bucht** mit ihrem breiten Sandstrand – verständlicherweise sehr begehrte Liegeplätze – ist mehr oder weniger in der Hand zweier Luxushotels: das „Biodola" und an der Westseite das „Hermitage". Neben der Asphaltstraße führt ein kurzer Fußweg in Richtung Osten über die Klippen nach **Scaglieri.** Durch eine vorspringende Felsnase hat sich hier eine winzige Bucht gebildet, die etwas ruhiger als die Hauptbucht ist, allerdings ist der Strand hier meist nur handtuchschmal und im Sommer entsprechend überfüllt. Knapp 1 km weiter gelangt man in die zweite, winzige Seitenbucht nach **Forno.** Hier findet man exklusive Abgeschiedenheit mit ein paar bunten Häusern (überwiegend private Ferienhäuser) – man bleibt lieber unter sich. Der noch handtuchschmalere Strand lässt ohnehin nicht allzu viele Gäste zu und auch Parkmöglichkeiten sind fast keine vorhanden (Abzweigung von der Straße hinunter nach Biodola, beschildert).

Vom südwestlichem Ende der Biodola-Bucht verläuft der **Sentiero delle Salute** an der felsigen Küste entlang (und sogar durch einen Tunnel) zur *Spiaggia della Lamaia* (*spiaggia libera*, kein Strandservice) in der kleinen Nachbarbucht.

Verbindungen/Parken **Busse** (Linie 6) mind. 2-mal tägl. (in der Hochsaison öfter) von Portoferraio nach Biodola, Abfahrt in Portoferraio an der Calata Matteotti. Die **Parkplatzsuche** kann während der Hochsaison zum echten Problem werden, das betrifft auch die Nachbarbucht Scaglieri. Daher am besten schon früh am Morgen kommen oder aber in Kauf nehmen, dass man ziemlich weit oben an der Straße parken muss und ein gutes Stück zu laufen hat.

Übernachten/Camping ******* Hermitage,** Luxushotel mit allen nur erdenklichen Einrichtungen, u. a. auch ein 9-Loch-Golfplatz, verschiedene Pools, gepflegte Liegewiese, schattenspendende Bäume, traumhafter Sandstrand, Tennisplätze, Wellness, verschiedene Restaurants und Piano-Bar, nobles Ambiente. Erwartungsgemäß komfortable Zimmer, in der Hochsaison ist Halbpension obligatorisch. Loc. Biodola 1, 57037 Portoferraio (LI), ✆ 0565-9740, hotelhermitage.it. **€€€€€**

****** Biodola,** fast ebenso nobel und komfortabel. Via Biodola 21, 57037 Portoferraio (LI), ✆ 0565-974812, biodola.it. **€€€€€**

***** Danila,** in der benachbarten Scaglieri-Bucht, nur wenige Meter vom Strand entfernt. Ruhige Lage in schönem Garten, freundlicher Service, mit EU-Ecolabel ausgezeichnet. Yoga- und Meditationskurse. Geöffnet April bis Okt. Halbpension nur unwesentlich teurer als B & B, EZ nur in der Nebensaison. In der Hochsaison nur wochenweise (Sa bis Sa), frühzeitige Buchung ratsam. Loc. Scaglieri, 57037 Portoferraio (LI), ✆ 0565-969915, hoteldanila.it. **€€€–€€€€**

***** Casa Rosa,** hübsche Lage, verschiedene Häuser am Hang ca. 300 m oberhalb des Biodola-Strandes. Pool, Tennisplatz, Baby Club (für Kinder von 3,5–12 Jahren), Restaurant, zum hoteleigenen Strandabschnitt führt ein Fußweg (unten am Strand die zum Hotel gehörige Pizzeria/Bar „Taverna dei Pirati"). Zimmer z. T. recht klein, teils mit Balkon und z. T. Blick auf die Bucht, manche nicht mehr ganz neu, die meisten mit eigenem Zugang von außen. Mitte März bis Mitte Okt. geöffnet. Noch ein gutes Stück vor Biodola geht es links ab, beschildert. La Biodola, 57037 Portoferraio (LI), ✆ 0565-969931, elbasolare.it. **€€€**

Camping Scaglieri Village, einer der ersten Campingplätze Elbas. Schattige, terrassenförmige Anlage, kleiner und gepflegter Pool, Animation, Market, Bar, Ristorante etc. Vom untersten Teil ist es ein Katzensprung (über die Straße) ins Meer. Mittlerweile sehr viele Chalets/Bungalows, Ferienwohnungen und DZ, auch Glamping. Einige Stellplätze auf Terrassen mit direktem Meerblick. Geöffnet Mitte Mai bis Mitte Okt. Stellplatz inkl. 2 Pers. 50–72 €, Bungalow/Appartement 131–260 € (für 2–4 Pers.), man sollte für die Hochsaison frühzeitig buchen. Loc. Scaglieri, 57037 Portoferraio (LI), ✆ 0565-969940, campingscaglieri.it.

Nachtleben **Club 64** heißt die große Diskothek oberhalb von Biodola an der Straße Richtung Procchio, die es hier seit 1964 gibt. Teilweise Open-Air, überwiegend junges Publikum (deutlich unter 30), Lasershow, Türsteher, teils lange Wartezeiten. In der Hochsaison (Juli/Aug.) tägl. geöffnet, sonst nur Fr/Sa, außerhalb der Saison nur samstagabends und zu besonderen Events. Ab 23.30 Uhr geht's los, erst später wird es brechend voll. Dann wird gegenüber an der Straße für den nächtlichen Discohunger sogar ein mobiler Snack-Grill bereitgestellt. Bis 5 Uhr geöffnet. Weitere Infos unter club64.net.

Die Scaglieri-Bucht

Blick von der Cima del Monte auf die Bucht von Portoferraio

Die Bucht von Portoferraio

An der großen Reede der Inselhauptstadt (Rada di Portoferraio) befinden sich gleich zwei deutsche Segelschulen. Wer einen reinen Badeurlaub verbringen möchte, ist hier allerdings am falschen Küstenabschnitt. Abgesehen von Bagnaia mit seinem Dorfstrand am östlichen Ende der Bucht sind die Strände eher dürftig und teilweise auch nicht unbedingt sauber. Weithin überragt wird die Gegend von der verfallenen Festung **Volterraio.** Neben zahlreichen Hotels und Appartements (fast) aller Kategorien gibt es hier auch einen großen Campingplatz. Weinliebhaber sollten sich einen Besuch bei den **Weingütern** Montefabbrello, Acquabona und La Chiusa (Letzteres in herrlicher Lage am Meer) nicht entgehen lassen.

San Giovanni/ San Giovanni Terme

Ortschaft San Giovanni: Sie ist ein gemütliches, kleines Dorf am Meer geblieben, ohne Strand zwar, aber mit Hafen und einem kleinen, vielleicht etwas verwahrlosten Park an der Uferpromenade. Nicht allzu viele Touristen kommen hierher nach San Giovanni, direkt gegenüber von Portoferraio an der Bucht. Eine Eukalyptusallee führt von der Hauptstraße zwischen Portoferraio und Porto Azzurro zur benachbarten Kuranlage San Giovanni Terme, einem nicht sehr ansehnlichen, aber jüngst renovierten Flachdachbau älteren Baujahres, in dem die Kur- und Wellnesseinrichtungen untergebracht sind (beschildert). Im Foyer der Kuranlage werden Kosmetika auf Meeresschlamm- und Kräuterbasis verkauft.

Verbindungen Mit dem **Stadtbus** (Linie 2) etwa stündlich von und nach Portoferraio.

Essen & Trinken **Ristorante/Pizzeria 2001,** einfaches, volkstümliches Lokal mit ein wenig Hinterhofflair in der Gasse in San Giovanni, ein wenig zurückversetzt, aber kaum zu übersehen. Sehr gute Pizza, u. a. die Pizzabianca mit Olivenöl und Rosmarin, frische und beste Fischgerichte und Muscheln – die leicht pikanten „Penne in barca“ beispielsweise sind ein Gedicht! Dazu ein süffiger weißer Hauswein. Freundliche Stimmung und ein ebensolcher Service, viele Elbaner, die extra zum Fischessen hierher kommen, das Ganze zu ausgesprochen moderaten Preisen. Mittags und abends geöffnet, im Winter Di Ruhetag, auch mittags Pizza. Via L. Damiani 22, ✆ 0565-1540635.

Kuren in San Giovanni: Hier gibt es eine seltene Form von Lagunenschlamm, die als Allheilmittel wahre Wunder bewirken soll. Die geschmeidige, fettig wirkende Substanz kommt aus den ehemaligen Salinen der Bucht, in deren Sammelbecken sich der mit Mineralien und organischen Bestandteilen angereicherte Meeresschlamm niedergeschlagen hat. Seine Besonderheit ist u. a. der Gehalt von Eisen und Schwefel, die sich zur Zeit der Hochöfen in der Bucht von Portoferraio hier abgelagert hatten. Nachdem der Meeresschlamm eine Zeitlang in konzentriertem Salzwasser aufbewahrt wurde, kommt er zur Anwendung gegen alle erdenklichen Leiden. In jüngster Zeit erfreut sich die dunkle Substanz auch größerer Beliebtheit als kosmetisches Mittel gegen frühzeitige Hautalterung. Die Behandlungen erfolgen entweder durch direktes Auftragen auf die Haut oder durch Inhalation, Bäder und Spülungen. Beim Kurzentrum befindet sich ein kleiner Garten (mit Bar), man kann hier zur Lagune schlendern und die Reiher beobachten oder aber im Schatten entspannen und den Enten im Garten zusehen.

Information Wer hier eine richtige Kur unter medizinischen Gesichtspunkten machen möchte, kann sich an das **Kurzentrum** unter ✆ 0565-914680 wenden. In Verbindung mit einer Kur werden auch Unterkünfte vermittelt. Weitere Informationen unter termeisoladelba.it.

Öffnungszeiten Das Kurzentrum ist Mai–Nov. Mo–Fr 8–12.30 und 16–19 Uhr, Sa 8–12.30 Uhr geöffnet, So geschlossen. Wellness/Benessere ganzjährig Mo–Fr 9–13 und 16–19 Uhr, Sa 9–14 Uhr, So geschl.; hier werden u. a. auch die Thermalprodukte verkauft, die nebenan zur Anwendung kommen. Auch Online-Shop. Loc. San Giovanni, 57037 Portoferraio (LI), ✆ 0565-914680, termeisoladelba.it.

Anwendungen Die Preise für eine **kosmetische Behandlung** beginnen bei 45 € (Gesichtsbehandlung. Kurgäste (mit ärztlicher Indikation) zahlen für eine Fangoanwendung 24 €.

Villa Romana delle Grotte

Auf der Anhöhe bei der **Punta delle Grotte** wurden im Jahr 1960 die Reste einer römischen Villa ausgegraben. Gebaut wurde das Anwesen am Ende des 1. Jh. v. Chr., vermutlich vom Präfekten Publius Acilius Attianus, aber bereits im 1. Jh. n. Chr. hatte man die Villa wieder aufgegeben. Die Mauerfundamente lassen eine Rekonstruktion der ehemals luxuriösen „Villa rusticana“ (Landvilla) zu, eine weitläufige Anlage mit vielen Wohnräumen, Dienstboten- und Vorratskammern – die Villa von Le Grotte war die größte auf dem Toskanischen Archipel. Zu sehen sind außerdem noch die Überreste einer römischen Badeanlage mit Caldarium, Frigidarium

Villa Romana delle Grotte

und dem Wasserleitungssystem. Einige Teile der erhaltenen Mauerreste sind auffallend schön: Quaderförmig behauene Steine, dunkelgrüner Serpentinit und grauweißer Kalk wurden zu einem mosaikartigen Mauerwerk abwechselnd neben- und aufeinander gesetzt. Vom Areal aus genießt man einen fantastischen Rundblick auf Portoferraio und die westelbanische Bergwelt.

Seit der Wiedereröffnung (nach jahrelanger Verwahrlosung) des Areals sind nunmehr **drei Rundgänge** ausgezeichnet: Schwarz führt nur zum Panorama, der große Rundweg ist in Rot markiert und mit Gelb geht es zu den Grotten.

▪ Tägl. 10–12 und 16–18 Uhr, in der Nebensaison eingeschränkt. Eintritt 5 €, erm. 3 €, auch mit Cosmopoli-Card (→ S. 31).

Schiopparello

Ein Ortsteil (Località) von Portoferraio, obwohl die Hauptstadt auf der anderen Seite der Bucht liegt. Schiopparello ist kein Dorf mit Ortskern, sondern ein flaches Areal mit Gehöften und einzelnen Anwesen, dazwischen dicht gepflanzt vor allem Wein, aber auch Obst und Gemüse. Schiopparello hat einen gar nicht mal so kleinen Strand, die **Spiaggia di Schiopparrello/Le Prade** mit nettem Blick über die Bucht hinüber nach Portoferraio. Von der Straße Richtung Magazzini führt ein Feldweg zum Meer (ohne Beschilderung), eine weitere Zufahrt gibt es bei der Trattoria/Bar „La Curva" (hier in die Via della Spiaggia). Am Strand Parkmöglichkeiten, Kiosk, Liegestuhl- und Sonnenschirmverleih.

Verbindungen **Busse** verkehren mind. 2-mal tägl. auf der Strecke Portoferraio–Bagnaia mit Halt u. a. bei der Bar „La Curva", von hier ca. 250 m zum Strand.

E-Bike-Verleih **Country E-Bike Rent,** beim Hotel Tirrena, Verleih von E-MTBs (ab 36 €/Tag) und auch geführte Touren – u. a. nach Portoferraio, zum Capo d'Enfola, zur Costa dei Gabbiani (Halbinsel Calamita), zu diversen Weingütern, auch Touren für anspruchsvollere Biker (ab 60 €/4 Std.). Via Schiopparello 4, Hotel Tirrena Country & Bike Hotel, 57037 Portoferraio (LI), ✆ 329-1522535, countryebikerent.com.

Übernachten **Agriturismo Montefabbrello,** im Weingut mit Ristorante (→ unten) kann man in fünf modernem Zimmern (vier davon mit Balkon) im elegant-rustikalen Stil auch logieren. Tolles Frühstück! Mitte/Ende März bis Anfang Dez. geöffnet. Straße Richtung Magazzini, etwa 400 m hinter „La Curva" rechts ab (beschildert), dann nach wenigen hundert Metern auf der rechten Seite. Loc. Schiopparello 30, 57037 Portoferraio (LI), ✆ 0565-940020, aziendaagricola montefabbrello.it. **€€–€€€**

Mein Tipp **** Tirrena,** eine wunderschöne, gepflegte Anlage, nur knapp 200 m vom Strand (Schiopparello). Sympathischer Familienbetrieb mit grünem Garten und Pool, Ristorante für Hausgäste (Mitte Mai bis Ende Sept.), ruhige Lage, kinderfreundlich, nette Atmosphäre, ein kleines Idyll. Freundlich eingerichtete Zimmer mit Bad und Balkon oder Terrasse. Geöffnet Anfang April bis Mitte Okt. Haustiere in einigen Zimmern im EG erlaubt. Fahrrad-Hotel, es werden auch geführte MTB-Touren angeboten, des Weiteren Verleih von Rädern (auch E-Bikes) und Shuttle. Von der Straße nach Magazzini links ab, beschildert. Loc. Schiopparello, 57037 Portoferraio (LI), ✆ 0565-1933481, hotel tirrena.com. **€€–€€€**

Essen/Wein **Ristoro Agricolo Montefabbrello,** elegant-rustikales Ristorante des Agriturismo Montefabbrello mit schöner, stimmungsvoller Terrasse umgeben von Weinbergen, aus der Küche kommen selbst gebackenes Brot, opulente Antipasti-Platten, hausgemachte Pasta und beste Grillgerichte mit Gemüse aus dem eigenen Garten, dazu die hervorragenden hauseigenen Weine (Flasche ab 17 €), nicht zu vergessen die feinen Dolci, die man bei der Menüwahl unbedingt mit einkalkulieren sollte. Antipasti/Primi 13–20 €, Secondi 18–24 €. Nur abends ab 19.30 Uhr geöffnet, immer besser reservieren.

Landidyll Agriturismo: Montefabrello

Die Cantina der **Azienda Agricola Montefabbrello** ist tägl. 9–12 und 14.30–19.30 Uhr geöffnet, im Angebot sind hauptsächlich hervorragende Weißweine (neben Elba Bianco auch Procanico, Vermentino und Ansonica), auch ein paar Rote und ein Rosé, etwas teurer Aleatico und Vin Santo, dazu Olivenöl und Pasta. Adresse/Anfahrt → Übernachten/Agriturismo Montefabbrello.

Tenuta Acquabona, das weithin bekannte Weingut liegt im gleichnamigen Ortsteil, nur ein Stück nördlich von Schiopparello, ein einladendes Anwesen mit freundlichem Empfang. Neben den inselüblichen Weinen – u. a. Elba Bianco, Rosato und Rosso DOC – wird ein nach traditionellem Verfahren gekelterter Wein angeboten (Elba Bianco Tradizione), außerdem ein erfrischend-leichter Frizzante (Le Prade). Mit einer Anbaufläche von ca. 14 ha gehört die Tenuta Acqubona zu den größten Weingütern der Insel, dennoch sind manche Weine schnell ausverkauft. Anfahrt: entweder von Montefabbrello einfach dem schmalen Sträßchen weiter folgen und nach links in die Hauptstraße einbiegen, dann wieder links (beschildert), oder – von Portoferraio kommend – Richtung Porto Azzurro etwa auf Höhe des Golfplatzes links ab auf den holprigen Weg durch die Pinienallee (zwischen Golfplatz und Driving-Range). Zur Saison Mo–Sa 10–13 und 16–19 Uhr geöffnet, So geschl. Loc. Acquabona, 57037 Portoferraio (LI), ✆ 0565-933013, acquabonaelba.it.

Käse und mehr „Im Rahmen einer MTB-Tour über den G.T.E. bin ich auf **„TERRA & CUORE D'ELBA"** aufmerksam geworden. Es handelt sich um eine kleine Alm etwas außerhalb direkt am G.T.E.: Straße von Portoferraio Richtung Porto Azzurro, kurz nach dem Golfplatz, auf Höhe der Via Campo Ai Peri links ab (Beschilderung Buraccio), erst 1,2 km auf Teer, dann auf immer schlechter werdender Schotterstraße (alle Abzweigungen ignorieren), nach 3,5 km hat man die kleine Fattoria Agricola auf der Anhöhe (auf der linken Seite) erreicht. Hier werden Ziegen gehalten und auf einem kleinen, sehr schön angelegten Areal sind Tische und Bänke aufgestellt. Neben dem tollen Sonnenuntergang gibt es Getränke und verschiedene Käseprodukte der Ziegen." Und auch Eis aus Ziegenmilch sowie Joghurt. Ein wirklich schöner Ort, an dem man auch abendessen kann (zumeist vom Grill und natürlich Käse, ab 18.30 Uhr, Reservierung erforderlich). Zu erreichen auch auf dem Wanderweg/G.T.E. von Rio nell'Elba nach Porto Azzurro (→ S. 248). Wer auf der Wanderung hier einkehren will, sollte besser vorher anrufen und sich vergewissern, dass auch geöffnet ist. Loc. Buraccio, 57037 Portoferraio (LI), ✆ 391-3116877. ■ **Lesertipp**

Portoferraio und Umgebung → Karten Umschlag hinten und S. 42/43

Weingut La Chiusa

Hinter einer hohen Mauer und von außen kaum einsehbar liegt „La Chiusa" – die Eingeschlossene. Eine lange Schotterstraße führt durch Olivenbäume und entlang der Weinstöcke zu der herrschaftlichen toskanischen Villa mit eigener Hauskapelle.

Allein schon das imposante Anwesen aus dem 18. Jh. inmitten der Weinberge und trotzdem fast direkt am Meer lohnt einen Besuch. La Chiusa ist aber auch geschichtsträchtig: Napoleon wartete hier nach seiner Ankunft auf der Insel, bis man die gegenüberliegende Inselhauptstadt für ihn vorbereitet hatte, und 1815 wurde in der noblen Villa den Ministern der Heiligen Allianz, die nach dem Wiener Kongress mit dem Auftrag zur Wiederherstellung alter Machtverhältnisse in Italien unterwegs waren, eine angemessene Herberge bereitgestellt. Heute ist La Chiusa auch ein Agriturismo: Hier kann man sich in einem der Appartements des Anwesens einmieten und wirklich ruhige Urlaubstage in herrlicher Umgebung verbringen. Zum schmalen Strand sind es gerade mal rund 50 m.

Agriturismo mit Geschichte – auf dem Weingut La Chiusa

Einkaufen auf dem Weingut: Weinliebhaber können hier Weiß-, Rot- und Roséweine kaufen, es werden Elba Bianco DOC sowie Vermentino und Ansonica, Elba Rosso DOC und ein Rosato, der bekannte Aleatico Passito DOC, ein roter Dessertwein, der weiße Süßwein Moscato dell'Elba Passito sowie Olivenöl angeboten. Die Degustation (nur nachmittags) fanden allerdings mehrere Leser zu teuer.

Öffnungszeiten Im Sommer Mo–Sa 8.30–12.30 und 16–19.30 Uhr, So geschlossen. Tenuta „La Chiusa", Loc. Magazzini 93, 57037 Portoferraio (LI), ✆ 0565-933046, tenuta lachiusa.it.

Anfahrt Von der Straße nach Magazzini geht es etwa auf Höhe des Ristorante „La Carretta" links ab zum Weingut.

Übernachten Zur Villa gehören zehn abgetrennte, über Außentreppen erreichbare **Appartements** für 2–4/5 Pers., die Räume im Erdgeschoss verfügen zusätzlich über einen eigenen kleinen Garten/Terrasse, zwei Appartements direkt am Meer („Tramontana" und „Scirocco"). Preise auf Anfrage. Adresse → oben unter „Öffnungszeiten". **€€€–€€€€**

Portoferraio und Umgebung → Karten Umschlag hinten und S. 42/43

Magazzini

Nur wenige Häuser entlang der Durchgangsstraße nach Bagnaia und am Hang, das kleine Zentrum von Magazzini liegt an der befestigten Mole in der beschaulichen Bucht.

Hier befindet sich auch das Albergo Mare mit Restaurant am Wasser. Von der Terrasse kann man bei Sonnenuntergang die Rückkehr der Segelboote der deutschen Segelschule von Magazzini verfolgen, ein recht idyllischer kleiner Hafen. Nicht ganz so schön ist allerdings der etwa 200 m lange Kiesstrand, der westlich anschließt – schmal und viele angeschwemmte Wasserpflanzen. Zu Fuß ist es am Wasser entlang aber nicht weit zu den Stränden **Le Prade** und **Schiopparello.**

Die Nachbarbucht von **Ottone** mit ebenfalls schmalem, aber deutlich schönerem Strand ist nur von der Straße Richtung Bagnaia zu erreichen (Parkmöglichkeit oben an der Straße). Hier führt ein neu angelegter Treppenweg hinunter zum Wasser, wo der Campingplatz (→ S. 56) seine Beach Bar, Sonnenschirm-, Liegestuhl- und Kanuverleih sowie ein Tauchcenter unterhält. Über einen Fußweg gelangt man auch zum nicht ganz so schicken, im Wasser teils recht felsigen Strand **Ottonella** gleich daneben.

Wichtigste Sehenswürdigkeit der Umgebung ist neben dem herrschaftlichen **Weingut La Chiusa** (→ S. 54) die Kirche **Santo Stefano alle Trane,** etwas landeinwärts und in unmittelbarer Nähe des gleichnamigen Hotels gelegen (Beschilderung „Hotel S. Stefano" folgen). Das Gotteshaus im romanischen Baustil stammt aus dem 12.–13. Jh. und erinnert an die Epoche der pisanischen Herrschaft auf Elba. Das Innere ist noch sehr gut erhalten und mit reichen Ornamenten (Blütenblätter, Adler, Pferde, Köpfe von Fabelwesen) versehen, Charakteristikum der damaligen Bauweise ist auch hier die halbkreisförmige Apsis. Die Kirche ist allerdings nur sonn- und feiertags zum Gottesdienst (um 9.30 Uhr) geöffnet.

Verbindungen **Busse** (Linie 118) verkehren mind. 2-mal tägl. auf der Strecke Portoferraio–Bagnaia mit Halt in Magazzini.

Wassersport **Segelschule des Segelclubs Elba (SCE),** Anfängerkurse und alle Scheine, Optimisten, Jollen, Katamarane, sowie mehrere Jachten für Törns mit Skipper, Mitsegeltörns, Skippertraining, Kinder- und Jugendkurse, Bootsvermietung, Hotel- und Appartementvermittlung u. v. m. Geöffnet April bzw. Ostern bis Ende Okt. Loc. Magazzini 12, 57037 Portoferraio (LI), ✆ +49-160-91483020. In Deutschland: ✆ 089-38034845, elbasegeln.de.

Unica Diving, das Boot der Tauchschule liegt vorm Hafen von Magazzini, Leiter Werner Nehls ist manchmal in der Bar des Ristorante Mare anzutreffen, ansonsten telefonisch zu erreichen. Ein Tauchgang kostet 55 €, inkl. Ausrüstung 70 €, zehn Tauchgänge 420 € bzw. 600 €, Open-Water-Diver-Kurs bzw. Advanced Open Water Diver 450 € (plus Lehrmaterial). Schnuppertauchgang 65 €. Unterkünfte können vermittelt werden. Loc. Magazzini, 57037 Portoferraio (LI), ✆ 348-4106761, unica-diving.com.

Übernachten ******* Villa Ottone,** die herrschaftliche Villa aus dem 19. Jh. befindet sich in Traumlage direkt am Meer an der weiten Bucht von Portoferraio mit Blick auf die Hauptstadt – eine phantastische Location, gleich unterhalb ein kleiner Strand. Mit stilvollem Salon, gepflegtem grünem Park, Pool, Tennisplatz, zwei Restaurants, Spa u. a. mit türkischem Bad, Thai-Massage, Ayurveda usw. Hotelgäste erhalten beim benachbarten Golfclub Acquabona Rabatt. Herrliche Terrasse (beliebt auch für Hochzeiten), schönes Ambiente, dazu eine äußerst einladende, stilvolle Bar. Die Ausführungen der Zimmer sind höchst unterschiedlich, von edlem Ambiente einer Suite in der alten Villa mit Balkon zum Meer bis hin zur etwas einfacheren Ausstattung mit Parkblick in zweiter Reihe eines „Cottages", entsprechend variieren auch die Preise. Geöffnet Anfang Mai bis Okt. An der Straße Richtung Bagnaia. Loc. Ottone, 57037 Portoferraio (LI), ✆ 0565-933042, villaottone.com. **€€€€–€€€€€**

***** Mare,** Traditionshaus am Hafen von Magazzini, hübsch gelegen an einem schattigen Hang mit Blick zum Meer, ansprechende Zimmer, mit Pool, Bar und Ristorante (→ unten). In der Nebensaison kann man hier recht günstig unterkommen, Mindestaufenthalt 3 Tage. Geöffnet April bis Mitte Okt. Loc. Magazzini, 57037 Portoferraio (LI), ✆ 0565-933069, hotelmare.org. **€€€–€€€€**

**** Hotel Santo Stefano,** „die Lage ist traumhaft, direkt neben der ältesten romanischen Kirche Elbas mit einem wunderbaren Blick auf die Bucht von Portoferraio. Ein kleines, romantisches Hotel mit sehr persönlichem Charme. Super saubere, einfache, aber charmante Zimmer mit einer kleinen Terrasse und Liegen, um sich unter den Olivenbäumen auszuruhen. Der Garten ist sehr schön eingewachsen und liebevoll gepflegt … Warum dieses Hotel nur einen Stern hat, ist mir ein Rätsel." Mittlerweile sind es zwei Sterne geworden und die Zimmer wurden geschmackvoll restauriert und modernisiert, am Rest hat sich nichts geändert. Gut 1 km landeinwärts von Magazzini gelegen (beschildert), bei besagter romanischer Kirche (ebenfalls beschildert). Im zugehörigen **Restaurant** des Hotels (herrlicher Blick von der Terrasse auf Portoferraio) können nicht nur Hotelgäste, sondern auch Externe essen, das aber unbedingt mit Reservierung, da es nur wenige Tische gibt (nur abends ab 19.30 Uhr). 21 geschmackvoll eingerichtete Zimmer in mehreren Gebäuden um den Garten verteilt, Halbpension ist möglich (geht auch vegetarisch). In der Hochsaison 7 Tage Mindestaufenthalt. Es werden auch Yogastunden und -workshops sowie geführte Wanderungen angeboten. Geöffnet Anfang Mai bis Mitte Nov. Via Santo Stefano 6, 57037 Portoferraio (LI), ✆ 0565-933161, elbahotelelba.com. ■ **Lesertipp €€–€€€**

Der Strand von Bagnaia

Camping * Rosselba le Palme,** etwa auf halbem Weg zwischen Magazzini und Bagnaia gelegen, ca. 10 Fußminuten vom kleinen Ottone-Strand. Inmitten des 2 ha großen Geländes befindet sich ein botanischer Garten, der im Sommer gegen 2 € Gebühr täglich von 8–20 Uhr auch von Auswärtigen besichtigt werden kann. Viele exotische Gewächse aus der ganzen Welt spenden hier Schatten. Am Pool mit Kinderbecken und Rutsche herrscht dagegen Freibadatmosphäre; Tennisplätze, MTB- und E-Bike-Verleih, Spa (kostet extra), Restaurant, Bar, Market, Bambini-Club, Animation, zahlreiche Abendveranstaltungen, die Ruhesuchende bei der Wahl ihres Stellplatzes miteinbeziehen sollten. Professionelle Leitung, komfortable, sehr große Anlage, am Strand auch Bar und Tauchcenter. Ideal für Familien. Mobile Homes und „Chalets" für 4–5 Pers. um 150–200 €/Tag, in der Villa Le Palme werden auch Doppelzimmer angeboten. Camping: Stellplatz inkl. 2 Pers. 49–60 €. Auch „Glamping" (eher teuer). Hunde erlaubt. E-Ladestation. Geöffnet Mitte April bis Anfang Okt. Loc. Ottone, 57037 Portoferraio (LI), ✆ 0565-933101, rosselbalepalme.it.

Essen & Trinken La Carretta, von außen etwas unscheinbares, gepflegtes und traditionsreiches Ristorante mit super Pizzeria, bekannt aber auch für seine hervorragenden Fischgerichte (etwas teurer), donnerstags Cacciucco. Antipasti/Primi 12–18 €, Secondi um 20 €, Pizza 6–12 €. Aus Richtung Portoferraio rechts an der Straße gelegen, gegenüber der Einfahrt zum Weingut La Chiusa. Nur abends geöffnet, Reservierung unter ✆ 0565-933223 ist ratsam.

Ristorante Mare, mit netter, überdachter Terrasse direkt am Hafen von Magazzini, sehr einladend und recht schick, gehört zu gleichnamigem Hotel (→ oben). Guter Fisch, dieser etwas teurer, ansonsten mittlere Preise (Antipasti/Primi 12–17 €, Hauptgerichte Fisch nach Gewicht). Mittags und abends geöffnet, ✆ 0565-933069.

Portoferraio und Umgebung → Karten Umschlag hinten und S. 42/43

Bagnaia

Gemütliches ehemaliges Fischerdorf mit Kiesstrand, sehr hübsch in einer kleinen Bucht gelegen und umgeben von üppigem Grün.

Der ursprünglich stille Charakter des 250-Einwohner-Ortes hat sich durch die riesige Feriensiedlung im hinteren Bereich des Dorfes stark verändert: Bagnaia ist mittlerweile zum familienfreundlichen und lebhaften Badeort mit autofreier Promenade geworden. Dennoch geht es hier noch vergleichsweise ruhig zu und in den wenigen Strandbars und Ristoranti lässt es sich aushalten – vor allem abends, wenn die Sonne hier tiefrot ins Meer eintaucht. Im Ort befindet sich eine deutsche Segelschule, am etwas groben Kiesstrand gibt es einen Sonnenschirm- und Liegestuhlverleih, außerdem werden Motorboote, Tretboote, Kajaks und Surfbretter vermietet.

Verbindungen **Busse** (Linie 118) mind. 2-mal tägl. von und nach Portoferraio.

Motorbootverleih **Rent Boats Bagnaia,** Motorboote mit und ohne Führerschein, im Sommer ab 125 €/halber Tag für max. 4 Pers., Sprit extra. Infos unter ✆347-6870275 oder 340-3531059, rentboatbagnaia.it.

Wassersport Am nördlichen Ende des Strandes befindet sich das **Segel-Zentrum Elba.** Auch hier alle gängigen Segelscheine und Törns (auch mit Skipper); Kindersegeln, Katamaran-Segeln, Skippertraining, Schnupperwochen etc. Das Zentrum organisiert auch Tauchkurse, Ausflüge, Grill- und andere Partys usw., für Kinderbetreuung ist gesorgt. Beginn der einwöchigen Kurse ist immer montags, Jachtcharter wird mit und ohne Skipper angeboten, für Segelschüler werden auch Unterkünfte organisiert. Etwa Ende März/Ostern bis Anfang Nov. geöffnet. Segel-Zentrum Elba, Via della Marina 26, Loc. Bagnaia, 57037 Portoferraio (LI), Adresse in Deutschland: Sürther Hauptstr. 213, 50999 Köln, ✆02236-65505, segelferien.de.

Übernachten **Residenza Sant'Anna del Volterraio,** riesige Appartementanlage, die aber außerordentlich gekonnt in die Landschaft eingefügt wurde und fast schon in ihr verschwindet – das unschöne Bild parzellierter Wohnanlagen fehlt hier gänzlich. Im Halbrund hat man um eine große Wiese mit zwei einladenden Pools gebaut, daneben Tennisplätze, Bar und Restaurants. Autos und sonstige Logistik verschwinden in einer großen Tiefgarage hinter den Appartements (alle mit Terrasse zur Wiese hin). Zur gepflegten Anlage gehört auch das kleine ****** Hotel Sant'Anna del Volterraio** mit nur 18 Zimmern. Wer Pool, Liegestühle und Sauna benutzen möchte, muss von Mitte Juni bis Anfang Sept. noch mal 30 € pro Pers. und Woche zahlen (Kinder bis 10 J. gratis). Halbpension ist möglich (wird im Restaurant Giardino degli Aranci eingenommen). Geöffnet Ende April bis Mitte Okt., Mindestaufenthalt im Hotel 3 Tage, in der Hochsaison Appartements 1 Woche. Loc. Bagnaia, 57039 Rio nell'Elba (LI), ✆0565-961219, volterraio.it. **€€–€€€€**

***** Residence-Hotel Villa Mare,** schöne, alte Villa mit einigen Anbauten und Garten. An der Strandpromenade im Zentrum gelegen. Mit Snackbar im EG, Zimmer mit Balkon bzw. Terrasse, Appartements zusätzlich mit Kochnische, Parkplatz vorhanden. Teilweise renoviert. Geöffnet Anfang Mai bis Ende Okt. Loc. Bagnaia 3, 57037 Portoferraio (LI), ✆0565-961009, bagnaia.com. **€€–€€€**

Essen & Trinken **Ristorante Il Giardino degli Aranci,** stilvoll-rustikales und gemütliches Gartenrestaurant in der Ferienanlage Sant'Anna (beschildert), etwas versteckt gelegen. Man speist in gepflegter Umgebung unter Orangenbäumen, feine Küche, leicht gehobene Preise. Auch Pizza. ✆0565-913372.

Sunset Beach Club, tolle Lage am Rand der Bucht und über dem Strand, mit traumhaft schönen Sonnenuntergängen. Idealer Ort auch für einen Aperitivo. Kleine, wechselnde Karte, Gerichte um 14–24 €, auch Pizza (um 8–12 €). Am Wochenende manchmal Livemusik. Auch Strandservice. Tägl. mittags und abends geöffnet, in der Nebensaison nur Do–So. Via della Marina, ✆333-9514865.

Der Nordosten der Insel

Ein langgezogener Bergrücken und eine weitgehend schroffe Küste prägen das Bild im Nordosten. An den Stränden, die sich vor allem entlang der Buchten der Ostküste erstrecken, ist die Bergbaugeschichte der Insel noch deutlich sichtbar.

Farbenpracht

Giftgrün schimmert der **Laghetto di Terranera** bei Porto Azzurro. Der schwefelhaltige Süßwassersee ist nur durch einen Streifen mit glitzerndem schwarzem Sand vom türkisblauen Meer getrennt. Rostrot dagegen sind Erde und Klippen. Im See gilt: Baden strengstens verboten! → S. 84

Der Nordosten Elbas war zusammen mit der südlich anschließenden Halbinsel Calamita die Erzkammer der Insel. Davon zeugen, auch nachdem die Bergwerke längst stillgelegt sind, noch die verlassenen Minen, gepaart mit der herben Romantik von Industrieruinen, und immer wieder bizarre Abbruchlandschaften mit rostrot leuchtender, aufgerissener Erde. Und auch die Strände werden vom Eisenerz funkelnd schwarz und rostrot eingefärbt.

Der höchste Gipfel des von Nord nach Süd verlaufenden Bergkamms ist mit 516 m die **Cima del Monte** südlich von Rio nell'Elba. Der Nordosten der Insel ist vor allem in der hügeligen und nahezu menschenleeren Gegend um Cavo ziemlich waldreich. Zahlreiche Bergquellen versorgen die abgeschiedenen Täler von **Nisporto** und **Nisportino** sowie das Tal, in dem sich spektakulär die Wallfahrtskirche **Madonna di Monserrato** erhebt, mit ausreichend Wasser, sodass man hier auch im Sommer relativ viel Grün vorfindet. Besonders an der Westseite zeigt sich ein großer Teil der Küste der Halbinsel felsig abweisend und nur selten durch kleine Buchten unterbrochen. Größere Badestrände findet man lediglich an der Ostseite nördlich von Rio Marina, in Cavo und um Porto Azzurro.

Das touristische Zentrum ist unangefochten **Porto Azzurro,** dessen lebhafter Hafen sich geschützt in den tief eingeschnittenen Golfo di Porto Azzurro schmiegt. Das beschauliche **Cavo** ganz im Norden Elbas dagegen, immerhin einer der ältesten Badeorte, spielt touristisch mittlerweile keine bedeutende Rolle mehr. **Rio Marina,** einst wichtiges Zentrum in Sachen Eisenerz, bietet ein interessantes Mineralienmuseum und wenig besuchte Strände nördlich

des Ortes. Recht beschaulich geht es im hübschen Bergdorf **Rio nell'Elba** zu.

Was anschauen?

Madonna di Monserrato: Auf keinen Fall entgehen lassen sollte man sich den Ausflug zur Wallfahrtskirche bei Porto Azzurro. Eingebettet in ein idyllisches Tal erhebt sich die Kirche einsam vor grandioser Bergkulisse. **→ S. 84**

Castello del Volterraio: Ein anstrengender, aber lohnender Aufstieg führt zur Ruine der Burg, die sich hoch und weithin sichtbar über die Bucht von Portoferraio erhebt. **→ S. 61**

Museo Minerali dell'Elba e Arte Mineraria: Wo einstmals die Direktion den hiesigen Bergbau leitete, widmet sich heute anschaulich ein Museum der Geschichte des Bergsbaus und natürlich auch den Mineralien selbst. In Rio Marina. **→ S. 69**

Wo wandern?

Natürlich auf der G.T.E.: Herrlich und mit spektakulären Ausblicken verläuft der Wanderweg der *Grande Traversata Elbana* über den lang gezogenen Bergrücken im Nordosten der Insel.

Rundwanderung bei Cavo: Die ersten Meter der G.T.E. führen von der Bucht von Frugoso mit Cavos schönem Nordstrand hinauf zu einem etwas schaurigen Mausoleum. **Wanderung 3 → S. 250**

Von Rio nell'Elba nach Porto Azzurro: Ein Highlight unter den Wanderungen auf der Insel. Nach dem Aufstieg von Rio nell'Elba wandert man auf der G.T.E. mit stets fantastischen Fernblicken über die Cima del Monte und weiter bis Porto Azzurro. **Wanderung 2 → S. 247**

Wo baden?

Spiaggia Topinetti: Kontrastreiches Badeerlebnis bei Rio Marina: Schwarzer Sand und schneeweiße Kiesel vor rostroten Felsen. Nebenan badet man in der **Cala Seregola** vor der Industrieruinenromantik eines ramponierten Eisenwerks mit Verlademole. **→ S. 72** und **S. 73**

Cavo: Neben dem langen Sandstrand entlang der Promenade erfreut sich auch der recht hübsche Kiesstrand der Frugoso-Bucht im Norden des Dorfes großer Beliebtheit. **→ S. 74**

Spiaggia di Barbarossa: Benannt nach einem gefürchteten Korsaren, heute ein beliebter Sand-Kies-Strand etwa einen Kilometer nördlich von Porto Azzuro. **→ S. 82**

Spiaggia di Reale: Noch ein Stück östlich vom Barbarossa-Strand gelegener, von Felsen gerahmter Strand, vornehmlich Kiesel und etwas ruhiger. **→ S. 83**

Wo essen?

Osteria La Miniera: In der überaus freundlich geführten Osteria sitzt man im kleinen Gastraum oder auf der Terrasse in einer ruhigen Gasse und genießt die hervorragende Fischküche. Was für ein Cacciucco! In Rio Marina. **→ S. 71**

Il Mare (da Laila): Ristorante und Pizzeria mit hübscher Terrasse über einer kleinen Piazza. Sehr gute Pizza, vor allem aber tolle Fischküche. In Rio Marina. **→ S. 71**

Osteria La Botte Gaia: Noch einmal Fischküche vom Feinsten! Beliebte Osteria mit hübschem Gastraum, gemütlichem Gärtchen, tollem Service und vor allem jeder Menge Köstlichkeiten aus der Küche. In Porto Azzurro. **→ S. 81**

Der Nordosten der Insel
1 km
Piombino
Capo della Vita
Isola dei Topi
Capo Castello
Cavo
Spiaggia Le Fornacelle
Monte Grosso
346
Cala Seregola
Spiaggia Topinetti
G.T.E.
Nisportino
Monte Serra
422
Torre del Giove
352
Santa Caterina
Nisporto
Monte Strega
427
Piombino
Rio Marina
Portoferraio
Monte Capanello
496
Rio nell'Elba
Pianosa
Bagnaia
Castello del Volterraio
409
Magazzini
Cima del Monte
515
Ortano
Spiaggia di Ortano
Portoferraio
Santo Stefano
G.T.E.
Madonna di Monserrato
Monte Castello
390
Portoferraio
292
Monte Mar di Capanna
Capo d'Arco
Laghetto di Terranera
Punta delle Canelle
Spiaggia Reale
Spiaggia di Barbarossa
Porto Azzurro
Baia di Mola
Capoliveri

Castello del Volterraio

Hoch und mächtig thront die Festungsruine auf einem Felsklotz in 409 m Höhe am Rand der nordelbanischen Hügellandschaft, quasi als Wahrzeichen über der Bucht von Portoferraio.

Über die Herkunft des Namens Volterraio kursieren gleich mehrere Versionen: Er könnte vom lateinischen „vultur" (Geier) herrühren, was dann so viel wie „Geiernest" bedeuten würde, oder aber von dem älteren etruskischen Begriff „ful tur" (hoher Felsen). Eine dritte Version beruht auf der simplen Annahme, dass der Name mit der toskanischen Stadt Volterra in Zusammenhang steht, da die Pisanerfestung von einem Architekten aus Volterra gebaut wurde. Auch über die Zeit der ersten Besiedlung des schroffen Burgbergs ist man sich im Unklaren: Schon zu Zeiten der Etrusker, vielleicht sogar noch vorher, soll hier eine Wehranlage entstanden sein, später haben die Römer die strategisch günstige Lage des Burgbergs genutzt. Fest steht jedenfalls, dass Volterraio auch zu Zeiten massiver Piratenüberfälle niemals eingenommen wurde. 1281 gründeten die Pisaner hier auf dem Fundament einer bereits bestehenden Burg aus dem 11. Jh. eine Festung, aus deren großartiger Panoramalage die feindlichen sarazenischen Piraten frühzeitig erspäht werden konnten. Volterraio war dabei Teil eines Systems von Wachposten, die – in Sichtweite zueinander liegend – mittels Feuersignalen die Nachricht von feindlichen Schiffen binnen kürzester Zeit über die Insel verbreiten konnten. Außerdem war die Festung während der Pirateneinfälle im 15. und 16. Jh. der wichtigste Zufluchtsort der Inselbewohner, und selbst die gefürchteten Piraten Khayr al-Din, der jüngere der Barbarossa-Brüder, und Dragut mussten hier auch nach längerer Belagerung wieder abziehen. Wer den schweißtreibenden Aufstieg hier hinauf mal unternommen hat, kann die Uneinnehmbarkeit des Objektes nachvollziehen. Als die Medici ab 1548 Portoferraio als Festungsstadt aufbauten, verlor Volterraio an Bedeutung, diente aber noch immer als Wach- und Kontrollstation. Im 17. und 18. Jh. wurde Volterraio zur Garnison und fungierte weiterhin als Kommunikationsposten: Aus Portoferraio abgeschickte Blinksignale wurden von hier über das Inselchen

Blick vom Bergrücken auf die Burg und die Bucht

Wanderung zum Castello del Volterraio

Ein kurzer, aber anstrengender (und schattenloser), wenngleich nicht gefährlicher Aufstieg führt hinauf zur Festung, die man nach ca. 30–40 Minuten erreicht. Vom Parkplatz auf einem gut erkennbaren Pfad (Markierung rot-weiß, Nr. 255) steil bergauf, bis man die Ruine der ehemaligen Kapelle **San Leonardo** erreicht. Schon hier hat man eine herrliche Aussicht. Die Ruine links liegen lassend geht es mühsam über steinigen, z. T. auch rutschigen Untergrund den steilen Berg hinauf. Am Castello angekommen, belohnt ein grandioser Ausblick über die Bucht von Portoferraio (in der Ferne Capraia und Korsika).

Achtung: Festes Schuhwerk ist unbedingt notwendig, man sollte die Mittagshitze meiden und etwas zu trinken mitnehmen. **Anfahrt:** Von der Straße Magazzini–Bagnaia rechts ab in Richtung Rio nell'Elba und Volterraio (beschildert). Nach 1,7 km Parkmöglichkeiten auf der linken Seite, oberhalb davon beginnt der Pfad. **Versorgungsmöglichkeit:** keine. **Länge/Dauer:** Länge ca. 1,5 km; der Aufstieg dauert 30–40 Min.; Höhenunterschied ca. 200 m (jeweils Auf- und Abstieg).

Palmaiola zur italienischen Küste und von dort nach Florenz weitergeleitet. Von der ehemaligen Zugbrücke, den Unterkünften der Soldaten und der Kapelle im Inneren der Burg ist heute nur noch wenig zu sehen. Vor einigen Jahren wurde das alte, zunehmend verfallene Castello restauriert, auch das Innere der Ruine hat man restauriert und durch Geländer den Rundgang auf den Mauern gesichert.

Immer wieder eindrucksvolle Blicke in die Tiefe hinunter bietet die schmale **Verbindungsstraße,** die von der Villa

Uneinnehmbar: Volterraio

Ottone (kurz vor Bagnaia) rechts hinauf über Castello del Volterraio nach Rio nell'Elba führt.

■ **Besichtigung:** Das Castello kann vom 15. Juni bis 15. Sept. Mi–Mo 17.30–20.30 Uhr besichtigt werden, Di geschl. Eintritt 8 €, erm. 4 €. Darüber hinaus gibt es italienischsprachige Führungen (20 €, erm. 10 €, unter 12 J. frei) mit obligatorischer Anmeldung beim Infobüro des Nationalparks in Portoferraio (→ S. 34) bzw. unter ✆ 0565-908231, parcoarcipelago.info, die Termine variieren. Doch auch wer vor verschlossenem Festungstor steht, kann von hier oben eine fantastische Aussicht genießen, v. a. am Abend, wenn die Sonne hinter Capraia im Meer versinkt.

Nisporto und Nisportino

Nisporto

Die Bucht mit ihren wenigen Häusern ist eine der beiden auch vom Land aus zugänglichen Badestellen an der schroffen Küste nördlich von Bagnaia. Nisporto liegt etwa 5 km nördlich von Bagnaia und ist von dort über eine schmale und aussichtsreiche Asphaltstraße entlang der Küste zu erreichen, ein weiteres schmales Asphaltsträßchen führt von Rio nell'Elba nach Nisporto. Neben dem unten genannten Campingplatz findet man hier einige größere Appartementanlagen, die sich den Hang hinauf erstrecken und das nüchterne Ortsbild entscheidend prägen. Im „Dorf" gibt es lediglich ein Ristorante mit Bar (→ unten). Der saubere Kiesstrand (steiniger Einstieg) wird durch meterhohes Schilf begrenzt. Der relativ ruhige Ort – im Winter ausgestorben – wird hauptsächlich von italienischen Touristen besucht und ist generell ein eher teures Pflaster. Am Strand werden Sonnenschirme, Liegestühle und Tretboote vermietet.

Übernachten Camping Sole e Mare, schattiges Gelände mit großzügigen Stellplätzen, nur wenige Meter vom Strand entfernt. Freundlicher Service, mit Restaurant, Pizzeria und Bar (zuletzt aber kein Mini-Market), auch Bungalow- und Appartementvermietung (2–6 Pers. 620–1650 €/Woche). Stellplatz inkl. 2 Pers. 45–59 €. April bis 20. Okt. geöffnet. Loc. Nisporto, 57039 Rio nell'Elba (LI), ✆ 0565-1930550 oder ✆ 347-4185290, soleemare.it.

Essen & Trinken Aquasalata, Fischrestaurant, Bar mit Aperitivo und Sonnenuntergang, gehobene Fischküche, teuer. Im Sommer tägl. durchgehend bis spätabends geöffnet. ✆ 0565-943411.

Nisportino

Der Ort liegt von Nisporto aus weitere 4,5 Straßenkilometer Richtung Norden. Von der Asphaltstraße an den Westhängen des Monte Strega und hoch über der Küste eröffnen sich teilweise herrliche Ausblicke. Kleiner Kiesstrand, Ristorante und Bar am Strand. Ansonsten gibt es keine Bars, nur noch ein Residenzhotel mit ein paar uniformen Bungalows, die die Gegend dominieren. Nisportino ist ein sehr abgeschiedenes Retortendorf, extrem ruhig, man könnte auch sagen: langweilig, aber mit sehr schöner Bucht.

Essen/Übernachten Ristorante La Battigia, in Nisportino am Strand. Ideal für einen Aperitivo (ab 18 Uhr) mit Sonnenuntergang. Tagsüber Mittagstisch (Panini, Salate etc.), abends wird es etwas teurer – Antipasti/Primi 15–19 €, Secondi 20–24 €. Ab 19 Uhr auch Pizza (7–13 €). Im Sommer ab morgens bis ca. 22 Uhr geöffnet. Über den Restaurantbetrieb hinaus vermietet La Battigia auch Appartements. Ein Leser schrieb: „Direkte Strandlage, mit zwei Liegen und einem Sonnenschirm je Wohnung. Sauber und gepflegt, die Küche ist sehr gut ausgestattet. Die Vermieter sprechen Englisch und sind sehr freundlich." Appartement für 2 und 4 Pers., außerdem die „Villa" für 6 Pers. (1650–2600 €/Woche). Geöffnet Ende April bis Anfang Okt. ✆ 0565-961034 (Ristorante). Appartamenti La Battigia, Loc. Nisportino, 57039 Rio nell'Elba (LI), ✆ 0565-917355 oder ✆ 340-3476864, appartamentilabattigiaelba.it. ■ **Lesertipp €–€€**

Rio nell'Elba

Auf knapp 180 m über dem Meer liegt das urelbanische Bergdörfchen mit seinem mittelalterlichen Kern. Wenn am Abend die letzten Tagesausflügler verschwundenen sind, gehört Rio nell'Elba wieder seinen Bewohnern und die idyllische Piazza del Popolo wird zum großen Wohnzimmer für alle.

Der weite Ausblick, den man von hier oben genießt, war im Mittelalter oft lebensrettend, herannahende Feinde konnten rechtzeitig ausgemacht werden. Die Pisaner bauten im 12. Jh. eine Stadtmauer, um den Schutz zusätzlich zu verstärken. 1534 wurde Rio nell'Elba dennoch vom Piraten Barbarossa eingenommen und große Teile der Bevölkerung wurden als Sklaven nach Tunis verschleppt.

Der Ort soll bereits in der Antike ein bedeutendes Zentrum des Eisenerzabbaus gewesen sein, der heutige Stadtkern mit der nach Überfällen mehrfach wieder aufgebauten Kirche Santi Giacomo e Quirico geht auf eine pisanische Gründung im 11. Jh. zurück. Rio war im Mittelalter überaus bedeutend, man verlegte sogar kurzzeitig die Inselverwaltung hierher.

Rio hat von allen Gemeinden der Insel die stärkste Abwanderung erfahren, nicht zuletzt auch wegen der Schließung der unrentabel gewordenen Eisenerzminen der Umgebung. Waren es Ende des 18. Jh. noch 5000 Einwohner, so sind es heute nur noch etwa 800. Das

Das Bergdorf Rio nell'Elba

könnte sich allerdings in absehbarer Zeit ändern, denn um den alten Kern von Rio nell'Elba – vor allem im südlich vom alten Zentrum gelegenen Ortsteil La Ginestra – wurde in den letzten Jahren kräftig gebaut und dabei auch in Touristen-Appartements investiert. Im alten Ortskern häufen sich dagegen die „Vendesi"-Schilder. 2018 wurden Rio nell'Elba und Rio Marina zu einer Gemeinde unter dem Namen **Rio** fusioniert, der Gemeindesitz ist in Rio Marina.

Ein Ausflug nach Rio nell'Elba lohnt allein schon wegen der exponierten Lage, die einen reizvollen Gegensatz zu den umliegenden Badeorten bildet. Sehenswert sind die Kirche **Santi Giacomo e Quirico** an der Piazza mit ihrer Renaissancefassade und barocken Stilelementen im Inneren (ganztägig geöffnet) sowie das Lavatoio pubblico und das archäologische Museum, in dem auch die Exponate des ehemaligen Mineralienmuseums ausgestellt sind.

Sehenswertes in Rio nell'Elba und Umgebung

Museo civico archeologico e Collezione „I Minerali Elbani della Gente di Rio": Direkt unter der Panoramaterrasse bei der Piazza del Popolo befindet sich die Ausstellung auf und unter einer Galerie in einem modernen, lichtdurchfluteten Saal. Zu sehen sind in der archäologischen Abteilung Fundstücke, die die Besiedlung und Erzverarbeitung auf Elba von prähistorischer Zeit bis ins frühe Mittelalter belegen: Pfeilspitzen und Schmuck aus der bei Rio Marina gelegenen Grotta di San Giuseppe (2000–1800 v. Chr.), etruskische Werkzeuge aus Porto Argoo (Portoferraio) oder Terrakotta-Wasserleitungen aus der römischen Villa von Capo Castello (Cavo). Ergänzt werden die Exponate durch informative Schautafeln, diese allerdings nur in italienischer Sprache. Daneben ist eine sehenswerte Sammlung ausschließlich auf der Insel gefundener Mineralien zu sehen, darunter Pyrite, Hämatite, Quarze, Turmaline etc., auch in diversen Verbindungen. Schaubilder zur Mineralgeschichte der Insel runden die gelungene Ausstellung ab.

Erst in jüngerer Zeit widmete sich die Forschung den Funden aus dem im Jahr 1534 von Piraten zerstörten Ort **Grassera** (unweit von Rio nell'Elba), den man nach der Verwüstung nicht wieder aufgebaut hat. Einige dieser archäologischen Funde sind hier im Museum zu sehen.

■ April bis Okt. Di–So 9.30–12.30 und 15.30–19 Uhr, Mo geschl., im Winter geschlossen. Eintritt 7 €, erm. 5 €, Kombiticket mit dem Museum in Rio Marina 9 € bzw. 6 €. Zum Museum gelangt man, wenn man die Piazza del Popolo an ihrer linken (nordöstlichen) Ecke verlässt und von der Aussichtsterrasse die rechte Treppe hinunter nimmt. Piazza Mazzini, ✆ 0565-962088.

Der Nordosten der Insel → Karte S. 60

Lavatoio pubblico: Das ehemalige Waschhaus (ganztägig geöffnet) liegt an der unterhalb des Dorfes verlaufenden Verbindungsstraße nach Cavo. An den Wänden sind heute alte Ansichten von Rio nell'Elba zu sehen. Neben dem Waschhaus aus dem Jahr 1907, das man auch über Treppen vom Zentrum aus erreichen kann (und vor dem man übrigens kostenlos parken kann), befindet sich die **Casa del Parco,** eines der Informationszentren des Nationalparks Toskanischer Archipel. Daneben wiederum befindet sich die Quelle **Fonte dei Canali,** deren Wasserkraft im **Valle dei Mulini,** dem „Mühlental", einst nicht nur 22 Mühlen antrieb, sondern auch das ganze Tal bewässerte. Knapp 2 km erstreckt sich das Valle von hier bis nach Rio Marina, von den Mühlen sind, wenn überhaupt, nur noch Ruinen übrig. Weitere Informationen bei der Casa del Parco.

I Canali – Rios ehemaliges Waschhaus

▪ **Casa del Parco:** Juni bis Okt. Do–Sa 10–13 und 16–20 Uhr (ab 15. Sept. bis 19 Uhr), So 10–13 Uhr geöffnet, im Juli/Aug. auch Di 16–20 Uhr, April/Mai Fr/Sa 10–13 und 16–19 Uhr, So 10–13 Uhr, im Winter geschl. Loc. I Canali, ✆ 0565-943399.

Eremo di Santa Caterina/Orto dei Semplici Elbano: Etwas nördlich des Orts, am Hang des Monte Serra und mit schönem Blick auf Rio nell'Elba, liegt diese verlassene Einsiedelei. Der ursprünglich romanische Bau wurde 1634 umgebaut, im Innenraum der einschiffigen Kirche erinnert eine Gedenktafel an die heilige Caterina, darüber hinaus sind einige Werke moderner Kirchenkunst zu sehen (die Kirche ist geschlossen und nur durch die Fenster einsehbar). Ein Verein kümmert sich um den Erhalt der alten Gemäuer. Einen Blick wert ist die Skulptur in Form eines Obelisken-Gestells vor der Kirche: Bei trockenem Wetter zieht das Pendel (aus Eisen) den schwarzen Sand der Insel an. Neben der Einsiedelei befindet sich der hübsche, kleine *Orto dei Semplici Elbano*. In dem wunderbar gepflegten botanischen Garten bekommt man Einblicke in die ursprüngliche Flora der Insel, darüber hinaus gibt es einen Obstgarten, einen Heilkräutergarten, die Weinreben der autochthonen Elba-Rebsorten etc. Schautafeln, auch in deutscher Sprache, erläutern die Pflanzen. Ruhe und Idylle pur, nicht nur für Hobby-Botaniker ein lohnenswerter Besuch!

▪ An der Straße von Rio nell'Elba nach Nisporto/Nisportino geht es nach ca. 3 km rechts ab auf einen Feldweg (beschildert), hier parken. Es führt ein ca. 500 m langer Panoramaweg an einer hübschen Zypressenreihe entlang zum alten Kloster (etwa 10 Min. zu Fuß). Im April Di–

Eremo di Santa Caterina

Sa 10.30–12.30 und 15.30–18.30 Uhr, Mai/Juni Di–Sa 15–19 Uhr, Juli/Aug. Di–Sa 17–19.30 Uhr, Sept./Okt. Mo–Sa 10.30–13 und 15.30–18.30 Uhr. Im Winter und bei Regen geschlossen. Eintritt 5 €, erm. 3 €. Hunde an der Leine erlaubt. ✆ 376-0021746.

Praktische Infos Rio nell'Elba

Verbindungen **Busse** (Linie 117) 4-mal tägl. nach Capoliveri, 9-mal über Rio Marina nach Cavo, 8-mal nach Porto Azzurro und weiter nach Portoferraio, So und feiertags etwas eingeschränkt.

Parken Teils gebührenpflichtiger (blaue Markierung), teils kostenloser (weiße Markierung) Parkplatz am Ortseingang (aus Porto Azzurro kommend). Alternativ befindet sich direkt über diesem gebührenpflichtigen ein kostenloser Parkplatz, allerdings mit ziemlich steiler Auffahrt. Kostenlos Parken kann man auch unterhalb von Rio nell'Elba am alten Waschhaus (Lavatoio, beschildert), dann muss man aber die Treppen hinauf ins Zentrum laufen.

Einkaufen Post, Bäckerei, Apotheke im Zentrum, ein großer Coop befindet sich an der Straße nach Rio Marina auf der linken Seite.

Essen & Trinken Zwei Lokale an der Piazza: Die beliebte **Bar di Sotto** am unteren Ende des Platzes eignet sich hervorragend zum Frühstücken, für Snacks und Aperitivo bzw. Digestivo (im Sommer 7–24 Uhr), etwas ausgiebiger essen kann man im **Ristorante Da Cipolla** am oberen Ende der Piazza. Auf den Tisch kommen dort elbanische Klassiker (viele Fischgerichte) zu mittleren Preisen: Antipasti/Primi 8–16 €, Secondi 14–22 €. Ganztägig geöffnet, auch Bar und Tabaccheria. ✆ 0565-943068.

Feste & Veranstaltungen **Festa dei Santi Giacomo Apostolo e Quirico,** am letzten Wochenende im Juli findet das traditionelle Dorffest zu Ehren der beiden Ortsheiligen statt.

Wanderung 2:
Auf der G.T.E. – von Rio nell'Elba nach Porto Azzurro
Aussichtsreiche Streckenwanderung – ca. 8 km, Gehzeit ca. 2:45–3 Std.
→ S. 247

Der Nordosten der Insel → Karte S. 60

Nächtlicher Hafen von Rio Marina

Rio Marina

Der Hafenort mit seinen etwa 1600 Einwohnern ist nicht gerade eine Touristenhochburg, wohl auch, weil es hier an schönen Stränden mangelt. Auch Fischerromantik sucht man am funktionalen Hafen, an dem früher das Eisenerz verschifft wurde, vergeblich.

Der Eisenabbau in der Umgebung (v. a. am nördlich gelegenen Monte Giove) geht bis in die Antike zurück. Den achteckigen Wachturm am südlichen Ende des großen Hafenbeckens bauten im 16. Jh. die Appiani, im 19. Jh. wurde noch ein kleinerer Uhrturm draufgesetzt (kürzlich restauriert, im Sommer hin und wieder zu Ausstellungen geöffnet). Im 18. Jh. erlangte Rio Marina als Hafen von Rio nell'Elba größere wirtschaftliche Bedeutung – in Rio Marina befand sich auch der Verwaltungssitz des Eisenbergwerks – und erklärte sich 1882 schließlich zur unabhängigen Gemeinde. Das so entstandene Konkurrenzverhältnis zwischen den beiden Orten steigerte sich bis zur Feindseligkeit, sodass man untereinander nicht mehr heiratete und sich in der Hochphase der Animositäten bei Kirchweihfesten sogar mit Steinen bewarf. Die Wogen sind längst geglättet und mit der Bildung der Gemeinde **Rio** im Jahr 2018, deren Sitz sich hier in Rio Marina befindet, ist man mittlerweile auch administrativ wiedervereint. Am 16. August findet das Fest zu Ehren des Ortspatrons San Rocco statt.

Angesichts der langen Bergbautradition Rio Marinas ist es nicht verwunderlich, dass sich die Sehenswürdigkeiten des Ortes vor allem um das drehen, was aus den umliegenden Bergen zu Tage gefördert wurde: Im **Parco Minerario** wird der Besucher durch die Halden und Erzwäschen eines Tagebergwerks geführt, und im **Museo Minerali** in der Via Magenta (Palazzo del Burò) lässt sich u. a. die Ausstellung „Fiori di Ferro“

Fiori di Ferro – Mineralien und mehr

Im **Palazzo del Burò,** dem ehemaligen Sitz der Bergbaudirektion, ist Rio Marinas überaus sehenswertes **Museo Minerali dell'Elba e Arte Mineraria** untergebracht. Auf rund 600 m^2 ist eine gelungene Mischung aus Mineraliensammlung, Museum für Bergbaugeschichte und Ausstellung für zeitgenössische Kunst entstanden. Hier sind sämtliche auf Elba gefundenen Mineralienarten, 170 an der Zahl, ausgestellt, unter ihnen auch der **Ilvait,** den es nur hier auf der Insel gibt.

Die annähernd 800 Exponate im EG sind übersichtlich in Vitrinen angeordnet. Zu sehen sind z. T. sehr schöne Pyrite, Hämatite und Calcite, auch Pyrit-Hämatit- und Pyrit-Quarz-Verbindungen sowie Alabaster, der aber nicht von der Insel stammt. Mit einem interaktiven Tool kann man die Eigenschaften der verschiedenen Mineralien abrufen (auch auf Englisch). Wichtigste Fundorte für Mineralien auf Elba sind die Gegend um Rio Marina (die Gruben von Bacino und Valle Giove) und die Halbinsel Calamita.

Riesiger Pyrit im Museo Minerali

Daneben sind Ausstellungsstücke zu sehen, die die harte Arbeit der Eisengewinnung und -verarbeitung dokumentieren. So kann man in einem nachgebauten Schutzraum (*Riparo*) der Bergleute in einer kleinen Mine im UG sogar am eigenen Leib erfahren, wie dunkel, staubig und eng die Grabungsschächte waren. Ein Film und Fotomaterial aus der Zeit des Bergbaus rundet die sehenswerte Ausstellung ab.

Vom Museum werden Touren mit dem „Trenino" in den **Parco Minerario,** das Bergbau-Freilichtmuseum oberhalb des Ortes, angeboten. In der Hochsaison besteht darüber hinaus die Möglichkeit, nach einer Einführung selbst nach Pyriten und Hämatiten zu suchen.

Öffnungszeiten des Museums: April bis Okt. tägl. 9.30–12.30 und 15.30–18.30 Uhr, im Juli/Aug. bis 19 Uhr. Eintritt 7 €, erm. 5 € (Kombiticket mit dem Museum in Rio nell'Elba 9 €, erm. 6 €). Zum Museum geht es von der zentralen Piazza Vittorio (dem kleinen „Stadtpark") in die schmale Via Magenta, das Museumsgebäude befindet sich am Ende der Gasse, nur wenige Meter von der Piazza entfernt (Via Magenta 26).

Führungen durch den Bergbaupark: Von Juni bis Sept. werden mit dem Trenino („Bähnchen", Abfahrt unweit des Museums an der Straße Richtung Cavo) Exkursionen in den Bergbaupark angeboten, meist 1-mal am Vormittag und 1-mal am Nachmittag (je nach Nachfrage). Anmeldung obligatorisch! Pro Pers. 15 €, Kinder 4–12 J. 10 €, unter 4 J. frei. Die Miniera-Adventure-Tour mit dem Jeep und eigener Mineraliensuche richtet sich hauptsächlich an Familien mit Kindern, im Sommer immer Do 16.30 Uhr, Erw. 21 €, Kinder 11,50 €. Wer eine Tour gebucht hat, muss im Museum keinen Eintritt zahlen. Treffpunkt für alle Touren im Museum, die Anmeldung ist auch telefonisch möglich. Palazzo del Burò, Via Magenta 26, ✆ 0565-962088, parcominelba.it.

bewundern (→ S. 69). Wer sich auf eigene Faust auf die Suche begibt, kann mit etwas Glück am 6 km nördlich gelegenen **Strand Le Fornacelle** (→ S. 73) noch kleinere Malachite und Calcite finden. Das letzte Relikt des Verladehafens, der schon schwer angerostete **Pontile di Vigneria** etwas nördlich des Ortes, ist bei einem Herbststurm im Oktober 2018 endgültig in den Fluten versunken. Ursprünglich befanden sich hier an der Nordostküste fünf Verladebrücken bei den jeweiligen Minen, obige Brücke der Miniera Vigneria war die letzte verbliebene. Abgebaut wurde hier im Nordosten übrigens über Tage, während die **Galleria del Ginevro** (→ S. 100) südlich von Capoliveri unter Tage liegt.

In den letzten Jahren hat Rio Marina deutlich an Attraktivität gewonnen, das Städtchen hat sich herausgeputzt, der kleine Park oberhalb des Hafens – mit dem hübschem Brunnen des „Lebenskreises" – und die Promenade laden zum Flanieren ein. Zwischen Museum und Sporthafen häufen sich die Restaurants und Pizzerien – an Sommerabenden ein beliebter Spot zum Essen gehen. Und auch am Hafen hat sich fast so etwas wie ein Nachtleben angesiedelt (zumindest an Sommerwochenenden). Rio Marina ist der **Fährhafen** im Osten der Insel, auch die Fähren nach Pianosa starten hier.

Der Uhrturm am Hafen von Rio Marina

Verbindungen **Fähren der Toremar nach Piombino** im Sommer 3- bis 6-mal tägl., in der Hochsaison bis zu 8-mal tägl. (im Winter 3-mal), 45 Min. Fahrtzeit. Tickets bei Toremar am Hafen, geöffnet tägl. 8.45–12.30 und 16–19 Uhr sowie zu den Abfahrtszeiten außerhalb der Öffnungszeiten. Hier hängen auch die Abfahrtszeiten aus. Calata Voltoni 20, 57038 Rio Marina (LI), ✆ 0565-962073, toremar.it.

Fähren nach Pianosa zuletzt mit Toremar ganzjährig jeden Di 9.20 Uhr ab Rio Marina, an Pianosa 11.10 Uhr, zurück ab Pianosa um 14.10 Uhr, Ankunft in Rio Marina um 16 Uhr. Preis hin und zurück um 35 €, weitere Infos bei der Toremar-Agentur (Adresse → oben). Für die Hochsaison wird empfohlen, das Ticket einige Tage vorher bei der Agentur hier in Rio Marina zu kaufen.

Busse 4-mal tägl. nach Capoliveri, je 9-mal nach Cavo und Rio nell'Elba, 9-mal über Porto Azzurro nach Portoferraio (Linea 117).

Parken Kostenloser **Parkplatz** außerhalb an der Straße Richtung Cavo, nur ein paar Minuten zu Fuß ins Zentrum; ein großer kostenloser Parkplatz auch oberhalb des Zentrums auf dem Weg zum Parco Mineraio (aber Achtung: steil hinunter und auch wieder steil hinauf). Kostenlos bzw. mit Parkscheibe kann man an einigen Parkplätzen am Sporthafen parken, ebenso hinter dem Rathaus. Ansonsten mit Parkscheinautomat in der Via Palestro am kleinen Stadtpark.

Spezialitäten/Einkaufen **Pasticceria Muti & Lupi,** als lokale Spezialität gilt die „Schiaccia briaca", zu Deutsch „die Betrunkene" – ein Mürbeteiggebäck, zu dessen Ingredienzien neben Pinienkernen, Rosinen und Nüssen vor allem der Süßwein Aleatico gehört. Weitere köstliche Kalorienbomben sind in der Vitrine aufgetürmt. Mo–Sa 7.30–13 Uhr, So geschl. Via Palestro 13. **Markt,** in Rio Marina jeden Montagvormittag im Zentrum in der Via Palestro und rundum.

Wein **Azienda Agricola Le Sughere,** quasi das ganze Spektrum elbanischer Weine (Elba Bianco, Rosso und Rosso Riserva, Elba Rosato, Procanico, Ansonica und Vermentino), auch Aleatico, Grappa und Passito. Mo–Sa 16–18 Uhr, So und im Winter nur nach Voranmeldung – vorher anrufen, ob geöffnet ist. Loc. Le Giudimente, ☎ 345-4282889, lesughere.it. Anfahrt: Von Rio Marina Richtung Rio nell'Elba, dann links ab Richtung Ortano, dann wieder links (Beschilderung: „Le Sughere del Montefico"). Der zugehörige Agriturismo → unten.

Übernachten ***** Rio sul Mare,** Bestlage an der zentralen Piazza und nahe Hafen, 32 einfache Zimmer, nur einige wenige im obersten Stock auch mit Balkon. Zimmer bzw. Mobiliar teils schon etwas in die Jahre gekommen, freundlicher Service. April/Mai bis Anfang/Mitte Okt. geöffnet. Zu empfehlen sind die renovierten Zimmer im obersten Stockwerk mit Terrasse und Meerblick (etwas teurer). Via Palestro 34, 57038 Rio Marina (LI), ☎ 0565-924225 oder 339-5044789, hotelrioisoladelba.it. **€€–€€€**

Casa Valdese, im unteren Bereich der Altstadt an der Piazza Mazzini liegt neben der Waldenserkirche das ockerfarbene Gästehaus (und Hotel). Günstige Unterkunft, mit Terrasse und Garten, sehr freundliche Leitung, nur 15 funktionale Zimmer, auch Drei- und Vierbettzimmer sowie Appartements, Letztere mit kleiner Küche. Frühstück extra. April bis Okt. geöffnet. Piazza Mazzini 14, ☎ 0565-962141, 57038 Rio Marina, casariomarina.it. **€–€€**

Agriturismo/außerhalb **Agriturismo Le Sughere,** mitten in den Weinbergen in absoluter Ruhe und sehr abgeschiedener Lage (die Einsamkeit muss man mögen) liegt das rote Haus, von dessen Terrasse man einen herrlichen Ausblick genießt. Einladender Pool, nur sieben Zimmer und zwei Appartements, Ende Mai bis Anfang Sept. geöffnet. Anfahrt: Von Rio Marina Richtung Rio nell'Elba, am Ortsausgang links ab auf die Panoramica, nach 800 m geht es steil rechts hoch und dann 400 m auf Asphalt steil bergauf, nach dem unschönen Hochhauskomplex rechts ab und noch 600 m auf kurviger, schmaler Schotterpiste. Durchgehend beschildert, aber mühsame Anfahrt (ein Geländewagen/SUV kann hier durchaus hilfreich sein) – Leser befanden, dass vor allem die Heimfahrt in der Dunkelheit recht anstrengend sei. Im August nur wochenweise, ansonsten mind. 3–4 Nächte. Loc. Monte Fico, 57038 Rio Marina (LI), ☎ 345-3585035, lesughere.it. **€€–€€€**

Essen & Trinken **Osteria La Miniera,** in einer Seitengasse rechts unterhalb der Hauptdurchgangsstraße noch vor Piazza und Hafen. Kleine überdachte Holzterrasse, auch innen nur wenige Tische. Hervorragende elbanische Fischküche, aber auch Fleischesser und Vegetarier werden hier glücklich. Sehr freundlicher Service, wechselnde Karte, stets frische Zutaten, Antipasti meist 9–18 €, Primi/Secondi um 14–22 €, Cacciucco 40 € (gibt es nicht immer). Sehr gute Weine, auch glasweise. Tägl. mittags und abends, zuletzt im Winter geschl. (Okt.–Febr.), für abends besser reservieren. Via Claris Appiani 7, ☎ 333-7833648.

Il Grigolo, rosa Eckhaus an der Durchgangsstraße, gegenüber vom kleinen Park. „Beste Fischküche!", schrieben uns Leser. Dem ist hinzuzufügen: Natürlich gibt es auch Meeresfrüchte (auch „crudi", also Rohes), nach Vorbestellung außerdem Cacciucco (40 €), dazu Blick auf den Hafen. Auch von Elbanern geschätztes Fischrestaurant. Antipasti/Primi 10–18 €, Secondi 18–25 €, Pizza 8–12 €. Mittags und abends geöffnet. Piazza V. Emanuele/Via Magenta, ☎ 0565-962720, ristoranteilgrigolo.it.

MeinTipp **Ristorante/Pizzeria Il Mare (da Laila),** nette Lage ein paar Treppen hoch von der Piazza C. Battisti (die liegt an der Hauptdurchgangsstraße Richtung Cavo). Sehr nette und hilfsbereite Bedienung, auch wenn hier der Teufel los ist (was öfter mal vorkommt). Guter und prompter Service, hervorragende Pizza, z. B. die etwas scharfe „Atomica", aber auch ganz exzellente Fischküche. Wir probierten hier einen Polpo-Salat mit feinem Kartoffelpüree und die „Tris di tonno" (Burger und Steak mit Mohnkruste und im Pistazienkernmantel). Sehr guter weißer Hauswein (gibt es als „fermo" und „frizzante"). Gute Stimmung, mittlere Preise (Antipasti/Primi 9–15 €, Secondi 14–18 €, Pizza 7–12 €), das empfehlenswerte „Fritto all'Elbana" kostet 25 €, die es wert sind. Mittags und abends geöffnet, Pizza auch mittags. Via del Pozzo 16, ☎ 0565-962117 oder 328-4050654.

Da Oreste la Strega, Traditionslokal am oberen Ende des kleinen Parks im Zentrum, beliebte Trattoria mit freundlich-gediegenem Ambiente. Nett die überdachte Terrasse, die allerdings direkt an der Durchgangsstraße liegt. Elbanische Küche zu mittleren bis leicht gehobenen Preisen, Schwerpunkt natürlich Fisch. Mittags und abends geöffnet. Piazza Vittorio Emanuele 6, ☎ 0565-962384.

Cafés/Nachtleben **Dolcemente Diversi,** in einem der alten Bootsschuppen unten am Hafen, der ideale Ort zum Frühstücken, tagsüber für Kuchen, Törtchen und Gelato, zum Aperitivo (mit leckeren Häppchen) oder dem Cocktail nach dem Essen – immer mit Hafenblick. Wer keinen Platz findet, nimmt am (gepolsterten) Mäuerchen gegenüber Platz. Abends manchmal Livemusik, sehr netter Service, ein schöner Ort in Rio Marina. März bis Okt. tägl. frühmorgens bis Mitternacht geöffnet, in der Nebensaison teils etwas kürzer. Calata dei Voltoni 24, dolcementediversi.it.

Jolly Bar, auf der Hafenterrasse darüber, tagsüber Bar-Caffè mit Snacks/Pizza und Aperitivo, im Sommer abends manchmal Livemusik.

Baden in Rio Marina und Umgebung

Stadtstrände

An der Hafenmole führt eine Treppe zum kleinen Kieselstrand **Spiaggia La Torre** beim Uhrturm hinunter. Ein hübscher, wenngleich winziger Strand mit steinigem Einstieg quasi im Zentrum. Geht man von hier an der Torre vorbei die schmale Asphaltstraße (den „Sentiero dell'Amore") steil bergan und dann oberhalb der Steilküste entlang, kommt man nach etwa 1,5 km zur **Spiaggia Luisi D'Angelo,** das letzte Stück steiler Abstieg. Oben auf der Straße weiter, sind es nochmal ca. 500 m zum Abzweig hinunter zur **Spiaggia del Porticciolo** (steil hinunter). Beide Strände sind auch mit dem Auto erreichbar (ab Rio Marina der Beschilderung „Panoramica" folgen), Parkplätze gibt es allerdings nur sehr wenige!

Folgende Strände liegen nördlich von Rio Marina:

Spiaggia Topinetti

Etwa 3 km nördlich vom Ort, von der Straße Richtung Cavo rechts ab, ausgeschildert, etwa 300 m auf einem Feldweg zum Strand hinunter. Schwarzer Sand vor roten Felsen, dazwischen große, weiße Kieselsteine. Sauber und nicht übermäßig besucht, mit einfacher Bar, Sonnenschirm- und Liegestuhlverleih.

Von der Erzgrube zur Badebucht – die Strände um Rio Marina

Cala Seregola

Kurz nach der Abzweigung zum Topinetti-Strand passiert man rechter Hand ein längst stillgelegtes und verfallenes Eisenbergwerk. Gleich darauf rechts ab über eine Staubpiste zum Strand (gut 400 m von der Hauptstraße, beschildert). Nicht besonders idyllisch, aber bestens frequentierter Sand-/Kiesstrand, getrübt wird der Blick durch das alte Eisenwerk (Achtung: Einsturzgefahr!) mit Verlademole. Riesiger Parkplatz am Strand, einfache Bar, Sonnenschirm- und Liegestuhlverleih. Hunde erlaubt (Leine).

Spiaggia Le Fornacelle

Kurz vor Cavo geht es rechts ab (beschildert) und dann eine steile Betonpiste hinunter. Am Strand Kiesel und Sand. Badende genießen den Blick auf Piombino und das vorgelagerte Inselchen **Palmaiola.** Pluspunkt ist allerdings das *Ristorante Le Fornacelle* (✆ 0565-931105) mit netter Terrasse. Viel gelobte Fischgerichte, etwas gehobene Preise, mittags und abends geöffnet. Von dem Restaurant rechter Hand am Strand entlang stößt man nach ca. 100 m auf eine Halde, hier lassen sich mit Glück vereinzelt noch kleinere Mineralien finden.

Cavo

Einer der ältesten Badeorte der Insel. Vom heutigen Elba-Tourismus wird Cavo allerdings ziemlich vernachlässigt, erstaunlich, zumal sich der Dorfstrand des ansonsten eher verschlafenen Ortes durchaus sehen lassen kann. Cavo ist der vom Festland aus am schnellsten erreichbare Ort.

Im nördlichsten Ort Elbas (ca. 600 Einwohner) finden sich einige prächtige Villen der vorletzten Jahrhundertwende, die früher im Besitz der Eisenminenbetreiber waren. Mehrheitlich sind es aber bescheidene Privathäuser, die das Bild des in der flachen Bucht angelegten Dorfes bestimmen.

In Cavo gibt es einen Hafen mit langer Mole und einen mit etwas Kiesel durchsetzten, lang gezogenen Sandstrand mit Sonnenschirm-, Liegestuhl- und Tretbootverleih. Piombino auf dem Festland scheint von hier zum Greifen nah. Vom Hafen aus hat man auch einen schönen Blick auf die kleine, karge **Isola dei Topi** („Mäuseinsel"), ihren verwitterten Leuchtturm und den vorgelagerten Felsen **Il Frate,** den „Bruder". An der Uferpromenade befinden sich einige Pizzerien und Bars, im Hafen liegt eine ganze Reihe Jachten, ein schicker Seglertreff ist das abgelegene Cavo aber kaum. Einmal im Jahr, am zweiten Juliwochenende, trifft man sich hier zur Regatta mit großem Publikum.

Sein historisches Highlight erfuhr Cavo 1849, als Freiheitskämpfer Garibaldi hier auf seinem Weg nach Capraia einen kurzen Zwischenstopp einlegte. Oberhalb des Orts liegt mitten in der Macchia das **Mausoleum Tonietti,** das der gleichnamige Bergwerksbetreiber um 1900 als Familiengrabstätte errichten ließ. Der Spaziergang zum Mausoleum dauert etwa 25–30 Minuten. Tonietti gehörte auch das **Castello,** eine festungsartige Villa, die von der Uferpromenade aus zwischen Bäumen zu erspähen ist.

Der Ausflug an den Nordostzipfel der Insel lässt sich mit einer netten Wanderung verbinden: vom **Capo Castello,** der Landzunge am nördlichen Ende der

Der Nordosten der Insel → Karte S. 60

Wanderung 3: Rundwanderung bei Cavo

Einfache, schattige Rundwanderung – knapp 6 km, ca. 1:45 Std.

→ S. 250

Bucht, wo sich die spärlichen Reste einer römischen Villa befinden (nicht zugänglich), geht es zum **Capo della Vita**, dem nördlichsten Punkt Elbas – Macchia und Strandkiefern, so weit das Auge reicht.

Baden

Der überaus beliebte **Dorfstrand** (Sand und Kies) von Cavo ist so schlecht nicht und erstreckt sich auf einer Länge von fast 500 m entlang der Uferpromenade mit Blick auf die etruskische Küste. Ebenfalls großer Beliebtheit erfreut sich auch die ruhigere **Bucht von Frugoso:** Der Kiesstrand liegt an der Nordseite der Landzunge Capo Castello. Es wird relativ viel Seegras angespült, der schöne Blick auf die kleine **Isola dei Topi** entschädigt dafür. Im Sommer Strandservice. Davor ein schattiger Parkplatz, der in der Hochsaison gebührenpflichtig ist (8 €/Tag), hier befindet sich auch der Chioschetto mit Snacks, Erfrischungsgetränken und ein paar Tischen oberhalb des Strandes.

Praktische Infos

Verbindungen Von Cavo aus besteht die kürzeste **Fährverbindung** zum Festland. Mit dem Aliscafo (Tragflächenboot) der Toremar im Sommer 5-mal, im Winter 3- bis 4-mal tägl. nach Piombino, Fahrtdauer 20 Min., nur Personenbeförderung, das Aliscafo, aus Piombino kommend, fährt ab Cavo übrigens weiter nach Portoferraio (weitere 20 Min.). Die Autofähre fährt nur in den Wintermonaten 1-mal tägl. nach Piombino (14.20 Uhr, Fahrtdauer 40 Min.). Ticketbüro beim Hafen, Via Michelangelo 54, ✆ 0565-949871, toremar.it. Achtung: Die Fähren legen nur bei relativ ruhiger See in Cavo an.

Busse 8- bis 10-mal tägl. über Rio Marina, Rio nell'Elba und Porto Azzurro nach Portoferraio, der Bus fährt 4-mal auch über Capoliveri.

Die etruskische Küste ist zum Greifen nah

Cavo – Badestrand mit Tradition

Diverses In Cavo gibt es **Bank, Post, Tankstelle,** mehrere kleine Lebensmittelläden, Bäcker, Metzger und einen **Supermarkt.**

Übernachten ***** Levante,** komplett renoviertes, erst kürzlich neu eröffnetes Hotel (ehemals das Hotel Pierolli) direkt an der Promenade. Angenehme, moderne Zimmer in gediegener Einrichtung, einige mit Balkon zum Meer. Halbpension ist möglich. Etwa ab 20. April bis etwa 20. Sept. geöffnet. Lungomare Kennedy 1, 57038 Cavo – Rio (LI), ✆ 0565-883994, levantehotelelba.it. **€€–€€€**

***** Maristella,** in schöner Lage am Lungomare, wenige Meter zum Strand und zur Flaniermeile, sieht von außen etwas alt und düster aus, innen deutlich netter, wenngleich nicht topmodern. Nett ist auch die Hollywoodschaukel im Garten, einfache, aber gepflegte Zimmer mit viel Rattan (auch Dreibettzimmer), relativ günstig. Anfang Juni bis Mitte Sept. geöffnet. Lungomare Kennedy 4, 57038 Cavo (LI), ✆ 0565-949859, hotelmaristella.weebly.com. **€€**

**** Ginevra,** schon älteres, aber gerade erst renoviertes Hotel, ruhige Lage im hinteren Teil des Orts, etwa 300 m zum Strand, hübscher grüner Garten. 27 Zimmer, nur B & B. Geöffnet Mitte April bis Anfang Okt. Via De Gasperi 63, 57038 Cavo (LI), ✆ 0565-949845, albergoginevra.it. **€€–€€€**

Übernachten/Essen außerhalb **Agriturismo L'Amandola,** idyllisches kleines **Ristoro** in der Pampa (an der G.T.E. gelegen), feine Fischküche und herrliche Sonnenuntergänge, Menü um 40–50 €. Juni bis Sept. geöffnet, nur abends. Die vier **Appartements** liegen etwas abseits in einem restaurierten Bauernhaus und sind rustikal eingerichtet (im Sommer wochenweise Buchung). Fußweg ca. 300 m hinunter zum eher steinigen Strand (Cala Mandriola). Mai bis Okt. geöffnet, in der Nebensaison (außerhalb von Juli/Aug.) deutlich günstiger. Hunde nach Absprache erlaubt. Anfahrt: von Cavo aus die Straße Richtung Rio nell'Elba (nicht die Küstenstraße) nehmen, dann rechts ab und nochmal 400 m in Serpentinen das Sträßchen hinauf, beschildert. Loc. Colle a Vita, 57038 Cavo/Rio (LI), ✆ 0565-931908 oder 338-2525443, agriturismo-elba.it. **€€€€**

Essen/Nachtleben **Pizzeria/Bar Rendezvous,** am Hafen, nette Atmosphäre, mit Crêperie, Pizza 9–10 €, man kann hier auch ein ganzes Menü essen. Gleich daneben das **Mistral Cafè,** ebenfalls sehr beliebt, auch hier gibt es beste Pizza (und gefüllte Focaccia), außerdem „Mojiteria" – Aperitivo und Cocktails. Beide ganztägig bis spät abends geöffnet. Lungomare Michelangelo 9/11.

Mokambo-Bar, in dem beige getünchten Haus am Meer gibt es nicht nur ein großes Whiskey- und Bierangebot, sondern auch Pizza und Fischküche, Pasta, Salate etc. Das Urgestein der Gastronomie in Cavo gibt es seit über 65 Jahren. Nette Terrasse, mit Strandbad. Ganztägig geöffnet. Lungomare Kennedy 2/4, ✆ 320-2749505.

Blick auf Porto Azzurro

Porto Azzurro

Einer der schönsten Häfen der Insel. Zwischen zahlreichen Segel- und Motorjachten dümpeln noch immer ein paar bunte Fischkutter, an der Uferpromenade mit der großen Piazza Matteotti herrscht in den Cafés und Restaurant reges Leben. Der „Blaue Hafen" erfreut sich besonders bei italienischen Gästen allergrößter Beliebtheit.

Das Städtchen an der Nordseite der großen, geschützten **Cala di Mola** (Mola-Bucht) ist mit rund 3600 Einwohnern einer der größten Orte Elbas. Die Häuser ziehen sich zu beiden Seiten des Hafens fast wie ein Amphitheater die grünen Hänge hinauf. Überragt wird Porto Azzurro von der **Festung San Giacomo** aus dem Jahr 1603. In der von den Spaniern erbauten Burg ist heute noch immer ein Gefängnis untergebracht (nicht zugänglich). Alljährlich am 24. Juli findet das Fest des Ortspatrons und Namensgebers der Festung statt.

Hinter der großen Hafenpiazza befindet sich das **Centro storico** – das alte Viertel von Porto Azzurro mit teilweise recht verwinkelten Gassen und zwei- bis dreigeschossigen Häusern aus dem 17. und 18. Jh. Heute ist die Altstadt Fußgängerbereich für die flanierenden Touristen. Straßenhändler und Schnellporträtisten finden sich allabendlich ein, die Geschäfte bleiben oft bis Mitternacht geöffnet. Der spanische Einfluss in Porto Azzurro, dem früheren Porto (di) Longone, ist noch immer sichtbar, schließlich geht die Stadtgründung auf Philipp III. von Spanien zurück. Noch immer gibt es spanische Straßennamen, wie z. B. die Via d'Arlacon, und die Kirche **Sacro Cuore di Maria** wurde 1727 von spanischen Architekten vollendet.

Von Porto Azzurro aus werden Bootsausflüge nach Giglio veranstaltet, es gibt eine Tauchschule und diverse Bootsverleiher. Im Zentrum befinden sich auch einige Hotels, die Auswahl ist allerdings nicht allzu groß. Campingplätze finden Sie in den umliegenden Buchten, deren saubere Strände in jedem Fall dem **Dorfstrand La Rossa** an der Durchgangsstraße von Porto Azzurro vorzuziehen sind: schmal, meist überfüllt und nur bedingt sauber. Besser badet man in Porto Azzurro an dem schönen, aber sehr kleinen **Kiesstrand La Pianotta** bei der Mole am südöstlichen Ende der Hafenpromenade mit dem Appartementhaus. Von hier führt ein Fußweg – die **Passeggiata Carmignani** – vorbei an einigen Badestellen auf den Felsen und hoch über dem Meer (links oberhalb die Festung mit Gefängnis) in ca. 15 Minuten zur benachbarten Barbarossa-Bucht (→ S. 82) und in nochmal etwa 20 Minuten weiter zur Reale-Bucht (→ S. 83).

Porto Azzurro hat sich gänzlich auf den Tourismus eingestellt: Der Fährhafen wurde nach Rio Marina verlegt, denn man verspricht sich als reiner Porto Turistico mehr Gäste – vor allem durch die Segeltouristen. Auch die große **Piazza Matteotti** am Meer wurde umgestaltet und besucherfreundlich (mit vielen Parkbänken) hergerichtet. Ein Bummel durch die Gassen der hübschen Altstadt macht Spaß, Souvenirshops und Restaurants reihen sich aneinander, man hat die sprichwörtliche Qual der Wahl.

Geschichte

Vor einigen Jahrzehnten fand man in der Bucht auf dem Meeresboden die Überreste eines römischen Hafens, nähere Informationen über eine Ansiedlung der Römer gibt es jedoch nicht. Der berühmte Genueser Andrea Doria soll es gewesen sein, der bereits Mitte des 16. Jh. den Spaniern unter Karl V. den guten Rat gab, hier einen Gegenpol zum schnell wachsenden Cosmopoli (Portoferraio) der Medici zu schaffen. Gebaut wurde Porto Longone jedoch erst ab 1603 unter Philipp III. von Spanien. Zunächst entstand die Piazza di Longone, die Festung auf dem Hügel oberhalb der Bucht. Das bald darauf entstandene kleine Fischer- und Handelsdorf nannte man zunächst **Porto di Longone.** Der Ort wuchs rasch, neben den über 2000 Soldaten der Garnison siedelten sich hier immer mehr Händler, spanische Gefolgsleute und Fischer aus dem damals ebenfalls spanischen Neapel an. In den folgenden Jahrhunderten wechselten sich spanische und französische Herrscher ab, während des Spanischen Erbfolgekriegs (1701–1713) hatten kurzzeitig auch mal die Österreicher das Sagen. Ende des 18. Jh. stellten sich die Bewohner der Stadt geschlossen gegen die Franzosen, die die Insel 1794 erstmals besetzt hatten. Als Elba 1802 erneut französisch wurde und damit zum ersten Mal nur einen Regenten hatte, musste sich auch Porto Longone unterwerfen. Napoleon schließlich sollte dem Hafenort die entscheidende Niederlage beibringen, und das nicht einmal mit Waffengewalt: Er schlug sein Lager in Portoferraio auf und leitete somit den wirtschaftlichen Niedergang des einst so mächtigen Porto Longone ein. 1815 wurde die ganze Insel an das Großherzogtum der Toskana angeschlossen, aus der Garnison wurde ein Gefängnis. Erst 1947 änderte man den Namen der Stadt in „Porto Azzurro". Der Verweis auf das blaue Meer sollte vom über 100-jährigen Straflager-Image ablenken.

Sehenswertes

La Piccola Miniera: Am nördlichen Ortsausgang von Porto Azzuro auf der rechten Seite liegt die „kleine Mine": Auf einer Strecke von rund 250 m geht es mit dem „Trenino" in einen Schaustollen. Hier wird ein Eindruck vom Leben der Minenarbeiter unter Tage vermittelt, das Ganze ist zwar bei Weitem nicht so aufregend wie der Besuch der Mine auf der Halbinsel Calamita (→ S. 100), aber vor allem für Kinder eine nette Einführung. Außerdem sind auch einige Fundstücke in Sachen Mineralogie zu sehen (Erläuterungen zu den Exponaten auch in deutscher Sprache). Dazu kommt das „Etruskische Mineralienmuseum", in dem neben Reproduktionen von antiken Öfen und mehr oder minder dekorativen Fresken ebenfalls Mineralien ausgestellt sind.

▪ Von März bis Nov. tägl. 9–13 und 14.30–19 Uhr, im Sommer bis 20 bzw. 21 Uhr (Stollen schließt je 1,5 Std. früher), der Trenino fährt alle halbe Stunde (ansonsten mind. vier Teilnehmer). Fahrt mit dem Trenino plus Mineralienmuseum 10 € pro Pers., Kinder 6–12 Jahre 7,50 €, 3–5 Jahre 4 €, unter 3 Jahre frei. Im Erdgeschoss werden auch Mineralien und diverse Souvenirs verkauft. Via Provinciale Est, 57036 Porto Azzurro (LI), ☏ 0565-95350, lapiccolaminiera.it.

Basis-Infos

→ Karte S. 80

Information/Reisebüro Das **Reisebüro Longone Viaggi** vermittelt Appartements in und um Porto Azzurro, hier auch Fährtickets, Flugtickets, Bahn- und Bustickets (nach Florenz und Mailand), Auto- und Zweiradverleih, Bootsausflüge etc. Tägl. 9.30–12.30 Uhr und 16–19.30 Uhr, So nur 9.30–12.30 Uhr. Banchina IV Novembre 23, 57036 Porto Azzurro (LI), ☏ 0565-95000, elbaenjoy.it.

Verbindungen **Busse** 4-mal tägl. nach Capoliveri, 8-mal über Rio nell'Elba und Rio Marina nach Cavo, 11-mal nach Portoferraio, So und feiertags etwas eingeschränkt. Abfahrt im Zentrum am Largo Andreani.

Taxis sind unter ☏ 338-8609896 oder 338-9250734 zu erreichen.

Parken Die Hafenpromenade und das Centro storico sind autofrei oder mit Parkverbot belegt. Der große **Parcheggio Comunale** im Zentrum, am Viale Italia (Straße Richtung Rio nell'Elba) auf der linken Seite kostet 2 € (!) pro Stunde und ist oft überfüllt. Folgt man dem Viale Italia weiter stadtauswärts und biegt links ab in den Viale Europa (bei La Botte Gaia), gelangt man zu einem großen, kostenlosen **Parkplatz.** Von hier 5–10 Min. zu Fuß ins Zentrum.

Zweiradverleih Vermittlung z. B. bei der Reiseagentur **Longone Viaggi** am Hafen, Adresse → oben, Scooter ab 44 €/Tag.

Bootsverleih **Spazio Mare,** Bude am Dorfstrand, der Spiaggia della Rossa (Ausfallstraße Richtung Portoferraio). Motorboot

Eines der vielen Restaurants an Porto Azzurros Hafenpromenade

Im Hafen von Porto Azzurro

(40 PS) für max. 6 Pers. ab 240 € am Tag (halber Tag 130–155 €), auch größere Motorboote, es werden auch Jachten (40 Fuß) verchartert (nur wochenweise). ✆ 0565-95112 oder 348-6017864, spaziomare.it.

Bootsausflüge Die Auswahl ist groß: jeweils vormittags und nachmittags dreistündige Fahrten mit dem Motorboot **Dollaro II** zur Costa dei Gabbiani und weiter in den Golfo Stella, zwei Badestopps, pro Pers. 25 €, Kinder bis 10 Jahre 10 €, Infos unter ✆ 328-6890227, Tickets an Bord. Das Schiff liegt abends im Hafen. Außerdem Mitte Juni bis Mitte Sept. immer am Mittwoch ganztägig mit **Aquavision** zur Insel Giglio mit 5 Stunden Aufenthalt dort, 39 € pro Pers., Kinder 4–12 Jahre 20 €, auf Giglio ist eine etwa dreistündige Inselrundfahrt möglich. Infos und Buchungen unter ✆ 0565-976022 oder 328-7095470, aquavision.it.

Whale Watching Ab Porto Azzurro starten zur Saison meist um 10 und um 14.30 Uhr die dreistündigen Whale-Watching-Touren der Organisation **Marelibero,** Infos und Anmeldung unter ✆ 329-8041200 oder asdmare libero.org.

Tauchen Zum Beispiel bei **Stefano Sub,** Boot am Hafen, etwa gegenüber vom Rathaus. Tauchgang 40 €, auch ganztägige Ausfahrten mit zwei Tauchgängen und Mittagessen für 85 €, außerdem Kurse: Open Water Diver 420 €. Flaschenfüllstation. Ende März bis Nov./Dez. geöffnet. Banchina IV Novembre, ✆ 380-5042063, stefanosub.it.

Einkaufen Einige **Mineraliengeschäfte** werben um Kundschaft. Im Angebot sind meist zu kitschigen Figuren verarbeitete (Halb-)Edelsteine wie Türkis, Lapislazuli oder Malachit, dazwischen aber auch immer wieder Hochwertiges. Angeschlossen sind oftmals private Ausstellungsräume (daher bezeichnen sich einige Läden auch als „Museo") mit gigantisch großen Quarzen, Pyriten etc.

Bei **Armando a Porto Azzurro** 6 im Zentrum finden Sie alle mögliche Feinkost – Käse, Salumi etc. aus der Kühltheke, Sugo im Glas, Eingelegtes, Olivenöl, Süßes, Marmeladen usw. Dazu Whiskeys und Spirituosen, feine Liköre der Insel (Limoncino und Meloncino), italienische und im Besonderen elbanische Weine, zu denen Armando Sie ausführlich beraten kann. Nicht ganz billig. 9–13 und 15.30–19 Uhr (im Hochsommer länger). Viale Italia 13.

Im Zentrum weitere **Bottiglierie** (Weinhandlungen) mit großer Auswahl, diverse **Sport- und Seglerbekleidungsgeschäfte** und auch gehobene **Modegeschäfte.**

Markt jeden Samstag 8–13 Uhr (Piazza de Santis).

Der Nordosten der Insel → Karte S. 60

Essen & Trinken
1 Osteria La Botte Gaia
3 Osteria dei Quattro Gatti
4 Locanda Cecconi
7 Ristorante La Caravella
8 Pizzeria L'Arte Bianca
Übernachten
2 B & B Villa Italia
9 Plaza
Gelaterien
5 Casa del Gelato
Einkaufen
6 Armando a Porto Azzurro
Rio nell'Elba, Madonna di Monserrato, La Piccola Miniera
Parkplatz (kostenlos) Arrighi (Wein)
Strada Provinciale
V. Dante Alighieri
Via Kennedy
Viale Cerboni
Via Neghelli
Viale Italia
Via XXV Aprile
Parcheggio Comunale
Via dei Martiri
Via C. Battisti
Via Cavour
Piazza del Mercato
Via F. Cavallotti
Via Ricasoli
Via Castelfidardo
Via S. Anna
Piazza S. Anna
Via Solferino
Via S. Martino
Piazza Giacomo Matteotti
Via D'Alarcon
Via Vitaliani
BUS
Piazza Palestro
Largo Col Andreani
Via Roma
Rathaus
Banchina IV. Novembre
Ausflugsboote
Longone Viaggi
Hafenbüro (privat)
Passeggiata Carmignani (Barbarossa, Reale)
Spiaggia La Rossa
Via S. Giovanni
Spazio Mare
Porto Azzurro
Spiaggia La Pianotta
Portoferraio
500 m
Porto Azzurro

Wein Bei der traditionsreichen **Azienda Agricola Arrighi** am nördlichen Ortsrand von Porto Azzurro reifen einige Weine in großen Terracotta-Amphoren: der Ansonica für 6 Monate (20 €), der Sangiovese für 18 Monate (29,50 €). Darüber hinaus wird hier aber auch Wein nach antikem Vorbild der griechischen Insel Chios auf eine ganz besondere, experimentelle Art gemacht: Die Trauben werden 5 Tage lang in einer Spezialkonstruktion ins Meer getaucht, dann in der Sonne getrocknet und dann ebenfalls für 6 bzw. 18 Monate in der Amphore gelagert. Von diesem Wein, dem „Nesos", werden allerdings nur 40 Flaschen jährlich produziert (die Flasche um 200 €). Für alle, die nicht in den Genuss dieses Weins kommen, bleibt die ganze Palette hervorragender elbanischer DOC-Weine (weiß, rot, rosé, Spumante, Aleatico Passito/DOCG). Außerdem Olivenöl. Sehr freundliche Leitung. Mo–Sa 9–13 und 16–19 Uhr. Anfahrt: ortsauswärts Richtung Rio nell' Elba, bei La Botte Gaia links ab in den Viale Europa, kurz vor dem Sportplatz links ab (Weinfässer und eine Amphore weisen den Weg), dann ein kurzes Stück auf einem Feldweg und gleich rechts ab zu Arrighi. Loc. Pian del Monte 1, ✆ 0565-95604 oder 335-6641793, arrighivigneolivi.it.

Übernachten

→ Karte S. 80

Hotels ** Plaza 9**, gehobenes Hotel oberhalb der Zufahrtsstraße von Portoferraio kommend, halbrunder Bau mit schönem Blick auf die Bucht von Porto Azzurro. Schickes Restaurant mit Terrasse, auch Spa (gegen Gebühr). Schöne Zimmer, nicht alle mit Balkon, aber alle mit Meerblick. Halbpension möglich. In der Nebensaison wird es deutlich günstiger. Ganzjährig geöffnet. Von der Hauptstraße Richtung Portoferraio nach der Rechtskurve rechts ab hinauf. Parkplätze vorhanden (kostenlos). Loc. Fanaletto, 57036 Porto Azzurro (LI), ✆ 0565-95010, hotelplazaelba.com. **€€€€**

**** B & B Villa Italia 2**, familiäre Unterkunft, für Porto Azzurro eine der preisgünstigeren Übernachtungsmöglichkeiten mit nur zwölf Zimmern, man sollte deshalb frühzeitig buchen. Direkt an der Hauptstraße in Richtung Rio nell'Elba, daher eher laut – fragen Sie nach einem rückwärtigen Zimmer. Mit kleiner Bar, und Hof/Garten. Nur Ostern bis Okt. geöffnet. Hunde erlaubt. Viale Italia 41, 57036 Porto Azzurro (LI), ✆ 0565-95119, villaitaliaelba.com. **€€–€€€**

Appartements/Studios Zu buchen über die Reiseagentur **Longone Viaggi** (→ „Information/Reisebüro").

Außerhalb/Camping → „Baden in der Umgebung von Porto Azzurro", S. 82.

Essen & Trinken

→ Karte S. 80

Essen & Trinken **Osteria La Botte Gaia 1**, etwas außerhalb der Flaniermeilen von Porto Azzurro gelegen, an einem verkehrsreichen Eck, was aber nicht stört. Überdachte Terrasse seitlich der Straße, innen sehr geschmackvoll eingerichtet, freundlicher und prompter Service. Einige gute Weine werden auch glasweise serviert, auch beim Essen stimmt einfach alles – tolle, raffinierte Meeresküche. Sehr empfehlenswert, wenn auch nicht ganz billig: Antipasti/Primi 18–20 €, Secondi 24 €. Nur abends ab 19.30 Uhr geöffnet (im Winter geschl.). Viale Europa 5–7, ✆ 0565-95607, labottegaia.com.

Osteria dei Quattro Gatti 3, beliebtes Lokal an der ruhigen Piazza del Mercato im Centro storico. Etwas gehobenes Preisniveau: Antipasti/Primi 14–22 €, Secondi 18–26 €, Fisch nach Gewicht. Gemütliche, überdachte Holzveranda, freundliches Ambiente und ein ebensolcher Service. Nur abends geöffnet, Reservierung unter ✆ 0565-95240 ratsam.

Locanda Cecconi 4, am engsten Nadelohr des Centro storico liegt diese sympathische kleine Osteria mitten im Getümmel, das hier gelegentlich noch mit einer Live-Band gekontert wird. Romantisches Candlelight-Dinner sollte man daher nicht erwarten, eher sehr gute traditionell elbanische Küche, freundlich-hemdsärmelige Bedienung, unprätentiös und nett. Wir probierten den hervorragenden heimischen Gemüsetopf „Gurguglione", gegrillten „Sgombro" (Makrele) und Gnocchi mit Käse und Tomaten (es wird auch an Vegetarier gedacht). Sehr guter Hauswein, mittlere Preise (Menü um 35 €). Auch draußen in der Gasse ein paar Tische (etwas eng). Mittags und abends geöffnet. Via Ricasoli 21, ✆ 329-1381159.

La Caravella 7, von den beiden Pfahlbauten am Strand sicherlich das empfehlenswertere, Traditionslokal mit guter Fischküche zu mittleren Preisen. Ostern bis Mitte Okt. mittags und abends geöffnet, in der Nebensaison Di Ruhetag. Via Vitaliani 3, ✆ 0565-95066, ristorante lacaravella.eu.

Pizzeria L'Arte Bianca 8, Pizza mal anders: „tipo Sushi" mit Lachs, Ingwer, Burrata, Mango und Avocado – sehr köstlich, aber mit 25 € relativ teuer geraten, doch auch die traditionellen Pizzen (um 12–15 €) dieser Pizzeria „Gourmet" sind einen Versuch wert. Schickes Lokal, cleane weiße Terrasse am hinteren Ende des Hafens, angesagt. Nur abends ab 18.30 Uhr geöffnet. Lungomare Alcide De Gasperi 12/15, ✆ 0565-920148 oder 366-9512819.

Gelateria Casa del Gelato 5, sehr gutes Eis in mächtigen Portionen (die kleinste ab 2,50 €) an der Piazza Matteotti 24.

Baden in der Umgebung von Porto Azzurro

Cala di Mola

Die tiefe Mola-Bucht findet man (aus Portoferraio kommend) kurz vor Porto Azzurro. Zum Baden ist die Bucht nicht ideal – ein bescheidener, kleiner Strand (auf Höhe des Hotels Cala di Mola), der immer wieder mit Wasserpflanzen und Seegras zuwächst. Durch den Jachthafen werden die Bademöglichkeiten hier zusätzlich eingeschränkt. An Attraktivität für Hundebesitzer hat die Bucht in den letzten Jahren dennoch gewonnen: Hier gibt es einen, wenn auch recht kleinen **Hundestrand,** an dem Herrchen und Frauchen Sonnenschirm und Liegestühle mieten (für günstige 3 €/Tag) und den Vierbeinern beim Bad zuschauen können.

Spiaggia di Barbarossa

Etwa 1 km nordöstlich von Porto Azzurro gelegen, die einladende, kleine Barbarossa-Bucht ist vor allem bei

Schroff und rostrot: die Küste im Osten

Campern sehr beliebt. Schöner und sauberer Sand-Kies-Strand mit Ristoranti/Bars, Sonnenschirm- und Liegestuhlverleih sowie Tauchschule. Der Name der Bucht kommt nicht von ungefähr: Hier soll der gefürchtete Pirat Khayr al-Din, genannt Barbarossa, an Land gegangen sein. Ein Fußweg, die **Passeggiata Carmignani,** führt oberhalb der Küste entlang nach Porto Azzurro (ca. 20 Min.). Wenige, wenn auch kostenlose Parkplätze.

Wassersport Das deutsche **Tauchzentrum Omnisub** unter der Leitung von Mirjana und Markus Schempp in der Bucht von Barbarossa erfreut sich großer Beliebtheit. Anfängerkurse mit Open Water Diver (470 €) oder auch Einzeltauchgänge, Schnuppertauchen 69 €. Auch SUP-Verleih (15 €/Std.). Kundige und sympathische Leitung, geöffnet von März/April bis Okt./Nov. Loc. Barbarossa 23, 57036 Porto Azzurro (LI), ✆ 335-5735536 oder 340-8710082, omnisub.com.

Übernachten/Camping **** Hotel Barbarossa,** ca. 300 m vom Strand im hinteren Bereich der Bucht (Straße zum Strand auf der rechten Seite). Gepflegtes Haus mit Terrasse, Zimmer z. T. mit Meerblick, relativ günstig. Dazu gehört der einfache kleine *** Camping Il Gabbiano** hinter dem Haus (Stellplatz und 2 Pers. 29–48 €). Geöffnet April bis Sept./Okt. Loc. Barbarossa 6, 57036 Porto Azzurro (LI), ✆ 05656-95087 (Buchung online über die gängigen Portale). **€€**

**** Camping Da Mario,** größeres, schattiges Gelände am Strand, eher einfacher, aber recht schön und familiär, gemütlicher Platz mit Minimarket, Bar und Ristorante. April bis Okt. geöffnet. Stellplatz inkl. 2 Pers. 40–58 €. Zum Platz gehören auch einige Appartements oberhalb am Hang: für 4–6 Pers. 100–130 €. Loc. Barbarossa, 57036 Porto Azzurro (LI), ✆ 0565-958032, damario.it.

***** Camping Arrighi,** gleich neben „Da Mario" und deutlich organisierter. Auch hier Ristorante, Strandbar, kleiner Laden, freundlicher Service. Anfang April bis Mitte Okt. geöffnet. Etwas teurer als nebenan: Stellplatz inkl. 2 Pers. 58–68 €. Auch Appartements für 2–5 Pers. (92–233 €) sowie Bungalows (2–5 Pers. 82–225 €). Hunde willkommen. Loc. Barbarossa, 57036 Porto Azzurro (LI), ✆ 0565-95568, camping arrighi.it.

Über manchen Stränden stehen die Ruinen ehemaliger Minen

Spiaggia di Reale

Etwas weiter östlich von der Barbarossa-Bucht gelegen, 3 km von Porto Azzurro entfernt. Ruhiger und etwas kleiner als Barbarossa, ebenfalls ein einladender Strand mit kleinen Kieselsteinen und etwas Sand, Felsen zu beiden Seiten. Sonnenschirm- und Liegestuhlverleih, italienische Tauchschule. Parken kann man kostenlos, fährt man vom Strand Richtung Laghetto di Terranera, kommt man zu einem größeren, staubigen Parkplatz, der im Sommer allerdings auch voll wird. Von der Reale-Bucht führt ein Fußweg an der Küste entlang – via Barbarossa-Bucht – in etwa 35 Minuten nach Porto Azzurro.

Von der Zufahrt zur Reale-Bucht biegt eine schmale Zufahrtsstraße zum Capo d'Arco ab, einem abgeschiedenen (und auch abgeriegelten) Ferienresort mit teils sehr schicken Unterkünften über der überwiegend felsigen Küste.

Übernachten ****** Resort Capo Bianco,** am Hang südlich oberhalb des Strandes und hoch über dem Meer, traumhafter Blick, Liegewiese unter schattigen Pinien und ein einladender Pool. Die herrliche Lage tröstet darüber hinweg, dass die jüngst renovierten, hübsch und stilvoll eingerichteten Appartements für 4–5

 → Karte S. 60

Personen (alle mit Terrasse/Balkon zumeist zum Meer) nicht allzu groß und noch dazu ziemlich teuer sind. Suiten mit eigenem Mini-Pool. Fußweg zum Strand. Geöffnet Mitte Mai bis Mitte Okt. Von der Straße zur Reale-Bucht geht es rechts den Berg hinauf, beschildert. Im Juli/Aug. nur wochenweise, außerhalb der Hochsaison wird es günstiger und auch ab 3–4 Tagen buchbar. Loc. Reale, 57036 Porto Azzurro (LI), ✆ 0565-1930876, resortcapobianco.com. **€€€€€**

Giftgrüner Laghetto di Terranera

Laghetto di Terranera

Geht man vom Camping Reale in nordöstliche Richtung den Strand entlang, kommt man zu der ehemaligen Mine **Miniera Terra Nera.** Tolle Farbpalette: schwarzer, glitzernder Sand auf roter Erde, dazu die Grüntöne des Schilfs! An der Mine vorbei in der nächsten Bucht liegt der ovale Süßwassersee Laghetto di Terranera, nur durch einen schmalen Strandstreifen vom Meer getrennt. Das schwefelhaltige Wasser ist giftgrün, das Baden ist in dem kleinen See strikt verboten. In der Bucht laden neben zwei kaum besuchten Stränden außerdem Felsen zum Sonnenbad ein.

Dahinter, in den Bergen, steht ein halb verfallenes Haus abgewanderter, weil arbeitslos gewordener Bergarbeiter. In den alten Stollen ringsum fand man zahlreiche der schillernden Gesteine der Insel (Hämatit, Pyrit und z. T. auch Magnetit).

■ Von der Reale-Bucht führt ein Staubweg zum Laghetto di Terranera, hier kommt man zu einem weiteren **Parkplatz,** an dem man mit etwas Glück fündig werden kann. Ab hier ca. 10 Min. zu Fuß am Strand entlang, rechts hinunter führt ein Fußweg über Treppen hinunter zur **Spiaggia di Terranera.** Das Betreten des Minengeländes am Hang oberhalb ist strengstens verboten.

Madonna di Monserrato

Ein wunderschön gelegener und stiller Platz, den man mit eigenen Augen sehen und vor allem auf sich wirken lassen muss. Madonna di Monserrato zählt sicherlich zu den stimmungsvollsten Orten auf ganz Elba.

Die Wallfahrtskirche liegt auf einem Felsklotz über dem nach hinten immer enger werdenden grünen Tal vor den schroffen, steil aufragenden Felsen des Monte Castello. Unterhalb plätschert ein Bach, der steile Kreuzweg hinauf zur Kapelle ist von Agaven gesäumt, die Terrasse vor dem Gotteshaus wird von zwei eleganten Zypressen flankiert.

Gegründet wurde Madonna di Monserrato 1606 von José Pons y Leon, seinerzeit spanischer Gouverneur von Porto Longone. Bei einem Unwetter nur knapp dem Schiffbruch entgangen, stiftete er zum Dank die Kirche in Anlehnung an das gleichnamige katalanische Bergkloster bei Barcelona. Er war es auch, der der Kirche eine Marmorkopie der Schwarzen Madonna von Monserrat schenkte. Später ließen sich in der Umgebung der Kirche Eremiten nieder.

Das Santuario von Monserrato ist noch immer ein beliebter Wallfahrtsort, das Innere der Kirche kann besichtigt werden, allerdings gibt es ansonsten kaum noch etwas zu sehen. Es ist in erster Linie die idyllische und weltabgeschiedene Lage, die den Besuch lohnenswert macht. Von der Wallfahrtskirche hat man eine herrliche Aussicht auf die Barbarossa-Bucht und das Meer. Am 8. September findet in Porto Azzurro alljährlich das Fest zu Ehren der Madonna statt.

Öffnungszeiten Im Sommer Mo 15.30–18.30 Uhr, Di/Mi 10.30–12.30 und 15.30–18.30 Uhr, Do/Fr und So 16–19 Uhr, Sa 10.30–12.30 Uhr. Der Weg lohnt aber auch, wenn die Kirche geschlossen ist.

Anfahrt/Fußweg Von Porto Azzurro Richtung Rio nell'Elba, nach ca. 1 km Abzweigung nach links (beschildert). Kurz darauf gelangt man zu einem **Parkplatz** mit riesiger Schirmpinie. Von hier zu Fuß auf Asphalt und dann auf einem Feldweg weiter, das letzte Stück geht relativ steil in Serpentinen und Treppen bergauf. Die Kirche liegt insgesamt 1,6 km von der Hauptstraße entfernt.

Wandern Bei besagter Pinie, dem Pino Monumentale, führt ein Pfad (das letzte Stück ausgesetzt) hinauf zum 292 m hohen Monte Mar di Capanna, dessen abends illuminiertes Gipfelkreuz weithin sichtbar über Porto Azzurro thront (ca. 35–40 Min.).

Auf dem Weg zur Kirche, kurz vor dem letzten Anstieg, zweigt nach links ein Verbindungsweg (Sentiero EE 205) ab, es geht steil und schwierig hinauf zur G.T.E. (ca. 40–50 Min.).

Übernachten **B & B Il Casale di Monserrato,** das alte Klostergebäude der Mönche am Weg zum Santuario wurde komplett saniert und in ein nobles B & B umgewandelt. Schattiger Garten mit Kiesbett, Terrasse, Liegen und Jacuzzi. Nur 5 Zimmer im spanischen Stil, Mindestaufenthalt im Sommer 3 Nächte. April bis Okt. geöffnet. Loc. Monserrato 4/B, 57036 Porto Azzurro (LI), ✆ 0565-95034, ilcasaledimonserrato.it. **€€€€**

Der Nordosten der Insel → Karte S. 60

Madonna di Monserrato – die Wallfahrtskirche bei Porto Azzurro

Die Halbinsel Calamita

Südlich der tief eingeschnittenen Cala di Mola liegt die Halbinsel, deren höchste Erhebung bis auf 413 m ansteigt – der Monte Calamita, was nichts anderes heißt als Magnetberg.

Spiaggia dell'Innamorata

Eine Art elbanische Romeo-und-Julia-Geschichte mit allen Zutaten – Liebe, Feindschaft und Tod – soll sich an der Küste zugetragen haben. Sie findet sich bis heute im Namen einer Bucht und des dazugehörigen Strandes wieder: Innamorata, der Strand der Verliebten. → S. 98

Der Monte Calamita dominiert die Halbinsel und soll einst bei Seefahrern berüchtigt gewesen sein. Denn durch die Magnetit-Vorkommen im Inneren des Berges herrscht hier ein magnetisches Feld, von dem es heißt, dass es schon so manche Kompassnadel der vorbeifahrenden Schiffe in Aufruhr versetzt habe. Die Bewohner dieses südlichsten Teils der Insel hatten jahrhundertelang ihr Auskommen durch das Eisenerz. Noch sehr gut erkennt man das an der Südseite der Halbinsel, hier wurde die Erde aufgebrochen und in Stufen abgetragen; noch immer ist der Boden durch den Eisengehalt rot verfärbt und noch immer sind die verlassenen Industrieanlagen zu sehen.

An der Ostseite von Calamita findet man einige Waldgebiete, der Süden der Halbinsel mit seiner unberührten **Costa dei Gabbiani** („Möwenküste") gehört zum **Parco Nazionale dell'Arcipelago Toscano.** Eine Fahrradtour oder Wanderung um die Halbinsel lohnt auf jeden Fall, Schatten ist allerdings Mangelware und aufgrund der relativ langen Strecke kann es auch durchaus anstrengend werden. Entschädigung für diese Mühen bieten immer wieder herrliche Ausblicke und einsame kleine Kiesbuchten v. a. an der Ostseite der Halbinsel.

Schöne Badebuchten finden sich auch an der Westseite der ansonsten kaum zugänglichen Küste und im Nordosten. Der einzige größere Ort ist das auf einem Plateau gelegene **Capoliveri,** dessen Bewohner sich – der Geschichte und zahlreichen Geschichten nach zu urteilen – im Lauf der Jahrhunderte als die freiheitsliebendsten, unabhängigsten und unbeugsamsten der ganzen Insel erwiesen haben.

Was anschauen?

Capoliveri: Alles andere als ein Geheimtipp, eher im Gegenteil, aber das hat natürlich einen Grund: Die engen, mit steilen Treppen verbundenen Gassen des hoch gelegenen Bergdorfes sind bildhübsch. Entsprechend voll wird es am Abend, wenn zahllose Besucher an all den Shops und Restaurants vorbeiflanieren. **→ S. 88**

Museo del Mare: Das Museum liegt unterhalb der zentralen Piazza Matteotti und widmet sich vor allem einem Schiffbruch, der sich Mitte des 19. Jh. vor der rauen Küste der Halbinsel Calamita ereignet hat. In Capoliveri. **→ S. 90**

Museo della Vecchia Officina: Die alte Werkstatt der Minenarbeiter beherbergt heute ein sehenswertes Museum, das man gut auch zum Einstieg vor einer Minenbesichtigung anschauen kann. 6 km südlich von Capoliveri. **→ S. 100**

Was unternehmen?

Miniere di Calamite: Abgesehen von Sommer-Sonne-Strand-und-Meer und dem ein oder anderen Wanderausflug in die Bergwelt der Insel kann ein Besuch der **Galleria del Ginevro** zu einem Höhepunkt des Inselurlaubs werden. Im Zuge einer Führung geht es bis zu 24 m tief hinunter ins Herz des Berges, wo die „Männer der Ader" das Magnetit aus dem Fels schlugen. **→ S. 100**

Mit dem Mountainbike über die Insel: Eine herrliche Tour mit dem MTB führt von Capoliveri aus einmal um die Halbinsel herum und zur Costa dei Gabbiani, der Möwenküste. Da mehrere Badebuchten, eine schöner als die andere, durch kurze Abstecher erreichbar sind: Badesachen nicht vergessen! **Rad-Wanderung 4 → S. 252**

Wo baden?

Um die Punta Calanova: Östlich von Capoliveri führen staubige Pisten und schmale Pfade zu bildhübschen, versteckten Badebuchten: Zur **Spiaggia di Ferrato** beispielsweise, dem kleinen Kiesstrand von **Calanova** oder zur abgelegenen **Spiaggia di Istia. → S. 96**

Zuccale- und Barabarca-Bucht: Zwei schöne Strände erstrecken sich, durch eine breite felsige Landzunge getrennt, westlich von Capoliveri. Von Parkplätzen führt ein Treppenweg bzw. ein staubiger Pfad hinab (Sand und feiner Kies). **→ S. 96**

Morcone-Bucht: Auch südwestlich von Capoliveri liegen hübsche Strände eingebettet in schmale Buchten. Einer davon ist der Sandstrand von Morcone. **→ S. 97**

Wo essen?

Summertime: In dem zentral gelegenen, beliebten und entsprechend oft vollen Restaurant wird gehobene Küche serviert. In Capoliveri. **→ S. 93**

Ristorante Koala: Ein Stück außerhalb von Capoliveri liegt dieses tolle Restaurant mit herrlichem Ausblick am Hang. Aus der Küche kommen feine Fischgerichte, die mit sehr guten elbanischen Weinen aufgetischt werden. **→ S. 94**

Il Giardino: Die „Trattoria di Pesce" macht ihrem Namen alle Ehre: hervorragender Fisch, ebensolche Meeresfrüchte, Terrasse mit Meerblick und ein netter Service. Eher einfaches Ambiente. In Capoliveri. **→ S. 94**

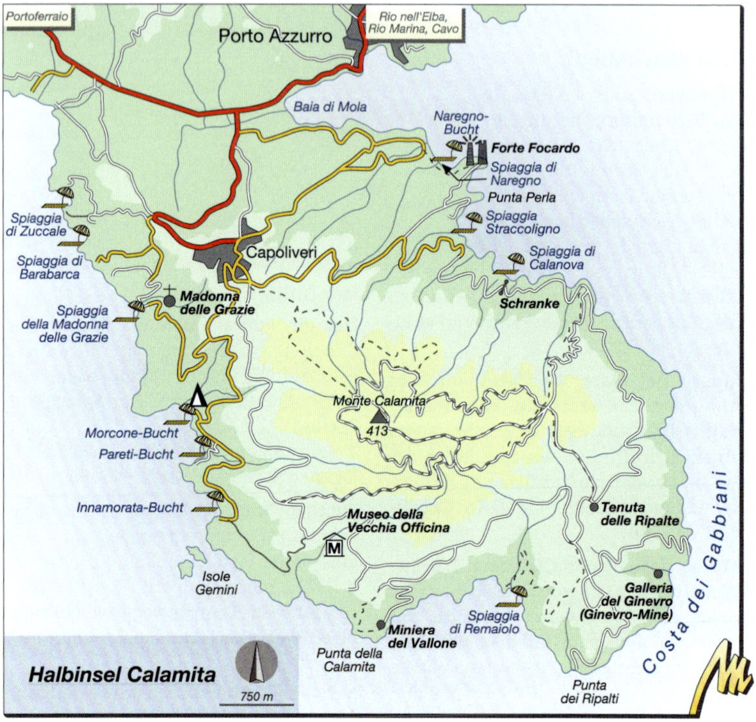

Capoliveri

Das malerische Bergdorf thront weithin sichtbar in traumhafter Lage auf einer lang gezogenen Terrasse 167 m hoch über dem Meer. Nicht minder malerisch das Zentrum mit seinen engen, oft durch steile Treppen miteinander verbundenen Gassen und der Piazza Matteotti, der guten Stube des Dorfs mit herrlichem Blick auf die Umgebung.

Capoliveri zählt jährlich etwa 800.000 Besucher, und das bei gerade mal 3900 Einwohnern. Auch wenn es alles andere als ein Geheimtipp ist, wirkt das Bergdorf beim abendlichen Spaziergang durch die Gassen trotz seiner unzähligen Bekleidungs-, Accessoires- und Souvenirshops noch immer idyllisch – zumindest in der Nebensaison. In der Hauptsaison gleicht ein Bummel auf der Hauptgasse Via Roma eher dem Besuch des Nürnberger Christkindlmarktes an einem Adventssonntag, nur 30 Grad wärmer. Die vielen schicken Restaurants und Cafés an der Piazza Matteotti und um die besagte Via Roma sind an den lauen Sommerabenden bis auf den letzten Platz besetzt, wer nicht reserviert hat, muss sich in die Warteschlange einreihen. In Capoliveri herrscht nobler Tourismus, viele Ausländer und Römer haben sich hier ein Haus zugelegt, fast die Hälfte dieser „Ferienhäuser" befinden sich in deutschem Besitz und über 5 % der Einwohner sind Deutsche.

Im Kern bestand der Ort einst aus etwa 20 Häusern mit dazugehörigem Grundstück. Über Generationen wurde an die jeweiligen Elternhäuser angebaut. So entstanden die winklig ineinander verschachtelten Häuser und *Chiassi* (Gassen) bzw. *Vicoli* (Treppengässchen), die den besonderen Charme Capoliveris ausmachen.

Die Piazza Matteotti ist übrigens unterkellert. An dem Platz stand ursprünglich eine Kirche, von deren Kellergewölben aus unterirdische Fluchtwege zum Meer führten. Sie sollen noch gut erhalten sein, doch wurden die Eingänge zugemauert. Mit Übernachtungsmöglichkeiten ist Capoliveri nur spärlich gesegnet und auch in der näheren Umgebung sieht es eher dünn aus. Einige Unterkünfte finden sich in den Buchten der Umgebung.

Geschichte

Capoliveri ist einer der ältesten Orte Elbas. Das strategisch so günstig gelegene Gebiet mit hervorragendem Ausblick wurde bereits von den Etruskern besiedelt. Es ist jedoch nicht auszuschließen, dass hier die Phönizier auf ihrer Schifffahrtsroute in Richtung Westen schon vorher einen Stützpunkt eingerichtet hatten. Der Name Capoliveri ist jedenfalls lateinischen Ursprungs („Caput Liberum"), und hier werden zwei mögliche Lesarten angegeben: zum einen als „Stadt der Freien", denn Capoliveri war einst ein Verbannungsort römischer Schuldner und Gesetzesbrecher, die sich allerdings innerhalb der Mauern frei bewegen durften. Zum anderen als „Stadt des Libero", der identisch mit dem römischen Weingott Bacchus war, und für seinen Wein war Caput Liberum bereits in der Antike berühmt.

Im 12. Jh. errichteten die Pisaner hohe Schutzmauern um das alte Bergdorf, um so der Piraten, die den Ort schon seit dem 10. Jh. immer wieder heimgesucht hatten, Herr zu werden. Im 16. Jh. verwüstete Barbarossa den Ort, und während des Spanischen Erbfolgekrieges knapp zwei Jahrhunderte später, im Jahr 1708, waren es die spanischen Bourbonen, die Capoliveri auf der Seite der feindlichen Habsburger aus Wien vermuteten und die mittelalterlichen Stadtmauern dem Erdboden gleichmachten. Zu dieser Zeit war Capoliveri an das benachbarte Porto Longone (Porto Azzurro) angeschlossen, das kurzzeitig ebenfalls zu Österreich gehörte. Als die Insel 1802 an Frankreich ging, mussten sich auch die Capoliveresen wohl oder übel beugen.

Blumenregen in der Via Roma

Gelebt hatten die Bewohner des Dorfes seit jeher vom Abbau des Eisenerzes und vom Weinbau. Erste Abwanderungstendenzen – v. a. nach Südamerika – gab es zur Zeit der großen Reblausplage Ende des 19. Jh. Nach dem Zweiten Weltkrieg und der Schließung der Industrieanlagen von Portoferraio wanderten viele Capoliveresen nach Australien aus. Als Ende der 1970er-Jahre auch die Minen bei Calamita geschlossen wurden, setzte wie in anderen Inseldörfern auch hier der Wandel ein: Aus dem Bergarbeiterdorf wurde eines der beliebtesten Urlaubszentren der Insel.

Sehenswertes in und um Capoliveri

In erster Linie bezaubert natürlich der Ort selbst. Beim Spaziergang durch die engen Gassen öffnen sich immer wieder herrliche Ausblicke auf die Landschaft der Calamita-Halbinsel und das Meer. Vielleicht eines der schönsten Sträßchen von Capoliveri ist die **Via Solferino** (parallel zur Via Roma), die sich vom Tourismus noch immer recht unbeeindruckt zeigt und ein Stück des alten Capoliveri verkörpert. In der **Via Roma** findet sich mit der **Chiesa San Michele** die älteste Kirche des Ortes (12./13. Jh.). Sie wurde im Stil der pisanischen Romanik gebaut und war ehemals eine der wichtigsten Kirchen der Insel. Nach vielen Umbauten ist vom ursprünglichen Bau außer der Apsis und einigen Mauern nichts mehr erhalten. Papst Gregor XI. soll in San Michele eine Messe gelesen haben, als er auf seinem Weg von Rom nach Avignon wegen eines Unwetters auf der Insel Halt machen musste.

Geht man die Via Roma von der **Piazza Matteotti** bis ganz zum Ende durch, gelangt man zur **Piazzetta Belvedere** bzw. **Piazza G. Marconi** mit wunderbarem Ausblick. Hier hat sich auch der zeitgenössische elbanische Künstler Italo Bolano (1936–2020) mit einer Skulptur und einer Wandkeramik verewigt. Rund um das historische Zentrum verläuft etwas unterhalb die schmale **Via Circonvallazione** mit ebenfalls schönem Ausblick.

Museo del Mare: Das Meeresmuseum befindet sich unterhalb der Piazza Matteotti in der ehemaligen Zisterne des Ortes. Die Ausstellung widmet sich in weiten Teilen dem „Relitto del Polluce“, einem Schiff, das im Juni 1841 auf der Route von Neapel nach Marseille vor der Costa dei Gabbiani (Halbinsel Calamita) gesunken ist – voll beladen mit Luxusgütern: Juwelen, Schmuck, goldene Uhren, Gold- und vor allem Silbermünzen und sogar ein englisches Wasserklosett aus Delfter Porzellan. Vollständig geborgen wurden die Schätze aus dem Wrack in 103 m Tiefe erst im Jahr 2005. Ein Teil der Räumlichkeiten ist außerdem wechselnden Ausstellungen vorbehalten.

■ Zuletzt wegen Renovierung geschl., davor April bis Mitte Juni tägl. 10–12.30 und 17–19 Uhr, ab Mitte Juni bis Anfang Sept. tägl. 10–12 und 18.30–23.30 Uhr, Mitte Sept. und Okt. wieder reduzierter, Nov. bis März geschlossen. Eintritt 3 €, erm. 2 €, Kinder unter 6 J. frei. Via Palestro 1, ✆ 0565-967029 oder 393-8720018.

Santuario della Madonna delle Grazie: Die kleine Wallfahrtskirche aus dem 16. Jh. liegt westlich von Capoliveri fast am Meer. Von außen eher unscheinbar, beeindruckt das Gotteshaus im Inneren mit schöner Decken- und Wandbemalung sowie einem eindrucksvollen Marmoraltar. In dessen Zentrum prangt das Ölgemälde einer Madonna mit Kind, von dem man annimmt, dass es von einem Schüler Michelangelos als Kopie eines Marienbilds des Meisters entstanden ist. Die Wallfahrtskirche ist in der Regel nur zu den Messen geöffnet.

■ **Anfahrt/Baden:** Von Capoliveri die Straße Richtung Morcone/Innamorata nehmen, nach 800 m rechts ab (beschildert) und 2 km auf der Straße bergab. Die Straße führt weiter zur **Spiaggia delle Grazie:** kleiner, wenig attraktiver Kies-Sand-Strand (steiniger Einstieg) mit Bar-Ristorante, Tauchschule unter Schweizer Leitung (marelinosub.com) und nur wenigen Parkplätzen.

Street Art in Capoliveri

Die Halbinsel Calamita → Karte S. 88

Basis-Infos

Information **Info Area Capoliveri/Pro Loco,** im neuen Rathaus unterhalb der Piazza del Cavatore. Nur im Sommer Mo–Sa 10.30–13 Uhr geöffnet. Viale Australia 1.

Reisebüro **Reisebüro Pianeta Elba,** am Ende der Via Roma, Vermittlung von Appartements und Häusern, Fährtickets und Tourist-Info. Flotter und hilfsbereiter Service. Geöffnet im Sommer Mo–Sa 9–12.30 und 15–20 Uhr, im Winter nur 9–12.30 Uhr, So geschl. Via Roma 93, 57031 Capoliveri (LI), ✆ 0565-935482, pianetaelba.it.

Verbindungen **Busse** (Linie 117) 9-mal tägl. nach Portoferraio, teils mit Umsteigen in Porto Azzurro, 5-mal Porto Azzurro und 4-mal weiter nach Rio nell'Elba, Rio Marina und Cavo. Abfahrt an der Piazza del Cavatore, Tickets bei der Tabaccheria.

Marebus vom Zentrum aus zu den umliegenden Stränden von Mitte Juni bis Anfang Sept. 5-mal tägl. nach Naregno, Morcone, Pareti und Innamorata. Die Busse sind auch abends (20.30–23.30 Uhr) als Shuttle im Einsatz und ersparen die teils sehr unerfreuliche Parkplatzsuche, abends auch Busse ab/bis Lido. 3-mal tägl. auch Straccoligno (bis 18 Uhr). Ticket im Bus, 2 €. ✆ 0565-935135.

Vom 20. Juni bis 10. Sept. pendelt zwischen dem großen, weit unterhalb gelegenen Parkplatz P 1 (nördlich von Capoliveri, neben dem Friedhof) und dem Zentrum von 19.30 bis 0.30 Uhr etwa alle 15 Minuten ein **kostenloser Shuttle-Bus (Navetta).**

Fahrzeugverleih **Rent Elba,** Fiat 600 ab 50 € pro Tag (9–19 Uhr), Scooter (110 ccm) ebenso, wochenweise wird es günstiger. Via V. Veneto 27, ✆ 338-2689417, rentelba.com. Unter der gleichen Nummer kann man auch ein **Taxi** bestellen.

MTB-Verleih/Touren **Bike Point/Rent Elba Bike,** an der Piazza del Cavatore. Angeboten werden auch geführte Touren durch den „Capoliveri Bike Park" mit über 100 km Streckenlänge rund um den Monte Calamita. Hochwertige Mountainbikes 30 €/Tag, E-MTB 60 €/Tag, auch Kinder-MTBs. Helm im Preis inbegriffen. Im Hochsommer besser 2–3 Tage vorher reservieren. Ostern bis Ende Okt. tägl. 8.30–13 und 16–19 Uhr geöffnet, wer besonders früh aufbrechen will, kann nach Absprache das Rad schon am Abend vorher mitnehmen. Piazza del Cavatore 1, ✆ 392-9606114, rentelbabike.it.

Einkaufen Wer in Capoliveri durch die Gassen schlendert, v. a. durch die **Via Roma** und

Rad-Wanderung 4: Mit dem MTB um den Monte Calamita

Einfache und aussichtsreiche MTB-Tour – 22,4 km Länge, Dauer ca. 3–3:30 Std. → S. 252

die **Via Gori,** stößt auf zahlreiche Bekleidungsgeschäfte, kleine Galerien, Taschen- und Schmuckläden und natürlich Souvenirshops ohne Ende. Die Auswahl ist riesig, das Preisniveau überall relativ hoch.

Markttag ist der Donnerstag (Viale Italia).

Großer **Coop-Supermarkt** an der Zufahrtsstraße zum Zentrum (von Porto Azzurro kommend), einen **Conad-City** gibt es an der Piazza Garibaldi.

Feste & Veranstaltungen Das Mountainbike-Rennen **Capoliveri Legend Cup** (ca. 80 km Strecke rund um den Monte Calamita, in der abgespeckten Version 50 km) findet am ersten oder zweiten Wochenende im Mai statt. Infos unter capoliverilegendcup.it.

Im Juni feiert man in Capoliveri die **Festa del Cavatore,** das Fest der Minenarbeiter.

Das **Magnetic Opera Festival** wird seit 2015 im Juli veranstaltet; vor der eindrucksvollen Kulisse der stillgelegten Miniera del Ginevro werden klassische Konzerte und große italienische Oper gegeben – ein tolles Erlebnis. Zuletzt ausgesetzt, Infos bei der Pro Loco in Capoliveri.

Festa dell'uva, das traditionelle Fest der vier Stadtteile Il Baluardo, La Torre, Il Fosso und La Fortezza wird am letzten Wochenende im September oder ersten Wochenende im Oktober veranstaltet.

Im Sommer finden auf der **Piazza Matteotti** oftmals kulturelle **Veranstaltungen** statt. Programme liegen aus, der Eintritt ist frei!

Kino Etwas unterhalb der Piazza Matteotti befindet sich das kleine **Cinema-Teatro Flamingo.** Schon in den 1950er-Jahren gab es hier ein Kino (das nach langer Schließung im Jahr 2014 wiedereröffnet wurde). Ein buntes Programm, allerdings auf Italienisch. 8 €, Kinder 5 €, Programm unter flamingo.it. Eingang in der Via Cairoli. Via Circonvallazione 2, ✆ 0565-939147.

Kochkurse **Elba Kitchen Club,** im Zentrum, gekocht (und natürlich auch gegessen) wird ein komplettes italienisch-elbanisches Menü, 80 €/Pers. Via delle Grazie 6. Weitere Infos und Termine: ✆ 0565-935586 oder 339-1249528, elbakitchenclub.com.

Taxis **Taxi Rent,** Via V. Veneto 27, ✆ 338-2689417.

Parken Ein Problem, denn den zahllosen abendlichen Gästen stehen viel zu wenige Parkplätze zur Verfügung. Die Comune schafft Abhilfe und stellt im Sommer einen kostenlosen **Shuttle-Bus** (→ oben) zur Verfügung, im Gegenzug werden Falschparker gnadenlos aufgeschrieben. Tagsüber ist die Lage entspannter. Die zentrumsnahen Parkplätze sind zumeist gebührenpflichtig. Das Zentrum selbst ist autofrei bzw. Fahrzeugen mit Sondergenehmigung vorbehalten, viele Gassen sind auch einfach zu eng bzw. gerade mal mit einer Ape befahrbar.

Übernachten

→ Karte S. 93

Nach langer Abstinenz gibt es im Zentrum von Capoliveri neuerdings wieder ein – sehr kleines – Hotel (→ unten), ansonsten bestehen die Übernachtungsmöglichkeiten hauptsächlich aus **Appartements** (überwiegend in der Umgebung). Viele Gäste reservieren sich ihre „Stammwohnung" bereits bei Abreise für das nächste Jahr. Wegen der beschränkten Kapazitäten sollte man daher unbedingt frühzeitig buchen! Wir empfehlen, sich an das oben genannte **Reisebüro Pianeta Elba** zu wenden.

***** Hotel Golfo Azzurro** **8**, einfaches, kleines Hotel mit teils historischem Mobiliar und einem ebensolchem Flair mitten im Zentrum, dennoch sehr ruhig gelegen. Eher einfach auch die Zimmer, ebenfalls teilweise mit historischem Mobiliar, mit Bad und Aircon. Freundlicher Besitzer, großer Pluspunkt ist der schöne Garten mit Andrea's Garden Bar und tollem Ausblick. Lage und Konkurrenzlosigkeit schlagen sich auf den Preis nieder. Parken außerhalb. Ganzjährig geöffnet. Via C. Appiani

5, 57031 Capoliveri (LI), ✆ 0565-1795302 oder 389-9726453, hotelgolfoazzurro.it. **€€€–€€€€**

Außerhalb * Residenze Le Grazie Est,** sehr gepflegte Ferienanlage unter freundlicher Leitung, mit Bar, Tennisplatz und großem Pool (auf der anderen Straßenseite). Ziemlich ruhig, wer sich hier einmietet, sollte mobil sein, denn nach Capoliveri sind es ca. 2,5 km bergauf. An der Straße zur Kirche Madonna delle Grazie auf der linken Seite. Hunde sind willkommen. Geöffnet Mitte April bis Mitte/Ende Okt. Insgesamt 16 Appartements (für 2–5 Pers.). Loc. Madonna delle Grazie, 57031 Capoliveri (LI), ✆ 338-6033791, legrazieest.com. **€€€**

Weitere Übernachtungsmöglichkeiten und **Camping** in der Gegend → „Baden in der Umgebung von Capoliveri" ab S. 95 und „Die Buchten im Süden der Insel" ab S. 104.

Essen & Trinken

→ Karte S. 93

Summertime 3, sehr beliebtes Restaurant in der zentralen Flaniermeile Via Roma, nicht allzu viele Tische, die allabendlich bis auf den letzten Platz besetzt sind, man sollte reservieren oder mittags kommen, da ist etwas weniger los. Raffinierte Küche mit besten und frischen Zutaten (z. B. Spaghettoni mit Sardellen, Rosinen und Pistazienkernen), guter Hauswein

Die Halbinsel Calamita → Karte S. 88

(auch glasweise), sehr freundlicher und hilfsbereiter Service. Leicht gehobenes Preisniveau: Antipasti/Primi 13–20 €, Secondi 14–24 €. Einige Tische auch draußen. Mittags und abends geöffnet (März bis Nov.), Di mittags geschlossen, im Aug. nur abends geöffnet. Unbedingt reservieren! Via Roma 56, ✆ 0565-935180.

Taverna dei Poeti 2, gehobenes, feines Restaurant ebenfalls in der Via Roma. Auch hier raffinierte Fischküche, Antipasti/Primi 16–18 €, Secondi 20–28 €. Modernes Ambiente, freundlicher Service. Ostern bis Okt./Nov. tägl. nur abends geöffnet. In der Nebensaison Mi Ruhetag. Via Roma 14, ✆ 0565-968306 oder 347-6633395.

Osteria delle Grazie 4, von der Piazza Matteotti die Treppen runter, ausgeschildert. Romantische Lage, die Tische und bunten Stühle stehen auf der Treppe in der schmalen Gasse, wenn auch alles etwas eng ist. Das Ambiente ist rustikaler als in obigen, gute Fischküche zu mittleren Preisen, leckere Pasta (v. a. mit Meeresfrüchten), Antipasti/Primi 10–16 €, Secondi 16–17 €. An dieser Stelle soll nicht unerwähnt bleiben, dass Leser sich darüber ärgerten, nach dem Essen teils recht rüde zum Zahlen und Gehen aufgefordert worden zu sein, denn der Tisch wurde für die nächsten wartenden Gäste gebraucht. Nur abends geöffnet, im Winter geschl. Via delle Grazie 2, besser reservieren: ✆ 328-4003026.

Mittagszeit in Capoliveri

MeinTipp **Il Giardino 5**, in dieser unprätentiösen, kleinen „Trattoria di Pesce" gibt es herausragend guten Fisch und Meeresfrüchte (und nichts anderes). Eher einfaches maritimes Ambiente, tolle Terrasse mit Blick aufs Meer, sehr netter Service und nicht allzu viele Tische, sodass man unbedingt reservieren sollte. Antipasti/Primi 13–18 €, Secondi 20–27 €. Mitte Mai bis Ende Sept. geöffnet, nur abends. Etwas unterhalb des Zentrums gelegen. Via Circonvallazione 138, ✆ 0565-1792342 (bis mittags) oder 0565-535485.

Lo Sgarbo 7, Osteria am Rand des allabendlichen Rummels, noch vor der Piazza Garibaldi. Sehr klein, die offene Küche nimmt fast die Hälfte des Gastraums ein, dazu kommen zehn Tische vor der Tür. Kleine Auswahl an köstlicher Pasta und Fischgerichten, gute Weine. Freundlicher Service und günstige Preise (auch die Getränke). Via Silvio Pellico 3, ✆ 348-2987970.

Ristorante/Pizzeria Oasi 6, gegenüber der Osteria Lo Sgarbo, nahe der Piazza Garibaldi im Zentrum. Gemütliche, kleine Pizzeria mit Orangenbaum im Innenhof, bodenständig und zudem ausgesprochen günstig: Pizza ab 5,50 €, Primi ab 6,50 €, nach Voranmeldung gibt es hier auch die Fischspezialität Cacciucco für günstige 25 €. Bei Touristen sehr beliebt und bestens besucht, nur abends geöffnet. Via S. Pellico 4, ✆ 0565-968841.

Außerhalb Mickey Mouse 1, an der Straße von Porto Azzurro kommend, die Hinweistafel mit der berühmten Maus ist kaum zu übersehen: bei der Weggabelung rechts und dann rechts auf den Parkplatz. Etwas versteckte, aber idyllische Lage im Grünen, sehr schöne und gemütliche Terrasse mit fantastischem Meerblick. Sehr gute Holzofenpizza und hervorragende Fischgerichte, freundlicher Service, nur abends geöffnet. Loc. Molino, ✆ 0565-967020.

MeinTipp **Ristorante Koala 11**, hier stimmt einfach alles: Ambiente, Service, Essen. Das feine Restaurant liegt unterhalb von Capoliveri mit Weitblick auf die Hügel im Norden, holzüberdachte Terrasse, sehr schön sitzt man auch im Garten. Fein eingedeckte Tische, sehr gute Fischküche und beste Weine (auch glasweise). Antipasti/Primi 15–24 €, Secondi 22–29 €. Nur abends geöffnet, unbedingt reservieren (im Nov. geschlossen). Loc. Ravigoli 10, ✆ 0565-935255, ristorantekoala-elba.it. Anfahrt: Vom Municipio die Straße Richtung Stracoligno nehmen, nach ca. 700 m geht es links hinunter zum Parkplatz und zum Ristorante.

Die Spiaggia di Morcone, eine der vielen Badebuchten um Capoliveri

Vinoteca L'Altrovino 9 heißt der place to be, wenn es um einen Aperitivo geht, die moderne Enoteca liegt ein wenig abseits des Rummels, hier kann man hervorragend auf dem Steinmäuerchen bei Wein und Häppchen sitzen und den Abend kommen lassen. Tägl. ab 17.30 Uhr geöffnet, im Sommer bis 24 Uhr, ansonsten bis 22 Uhr und Mi geschl. Via Silvio Pellico 21, ✆ 389-1118260, laltrovino.com.

Gelateria Cremeria Gori – Gelateria Naturale 10, ein Anschlag auf die Bikinifigur – sehr lecker v. a. das Milcheis, das ganze noch dazu bio, glutenfrei und nach Möglichkeit „km 0". Allein die verspielte Einrichtung hebt sich schon vom sonstigen Chromtopf-Ambiente ab. Gelato ab 3 €, auch nett zum Draußensitzen. Via Gori 28.

Baden in der Umgebung

Spiaggia di Naregno

Auf Luftlinie fast gegenüber von Porto Azzurro gelegen. Der einladende, bis zu 20 m breite Kies-Sand-Strand ist zum Großteil für die Hotels in der Bucht reserviert. Naregno kann für die Lösung des Übernachtungsproblems auf der Halbinsel in Erwägung gezogen werden. Die meisten Hotels bieten obligatorische Halbpension (allerdings oft vergleichsweise preiswert). Ruhige Lage ist hier relativ sicher. Am Strand gibt es eine italienische Segel- und Surfschule und eine Tauchschule. Von und nach Capoliveri fährt im Sommer 5-mal täglich der **Marebus,** abends alle 15 Minuten ein **Shuttle-Bus.**

Übernachten * Villa Rodriguez,** sympathische Familienpension mit 30 Zimmern. Weitgehend renovierte, einladende Zimmer im alten Gebäude oder in einem neueren Bau dahinter. Gemütlicher Garten mit Palme, hoteleigener Strandabschnitt, gute Snack-Bar (Mittagstisch), netter Service. April bis Anfang/Mitte Okt. geöffnet. In der Hochsaison mind. 5 Tage. Es wird auch ein Ferienhäuschen für 4–5 Pers. vermietet. Loc. Naregno, 57031 Capoliveri (LI), ✆ 0565-968423, villarodriguez.it. **€€€**

***** Frank's,** nettes Strandhotel mit Ristorante/Pizzeria, freundlicher und hilfsbereiter Service, das Hotel gibt es schon seit den 1960ern. Zimmer teils schon etwas älter. In der Hochsaison Mindestaufenthalt 1 Woche, Halbpension 35 €/Pers. und Tag, es gibt auch ein Appartement für 2–3 Pers. Mai bis Sept. geöffnet. Loc. Naregno, 57031 Capoliveri (LI), ✆ 0565-968144, frankshotel.com. **€€–€€€**

E-MTB-/Bootsverleih **Experience 360,** bei der Segelschule Centro Velico Naregno (→ unten). Verleih und Organisation von Touren: E-MTBs (40 €/halber Tag, Touren 60 €) Kajaks, SUPs, Surfbretter, Windsurf-Ausrüstung, Segelboote und Motorboote (ab 60 €/halber Tag). ✆ 338-9240201, experience360.it.

Wassersport **Centro Velico Naregno,** am Strand von Naregno. Segelkurse und Surfkurse, auch Wochenendkurse. Kurssprache ist Englisch. Ostern bis Okt. geöffnet. ✆ 338-9240201, centroveliconaregno.it.

Das Tauchzentrum **Stefano Sub** (Hauptsitz in Porto Azzurro) hat auch in Naregno einen Standort, vom Anfängertauchkurs bis zum Open-Water-Diver-Kurs. Infos: ✆ 380-5042063, stefanosub.it.

Punta Perla, Capo Straccoligno und Buchten östlich von Capoliveri

Die **Punta Perla** selbst ist mehr oder weniger in Privatbesitz, am schroffen Kap gibt es keine Bademöglichkeit. Eine staubige Fahrstraße führt zum **Forte Focardo,** der sternförmig ummauerten spanischen Festung, die 1678 als Gegenstück zum Forte Longone von Porto Azzurro errichtet wurde. Die Anlage ist seit 1863 im Besitz der italienischen Marine, aus dem gleichen Jahr stammt auch der Leuchtturm der Festung (nicht zugänglich). Von der Festung führt linker Hand ein Pfad hinunter zur **Naregno-Bucht.**

Südlich schließt eine kleine Sand-/Kiesbucht, die **Spiaggia di Punta Perla,** an (statt der Abzweigung zur Punta Perla 1 km weiter Richtung Capo Straccoligno, dann rechts ab, beschildert).

An der **Spiaggia Straccoligno** (3 km unterhalb von Capoliveri, beschildert) findet man Ristorante, Tretbootverleih, Sonnenschirme und Liegestühle. Fährt man bei letzterer Abzweigung zum Strand auf bald staubiger Schotterpiste geradeaus weiter, gelangt man nach etwa 1 km zu einer weiteren Abzweigung, die hinunter zur **Spiaggia di Ferrato** führt. Hier finden sich ein beliebter Wohnmobilstellplatz mit Bar und ein Stück weiter ein einfacher, winziger Waldcamping (Bio Elba). Die Spiagga di Ferrato besteht aus drei versteckten, idyllischen Stränden, die nur über enge Pfade zu erreichen sind.

Zurück an der Abzweigung zur Spiaggia di Ferrato und der schlechter werdenden Schotterstraße nach Osten folgend, gelangt man zur südlich benachbarten **Spiaggia di Calanova** mit gleichnamigem Ristorante und einigen Parkplätzen (6 €/Tag): sehr ruhige, kleine Kiesbucht mit schönem Blick aufs Forte Focardo.

Nach der Abzweigung zur Calanova-Bucht kommt eine Schranke, ab hier geht es nur noch zu Fuß oder mit dem Fahrrad weiter: ca. 300 m zur hübschen Sand-Kies-Bucht **Spiaggia di Istia** und von hier nochmal ca. 700 m zur deutlich kleineren **Spiaggia di Buzzancone** (beide ohne Verleih o. Ä.).

Camperstellplatz **Area Sosta Camper Ferrato,** schattiges Terrassengelände unter Pinienbäumen mit Blick aufs Meer, nette kleine Bar, gut gepflegt. Stellplatz Wohnmobil inkl. 2 Pers. 36–40 €, weitere Person 3 €, Strom inkl. Geöffnet April bis Okt. Loc Ferrato, 57031 Capoliveri (LI), ✆ 0565-968527 oder 340-3221831, areasostaferrato.it.

Camping Gleich bei der Spiaggia di Ferrato befindet sich der **Agricampeggio Bio Elba,** ein einfacher, naturbelassener Campingplatz unter Kiefern. Eher teuer, Stellplatz inkl. 2 Pers. 42–50 €, Kind 13–14 €. Hunde erlaubt (7–8 €). Anfang Mai bis Mitte Okt. geöffnet. Loc. Straccoligno, 57031 Capoliveri (LI), ✆ 349-4284810, bioelba.it.

Zuccale- und Barabarca-Bucht

Die beiden benachbarten Strände liegen etwa 3 km westlich von Capoliveri (von der Zufahrtsstraße zum Ort rechts ab, beschildert). Zwei hübsche, durch

Felsen getrennte Buchten (Sand und feiner Kies), die nur zu Fuß zu erreichen sind, wobei die kleinere, sandige Zuccale-Bucht dank der schönen Lage zwischen Felsen sicher die attraktivere der beiden ist. Am Ende der asphaltierten Straße befinden sich zwei Parkplätze: Zunächst liegt rechter Hand ein großer, gebührenpflichtiger Parkplatz (8 €/Tag) mit viel Schatten, von dem aus man über einen Treppenweg hinunter zur **Spiaggia di Zuccale** gelangt (mit Strandbar, bei der man sich auch Tretboote, Sonnenschirme und Liegestühle ausleihen kann). Etwas weiter die Straße entlang erreicht man den zweiten, kleineren Parkplatz, er liegt links der Straße, ist gebührenfrei und schattenlos. Von hier aus geht es linker Hand auf einem staubigen Pfad und über eine Treppe (ca. 5 Min.) zur **Barabarca-Bucht:** feiner Kies, am Strand ebenfalls Bar, Tretboot- und Liegestuhlverleih.

Morcone-Bucht

Etwa 3 km südwestlich von Capoliveri. Reizvolle, kleine Bucht mit Sandstrand. Einige „Residence" (nur wochenweise buchbar) am Hang, am Strand gemütliche Ristoranti und Bars sowie mehrere Bootsverleiher (auch Sonnenschirm-/Liegestuhlverleih), entspannte Atmosphäre. In der Bucht gibt es eine deutschsprachige Tauchschule und einen schönen Campingplatz.

Verbindungen Im Sommer pendelt 5-mal tägl. der **Marebus** zwischen Capoliveri und Morcone, am Abend alle 15 Min.

Wassersport **Aquanautic,** in der sympathischen, deutschsprachigen Tauchschule werden Tauchgänge ab 45 € (mit Ausrüstung 70 €) angeboten, der Scuba-Diver-Kurs kostet 280 €. Auch höhergradige Kurse. Während des Tauchgangs wird außerdem Kinderbetreuung angeboten, zudem Scooter-Verleih. Sehr freundlich. Loc. Morcone 33, 57031 Capoliveri (LI), ✆ 339-6385979, aquanautic-elba.de.

Übernachten **** Albergo La Scogliera,** ein schon etwas älteres Hotel an der Zufahrtsstraße nach Morcone auf der linken Seite. Trep-

Strände der Halbinsel

pen zum hoteleigenen Sandstrand. Ende April bis Mitte Okt. geöffnet. Einfache Zimmer, viele mit Balkon zum Meer. Es werden auch einige Appartements für 2–4 Pers. angeboten. Loc. Morcone, 57031 Capoliveri (LI), ✆ 0565-968424 oder 0565-935205, lascogliera.com. **€€–€€€**

Pareti-Bucht

Die südliche Nachbarbucht von Morcone, nicht ganz so reizvoll wie diese und relativ klein. Sand-/Kiesstrand mit Sonnenschirm- und Liegestuhlverleih. Einige wenige Privathäuser am Hang, in der Bucht zwei größere Hotels.

Verbindungen Im Sommer 5-mal tägl. mit dem **Marebus** von und nach Capoliveri, abends alle 15 Min.

Übernachten ***** Hotel Dino,** typisches, schon etwas älteres Strandhotel oberhalb der Bucht. Schöne Terrasse über dem Meer, Zimmer mit Balkon zur Bucht, Privatstrand, freundliche Hotelleitung. Ende April bis Mitte Okt. geöffnet. Im Sommer mit obligatorischer Halbpension. Loc. Pareti, 57031 Capoliveri (LI), ✆ 0565-939103, elbahoteldino.com. **€€€€**

Spiaggia dell'Innamorata

Etwa 3,5 km südlich von Capoliveri, herrlich gelegene, beidseitig von Felsen eingerahmte und sehr beliebte Bucht. Die Bucht befindet sich fest in den Händen der großen Appartementanlage „Villaggio Turistico Innamorata", am Strand Surfbrett- und Tretbootverleih. Vorgelagert die **Isole Gemini,** die Inseln der – ungleichen – Zwillinge. Von hier der Beschilderung „Calone/Ripe Alte" folgend, trifft man bald auf die gut befahrbare Schotterstraße, die oberhalb der Südküste von Calamita zur Ferienanlage „Costa dei Gabbiani" führt. Im Sommer verkehrt mehrmals täglich und auch am Abend der **Marebus** zwischen Innamorata und Capoliveri.

Südlich der Innamorata-Bucht liegt übrigens in herrlicher Lage über dem Meer die **Villa Glaucos,** das Haus des berühmten Apnoe-Tauchers **Jacques Mayol**, der bis zu seinem Tod 2001 hier lebte. Er inspirierte Luc Besson zu seinem Film „Le Grand Bleu" („Im Rausch der Tiefe") von 1988.

Von der Bucht in südliche Richtung verläuft entlang der Steilküste die **Via della Vecchia Ferrovia,** die alte Bahntrasse, auf der das Eisenerz von der Miniera del Vallone zum Verladeplatz oberhalb der Innamorata-Bucht gebracht wurde.

Innamorata – die Bucht der Verliebten

Der unglücklich Verliebten, müsste man eigentlich sagen. Die Sage erzählt, dass sich hier am Strand im Jahr 1534 Lorenzo und Maria zum ersten Mal sahen und unsterblich ineinander verliebten. Die Liebe war groß, die elterlichen Familien verfeindet, und an ein Wiedersehen oder gar eine Heirat war nicht zu denken – Romeo und Julia auf Elbanisch. Die Bucht wurde für beide zum heimlichen Treffpunkt, bis am 14. Juli des gleichen Jahres Lorenzo genau an dieser Stelle von Piraten getötet wurde. Maria musste untätig zusehen und sprang daraufhin verzweifelt von einem Felsen ins Meer. Jedes Jahr am Abend des 14. Juli wird dieser tragischen Liebe mit einem großen Fest gedacht: Am mit Fackeln beleuchteten Strand findet eine große Prozession statt, zu deren Abschluss der Sprung vom Felsen nachgespielt wird – ohne echte Verzweiflung und Todesfolge allerdings.

Monte Calamita

413 m

Der „Magnetberg“ hat schon so manchen Jachtbesitzer in Ver(w)irrung gebracht. Sein magnetisches Feld ist so stark, dass Kompassnadeln verrückt spielen können, wenn sie die Halbinsel passieren.

Dass sogar Eisennägel aus Schiffskörpern herausgezogen wurden, zählt eher zum Seemannsgarn, doch tatsächlich havarierten vor der hiesigen Küste zahlreiche Schiffe. Im großen Stil wirtschaftlich ausgebeutet wurde der Berg seit 1819, doch bereits die Etrusker und nach ihnen die Römer haben hier Eisengruben betrieben. Die Bergwerke sind zwar längst geschlossen, aber noch immer gedenkt man den *Cavatore*, den „Männern der Ader“, wie die Bergarbeiter hier auch genannt werden, und ihrer harten Arbeit jedes Jahr im Mai/Juni in Capoliveri mit einem großen Fest.

Im Lauf der Zeit wurde der Monte Calamita völlig umgegraben, später hat man das Gebiet z. T. wieder aufgeforstet, aber die Vegetation ist nach wie vor überwiegend karg, im Kontrast zu der oft rot leuchtenden, aufgerissenen Erde. Lohnenswert kann es sein, auf den Abraumhalden nach den glitzernden Mineralien zu schürfen. Auf Elba finden sich 170 verschiedene Mineralienarten. Gemessen an der Größe der Insel eine geologische Sensation!

Von Capoliveri führt eine schmale Asphaltstraße, dann Schotterpiste an der Steilküste entlang. Nach etwa 6 km erreicht man das längst stillgelegte Verwaltungsgebäude des Erzbergwerks (La Vecchia Officina), in dem seit einigen Jahren ein Museum eingerichtet ist. Die unterirdischen Minen (Galleria del Ginevro) sind nur im Rahmen einer Führung zu besichtigen. Ebenso werden vom Museum geführte **Wanderungen zur Miniera del Vallone** an der Punta Calamita unternommen (Infos im Museum → S. 100).

Die Küste des Magnetbergs

Die Halbinsel Calamita → Karte S. 88

Miniere di Calamite

Die tief in das Herz – „nel cuore della terra" – der Magnetitmine Ginevro vordringende Führung ist mit die spannendste Exkursion, die man auf der Insel unternehmen kann. Doch zuvor sollte man sich unbedingt das **Museum in der Vecchia Officina,** der ehemaligen Werkstatt der Minenarbeiter, anschauen. Spinde und Waschraum, Krankenstation, Direktionsbüro und Werkbank bergen zahlreiche originale Teile aus der Zeit der Ginevro-Mine (Galleria del Ginevro) von 1950 bis 1981. Erläuternde Schautafeln geben Aufschluss über die Zeit der Eisengewinnung im Lauf der Jahrtausende (seit den Etruskern), alte Schwarz-Weiß-Aufnahmen dokumentieren die Arbeit der „Männer der Ader" im 20. Jh. Unbedingt sehenswert ist der 50-minütige Film „Il Fischio della Sirena" (Der Pfiff der Sirene) von 2005, der hier in der Halle gezeigt wird (auch mit deutschen Untertiteln) und die ehemaligen Minenarbeiter ausführlich von ihrer Arbeit erzählen lässt. Die Sirene der Mine, die nicht nur bei Schichtanfang und -ende und den Pausen, sondern auch bei Unfällen und anderen Gefahren ertönte, prägte einst das Leben der elbanischen Familien wie kaum ein anderer Klang. Dem „Intrepidore Cavatore", dem „unerschrockenen Minenarbeiter", ist vor dem Museum ein Denkmal gewidmet.

Die **Galleria del Ginevro** ist die einzige Untertage-Mine der Insel. Rund 30 Jahre lang wurde hier Magnetit abgebaut, ein äußerst beschwerlicher und gefährlicher Job, der im Lauf der Zeit durch diverse technische Neuerungen effizienter, aber kaum ungefährlicher wurde. Nur ein kleiner Teil des kostbaren Rohstoffs wurde abgetragen, noch heute befindet sich hier das größte Magnetit-Vorkommen Europas.

Insgesamt 7 km Tunnel haben die Minenarbeiter in den Berg gegraben, davon ist jedoch nur ein Bruchteil – und dies nur im Rahmen einer Führung – zugänglich. Man hat die Wahl zwischen zwei Touren: der kleinen, einfacheren Tour, **Percorso 1** in 6 m über dem Meeresspiegel, bei der man den ältesten Teil der Mine begeht, oder die größere Tour in 24 m unter dem Meeresspiegel, **Percorso 2,** zu der man zunächst – mit Helm und Taschenlampe ausgestattet – 208 teils glitschige Stu-

Das karge Mahl der „Männer der Ader"

fen in die Erde hinuntersteigen muss. Zu sehen sind im spärlichen Licht diverse Gerätschaften, die Schienen für die Loren etc. Der Rundgang führt auch zu den beiden riesigen Magnetitlagern Coltivazione Nord und Coltivazione Sud, Letztere eine geradezu helle Höhle (da mit Loch in der Decke) und von Vögeln bewohnt. Ein interessanter Exkurs in die Unterwelt!

Wer lieber über der Erde bleibt, kann im Rahmen einer geführten Tour/Wanderung an der stillgelegten Halde selbst auf Mineraliensuche gehen.

Praktische Infos

Anfahrt Ab Capoliveri sind es 6 km zum Museum (2 km zunächst noch asphaltiert), Beschilderung ab dem oberen Kreisel im Zentrum (Piazza del Cavatore beim Rathaus). Keine öffentlichen Verkehrsmittel, Anfahrt mit dem eigenen Fahrzeug. Zur kleinen Minenbesichtigung fährt ein Shuttle-Bus ab dem Museum (Percorso 1), für die größere Tour (Percorso 2) gemeinsame Fahrt mit den Guides im eigenen Auto. Die Führungen dauern ca. 1:30–2 Std.

Achtung Auto- und Motorradfahrer: Eine Rundfahrt mit dem Auto oder dem Motorrad um den Monte Calamita ist nicht möglich, da eine Schranke bei der Tenuta delle Ripalte und eine weitere etwas südlich der Straccoligno-Bucht den Weg versperren! Mit dem Fahrrad/MTB ist die Rundfahrt problemlos möglich (→ auch **Rad-Wanderung 4,** S. 252).

Öffnungszeiten/Führungen Das **Museum** (Museo della Vecchia Officina) ist von Ende Mai bis Ende Sept. tägl. 10–15 Uhr geöffnet, im Frühjahr/Herbst eingeschränkt (meist am Wochenende), im Winter geschlossen. Eintritt 2,50 €, Kinder 1,50 €. **Führungen** in die Mine im Sommer 3- bis 4-mal tägl. Percorso 1: Erw. 18 €, Kinder 12 €; Percorso 2: Erw. 24 €, erm. 18 € (Kinder erst ab 12 J.), der Besuch des Museums ist im Preis inbegriffen. Für Führungen und Mineraliensammeln (Raccolta dei Minerali) unbedingt vorher anrufen, die Termine schwanken auch innerhalb der Saison. Zuletzt fanden Percorso 1 um 10.30 und 15 Uhr (in der Hochsaison auch 11.45 Uhr), Percorso 2 nur um 11.45 Uhr statt. Außerdem sollte man eine halbe

Über und unter Tage

Stunde vor Tourbeginn bereits vor Ort sein und feste Schuhe tragen. Im Angebot sind auch thematische **Wanderungen bzw. Exkursionen** über die Halbinsel. Loc. Calamita, ✆ 0565-935492 oder ✆ 393-9059583, minieredicalamita.it.

> Mit einem Stück Magnetit, das man hier überall aufsammeln kann, auf keinen Fall dem Handy zu nahe kommen!

Essen/Picknick Vor dem Museum im Schatten Bänke und Tische mit weitem Blick aufs Meer, der ideale Ort für ein Picknick. Wer den Proviant vergessen hat: im Museum gibt es einen Getränke- und einen Snackautomaten.

Veranstaltungen Im faszinierenden Ambiente der Naturbühne vor der Miniera findet das **Magnetic Opera Festival** statt, Näheres → S. 238.

Baden Etwa 150 m nach dem Museum führt rechts eine schmale Straße in Serpentinen knapp 2 km hinunter zu einem teilweise schwarzen (Achtung, heiß!) Sand-Kies-Strand, der **Spiaggia del Cannello.** Parken muss man schon oben (Schranke). Zu Fuß etwa 25 Min. bergab (und entsprechend länger wieder bergauf). Kein Strandservice. Westlich davon erstreckt sich an der **Punta Calamita** die Abbauhalde der **Miniera del Vallone** mit ihren verfallenen Anlagen.

Costa dei Gabbiani (Möwenküste)

Am 12 km langen Küstenstreifen liegen in kleinen Buchten zum Teil menschenleere Strände, die den wenigen Feriengästen nur auf Privatwegen zugänglich sind. Traumhaft die steile Felswand an der Punta dei Ripalti: Hier, am südlichsten Zipfel, nisten die Silbermöwen zu Tausenden.

Fährt man von den Minen des Monte Calamita ab dem Museum Vecchia Officina die Schotterstraße noch gut 3 km weiter, kommt man zum Eingang des noblen **Feriendorfs Tenuta delle Ripalte** (9 km von Capoliveri), dessen weitläufiges Areal im **Nationalpark Toskanischer Archipel** liegt, der sich hier zum

Die Möwenküste – ideal ...

... für eine MTB-Tour

südöstlichen Ende der Insel erstreckt. Die Exklusivität des Resorts wird durch eine Schranke am Eingang erhalten, allerdings ist es möglich, zu Fuß die rund 2,5 steilen Kilometer zur wirklich schönen **Spiaggia di Remaiolo** (feiner Kies und Sand) hinunterzulaufen: mit Beach-Ristobar, Sonnenschirm- und Liegestuhlverleih. Wer in der Tenuta delle Ripalte logiert, fährt mit dem Shuttle hier hinunter (und, viel wichtiger, auch wieder hinauf).

Wem es zu mühselig ist, sich zu Fuß zur Möwenküste aufzumachen, der kann die Reise in einem der Ausflugsboote von Porto Azzurro aus (→ S. 79) unternehmen. Man umfährt die Ostspitze der Insel und hält an einem Strand unterhalb der Calamita-Mine.

Sport **Reitstunden** und **Ausritte** (auch mit Führung) werden auch für Nicht-Gäste der Tenuta delle Ripalte angeboten, allein der Reitplatz hoch über dem Meer mit Weitblick ist ein Traum (→ auch S. 230). Des Weiteren werden hochwertige **(E-)Mountainbikes** vermietet (bikecenterelba.it). Umfangreiches Sportangebot mit **Tennisplätzen** (auch Tenniscamp, diverse Stars waren schon da), diverse Pools, Yoga, Apnoe-Tauchen ab der Spiaggia di Remaiolo, Segeln, Beachvolleyball etc.

Wein Die **Fattoria Tenuta delle Ripalte** verkauft ihren Wein auch an Auswärtige, auf der riesigen Terrasse mit Weitblick kann man auch einen Aperitivo einnehmen (im Sommer tägl. gegen Abend, in der Nebensaison besser vorher anrufen), parken kann man beim Info-Point (tägl. 9–20 Uhr geöffnet) bei der Schranke. Nach Voranmeldung auch Degustationen. Info unter ✆ 0565-94211.

Übernachten/Essen **Tenuta delle Ripalte**, die überwiegend italienischen Gäste des Feriendorfes verteilen sich auf die weit verstreut liegenden Gutshöfe, Villen und einige neu errichtete 1- bis 2-stöckige **Appartementhäuser** (unterschiedliche Bettenzahl und Preiskategorien) sowie das **Hotel.** Außerdem gibt es zwei **Restaurants,** eines davon in einem ehemaligen Weinkeller der Villa delle Ripalte, und eine Bar. Die Übernachtungspreise variieren je nach Unterkunftsart: vom DZ im Hotel über Suite und Appartement (2–6 Pers.) und frei stehende Villen (4–12 Pers.) bis hin zu **Glamping** im edlen Safarizelt mit Küche und Bad inmitten der Macchia und mit Meerblick. Ein guter Ort für alle, die ein wenig Abgeschiedenheit suchen. Tenuta delle Ripalte, Loc. Ripalte, 57031 Capoliveri (LI), ✆ 0565-94211, tenutadelleripalte.it. **€€€–€€€€**

Die Buchten im Süden der Insel

Drei große Buchten mit herrlichen, weitläufigen Sandstränden, weite Ebenen und eine flache Küstenlandschaft bestimmen das Bild der Südseite von Elba, der touristisch bedeutsamsten Ecke der Insel.

Zuletzt waren der weite Sandstrand von Lacona und der Galenzana-Strand bei Marina di Campo auch **Eiablage-Platz der Meeresschildkröten** Caretta caretta. Betreten Sie die umzäunten Nester nicht. Wenn Sie ein weiteres Nest oder eine Schildkröte sehen, melden Sie dies bitte bei der Guardia Costiera unter ☏ **1530.**

Ein Strand schöner als der andere: Im Osten säumen den **Golfo Stella** mehrere herrliche Badebuchten, allen voran der feinsandige Lido di Capoliveri. Der Golfo Stella wird gerahmt von der Küstenlinie des Monte Calamita und in westlicher Richtung durch das schroffe Capo Stella. Daran schließt der **Golfo di Lacona** an: Dessen Spiaggia Grande ist ein langer, langer, feinsandiger Traumstrand, die benachbarte Schwester Laconella eine Perle unter den Badebuchten der Insel – Montecristo-Blick vom Strandtuch aus inbegriffen. Weiter westlich schließlich erstreckt sich der **Golfo di Campo.** Die Besonderheit seines weit geschwungenen Strandes ist das kleinstädtische Flair von Marina di Campo unmittelbar hinter dem breiten Sandstrand. Diese drei Buchten sind das Eldorado der Badetouristen und Wassersportler. Für Unterkunft sorgen viele schön gelegene, oft strandnahe Hotels, aber vor allem Camper finden hier ein Paradies, insbesondere in Lacona: Vom wohl organisierten, bestens ausgestatteten Campingplatz in unmittelbarer Strandnähe über die alternativ gestaltete Glamping-Erfahrung im Olivenhain bis zum familiären Platz auf kleinen Terrassen über dem Meer ist hier alles zu haben.

Historisch-kulturell hat die Gegend nicht allzu viel zu bieten. Auch landschaftlich gibt es sicher spektakulärere Ecken auf Elba. Lediglich die Küste um das Capo dei Pini im Golfo Stella, die langgestreckte, hügelige Landzunge des Capo Stella und das Capo di Fonza zwischen dem Golfo di Lacona und dem Golfo di Campo stellen einen Kontrast zu den flachen Ebenen und langen

Sandstränden dar. Touristische Zentren sind **Lacona,** ein weit auseinander gezogener Touristenort, und **Marina di Campo** mit seinem malerischen alten Hafen.

Als Abwechslung vom Strandtag empfiehlt sich ein Ausflug ins Hinterland von Marina di Campo: Die Bergdörfer **Sant'Ilario in Campo** und **San Piero in Campo** thronen panoramareich an den südöstlichen Ausläufern des Capanne-Massivs.

Wo baden?

Die Frage lautet eher: Wo nicht?

Laconella: Ein geradezu versteckter Traumstrand im Westen der Lacona-Bucht. 200 m feiner Sand zwischen pittoresken Felsen, voraus Montecristo-Blick. **→ S. 110**

Spiaggia Grande: Die große Schwester nebenan trägt ihren Namen zu Recht. Der lange Sandstrand fällt sachte ins Meer ab, ideal gerade für Kinder und sehr beliebt. **→ S. 110**

Marina di Campo: Der weit geschwungene, breite Stadtstrand von Marina di Campo liegt geschützt in einer Bucht. Feiner Sand und jede Menge feine Strandbäder. **→ S. 115**

Lido di Capoliveri: Der größte Strand im Golfo Stella, glasklares Wasser, sehr beliebt und touristisch bestens erschlossen. **→ S. 106**

Acquarilli-Strand: Vom Aussichtspunkt Capo Norsi (hier im Sommer eine lässige Bar) führt ein Fußweg hinab zum abgeschiedenen FKK-Strand. **→ S. 108**

Margidore-Bucht: Der graue Kiesstrand ist vielleicht auf den ersten Blick nicht die einladendste Badetuchablage, hat aber durchaus seine Reize. **→ S. 110**

Wo wandern?

Rundwanderung über die Halbinsel Capo Stella: Eine aussichtsreiche Wanderung führt rund um die weit ins Meer reichende Halbinsel, die den Golfo Stella vom Golfo di Lacona trennt. Danach empfiehlt sich natürlich ein erfrischendes Bad. **Wanderung 5 → S. 254**

Rundwanderung bei San Piero in Campo: Vom idyllischen Bergdorf San Piero in Campo führt eine Rundwanderung auf alten Hirtenpfaden durch Macchia und zu bizarren Felsformationen und den berühmten Caprili. **Wanderung 6 → S. 256**

Wo essen?

Da Piero: Eines der besten Restaurants der Insel. Fischküche vom Allerfeinsten in elegantem Ambiente und direkt am weiten Strand von Marina di Campo. **→ S. 120**

Cacio e Vino: Tolle Osteria in San Piero in Campo, sehr beliebt dank der bodenständigen, köstlichen Küche und nicht zuletzt auch wegen des herrlichen Panoramablicks. **→ S. 122**

Lo Zenzero: Verstecktes Gartenrestaurant in der Bucht von Lacona. Gute Küche, gute Preise, gute Atmosphäre. **→ S. 113**

Orti di Mare: Das Restaurant/Bistro eines Bio-Landgutes, viel Vegetarisches und Veganes aus eigenem Anbau, auch Hofladen. **→ S. 113**

Sapereta: Viel gelobtes Restaurant des gleichnamigen Weingutes, moderne Küche, draußen schön zu sitzen und natürlich gute Weine! **→ S. 107**

Golfo Stella

Lido-Bucht

Sehr schöne Sandstrände finden sich entlang des Golfo Stella, dessen größter Strand, der **Lido di Capoliveri,** auch der attraktivste ist. Zwei kleine Sträßchen führen zum Strand, im Sommer herrscht hier oft Verkehrschaos und die Parkplatzsuche kann sich nervig gestalten. Die Lido-Bucht, der eigentliche Hausstrand von Capoliveri, ist mehr als gut besucht und besonders bei Jüngeren außerordentlich beliebt. Die seichte Bucht mit glasklarem Wasser ist ideal für Kinder. Eine italienische Tauchschule befindet sich an der Hauptzufahrtsstraße zum Strand, ein Fahrrad- und Scooterverleih (twn-rent.it) an der Zufahrt zum Camping Europa. Am Strand selbst gibt's diverse Bars, außerdem werden neben Sonnenschirmen und Liegestühlen auch Tretboote, SUPs und Kajaks verliehen und bei **Wind & Snack** (windsnackelba.com) Surfkurse angeboten. Um die Bucht liegen einige schöne Hotels und Campingplätze, doch sollte man gerade auch hier nicht zu spät buchen, wenn man eine Unterkunft für die Hochsaison ergattern will.

Anfahrt/Verbindungen Von Portoferraio kommend, geht es auf der Straße nach Porto Azzurro kurz vor der Abzweigung nach Capoliveri rechts ab, beschildert. Im Sommer 8-mal tägl. **Busse** (Linie 117) nach Capoliveri, zusätzlich fährt der **Marebus** 2-mal am Abend nach Capoliveri und retour (letzter Bus zurück spät am Abend). 9-mal kommt der Bus von Portoferraio bzw. Porto Azzurro (sicherheitshalber dem Fahrer Bescheid sagen, dass man an der Abzweigung zum Lido aussteigen möchte). Von der Hauptstraße ca. 800 m zu Fuß.

Parken Gebührenpflichtiger Parkplatz fast direkt am Strand (2 €/Std.), etwas weiter hinten an der Zufahrtsstraße parkt man günstiger (8 €/Tag).

Wassersport **Centro Sub Talas,** italienische Tauchschule (Padi) an der Zufahrtsstraße zum Strand. Preisbeispiele: Tauchgang ab 60 €, Open Water Diver 500 €, Schnupperkurs 110–180 €, auch Tauchausflüge nach Pianosa. Ganzjährig geöffnet, bietet auch neue Unterkünfte an (Bungalows), freundlich geführt, auch englischsprachig. Loc. Lido, 57031 Capoliveri (LI), ✆ 335-8022027 oder ✆ 320-4664579, talas.it.

Übernachten ***** Hotel Antares,** sehr schön gelegenes Hotel, oberhalb der Bucht (am westlichen Ende), von der Terrasse hat man einen herrlichen Blick aufs Meer, mit schönem Pool im hübschen grünen Garten, zudem Privatstrand. Gutes Restaurant, sehr freundlicher

Service. Geöffnet von Ende April bis Mitte Okt. Halb- und Vollpension sind möglich (ca. 26 € bzw. 45 €/Pers. und Tag). In der Hochsaison Mindestaufenthalt 7 Tage. 57031 Lido di Capoliveri (LI), ✆ 0565-940131, elbahotelantares.it. **€€€€**

***** Villa Giulia,** das hübsche, modern eingerichtete Hotel liegt ca. 800 m vom Strand oberhalb der Hauptstraße von Portoferraio nach Porto Azzurro. Relativ ruhig, Terrasse mit Meerblick (hier auch das Hotelrestaurant), schöner, großer Pool. Eher schlichte Zimmer, z. T. barrierefrei. Auch hier ist Halbpension möglich. In der Nebensaison bis zu 50 % günstiger! Eigener Strandabschnitt, Hunde erlaubt. Ostern bis Ende Okt. geöffnet. Lido di Capoliveri, 57036 Porto Azzurro (LI), ✆ 0565-940167, villagiulia hotel.it. **€€€–€€€€**

Agriturismo Sapereta, schönes und gepflegtes Weingut mit Garten, Pool und Tennisplatz. Ruhig inmitten von Weinstöcken gelegen, allerdings knapp 2 km vom Lido entfernt. Zum Agriturismo gehört auch ein vielfach, u. a. von Michelin gelobtes **Restaurant** (unbedingt reservieren!) mit netter, schattiger Terrasse. In der Cantina des dazugehörigen **Weinguts** werden die eigenen DOC-Weine aus biologischem Anbau verkauft (u. a. Elba Bianco, Rosso, Ansonica, Vermentino), außerdem Passiti (Aleatico, Moscato) sowie Grappa, Limoncello und ein wenig Feinkost (u. a. Olivenöl und Honig). Studios für 2 Pers. und Appartements für 4–6 Pers., Frühstück auf Wunsch gegen Aufpreis. Ganzjährig geöffnet, Appartements April bis Ende Nov. Anfahrt: Auf der Hauptstraße von Portoferraio nach Porto Azzurro geht es nach der Abzweigung zur Lido-Bucht kurz hinter der Tankstelle links ab, dann noch ca. 100 m. Von der Hauptstraße beschildert. Viale Provinciale Ovest 73, 57036 Porto Azzurro (LI), ✆ 0565-95033, sapereta.it. **€€€–€€€€**

Camping ***** Camping Village Le Calanchiole,** in der östlichen Ecke der Bucht (oberhalb der Spiaggia delle Calanchiole) und beschildert. Schattige Anlage mit Bar, Ristorante, Minimarket und kleinem, sandigem Privatstrand. Geöffnet Anfang April bis Mitte Okt. Stellplatz inkl. 2 Pers. 48–71 €. Hunde erlaubt. Es werden auch einige Bungalows (2–7 Pers. 140–300 €) und die etwas schickeren „Lodges De Luxe" (4–6 Pers. 185–290 €) angeboten, außerdem Miet-Caravans und Appartements (2–6 Pers. 130–285 €). Loc. Calanchiole, 57031 Capoliveri (LI), ✆ 0565-933488, lecalanchiole.it.

***** Europa,** von der Hauptstraße ausgeschildert. Teils terrassenförmig angelegt, schattig, vom vorderen Teil des großen Platzes (hier sind die Stellplätze etwas teurer) sind es nur wenige Schritte zum Strand, weiter hinten ist es dann nicht ganz so attraktiv. Mit Bar, Minimarket und Pool. Geöffnet von Mitte April bis Mitte Okt. Stellplatz inkl. 2 Pers. 50–66 €, auch Glamping. Zudem werden auch einige Bungalows vermietet. Hunde erlaubt. 57031 Lido di Capoliveri (LI), ✆ 0565-940121, elbacampingeuropa.it.

*** Camping Lido,** in unmittelbarer Nähe zum Camping Europa, aber deutlich kleiner, in schöner Lage direkt am Strand, mit Bar. Anfang April bis Mitte 20. Okt. geöffnet. Günstiger als

Die Buchten im Süden der Insel → Karte S. 106

Herrlicher Sandstrand an der Lido-Bucht (Lido di Capoliveri)

die anderen: Stellplatz inkl. 2 Pers. 42–55 €, auch Bungalows (3–5 Pers. 140–225 €) und Appartements (2–8 Pers. 95–285 €). Hunde erlaubt. Loc. Lido, 57031 Capolivieri (LI), ☏ 0565-933414, elbacampinglido.it.

Weitere Buchten am Golfo Stella

Norsi-Bucht: Zu der relativ großen Bucht (mehr Kies als Sand) gelangt man über 800 m löchrige Asphaltstraße (Straße Richtung Lacona nehmen, dann links ab, beschildert). Ein weitläufiger, recht schöner Strand mit zwei Strandbars (auch Sonnenschirm-/Liegestuhlverleih). Beliebte Bucht, allerdings wird stellenweise viel Seegras angespült. Fußweg und Treppen führen hinunter zum Strand. Parkplätze sind Mangelware, kurz hinter dem winzigen kostenlosen Parkplatz über dem Abgang zum Strand befindet sich noch ein gebührenpflichtiger.

Spiaggia di Acquarilli: Der westliche Nachbarstrand von Norsi ist nur über einen steilen und schwierig zu begehenden Fußweg von der Landspitze **Capo Norsi** aus zu erreichen. Teilweise etwas grober Kies, beliebter FKK-Strand. Keine Bar, kein Strandservice. Der Fußpfad, der hinab zum Strand führt, beginnt beim Aussichtspunkt Capo Norsi (nicht zu übersehen). Hier gibt es einen Parkplatz (zur Saison kostenpflichtig, 5–6 €) und im Sommer die coole **Acquarilli Bar:** Paletten-Chic und bunte Gartenstühle, Kissen auf den Felsen, weiter Blick, viel Platz und Cocktails zum Sundowner.

Margidore-Bucht: Eine gute Ausweichmöglichkeit bei hochsommerlicher Enge bietet die Bucht an der Nordostseite des **Capo Stella.** Die etwa 400 m lange Bucht mit grauem Kiesstrand, den man über Lacona erreicht (→ unten), wird von den Steilufern des weit ins Meer reichenden Kaps und von einem Felsenriff begrenzt. Achtung: Im Gegensatz zur nur wenig westlich gelegenen Lacona-Bucht wird das Wasser hier schnell tief. Auch ein beliebter Liegeplatz von Segelbooten, außerdem gibt es einen kleinen Hafen.

Agriturismo/Camping **La Riccia** → S. 112.

Strände im Osten des Golfo Stella → ab S. 96.

Blick vom Capo di Stella auf die Bucht von Lacona

Die Buchten im Süden der Insel → Karte S. 106

Golfo di Lacona (Lacona-Bucht)

Große, seicht abfallende Sandbucht mit Pinienwäldchen an beiden Flanken. Im Sommer findet man eine richtige Zelt- und Caravansiedlung vor, mehrere Campingplätze säumen die große Bucht. Einen Ort namens Lacona sucht man vergeblich, es handelt sich vielmehr um ein großes, flaches Areal ohne Zentrum – der Badestrand der Insel.

Die Spiaggia Grande, wie der lange Strand von Lacona auch heißt, ist ein ausgesprochenes Camperziel, und das zu Recht: Die meisten Plätze liegen in Schatten spendenden Eukalyptus- und Pinienhainen nur wenige Meter vom Meer entfernt, die Campings im Westen der Bucht reichen sogar bis an den Strand heran. Baugenehmigungen wurden kaum erteilt, nur wenige Hotels haben sich etabliert. Strandnah finden sich ein paar wenige Pizzerien, Restaurants, Bars und Läden am Hauptzugang und entlang der Zufahrtsstraße im Osten. Stände und ein paar Souvenirshops (viel Keramik, aber auch Wein) haben sich an der zurückversetzten Hauptdurchgangsstraße angesiedelt, außerdem ein Zweiradverleiher.

In der Hauptsaison herrscht in der Bucht und am herrlichen Sandstrand Hochbetrieb. Die kleinen Restaurants und Bars sind dann ebenso voll wie die Strandbäder wie das Bagni Lacona mit dem angeschlossenen Boots- und Brettverleih.

Neben seinem Traumstrand hat die Bucht noch eine Besonderheit zu bieten: die **Dünen von Lacona.** Die Sanddünen, die sich hinter der Spiaggia Grande erstrecken und von duldsamer Vegetation karg bewachsen sind, stehen unter strengem Naturschutz (also bitte nicht betreten!).

▪ Das **Info-Zentrum des Nationalparks** befindet sich etwa in der Mitte des Strandes hinter den Dünen. Mai bis Okt. 10–16 Uhr geöffnet, Mo geschl. Es werden auch Führungen durch die Dünen veranstaltet, zuletzt in der Hochsaison (Juli/Aug.) immer Mo 11.30 Uhr auch kostenlose Schnorchel-Touren (Anmeldung erforderlich). ✆ 0565-908231.

Am feinen Sandstrand von Lacona nistet neuerdings auch die **Unechte Karettschildkröte** (Caretta caretta): Im Sommer 2023 sind erstmals junge Schildkröten hier geschlüpft und haben ihren Weg ins Meer geschafft. Wenn Sie eine Schildkröte – oder deren Spuren im Sand – gesehen haben, melden Sie sich bei der Guardia Costiera unter ✆ **1530.** Die Nester im Sand (im hinteren Bereich des Strandes) werden von den Mitarbeitern der Umweltorganisation Legambiente bzw. des Nationalparks gesichert und dürfen nicht betreten werden.

Die Dünen von Lacona

Baden am Golfo di Lacona

Spiaggia Grande di Lacona: Keine Frage – der lang gezogene, feinsandige Strand von Lacona, der „Große Strand", zählt zu den besten, die die Insel zu bieten hat. Im Sommer ist es hier jedoch entsprechend voll, nichts für Ruhesuchende. Dem Andrang entsprechend ist auch das Angebot: Von Beachvolleyball bis Tretboot-, Kanu- und SUP-Verleih ist hier praktisch alles zu haben, was am und im Wasser Spaß macht. Der Hauptzugang befindet sich im Osten, hier stehen auch die Liegen und Sonnenschirme der Strandbäder akkurat in Reih und Glied. Daran anschließend erstreckt sich ein langer, freier Abschnitt mit den Sanddünen im Rücken. Der Strand ist sehr gepflegt und sauber. Am Horizont ist die mystische Silhouette der Insel Montecristo zu sehen.

Spiaggia di Laconella: Wer es ruhiger, aber nicht allzu abgelegen mag, dem sei dieser kleine Beach am westlichen Ende der Bucht empfohlen. Der Sandstrand erstreckt sich über ca. 200 m zwischen den Felsen der **Punta della Contessa** im Osten und der großen Landzunge, die den Golfo di Lacona im Westen begrenzt. Feinster Sand auch im Meer, flacher Zugang und türkisblaues Wasser, allerdings nicht immer ganz sauber, wie einige Leser fanden. Dank der abseitigen Lage (und der begrenzten Anzahl an Parkplätzen entlang der holprigen Zufahrtsstraße) wird der Laconella-Strand meist nur in der Hochsaison richtig voll. Keine Bar und auch kein Strandservice – Schatten müssen Sie sich selbst mitbringen.

▪ **Anfahrt:** Auf der Straße von Lacona nach Marina di Campo an der Abzweigung zum Campingplatz Laconella (beschildert) links ab, nach einer weiteren Abzweigung (Zufahrt zum Campingplatz) halb rechts weiter, zunächst ca. 200 m auf Asphalt, dann auf einer Sandpiste, von hier führt ein Fußpfad links hinunter zum Strand. **Parken:** Am Weg (auch noch auf der Sandpiste) rechts und links kleine Parkbuchten, die allerdings schnell belegt sind, evtl. muss man einen längeren Fußmarsch in Kauf nehmen. Der Parküberwachungsdienst ist übrigens auch an der abgelegenen Laconella-Bucht aktiv!

Spiaggia di Margidore: Grauer Sand und Kies und wegen der Landzunge Capo Stella relativ früh Schatten. Die kleine, etwas schmuddelige Schwester der Großen Schönheit? Keineswegs! Die Spiaggia di Margidore ist ein angenehmer und vor allem selten überlaufener Strand. Für Familien mit Kindern allerdings nur bedingt attraktiv, da das Wasser schnell an Tiefe gewinnt, dafür aber im Südwesten mit kleinem Hafen und der Bar Sciabattica für einen Aperitivo (auch Ristorante und einige Zimmer, ✆ 338-9263736). Die Margidore-Bucht, die geografisch im Golfo Stella liegt (→ oben), erreicht man über Lacona.

Basis-Infos

Verbindungen **Busse** (Linie 118) 2-mal tägl. von und nach Portoferraio. Haltestelle z. B. beim Kreisverkehr (Via Colle Reciso/Via Capo ai Pini) und an der Abzweigung zum Strand (Via del Moletto).

Auto-/Zweiradverleih **TWN,** an der Hauptstraße, bei der Abzweigung zum Ristorante Aguglia, Mitte Mai bis Mitte Okt. Überwiegend Scooter und Kleinwagen, auch MTBs. Geöffnet April bis Okt. tägl. 9–12 und 17–19 Uhr. Via dei Pinone, ✆ 0565-964345 oder 329-2736412, twn-rent.it. Weitere Infos → S. 35 (TWN in Portoferraio).

MTB-Touren **Elba MTB,** mehrstündige Touren mit dem E-MTB, auch mit Weinprobe, Abendessen usw. Von Portoferraio kommend, kurz vor Lacona auf der rechten Seite (Beschilderung: Residence Il Mandorlo). Via Colle Reciso 435, ✆ 377-3576289, elbamtb.it.

Einkaufen Kleiner **Supermarkt** an der Straße zum Strand (Via del Moletto), an deren Ende nahe dem Strandzugang zudem ein Bäcker, zwei Rosticcerie, ein Zeitschriftenladen und eine Apotheke. Obst und Gemüse aus biologischem Anbau sowie Brot gibt es im Hofladen des Bio-Landguts **Orti di Mare,** Via Vigneti

522 (→ Camping). **Markt** in Lacona jeden So 8–13 Uhr.

Parken Großer und gebührenpflichtiger Parkplatz zwischen Straße und Strand, an Markttagen Parkverbot. Ein großer Pkw-Parkplatz (pauschal 7 €/Tag) befindet sich ein Stück weiter westlich an der Straße (kurz vor Hotel Giardino auf der linken Seite). Auf dem recht großen und teils auch schattigen **Camperstellplatz Parco delle Dune** hinter dem Strand kostet die Übernachtung (inkl. 2 Pers.) 32 €, Strom 3 €. ✆ 338-1089127.

Wassersport **Sottolonda Diving Center,** bei TWN, etwas zurückversetzt von der Straße, beschildert. Padi Dive Center, Tauchgang 44 €, auch Kurse, Tauchausflüge an der Südseite der Insel und vor Pianosa. Ganzjährig geöffnet, im Winter nach Voranmeldung. Viale dei Golfi 359, Lacona, 57031 Capoliveri (LI), ✆ 0565-964055 oder 345-6488085, sottolonda.it.

Liegen mit Sonnenschirm an einem der Strandbäder an der Spiaggia Grande kosten 25–30 €, abhängig von der Reihe; Liegen am freien Strand deutlich günstiger. Bei den **Bagni Orano** gibt es auch einen Verleih: **Tretboote** und **Kajaks** 13–15 €/Std., **SUP** 10 €/Std.

Auf dem Weg zum Capo Stella

Die Buchten im Süden der Insel → Karte S. 106

Wanderung 5: Rundwanderung über die Halbinsel Capo Stella

Rundwanderung zum Kap mit herrlichen Ausblicken – ca. 8 km, Gehzeit ca. 3 Std. → S. 254

Übernachten

Hotels ***** Capo Sud,** weitläufige, gepflegte und grüne Anlage oberhalb des Margidore-Strands, Pool am Meer, Restaurant (Mitte Mai bis Anfang Okt. geöffnet), Tennisplatz, hübscher Garten mit entzückender kleiner Laube. Kinderfreundliches Hotel, zuvorkommender Service, geschmackvoll eingerichtete Zimmer, umweltfreundliche Leitung. Mitte April bis Mitte Okt. geöffnet, Hunde in der Nebensaison erlaubt. Anfahrt: von Lacona auf der Straße nach Porto Azzurro rechts ab (beschildert). Via del Capo Marinaro 311, Loc. Lacona, 57031 Capoliveri (LI), ✆ 0565-964021, hotelcaposud.it. **€€€–€€€€**

***** Capo di Stella,** super Alleinlage am Hang am Ostende der Bucht (beschildert). Mit Panorama-Ristorante und Pool, 34 überwiegend renovierte Zimmer mit Blick auf die Margidore-Bucht, teils mit Balkon. Fußweg hinunter zum Margidore-Strand, auch der Strand von Lacona ist zu Fuß bequem erreichbar. Familienfreundlich, auch Drei- und Vierbett-Zimmer. 3 Tage Mindestaufenthalt. Anfang April bis Anfang Nov. geöffnet. Via Capo di Stella, Loc. Lacona, 57031 Capoliveri (LI), ✆ 0565-964052, hotelcapodistella.it. **€€–€€€**

**** Giardino,** einfaches und kinderfreundliches Hotel, umgeben vom namensgebenden, großen Garten unter hohen, Schatten spendenden Pinien. Die Zimmer verteilen sich über drei Häuser und sind z. T. renoviert, hell und funktional. Keine 200 m vom Strand, etwas zurückversetzt von der Hauptstraße Richtung Marina di Campo gelegen. Freundlich geführt. Halbpension möglich, auch Familienzimmer. Viale dei Golfi 936, Loc. Lacona, 57031 Capoliveri (LI), ✆ 0565-964059, elbahotelgiardino.it. **€€–€€€**

Blick auf die Margidore-Bucht

Mein Tipp **Appartements *** Residence Mini Hotel,** 20 komfortable und gepflegte Appartements mit Terrasse oder Balkon für 2–5 Pers., sehr nette deutsch-italienische Leitung (fragen Sie nach Karin), familiäre Atmosphäre. Ruhig am Berghang gelegen, herrliche Aussicht auf die Bucht, Liegewiese, Grill. Etwa 1,5 km vom Strand entfernt (Straße Richtung Porto Azzurro, dann links ab, beschildert), schattiger Privatparkplatz am Strand, es gibt auch einen Fußweg hinunter zum Meer. Viele Stammgäste, daher sollte man frühzeitig buchen! Ostern bis Okt. geöffnet. Günstig. Via del Canale 603, 57031 Capoliveri (LI), ✆ 0565-964041, minihotelelba.it. **€€–€€€**

Camping Ein Traum für jeden Camper: Über ein halbes Dutzend Campingplätze verteilen sich entlang der Lacona-Bucht: Große und professionell geführte Anlagen wie Camping Lacona und Lacona Pineta im Osten der Bucht mit Pool, Bungalows, Laden und Restaurant, dazu fast überall Abendunterhaltung (laut) und Animation. Wer es ruhiger mag, sollte sich nach Westen orientieren: Tallinucci und Valle Santa Maria sind etwas ruhiger (ebenfalls mit Appartements/Bungalows), am beschaulichsten geht es bei Laconella ganz am westlichen Ende der Bucht zu. Eher alternativ sind die Plätze Orti di Mare und La Riccia. Hunde sind überall erlaubt.

***** Stella Mare,** in bester Lage, auf der dicht bewaldeten Landzunge am östlichen Ende der Bucht (Zufahrt über Via del Moletto, beschildert). Viel Schatten durch Pinien und Eukalyptusbäume, Bar, Restaurant und Market, großer Pool mit aufgeschüttetem Sandstrand, Sonnenterrasse und Blick. Traumhaft schön sind einige Stellplätze hoch über dem Meer mit ebenso traumhafter Aussicht, Stufen führen hier hinunter zur eigenen kleinen Bucht. Stellplatz inkl. 2 Pers. 52–70 €. Appartement und Bungalows für 2–5 Pers. 131–252 €, auch Glamping (für 5–6 Pers. 175–252 €/Tag) und nett ausgestattete, moderne kleine Mietzelte („Coco Sweet") für 2–4 Pers. 80–114 €/Tag. Geöffnet von Mai bis Mitte Okt. Loc. Lacona, 57031 Capoliveri (LI), ✆ 0565-964007, stellamare.it.

Camping La Riccia, über dem östlichen Ende des Margidore-Strand liegt der kleine, eher alternative Camping des Agriturismo Golfo Stella. Ungezwungene Atmosphäre, freundlich geführt. Die 30 Stellplätze verteilen sich unter hohen Bäumen auf vielen kleinen und größeren Terrassen am Hang über dem Meer, Zugang zum Margidore-Strand. Keine Gastronomie. Stellplatz inkl. 2 Pers. 40–51 €, Aufschlag für die Plätze mit Meerblick. Im schönen Haupthaus und den Nebengebäuden gibt es auch sieben Appartements für 2–5 Pers. (110–200 €). Die Rezeption befindet sich im Büdchen links darunter. April bis Okt. geöffnet. Via Capo ai Pini 1040, Loc. Lacona, 57031 Capoliveri (LI), ✆ 0565-964356, agriturismogolfostella.it.

***** Tallinucci,** seit über 60 Jahren gibt es diesen gut geführten, im westlichen Teil der Bucht direkt am Strand gelegenen Platz. Pinien und Eukalyptusbäume spenden Schatten. Auch Appartements für 2–6 (ca. 120–250 €/Tag, die in herrlicher Lage direkt am Strand ca. 200–

220 €). Ruhig, recht schattig und von Familien bevorzugt. Camping: Stellplatz inkl. 2 Pers. 56–64 €. Geöffnet von Ende März bis Anfang Nov. Via del Mare 213, Loc. Lacona, 57031 Capoliveri (LI), ✆ 0565-964069, campingtallinucci.it.

**** Valle Santa Maria,** neben dem Tallinucci, ebenfalls direkt am Strand. Den Platz gibt es seit 1968. Mit kleinem Laden, Bar, Tennisplatz und MTB-Verleih, am Strand liegt das Ristorante Miramare. Stellplatz inkl. 2 Pers. 53–61,50 €. Auch hier einige Appartements, für 2–5 Pers. 125–225 €/Tag, auch moderne, einladende Case Mobili für max. 4 Pers. zu 130–210 €/Tag. Geöffnet Ostern bis Anfang Nov. Via del Mare 91, Loc. Lacona, 57031 Capoliveri (LI), ✆ 0565-964188, vsmaria.it.

Mein Tipp **** Laconella,** terrassenförmiger Platz auf der kleinen Landzunge Punta della Contessa im Westen der Bucht. Schatten unter Eukalyptusbäumen und Pinien, teils sehr schöne Stellplätze über dem Meer. Großer Vorteil: Vom Platz führt ein direkter Zugang über Treppen zur Spiaggia Grande (ca. 3 Min.) und ein kurzer Weg (ca. 5 Min.) zu der herrlichen Laconella-Bucht (→ S. 110). Ein Tipp für alle, die Ruhe suchen (u. a. auch dank fehlender Abendanimation). Auf dem Platz befinden sich ein Minimarket und ein empfehlenswertes Ristorante mit sehr schöner Terrasse über der Bucht. Boccia und kleiner Fußballplatz. Straße Richtung Marina di Campo, dann links ab, beschildert. Stellplatz inkl. 2 Pers. 51–60 €. Auch Appartements und Bungalows für 2–5 Pers. (158–198 €) sowie die modernen Mietzelte „Coco Sweet“ für 105–128 € (max. 4 Pers.). Mitte März bis Anfang Nov. geöffnet. Via Laconella 431, Loc. Lacona, 57031 Capoliveri (LI), ✆ 0565-964228, campinglaconella.it.

Orti di Mare, modern-alternativer Bio-Agriturismo, organisiert, unter deutsch-italienischer Leitung. Nur bedingte Strandnähe, aber hübscher und weitläufiger Campingplatz mit Stellplätzen im Pinienwald oder im Olivenhain. Im **Hofladen** am Eingang gibt es u. a. Obst und Gemüse aus eigenem Anbau, Brot aus der eigenen Bio-Bäckerei und Olivenöl, dazu gehört auch das hübsche **Bio-Café/Bistro** (→ unten). Ganzjährig geöffnet. Stellplatz inkl. 2 Pers. 44–71,50 €, privates Bad 14,50–18 €/Tag. Auch Ferienwohnungen für 2–5 Pers. (130–220 €) und eine modern eingerichtete Ferienvilla im Natursteinhaus für 4–7 Pers. (270–495 €). Günstige, aber nicht sehr idyllische, fast schattenlose Wohnmobil-Stellplätze (15–25 €, kein WC/Dusche) etwa 100 m vor dem Camping. Zufahrt: vom Kreisel am Ende der Via Colle Reciso an der kleinen Straße Richtung Marina di Campo. Via dei Vigneti 522, Loc. Lacona, 57031 Capoliveri (LI), ✆ 331-5867805 (im Winter ✆ 0565-964436), ortidimare.it.

Die Buchten im Süden der Insel → Karte S. 106

Essen & Trinken

Lo Zenzero, versteckte Lage unweit des Kreisverkehrs am Ende der Via Colle Reciso/Via Capo ai Pini, ein schönes Ristorante mit Garten und nettem Ambiente auch innen. Ganz köstlich waren die „Antipasti di Mare“ mit Muscheln, Tintenfisch, Kanapees, Kichererbsensalat etc. (13 €), ein Gedicht auch der zarte „pesce al forno“ mit Knoblauch-Rosmarin-Kartoffeln (22 €). Sehr guter Hauswein, netter Service, Menü ca. 35–40 €. Nur abends ab 19 Uhr geöffnet, im Winter nur am Wochenende, Reservierung erbeten. Anfahrt: Am Supermarkt rechts ab und gleich die erste links (Feldweg), man fährt auf ein großes, altes Bauernhaus zu, rechts daneben befindet sich das Restaurant. Via dei Vigneti 62/C, ✆ 328-8151025, ristozenzero.com.

Orti di Mare, hübsches Gartenrestaurant (bzw. Café/Bistro) des Bio-Agriturismo. Man sitzt idyllisch unter einer Weinpergola und zwischen Olivenbäumen und sieht den Hühnern samt Gockel beim Herumstolzieren zu. Serviert wird v. a. vegetarische und vegane Bio-Küche, viele Produkte aus eigenem Anbau, kleine Bistro-Karte und Tageskarte, Gerichte um 6,50–16,50 €. Zur Saison empfiehlt sich am Abend eine Reservierung. Zum Bistro/Restaurant gehört auch der **Hofladen** samt Bio-Bäckerei. Mitte April bis Ende Okt. geöffnet. Via dei Vigneti 522, ✆ 351-9060631, ortidimare.it.

Il Cavallino Rosso, etwas zurückversetzt von der Straße zum Strand, noch vor „Il Pirata“ das Sträßchen rechts reinfahren, Parkplatz davor. Relativ großer, im Sommer offener Speisesaal, auch Terrasse, kleiner Kinderspielplatz. Viele Elbaner aus der Gegend kommen hierher. Sehr gute Pizza, aber auch Pasta, Fischgerichte etc., guter und günstiger Hauswein, generell nicht teuer. Während der Saison täglich mittags und abends geöffnet. Via del Moletto, ✆ 0565-964150.

Günstige Mittagssnacks gibt es in der **Rosticceria** beim Ristorante Ledo gleich am Strand: Grillhähnchen, Tavola calda, Panini etc. Im Sommer den ganzen Tag über geöffnet.

Strand und Hafen von Marina di Campo

Marina di Campo

Am Westufer des schützenden Golfo di Campo gelegen, im Nordwesten thront der Gebirgszug um den Monte Capanne und nach Nordosten eröffnet sich die Ebene von Campo nell'Elba. Das Fischerstädtchen mit seinem idyllischen alten Hafen ist der älteste und größte Ferienort der Insel – schließlich befindet sich hier auch der längste Sandstrand Elbas.

Fast 1,5 km lang erstreckt sich der breite und feine Sandstrand vom eigentlichen Ort in östliche Richtung bis zur schwer zugänglichen Costa di Segagnana. Entlang dem Viale degli Etruschi, der parallel zum Strand verläuft, haben sich viele Hotels angesiedelt, im Osten schließt dann die „Straße der Campingplätze" an.

Das moderne Zentrum von Marina di Campo wirkt hektisch; viel Verkehr und neuere Zweckbauten vermitteln nicht gerade Idylle. Das Bild ändert sich jedoch schlagartig, wenn man die großen Hauptverkehrsstraßen des Ortes verlässt und sich in Richtung altem Hafen begibt: gemütliches Schlendern durch autofreie Gassen, sorgsam restaurierte Häuser und malerische kleine Plätze, dazu zahlreiche schicke Geschäfte, Restaurants und Bars. Der alte, hübsch hergerichtete Ortskern von Marina di Campo um den Fischer- und Jachthafen strahlt viel Charme aus. Überragt wird der Hafen von der **Torre della Marina** aus dem 16. Jh.

Das **Campo nell'Elba,** das Becken im Hinterland von Marina di Campo, war vermutlich bereits von den Etruskern im 5. Jh. v. Chr. und später von den Römern besiedelt, die in der Gegend westlich von Marina di Campo Granit abbauten. Im Mittelalter wurde die Bucht wie viele andere Teile der Insel auch immer wieder Opfer der einfallenden Piraten, im 12. Jh. errichteten die Pisaner deshalb hier eine Befestigung und nahmen erstmals nach den Römern den Granitabbau wieder auf. Der historische Kern von Marina di Campo um den Hafen geht auf das Ende des 19. Jh. zurück, als hier ein wichtiger Verladehafen entstand. 1894 erlangte der Ort Unabhängigkeit vom nordwestlich gelegenen Marciana. Heute gehören zur Gemeinde Campo nell'Elba die Orte La Pila, San Piero in Campo und das benachbarte Sant'Ilario in Campo, Marina di Campo ist aber der Hauptort. In den 1920er-Jahren wurde der Granitabbau im Westen der Insel ein weiteres Mal wieder aufgenommen und Marina di Campo erfuhr einen großen wirtschaftlichen Aufschwung.

In den 1930er-Jahren fanden bereits erste Bestrebungen in Richtung Tourismus statt, im großen Stil ausgebaut wurde das Geschäft mit den Gästen dann in den 1950er-Jahren. Heute zählt die Gemeinde Marina di Campo mit zugehörigen Ortsteilen rund 4700 Einwohner (der Ort allein etwa 2000), im Sommer sind es deutlich mehr. Etwa 90 % aller Einnahmen stammen aus dem Tourismussektor.

Marina di Campo bietet neben zahlreichen Hotels fast aller Preisklassen auch drei Campingplätze. Der Ort eignet sich hervorragend als Ausgangspunkt für Ausflüge in die westelbanische Bergwelt, und auch die herrlichen Strände der Südwestküste sind nur einen Katzensprung entfernt. Im alten Hafen liegen Ausflugsboote bereit, am Strand gibt es Tauch- und Surfschule, die Busverbindungen zur Hauptstadt und den Dörfern im Westen der Insel sind gut. Marina di Campo liegt nur wenige Kilometer vom Inselflughafen im Ortsteil La Pila entfernt.

Sehenswertes

L'Acquario dell'Elba: Mitleid hat man mit den Meeresbewohnern des Tyrrhenischen Meeres, die hier in dem altmodischen Aquarium in viel zu kleinem Lebensraum ihr Dasein fristen. Dabei gibt es eigentlich viel Interessantes zu sehen: Riffhai, Ammenhai und Teppichhai, der Kleine und der Großgefleckte Katzenhai, der Piranha als Vegetarier und der Marmor-Zitterrochen, die etwas gruselige Mittelmeer-Muräne, Seegurke, Seestern und die stachlige Seespinne, nicht zu vergessen alles, was auf den Grill gelegt wird: Dorade, Makrele, Meerbarbe ... Gleich am Eingang zieht eine einsame Karettschildkröte ihre Runden, die, so ist zu erfahren, schon sehr alt ist und sichtlich an einer Augenkrankheit leidet, durch die sie quasi blind ist. Doch es gibt auch Gutes zu berichten: Vor einiger Zeit wurden zwei verletzte Meeresschildkröten hier im Aquarium behandelt und konnten dann wieder in die Freiheit entlassen werden. Und vielleicht noch besser: Im Sommer 2023 legte eine Caretta caretta (Unechte Karettschildkröte) am abgelegenen Galenzana-Strand (→ unten) bei Marina di Campo ihre Eier ab, und viele der Geschlüpften haben es erfolgreich ins Meer geschafft.

■ Mitte Juni bis Anfang Sept. tägl. 9–23.30 Uhr, April/Mai und Mitte Sept. bis Mitte Okt. tägl. 9–20 Uhr, im Winter geschlossen. Eintritt 12 €, Kinder 3–10 J. 5 €, 11–18 J. 8 €, Rentner ebenfalls 8 €. Von der Hauptstraße von/nach Procchio beschildert, ✆ 0565-977885, acquarioelba.com.

Baden in und um Marina di Campo

Der lang gezogene, wunderschöne **Sandstrand von Marina di Campo** ist wirklich sehr gepflegt und sauber und bietet fast alles, was das Wassersportlerherz begehrt, außerdem zahlreiche Snackbars. Besonders schön sind die Bagni Tropical oder die Bagni Iselba (beide vom Viale degli Etruschi beschildert) mit jeweils herrlicher Terrassenbar, Umkleidekabinen sowie Sonnenschirm- und Liegestuhlverleih – eben klassisch italienische Strandbäder.

Wem der Ortsstrand zu voll ist, der kann zu den kleineren Stränden in der Umgebung ausweichen. Einer davon ist die in einer Kiesbucht gelegene **Spiaggia di Fonza** an der **Costa di Segagnana.** Erreichbar ist sie vom Ostende der Bucht auf einer Schotterpiste, die von der Straße zum Acquario nach rechts abgeht (wenige Parkmöglichkeiten), oder auf dem Wanderweg 248 an der Küste entlang. Die **Bucht von Palombaia,** eine weitere, gar nicht mal so kleine Kiesbucht, liegt ein Stück östlich von Cavoli. Über einen Treppenweg in vielen Stufen hinunter gelangt man zum Strand, parken muss man allerdings schon oben an der Verbindungsstraße zwischen Marina di Campo und Cavoli kurz nach der Abzweigung nach San Piero.

Ein schöner Spaziergang führt von der Torre della Marina (am alten Hafen) zur südwestlich von Marina di Campo gelegenen **Spiaggia di Galenzana:** am Hafen die Via Bellavista hinauf, dann geradeaus auf einem Pfad und schmaler Asphaltstraße, an der Gabelung links halten. Nach 20 Minuten geht es bei einer Kapelle links hinunter, nach weiteren 10 Minuten weist ein Schild links zum Strand. Dieser ist schmal und überwiegend sandig (im Wasser wird es allerdings gleich steinig, man sollte Badeschuhe tragen), viel Seegras, aufgrund der abseitigen Lage aber nie voll.

Weiter in Richtung Westen: schöne, wenn auch nicht ganz so ruhige Strände bei **Cavoli, Seccheto** und **Fetovaia** (herrlicher, großer Sandstrand) an der schroffen Südwestküste der Insel (→ „Der Westen der Insel", ab S. 124).

Basis-Infos

Information Pro Loco, kleines Info-Büro im Pavillon am großen Parkplatz (an der Via Fucini), hier auch Bustickets, während der Saison Mo–Sa 9–13 Uhr, So geschl. Piazza dei Granatieri, 57034 Marina di Campo (LI), ✆ 0565-976792, prolococamponellelba.it. Im gleichen Pavillon befindet sich ein Info- und **Buchungsbüro** für Bootsausflüge, während der Saison täglich 8.30–12.30 und 15.30–19.30 Uhr (in der Hochsaison 16–20 Uhr) geöffnet, ✆ 0565-976022, aquavision.it.

Verbindungen Busse (Linie 116) 11-mal tägl. über Procchio (hier Richtung Marciana Marina umsteigen) nach Portoferraio, 6-mal tägl. über Fetovaia und 8-mal über Pomonte nach Marciana Alta, 10-mal nach San Piero und Sant' Ilario. Die Bushaltestelle befindet sich in der Via R. Fucini (zwischen den Parkplätzen), Tickets bei den Tabacchi-Läden/Kiosken im Zentrum, beim Pro Loco oder aber im Bus selbst (Zuschlag).

Parken Ausreichend Parkplätze um die Via R. Fucini hinter dem Zentrum, man findet eigentlich immer einen Platz. Einige Parkplätze sind von 1. Juni bis 30. Sept. gebührenpflichtig.

Taxi Zu bestellen unter ✆ 0565-977150 oder 329-6117475.

Auto- und Zweiradverleih Vermietung u. a. bei **TWN,** Via G. Donizetti 27. Scooter, Enduros und Autos. April–Okt. geöffnet. ✆ 329-2736412, twn-rent.it. Am Flughafen außerdem **Elbarent,** ✆ 0565-971031, elbarentcar.com. Bei **Velonext**

Marina di Campo

Die Buchten im Süden der Insel → Karte S. 106

gibt es Citybikes, MTBs und E-Bikes, Via per Portoferraio 208 (beim Hotel Barcarola 2), ✆ 800-145518 oder 393-8102288, velonext.com.

Bootsausflüge Mit **Aquavision** von April bis Okt. täglich Ganztagesausflüge nach Pianosa, die Überfahrt dauert 45 Min., Aufenthalt auf der Insel etwa 6 Std. Pro Pers. 39 €, Kinder 4–12 J. 20 €, auf Pianosa ist noch mal eine Nationalparkgebühr von 8 € pro Pers. (im Juli/Aug.) bzw. 6 € (Rest des Jahres) zu bezahlen, Kinder unter 12 J. frei, Hunde nur im Ort Pianosa erlaubt (nicht am Strand/außerhalb). Infos und Tickets in der Bude am Parkplatz Piazza dei Granatieri (→ oben), die Tickets werden aber auch an Bord im Hafen verkauft. ✆ 0565-976022 oder 328-7095470, aquavision.it. Näheres zu Pianosa → S. 162.

Mit dem kleinen **Motorboot** *Baby Princess* startet im Sommer Di, Do, Sa jeweils um 10 Uhr eine 5-stündige Tour zur Halbinsel Calamita; Mo, Mi, Fr, So nach Sant'Andrea (jeweils mit Badestopps, pro Pers. 30 bzw. 35 €); außerdem täglich nachmittags eine 3-stündige Fahrt zum Schiffswrack bei Pomonte (mit 3 Badestopps, 25 € pro Pers.), Kinder unter 12 J. zahlen den halben Preis. Das Boot liegt abends im alten Hafen von Marina di Campo. Tickets an Bord, ✆ 388-9353553, isoladelbainbarca.it.

Ähnliches Angebot mit der *Mickey Mouse,* auch hier **Bootstouren** zur Costa dei Gabbiani, nach Pomonte und Sant'Andrea, Inselrundfahrten sowie Wal- bzw. Delfin-Watching-Touren. Infos: ✆ 392-3186962 oder 328-3781032.

6-stündige **Inselumrundungen** mit der *Magic Princess* finden Di, Do und Fr–So um 9.30 Uhr statt, diverse Badestopps, Lunch an Bord, Erw. 40 €, Kinder 7–12 J. die Hälfte, darunter frei. Auch kürzere Fahrten entlang der Südküste. Infos und Buchungen unter ✆ 328-7821455 oder 328-2123795, giteinbarcaisoladelba.it.

Einkaufen Mittwochvormittag ist **Markt.**

Supermarkt (Conad), Via Fucini, Mo–Sa 8–23 Uhr, So 9–13.30 und 15.30–23 Uhr, in der Nebensaison und im Winter tägl. 8–13.30 und 15.30–20 Uhr.

Ein exklusives Souvenir können Sie bei **Acqua dell'Elba** erwerben (u. a. in der Via Roma). *Acqua dell'Elba* gibt es z. B. als Eau de Toilette oder Bodylotion, als Damen-Duftlinie oder Unisex, außerdem Aftershave und Raumdüfte, Handtücher, Bademäntel, Duftkerzen und andere Accessoires. In zahlreichen weiteren Filialen auf der Insel erhältlich.

Noch exklusiver und um ein Vielfaches teurer sind die Nobeluhren des Unternehmens **Locman,** das hier an der Piazza di Verrazzano 7 (am alten Hafen) seinen Stammsitz hat. Auch Tauchuhren und Schmuck.

Eseltrekking **Somareria dell'Elba,** Eseltrekking bei Marina di Campo, besonders bei Familien mit Kindern beliebt. Ganztägige Touren, pro Pers. 30 €, Kinder 20 €, auch kleinere Touren. Traversa di Via Filetto 421/b, 57034 Campo nell'Elba (LI), ✆ 338-4215060, somareria dellelba.com.

Feste/Veranstaltungen Am 7. August feiert man in Marina di Campo das Fest des **Ortspatrons Gaetano** mit Prozession zu Land und zu Wasser (zum Scoglio della triglia), allerlei Kulinarischem und Feuerwerk.

Rallye Elba Storico, Oldtimer-Rallye um Marina di Campo am dritten Wochenende im September, rallyelbastorico.com.

Sport/Wassersport **Il Viottolo** veranstaltet v. a. Kajaktouren an der elbanischen Küste: 2- bis 5-Std.-Touren 25–50 € (die kürzeren Touren werden auch für Kinder angeboten, 10 €), Ganztagestouren u. a. um Pianosa, Capraia und Giglio oder aber eine große Elba-Inselumrundung in 7 Tagen für 530 € (um Ferragosto 630 €); darüber hinaus Schnorchelausflüge zum Schiffswrack von Pomonte und um Pianosa, ganztägige Wal- und Delfin-Watching-Touren, u. a. zum Scoglio d'Africa ca. 50 km südlich von Elba (auch 2-tägig mit Übernachtung). Auch Törns/Transporte mit der Segeljacht. An Land Trekking-Touren (halb- und ganztägig und übers Wochenende), MTB-Touren mit Guide von der Tagestour bis hin zum anspruchsvollen MTB-Wochenende; außerdem wird eine 4-tägige Wanderung auf der G.T.E (→ S. 235) angeboten: 554 € pro Pers., an Ostern 599 €, an Silvester/Neujahr 709 €. Rechtzeitige Anmeldung (für die Mehrtagestouren etwa einen Monat vorher, besser früher) ist erforderlich. Via degli Albarelli 60, 57034 Marina di Campo (LI), ✆ 329-7367100, ilviottolo.com.

Das **Spiro Sub Padi Dive Center** an der Abzweigung zu den Campingplätzen gibt es hier schon seit mittlerweile 50 Jahren. Ausflüge in die Unterwasserwelt, u. a. zur muschelbewachsenen Madonnenstatue, die in 18 m Tiefe in der Nähe von Marina di Campo vor dem Scoglio della triglia liegt. Die Statue wurde von den Fischern am Grund verankert: Sie sollte ihnen auf See Glück bringen. Schnuppertauchgang 55 €, sechs Tauchgänge 240 €, auch Kurse. Unterkünfte können vermittelt werden. Seit 2004 unter Leitung von Volker Kammerer. Via della Foce 27, 57034 Marina di Campo (LI), ✆ 0565-976102 oder 338-2689379, spirosub.isoladelba.it.

Surfschule Zephyr, am Strand von Marina di Campo, ganz hinten schon am östlichen Teil der Bucht beim Camping La Foce gelegen (am Strand bei Ristorante Da Piero). Anfängerkurs 260–280 €, Probekurs (3 Std.) 140–150 €, Unterrichtsstunde 55 € (in der Gruppe) bis 70 € (Einzel), Brettverleih 25 €/Std., SUP-Verleih 10 €/Std. Mai bis Okt. geöffnet. ✆ 338-9048348, zephyr-w.com.

Motorboote kann man bei **Rent Navigare** am Strand bei den Campingplätzen mieten: 40-PS-Boot ab ca. 100 €/halber Tag, Sprit geht extra. ✆ 389-1187518.

Bagni Tropical, eine sehr gepflegte Anlage mit Bar und hervorragendem **Ristorante** für den Mittagstisch. Nobelstrandbad – sehr schön, was aber auch nicht ganz billig ist: zwei Liegestühle mit Sonnenschirm um 35 € am Tag. Mai bis Okt. Vom Viale degli Etruschi kurz nach dem Hotel Meridiana rechts ab, beschildert. ✆ 347-4974343, tropicalelba.com.

Übernachten

→ Karte S. 119

Hotels ****** Montecristo 5,** zentrumsnahes, sympathisches und schickes Hotel der oberen Preisklasse, vor einigen Jahren renoviert. Nur über die Straße zum Strand. Mit Pool und Snackbar, Ristorante, alle Zimmer mit Balkon. Vom Viale degli Etruschi in die Via Giannutri zum Meer einbiegen, beschildert. Geöffnet Anfang/Mitte Mai bis Anfang Okt., in der Hochsaison wochenweise. Lungomare Nomellini 11, 57034 Marina di Campo (LI), ✆ 0565-976861, hotelmontecristo.it. **€€€€–€€€€€**

***** Meridiana 2,** gut geführtes Hotel mit deutschsprachiger Leitung, gemütliche Terrasse im Garten. Mit Bar und Spaghetteria (Pasta, Salate, Antipasti, Eis), die mittags und abends geöffnet ist, dafür gibt es hier keine Halb- oder Vollpension. Es wird auch an Vegetarier/Veganer gedacht. Alle Zimmer mit Terrasse/Balkon, ca. 800 m vom Zentrum, wenige Meter vom Strand. Kostenloser Fahrradverleih. Hunde erlaubt (10 €/Tag). Anfang Mai bis Anfang Okt. geöffnet (Restaurant Mitte Juni bis Ende Sept.). Viale degli Etruschi 465, 57034 Marina di Campo (LI), ✆ 0565-976308, hotelmeridianaelba.it. **€€€**

***** Hotel dei Coralli 1,** gleich daneben, nur über die Straße zum Strand (ca. 200 m), relativ zentrumsnah (ca. 800 m). Gepflegtes und nett eingerichtetes Hotel mit Restaurant, Pool, Tennisplatz, MTB-Verleih und weiterem Sportangebot, außerdem Wellness. Halbpension 25 € pro Person und Tag extra. Geöffnet Anfang April bis Mitte Okt. Viale degli Etruschi 567, 57034 Marina di Campo (LI), ✆ 0565-976336, hoteldeicoralli.it. **€€€€**

***** Tre Colonne 7,** nicht am „Hotelstrand", sondern im Zentrum (etwas zurückgesetzt). Obligatorische Halbpension, alle Zimmer mit Balkon. Gehobenes Ambiente, Pool im Vorgarten. Zentral, aber trotzdem sehr ruhig gelegen.

Frühzeitige Buchung für die Hochsaison ist ratsam. Geöffnet Mai bis Sept. Via G. Fattori 122, 57034 Marina di Campo (LI), ✆ 0565-976320, hoteltrecolonne.it. **€€€–€€€€**

***** Elba 4**, kleines Hotel an der Hauptstraße (Ausfallstraße in Richtung Procchio/Portoferraio), aber leicht zurückversetzt. Hübsche Terrasse (zur Straße), kleines Restaurant, kleiner Pool im Garten. Halbpension obligatorisch. In der dazugehörigen **Residence dei Fiori** gegenüber werden Appartements für 2–4 Pers. vermietet. Hotel Mitte April bis Anfang Okt. geöffnet, die Appartements ganzjährig. Via per Portoferraio 319, 57034 Marina di Campo (LI), ✆ 0565-976224, hotelelba.it. **€€€**

Camping ***** Ville degli Ulivi,** etwas vom Strand entfernt unweit der Straße Richtung Acquario und Lacona, am östlichen Ende der Bucht gelegen (Fahrradweg ins Zentrum). Sehr beliebter und gepflegter, professionell geführter Platz mit vielen schattigen Stellplätzen. Ristorante, Pizzeria, Bar, Market, Kinderprogramm und Spielplatz, Animation, Abendunterhaltung, einladender Pool mit Rutsche, Wellness, Zweiradverleih (TWN). Von der Hauptstraße beschildert. Stellplatz inkl. 2 Pers. 53–62 €. Es werden auch einige Appartements am Hang vermietet (für 2–6 Pers. 128–214 €/Tag), außerdem auch Bungalows für 2–6 Pers. (110–184 €/Tag), Glamping-Lodge für 2–5 Pers. 148–174 €. Hunde erlaubt. Geöffnet Anfang April bis Anfang Nov. Via della Foce 89, 57034 Marina di Campo (LI), ✆ 0565 976098, villedegliulivi.it.

***** La Foce,** am östlichen Ende der Bucht. Gepflegter Platz mit viel Grün direkt am Meer, gute Ausstattung, Pizzeria/Ristorante am Strand. Stellplatz inkl. 2 Pers. 44–59 €. Hunde erlaubt. Auch hier Bungalows (2–6 Pers. 110–180 €), und Mietzelte (2–4 Pers. 75–110 €). Anfang April bis Anfang Nov. geöffnet. Via della Foce 379, 57034 Marina di Campo (LI), ✆ 0565-976456, campinglafoce.com.

**** Del Mare,** ebenfalls am östlichen Ende der Bucht. Auch hier Appartements/Bungalows (100–190 €/Tag für 2–4 Pers., direkt am Strand: 170–220 €). Camping: Stellplatz inkl. 2 Pers. 42–52 €, Hunde erlaubt. Geöffnet Mitte April bis Mitte Okt. Via del Monumento 628, 57034 Marina di Campo (LI), ✆ 0565-976237, campingdelmare.it.

Die Buchten im Süden der Insel → Karte S. 106

Wohnmobilstellplatz an der Verbindungsstraße von Marina di Campo nach Lacona kurz vor der Abzweigung zu den Campingplätzen. Nicht sehr romantisch, aber ein wenig günstiger als die Campings: 25–30 €/Tag inkl. Strom/Wasser, nur über Nacht ohne Service 15 €. Viale degli Estruschi 625, 57034 Marina di Campo (LI), areasostacamperisoladelba.com.

Essen & Trinken/Nachtleben

→ Karte S. 119

Viele Restaurants, Cafés und Bars beim alten Hafen in der Via Garibaldi und den anschließenden Plätzen (Piazza Milano und Piazza Gaetano). Am langen Sandstrand (in Richtung Campingplätze) finden sich außerdem einige vorzügliche und eher teure Fischrestaurants.

meinTipp **Am Strand** Die meisten Strandbäder haben ein Restaurant und bieten auch – oftmals nicht ganz so teuren – Mittagstisch an, empfehlenswert z. B. **Bagni Tropical** (→ oben). Nur Restaurant ist **Da Piero 3**, wo gehobene Küche über dem Sandstrand geboten wird. Der erste Eindruck verspricht Niveau und das Versprechen wird gehalten: eines der besten Restaurants in Marina di Campo, vielleicht das Beste. Erstklassiger Service, elegant, ohne steif zu sein, zuvorkommend und freundlich. Unaufgeregtes Ambiente in Traumlage, vor allem aber: hervorragende Küche, überwiegend Fisch, fein und raffiniert. Antipasti/Primi 16–22 €, Secondi 22–26 €, mittags etwas günstiger. Auch Strandbad. Für abends unbedingt rechtzeitig (in der Hochsaison mehrere Tage vorher) reservieren. Richtung Campingplätze, Zugang über die Via Gorgona, nächster Parkplatz in der Via Chiuso Torto. Viale degli Etruschi, ✆ 391-4322831, dapiero-iselba.it.

Im Zentrum **Kontiki 8**, gehobenes Restaurant am Hafen, im ersten Stock und mit Terrasse und Blick auf die Bucht. Bekannt für seine gute Fischküche (u. a. auch für „crudi" – Rohes), gehoben auch die Preise: Menü um 60 €. Tägl. mittags und abends geöffnet. Via Molo Nuovo, ✆ 0565-977984, ristorantekontiki.it.

La Cantina del Mare 6, zwar nicht direkt am Mare, doch Pizza, Pasta und Fischgerichte sind gut und nicht mal teuer. Antipasti/Primi 8–18 €, Fleisch-/Fischgerichte 12–19 €, meist aber nach Gewicht, da kann es schon etwas teurer werden. Pizza 6–11 €. Mit Terrasse nach hinten (zum Parkplatz). Tägl. mittags und abends geöffnet. Via Roma 371, ✆ 0565-976914.

Außerhalb des Zentrums **Ristorante al Moro**, das schöne und einladende Restaurant liegt ein ganzes Stück außerhalb (Via G. Pietri stadtauswärts Richtung Cavoli auf der linken Seite, vom Zentrum ca. 1,5 km). Hübscher, gepflegter Garten im Kiesbett, auf den Tisch kommt modern-raffinierte Fisch- und Fleischküche, bei der auch einige Leser ins Schwelgen kamen. Antipasti/Primi 16–24 €, Secondi 30 €, Degustationsmenü (6–8 Gänge) 65–80 €. Tägl. abends geöffnet, in der Nebensaison Mo Ruhetag. Parkplatz vorhanden. Via G. Pietri 1277, ✆ 392-4430495, ristoranteal moro.it. ▪ **Lesertipp**

Nachtleben An der Straße Richtung Procchio (kurz nach dem Flughafen) befindet sich **Giannino**, seit vielen Jahren eine feste Größe in Sachen Livemusik. Äußerst beliebt, tolle Konzerte und beste Stimmung. Nur im Sommer (ab vorletztem Wochenende im Juni bis zum zweiten Wochenende im Sept. Fr–So, Ende Juli bis vorletztes Augustwochenende tägl.) 23–5 Uhr geöffnet. Eintritt 13–20 € (inkl. ein Getränk). Via per Portoferraio 3082/A, Loc. Zuffale, ✆ 0565-978034 oder 340-3326868, gianninoelba.com.

Sant'Ilario in Campo

Ein stilles und schmuckes Bergdörfchen abseits des Tourismusrummels, wenige Kilometer nordwestlich von Marina di Campo (vom Ortsteil La Pila in Serpentinen den Berg hinauf). Ein Ausflugstipp für alle, die das Bedürfnis verspüren, sich vom Trubel des Strandlebens zu erholen. In Sant'Ilario scheint die Zeit ein wenig langsamer abzulaufen, die überwiegend älteren Bewohner des Ortes haben mit Tourismus in der Regel wenig zu tun. Man sitzt unter den schattigen Bäumen der Piazza und spielt Karten, während sich die wenigen Besucher aus den Küstenorten in den schmalen, aber durchweg pittores-

Sant'Ilario in Campo – die Piazza

Die Buchten im Süden der Insel → Karte S. 106

ken Gassen verlieren. Ein Parkplatz findet sich am Ortsrand (beschildert), dort gibt es auch eine Bar.

Der Ort wurde unter den Pisanern befestigt und 1533 von dem Piraten Dragut zerstört. Beachtenswert die Granitportale im Ort. Idyllisch ist ein Spaziergang durch die stillen Gassen hinauf zur **Piazza della Chiesa** mit der sehenswerten Kirche aus dem 16. Jh. (tagsüber geöffnet), der Glockenturm wurde von den Pisanern errichtet.

Verbindungen **Busse** (Linie 116) 10-mal täglich von/nach Marina di Campo und San Piero.

San Piero in Campo

Unbedingt einen Ausflug wert ist der idyllische Nachbarort San Piero in Campo, der etwas größer ist als Sant' Ilario und auch spürbar lebendiger. In den Gassen finden sich Bars, Cafés, eine Gelateria, ein Alimentari, ein einfaches Albergo mit Pizzeria und eine sehr gute Osteria. San Piero liegt 226 m über dem Meer und bietet einen herrlichen Panoramablick. Malerische kleine Plätze und enge Gassen laden zum Schlendern ein. Ein Spaziergang durch das kleine San Piero sollte unbedingt auch zur **Fortezza Pisana** (nicht zugänglich) und zur **Piazza Belvedere** nebenan führen: Der Platz trägt seinen Namen zu Recht, prächtiger Blick auf den Golfo di Campo, schattige Sitzbänke und Kinderspielplatz vorhanden.

Auf dem **Piazzale dell'Astronomia** oberhalb des Ortes wird der Ausblick sogar noch besser. Tags reicht er bis aufs Meer und nach Montecristo und nachts in den Sternenhimmel, den man hier ohne allzu viel störende Lichtquellen beobachten kann. Und so trifft man sich an Abenden im Sommer um 21.30 Uhr, um sich von kundigen Amateurastronomen mit Teleskop den Himmel erklären zu lassen (Termine hängen aus und sind unter piazzaledellastronomia.it einsehbar, eine Spende wird erbeten).

San Piero geht auf eine römische Gründung aus dem 1. Jh. v. Chr. zurück. Die im romanischen Stil errichtete Kirche **San Nicolò** wurde auf den Ruinen eines Tempels aus der Zeit Octavians gebaut, der vermutlich dem griechischen Gott Glaukos (Schutzgott der Seefahrer) geweiht war. Die Langobarden hatten den römischen Tempel im 6. Jh. zerstört, Anfang des 8. Jh. entstand hier

Wanderung 6: Rundwanderung bei San Piero in Campo
Wanderung auf alten Hirtenpfaden –
8,4 km, Gehzeit ca. 3–3:30 Std. → S. 256

eine erste Kirche; ihre heutige Gestalt erhielt San Nicolò dann im 12. Jh. San Nicolò, in deren Innenraum noch einige Fresken (wahrscheinlich aus dem 15. Jh.) erhalten sind, befindet sich beim Belvedere. Die Pisaner befestigten den Ort im 11. Jh. 1533 erfuhr San Piero das gleiche Schicksal wie Sant'Ilario: Es wurde von Piraten zerstört. Am Karfreitag begegnen sich die Bewohner beider Orte auf halbem Weg zu einer eindrucksvollen gemeinsamen Prozession.

In der ehemaligen Schule von San Piero ist das **Museo Mineralogico (MUM)** untergebracht: hauptsächlich Mineralien in Vitrinen (Erläuterungen auch auf Deutsch), alte Fotos von den Granitarbeitern und im Erdgeschoss wechselnde Ausstellungen nebst Bookshop, hinter dem Haus ein kleiner blühender Garten.

▪ Juni bis Mitte Sept. tägl. 10.30–13.30, 15.30–18.30 und 20.30–22.30 Uhr, Mitte April bis Ende Mai und Mitte Sept. bis Anfang Nov. Di–So 11.30–13.30 und 14.30–18.30 Uhr, Anfang März bis Mitte April Di–So 15–19 Uhr. Eintritt 4,50 €, erm. 2,50 €, es werden nach Anmeldung auch Exkursionen angeboten (Mo und Mi morgens, So nachmittags, 12–16 €). Via Cavour 73, ✆ 393-8040990, museomum.it.

Verbindungen **Busse** (Linie 116) 10-mal täglich von und nach Marina di Campo.

Übernachten/Essen **** B & B La Rosa,** einfaches Haus am Rand des Zentrums und fernab vom Touristenrummel, zehn schlichte Zimmer mit Bad. Mit Bar und **Pizzeria/Ristorante L'Ottavo** (beliebt und nur abends geöffnet). Piazza Gadani 76, San Piero, 57034 Campo nell'Elba (LI), ✆ 349-8860103, larosahotel.it. **€–€€**

mein Tipp **Cacio e Vino,** beliebte Osteria beim Campanile im Zentrum, daher nicht zu verfehlen. Auch von Lesern empfohlen. Sehr gute bodenständige Küche, wir hatten z. B. köstlich an-

San Piero in Campo

gemachten „Baccalà" und herausragende „Pappardelle al Cinghiale"; auch Pizza zu günstigen Preisen und ein hervorragender Hauswein. Innen sitzt man gemütlich in stilvoll schlichtem Ambiente. Einladende Terrasse mit schönem Panorama. Mittags und abends geöffnet, Mo nur abends. Via della Porta 12, ✆ 0565-983351.

Dorfmittelpunkt ist die Piazza Garibaldi, an der sich das örtliche **Café** sowie eine **Gelateria** befinden.

Die Buchten im Süden der Insel → Karte S. 106

Torre di San Giovanni

Oberhalb von Sant'Ilario und San Piero in Campo erhebt sich an der schmalen und steilen Straße zum Monte Perone und weiter nach Poggio die wohl imposanteste Turmruine der Insel. Der pisanische Wachturm aus dem 12. Jh. thront inmitten von Ginster und Dornengestrüpp auf einem kolossalen Felsblock. Der Turm, von dem sich ein großartiger Ausblick auf die Campo-Ebene und die Bucht bietet, ist nicht zugänglich, nahebei gibt es Picknickplätze im Schatten.

Etwas oberhalb des Turms führt ein schöner Spaziergang durch einen schattigen Kastanienwald zum **Romitorio di San Francesco Saverio** (16./17. Jh.). Malerisch liegt die Ruine der Einsiedelei zwischen Felsen. Auch wenn nicht mehr allzu viel von der Eremitage erhalten ist, lässt sich der Altarraum der kleinen Kirche noch erkennen.

▪ Wenn oberhalb des Turms die Straße die nächste Kehre beschreibt, führt rechter Hand ein Fußweg (Parkmöglichkeiten an der Straße) in den Wald hinein. Nach 500 m endet der Weg in einer Kehre, von dort führt ein Wanderweg links hinauf zur Ruine.

Ein Stück weiter die Straße bergan stößt man bald linker Hand auf die Kirchenruine **San Giovanni Battista** (12. Jh.). Grundmauern und Apsis des Gotteshauses sind noch erhalten, davor laden Tische und Bänke unter Schatten spendenden Bäumen zum Picknick ein. Der Wanderweg Nr. 124 führt an der Ruine vorbei.

Die schmale Straße weiter bergauf führt zum Monte Perone → S. 146.

Blick von San Piero auf Marina di Campo

La Torre di San Giovanni

Der Westen der Insel

Der landschaftlich eindrucksvollste und abwechslungsreichste Teil Elbas – hier dominiert der höchste Berg der Insel: karger Granit und eine schroffe Küstenlinie im Kontrast mit einigen wenigen fruchtbaren Tälern – und im Norden Esskastanienwälder.

Wandern um den Monte Capanne

Wanderpfade führen aus fast allen Richtungen auf den Monte Capanne – dessen Besteigung zweifelsfrei die größte und eindrucksvollste Herausforderung für Wanderer auf der Insel ist.

Die westliche Halbinsel wird durch die Ebene zwischen dem Golfo di Procchio im Norden und dem Golfo di Campo im Süden vom restlichen Elba getrennt, fast genau in der Mitte dieses Inselteils erhebt sich imposant der **Monte Capanne,** mit 1019 m der höchste Berg Elbas und des ganzen Toskanischen Archipels. Sein Massiv prägt das Landschaftsbild des Westens, die Hänge des nur wenig niedrigeren Vorgebirges fallen zum Süden und Südwesten hin steinig und unbewaldet ab, nur wenige schmale und fruchtbare Täler (wie z. B. bei Seccheto und Pomonte) unterbrechen die karge Bergwelt. Nördlich des Monte Capanne dagegen dichte Esskastanienwälder und Macchia, dazwischen die idyllischen Bergdörfer **Poggio** und **Marciana Alta,** beide eindrucksvoll am Fuß des alles überragenden höchsten Inselbergs gelegen. Die Gegend ist wasserreich, man zählt über 50 kleinere Quellen. Berühmt ist die Fonte Napoleone nahe dem Bergdorf Poggio, die den Elbanern noch immer als natürliches Trinkwasserreservoir dient. In den Wäldern um den Monte Capanne und den östlich benachbarten Monte Perone (630 m) gibt es neben zahlreichen kleineren Säugetieren auch Damwild und Wildschweine, an den Berghängen um Marciana Alta außerdem Mufflons (Wildschafe).

Auf keinen Fall entgehen lassen sollte man sich eine Rundfahrt auf der Panoramastraße entlang der Westküste – bei klarem Wetter reicht die Sicht bis hinüber nach Korsika, das sich in der Ferne aus dem Dunst erhebt. Die Straße führt ab Marina di Campo durch die Orte im Westen und über die Bergdörfer nach **Marciana Marina,** dem größten Ort im Westen Elbas. Die schroffe, felsige Südküste wird nur sel-

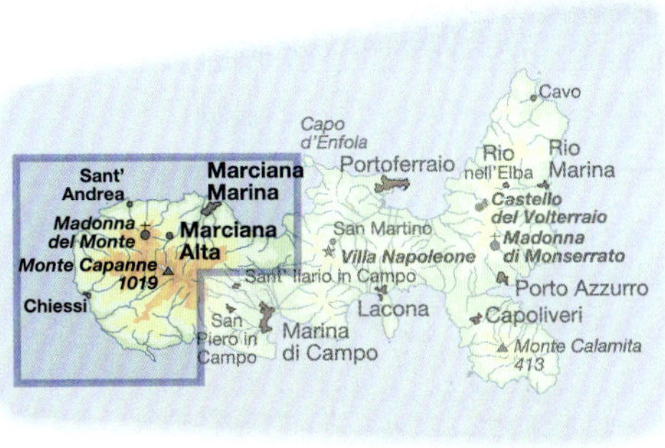

ten durch kleine Buchten unterbrochen, und neben den reinen Badeorten **Cavoli** und **Fetovaia** strahlen besonders die Dörfer **Seccheto, Pomonte und Chiessi** samt ihren kleinen Badebuchten einen besonderen Reiz aus. Eindrucksvoll liegt auch **Sant'Andrea** in einer kleinen Bucht an der Nordwestspitze der Insel.

Für Wanderer ist der Westen Elbas ein wahres Eldorado. Zahlreiche gut markierte Wege durchziehen das Gebiet. Bei Pomonte hat die G.T.E., die **Grande Traversata Elbana,** ihren Ausgangspunkt. Dieser Wanderweg führt über die Bergkämme der Insel bis nach Cavo im Nordosten und war zu Zeiten der Pirateneinfälle der einzige gangbare Verbindungsweg durch das Inselinnere.

Was anschauen?

Die Gassen von Marciana Alta: Unterhalb der trutzigen Pisanischen Festung lässt sich in einem kleinen Gewirr überaus idyllischer Gassen ein bildhübsches Dorf entdecken! → S. 139

Madonna del Monte: Eine Wallfahrtskirche in wunderbarer Abgeschiedenheit. Bei Marciana Alta. → S. 141

Was unternehmen?

Mit der Seilbahn auf den Monte Capanne: Zugegeben, man fühlt sich ein wenig seltsam, wenn man im etwas schaukeligen Stehkäfig den Berg hinaufzuckelt. Aber es ist die bequemste und auch eine sehr aussichtsreiche Art der Bergbezwingung. → S. 142

Wo wandern?

Auf den Monte Capanne: Der Höhepunkt des Wanderurlaubs auf Elba, im wahrsten Sinne des Wortes: Von Poggio aus geht es auf den mit 1019 m höchsten Inselberg hinauf. Spektakuläre Ausblicke geradezu unvermeidlich. **Wanderung 9 → S. 262**

Küstenwanderung von Marciana Marina nach Sant'Andrea: Einer der schönsten Trails der Insel. Von Marciana Marina zum bizarren Strand von Cotoncello. **Wanderung 10 → S. 264**

Wo baden?

Fetovaia: Traumstrand in Bilderbuchbucht, vielleicht der schönste Badespot im Westen. Kein „Geheimtipp". → S. 129

Sant'Andrea und Cotoncello: Ein Felsstrand mit teils bizarren Formationen und das türkisblaue Meer sind das Setting für einen unvergesslichen Badetag. Wem der Fels zu unbequem ist, der breitet sein Badetuch auf dem sandweichen Strand von Sant'Andrea aus. → S. 135

Wo essen?

Osteria del Noce: Hervorragende ligurisch-elbanische Küche in einer beliebten Osteria mit gemütlicher Terrasse in Marciana Alta. → S. 143

RendezVous da Marcello: Alteingesessenes, feines Fischrestaurant, direkt am Meer. In Marciana Marina. → S. 151

Was sonst noch?

Wasser abfüllen! Die Fonte Napoleone, Quell des inseleigenen Mineralwassers, liegt direkt an der Straße zwischen Marciana Alta und Poggio. Erfrischend kalt und kostenlos. → S. 146

Zum Wrack schnorcheln: An der Spiaggia del Relitto, dem „Wrack-Strand", finden sich Schnorchler und Taucher ein, die ein nahegelegenes, also: naheversunkenes Wrack anlockt. Am Strand von Pomonte. → S. 130

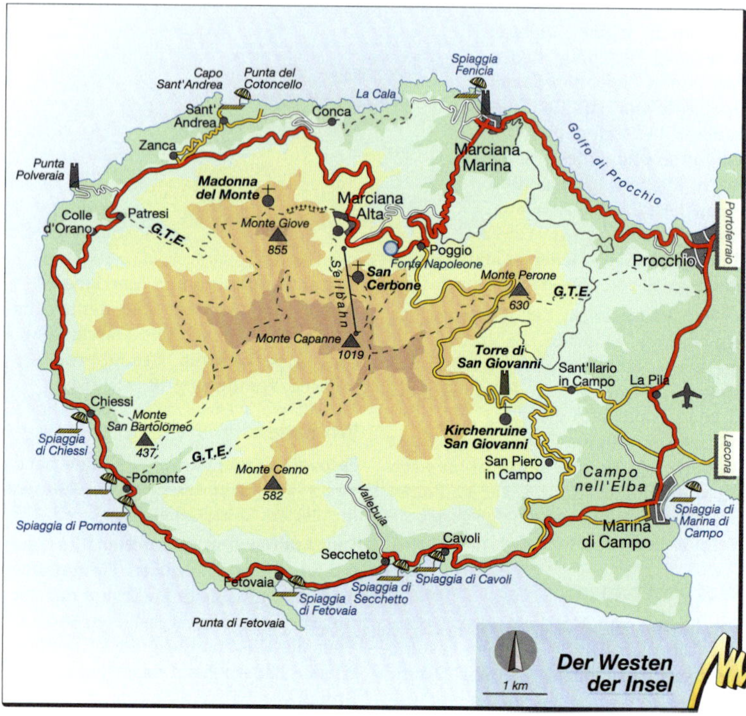

Cavoli

Cavoli ist kein Ort im eigentlichen Sinn, sondern vielmehr eine (kleine) Ansammlung von Hotels und Appartementanlagen, Privathäuser gibt es kaum, dafür aber Kioske, Bars, Tabacchi-Läden, diverse Verleiher etc. Die sehr schöne Bucht mit feinem Sandstrand und glasklarem Wasser ist auf beiden Seiten von glatten Felsen umschlossen. Etwa die Hälfte des ohnehin kleinen Strands ist für Hotelgäste reserviert. Im Sommer ist die traumhafte Bucht hoffnungslos überlaufen und es ist nahezu unmöglich, einen Parkplatz (→ unten) zu finden. Tipp: Oberhalb der Bucht kann man kostenlos auf zwei Parkplätzen an der Küstenstraße Richtung Seccheto parken und auf einem Fußweg hinunter zum Strand laufen. Generell ist es für den Erfolg bei der Parkplatzsuche ratsam, schon relativ früh am Vormittag (besser: relativ früh am Morgen!) zu kommen. Kajaks, Tretbootverleih und Umkleidekabinen, Sonnenschirm- und Liegestuhlverleih – trotz aller Enge lässt sich an dem sehr feinsandigen Beach sogar noch ein freier Strandabschnitt finden. Mit dem (Tret-)Boot ist man von hier schnell an der nahe gelegenen **Grotta Azzurra.** Neben den Hotelrestaurants findet man in Cavoli außerdem noch einige Snackbars und Restaurants. Im Winter ist der Ort dagegen ausgestorben.

Blick auf die Bucht von Cavoli

Der Westen der Insel → Karte S. 126

Verbindungen **Busse** (Linie 116) 9-mal tägl. zwischen Marina di Campo und Fetovaia/Marciana Alta (bzw. retour). Der Bus hält oben an der Straße, sagen Sie dem Fahrer Bescheid und erkundigen Sie sich über Rückfahrzeiten. Hinunter zum Strand ca. 10 Min. zu laufen.

Parken Neben den oben genannten und kostenlosen gibt es auf halber Strecke von der Küstenstraße hinunter zum Strand einen (schattigen!) Parkplatz, 2 €/Std. Am Strand mit Parkscheinautomat (8–20 Uhr) ebenfalls 2 €/Std. Für alle Parkplätze gilt: begrenzte Kapazitäten, kommen Sie möglichst früh!

Übernachten/Essen ***** Lorenza,** renoviertes Hotel direkt am Strand am Ende der Bucht, mit Sonnenterrasse und Restaurant mit sehr guter Fischküche (allerdings nur zum Mittagessen, kein Abendmenü) unter Schatten spendenden Bäumen. Auch Bar. Sieben modern, aber eher schlicht ausgestattete Zimmer, keine EZ. Außerdem sechs Appartements mit kleiner Küche für 2–4 Pers. Mit Parkplatz. Im Winter geschlossen Loc. Cavoli, 57034 Campo nell'Elba (LI), ✆ 338-9287986, lorenzahotel.it. **€€€**

B & B La Conchiglia, neben Lorenza, neun Zimmer, z. T. mit Balkon, ebenfalls renoviert und eher schlicht. Mitte April bis Mitte Okt. geöffnet. Loc. Cavoli, 57034 Marina di Campo (LI), ✆ 0565-987010, laconchigliacavoli.it. **€€–€€€**

Seccheto

Im Gegensatz zu Cavoli besitzt das nicht mal 2 km entfernte Seccheto noch echten Dorfcharakter: An der Piazza im Zentrum an der Durchgangsstraße herrscht Leben, man trifft sich zum Plausch, drum herum ein kleiner Supermarkt, die Bäckerei und ein paar Pizzerien/Osterien und Bars. Seccheto war früher ein wichtiger Verladehafen für Granit, das an den Hängen oberhalb des Orts abgebaut wurde.

Zum Ort gehört auch ein zwar recht kleiner, aber gepflegter **Sandstrand** mit Bar und Felsen ringsum. Allerdings sind die Bademöglichkeiten hier nicht überall ideal: So herrlich der sandige Strand selbst ist, so steinig (und glitschig) wird es an einigen Stellen im Wasser, was den Einstieg erheblich erschwert. Geht oder fährt man etwas weiter in westliche Richtung, findet man von der Straße den Weg hinunter zu einigen einsameren felsigen Plätzchen (Le Piscine).

Verbindungen/Parken Der **Bus** (Linie 116) auf der Strecke von Marina di Campo nach Fetovaia/Marciana Alta und retour hält 9-mal tägl. im Zentrum. Schattiger, gebührenpflichtiger Parkplatz im Zentrum an der Hauptstraße.

Übernachten/Essen ***** Da Italo,** freundliches Hotel mit überdachter Terrasse im Zentrum, 20 schlichte Zimmer, z. T. mit Balkon, ca. 30 m zum Strand, eigener Parkplatz, sehr freundlicher Service. Mitte Mai bis Ende Sept. geöffnet. Übers Dorf verteilt werden auch drei Appartements angeboten. Via Montecristo 10, Seccheto, 57034 Campo nell'Elba (LI), ✆ 0565-987012, hoteldaitalo.it. **€€–€€€**

**** Da Fine,** an der meerabgewandten Straßenseite am Hang, alle Zimmer mit Balkon/Terrasse. Ein freundlicher Familienbetrieb mit gutem Restaurant. Strandnäher, aber nicht unbedingt schöner ist die **Dependance da Fine,** ein motelähnlicher, zweigeschossiger Kasten, in dem die Gäste untergebracht werden, wenn das Stammhotel ausgebucht ist. Zimmer nicht mehr ganz neu, aber gepflegt, Halbpension 20 € pro Person und Tag. Anfang April bis Anfang Nov. geöffnet. Via Vallebuia 4, Loc. Seccheto, 57034 Campo nell'Elba (LI), ✆ 0565-987017 oder 335-7066716, hoteldafine.it. **€€–€€€**

Essen & Trinken Im Zentrum an der Durchgangsstraße befindet sich die **Osteria del Nonno** mit Pizza und Pasta, nicht teuer. Mittags und abends geöffnet, ✆ 0565-987145.

Das Vallebuia

Ein lohnender Abstecher ist das Vallebuia, eines der wenigen grünen Täler an der steinigen Westküste. Die teilweise sehr steile Straße führt von Seccheto aus zunächst bergauf ins „dunkle Tal", auf dem Weg sind einige Granitbrüche zu sehen. Im Vallebuia beginnt der Wanderweg Nr. 108 auf den Colle della Grottaccia (630 m). Vom Weg Nr. 108 geht es auch nach rechts ab zum riesigen Granitblock Pietra Murata (Wanderweg Richtung S. Piero in Campo), der in steilem Aufstieg zu erreichen ist. Wunderbare Aussicht. Hier in der Gegend sind noch die Überreste diverser Caprili (→ S. 195) zu sehen.

Einkaufen/Essen **Terre del Granito,** im versteckt gelegenen Laden der kleinen Kooperative gibt es unter dem Namen „Terre del Granito" verschiedene elbanische Weißweine und einige Rosé- und Rotweine zu kaufen, außerdem Aleatico und Passito (beides Dessertweine) sowie Honig, Olivenöl und sonstige kulinarische Mitbringsel, alles aus eigener Produktion. Ganzjährig geöffnet, im Sommer Mo–Sa 9–13 und 15/16–20 Uhr, So 10–12.30 Uhr, im Winter nur nach vorheriger Anmeldung. Im Ristorante **La Merenderia** mit Terrasse genießt man zur guten Küche (regionale Zutaten, teils aus eigener Produktion, hausgemachte Pasta, auch Fisch) natürlich am besten einen der hauseigenen Weine. Mitte Mai bis Mitte Sept. tägl. nur abends ab 20 Uhr geöffnet, unbedingt reservieren. Manchmal auch Livemusik. Von Seccheto aus beschildert (Vallebuia), 1,5 km vom Meer, einfach der Straße ins Vallebuia folgen (ca. 300 m hinter der Locanda dell'Amicizia). Via Vallebuia 1492 – Seccheto, 57034 Campo nell'Elba (LI), ✆ 0565-987035 oder 331-7400821.

Übernachten/Essen **** Locanda dell' Amicizia,** ein Tipp fürs kleinere Budget, sehr ruhig gelegen, mit netter Terrasse unter Palmen und empfehlenswertem, günstigem Ristorante (nur abends). Nomen est omen: die Besitzerfamilie ist wirklich überaus freundlich und hilfsbereit. Eher schlichte Zimmer mit Balkon oder Terrasse, manche auch mit kleinem Garten, teilweise Meerblick. 1,3 km von Seccheto im Vallebuia an der Straße (linke Seite) gelegen, kaum zu übersehen. Ganzjährig geöffnet. Ab April bis Ende Sept. ist Halbpension möglich (20 € pro Pers. und Tag). Hund erlaubt (12 €/Tag). Via Vallebuia, 57034 Seccheto (LI), ✆ 347-7892416 oder 331-2082169, locandadellamicizia.it. **€€**

Die Bucht von Fetovaia

Die Traumbucht der Westküste! Breiter Sandstrand, unverbaut, zur Westseite hin durch eine Landzunge geschützt.

In Küstennähe und im bewaldeten Hinterland vereinzelt Häuser, eine Hand voll Hotels und einige Strandbars, ziemlich teure Sonnenschirm- und Liegestuhlverleiher, ein kleiner Supermarkt – mehr nicht. Die Küste bei Fetovaia gilt als hervorragendes Tauchrevier. Der wunderschöne Strand ist in der Hochsaison überlaufen, Parken wird zum echten Problem. Die wenigen Parkplätze im Ort (teuer!) sind regelmäßig hoffnungslos überfüllt. Die meisten Badegäste parken entlang der Straße weit außerhalb des Ortes und nehmen einen kleinen oder auch größeren Fußmarsch in Kauf. Aber auch wenn man sich die Parkgebühren gespart hat, spätestens beim Liegestuhl wird man sich des noblen Pflasters Fetovaia wieder schmerzhaft bewusst: Mindestens 30 € kosten zwei Liegen mit Schirm in der Hochsaison am Tag. Der ganze Rummel hat es jedoch nicht geschafft, eine Caretta-caretta-Schildkröte davon abzuhalten, hier im weichen warmen Sand in einer Nacht im Juli 2023 ihre Eier abzulegen – geschlüpft sind Anfang September 80 kleine Schildkröten!

Verbindungen **Busse** (Linie 116) 8-mal tägl. nach Marina di Campo (und Portoferraio) und Pomonte, Haltestelle oben an der Straße.

Strandservice/Essen Im **Complesso Balneare „Pino Solitario"** gibt es alles: Liegestuhl- und Sonnenschirmverleih, Kabinen, Tretboote und Strandutensilien, Tabacchi und Zeitungen, Gelato, außerdem auch Bar und ein gutes Self-Service-Ristorantè, manchmal Livemusik, kurzum: ein Rundum-Versorger in Feto-

Fetovaia: die schönste Bucht an der Westküste

vaia. Hinter dem Strand (nicht zu übersehen), je nach Wetter ab Ostern bis Anfang Okt. ganztägig geöffnet. ✆ 0565-988037.

Fetovaia im August

Übernachten/Essen *** **Montemerlo,** eines der besten Hotels von Fetovaia, im oberen (ruhigen) Ortsteil gelegen, von der Hauptstraße beschildert, 300 m vom Strand, schöner Pool, Fahrradverleih. Seit Jahren mit „Ecolabel" für besondere Umweltfreundlichkeit ausgezeichnet. Die Zimmer mit Terrasse/Balkon sind in kleinen Natursteinbungalows untergebracht. Sehr freundlich. Parkplatz und E-Ladestation. Geöffnet Mitte April bis Anfang Okt. Loc. Fetovaia, 57034 Campo nell'Elba (LI), ✆ 0565-988051, hotelfetovaia.it. **€€€–€€€€**

*** **Lo Scirocco,** im „Zentrum", ca. 200 m vom Strand, gediegenes Ambiente, professionelle Leitung. Halbpension im nahe gelegenen Ristorante Canaletto (28 €/Pers.) möglich. Parkplatz. Mitte Mai bis Anfang Okt. geöffnet, im Sommer 3 Nächte Minimum. Loc. Fetovaia 84, 57034 Campo nell'Elba (LI), ✆ 0565-988033, hotellosciroccoisoladelba.it. **€€–€€€**

*** **Galli,** gegenüber dem Hotel Lo Scirocco im Ortszentrum, nette Atmosphäre, mit Spa/Wellness, Sauna, Hydromassage, Yoga, Kosmetik. Mitte Mai bis Anfang Okt. geöffnet. Es gibt auch Familienzimmer für 4 Pers., alle Zimmer mit Balkon/Terrasse, aber nur einige mit Meerblick. Parkplatz und E-Ladestation. Via Fetovaia 115, 57034 Campo nell'Elba (LI), ✆ 0565-988035, hotelgalli.it. **€€€**

*** **Anna,** freundlich eingerichtetes Hotel neben dem Montemerlo. Halbpension im Ristorante Canaletto gegenüber ist möglich. Parkplatz. Geöffnet April bis Sept. Via del Canaletto 215/c, Loc. Fetovaia, 57034 Campo nell'Elba (LI), ✆ 0565-988032, hotelannaisoladelba.it. **€€–€€€**

Pomonte

Hinter Fetovaia in Richtung Pomonte wird die Küste weniger steil und schroff, bleibt aber sehr kahl. Gleich mehrere kiesige, teils auch sandige Strände laden hier zum Baden ein: die **Spiaggia Le Tombe** gleich bei der Punta Le Tombe – ca. 1,5 km westlich von Fetovaia – oder die etwas westlich gelegene **Spiaggia Giardino.** Ausgeschilderte Fußwege zu beiden: Nr. 173 zu Le Tombe, Nr. 112 zu Il Giardino (für beide gilt: festes Schuhwerk tragen, parken oben an der Straße).

Ein erfreulicher Anblick an der kargen Westküste ist dann Pomonte am Rand des grünen Valle di Pomonte, einem der wenigen Täler an der Westküste. Pomonte war schon in der Antike bewohnt, sein Name geht zurück auf die römische Siedlung „Post montes", was so viel wie „hinter den Bergen" bedeutet.

Südlich vor dem Ort befindet sich die **Spiaggia del Relitto,** benannt nach dem Wrack (ital. *relitto*) des recht kleinen Handelsschiff „Elviscot", das hier 1972 keine 200 m vor der Küste auf einen Felsen lief und sank. Der Strand ist ein beliebtes Ziel für Schnorchler und Taucher, das Wrack liegt in gerade mal 15 m Tiefe. Über eine Brücke geht es vom Zentrum zum ziemlich grobkieseligen Strand mit Bar und Liegestuhlverleiher (einige gebührenpflichtige Parkplätze vorhanden). Noch ein Stück weiter erstreckt sich – ebenfalls in bester Schnorcheldistanz zum Schiffswrack – die **Spiaggia dell'Ogliera:** ein ruhiger, grauer Kiesstrand mit allerdings sehr steinigem Einstieg. Ein Fußweg führt vom winzigen Parkplatz (ca. 800 m vom Zentrum) hoch oben an der Küstenstraße hier hinunter. Der **Dorfstrand** von Pomonte selbst ist recht klein, mit grobem Kies, steinigem Einstieg und einige Felsplatten.

Im Ort finden sich eine Bäckerei, eine Metzgerei und ein kleiner Supermarkt. Wer auf den Bus warten muss, kann dies in einer der beiden Bars im Zentrum tun, beide mit schattiger Terrasse. Pomonte bietet sich aber auch als Ausgangspunkt für **Wanderungen** in das gleichnamige Tal und weiter auf den **Monte Capanne** an (ca. 4–5 Std., auf der G.T.E. ab östlichem Ortsrand, eine Variante führt über den Wanderweg Nr. 109), des Weiteren kann man entlang des **Monte San Bartolomeo** (437 m) zum Nachbardorf Chiessi wandern (→ S. 132).

Verbindungen Busse (Linie 116) 8-mal tägl. nach Fetovaia und Marina di Campo, 5-mal tägl. nach Marciana Alta, auf beiden Strecken kann man weiter nach Portoferraio fahren.

Übernachten/Essen * Sardi,** das rote Haus mit seiner begrünten Terrasse hat Atmosphäre. Gepflegtes Ambiente, die meisten Zimmer mit Balkon oder Terrasse, nur über die Straße zum Strand (sehr große Kiesel). Nur B & B, aber mit Snack-Bar (leichter Mittagstisch, Aperitivo). Mitte April bis Ende Okt. geöffnet. Via Maestrale 1, 57030 Pomonte (LI), ✆ 0565-906045, hotelsardi.it. **€€€**

An Elbas Westküste

Wanderung 7: An den Hängen des Monte San Bartolomeo

Von Pomonte um den Monte San Bartolomeo nach Chiessi – ca. 7 km, Gehzeit ca. 3 Std. → S. 258

*** **Corallo,** ruhige Lage im oberen Teil des Ortes (beschildert), nur 15 ansprechende Zimmer, viele mit Balkon. Hydromassage-Pool im Garten. Mit Hotelrestaurant. Das Hotel wurde 2023 für seinen Beitrag zum nachhaltigen Tourismus ausgezeichnet. Auch Appartements am Meer (elbavillamare.it). April bis Okt. geöffnet. Via del Passatoio 28, 57030 Pomonte (LI), ✆ 0565-906042, elbacorallo.it. **€€–€€€**

** **Hotel L'Ogliera** gleich neben dem Corallo (gleiche Zufahrt), ebenfalls mit Hotelrestaurant (→ unten), 15 renovierte Zimmer mit modernem Mobiliar, auch einige Appartements (2–4 Pers.), günstige Halbpension: ca. 15 € pro Person und Tag. Ganzjährig geöffnet. Via del Passatoio 26, 57030 Pomonte (LI), ✆ 0565-906012, hotelogliera.it. **€€–€€€**

Empfehlenswert ist das zughörige **Ristorante Ogliera** vorne an der Hauptstraße: kleine Terrasse zur Straße hin, große nach hinten mit Meerblick. Ganz hervorragender Fisch (Ombrina al Forno, 20 €) und ebenso köstliche Spaghetti L'Ogliera mit Meeresfrüchten (16 €). Freundlicher, aufmerksamer Service. Mittags und abends geöffnet. Via del Porto Vitale (Durchgangsstraße) auf der linken Seite. ✆ 0565-906012 oder 338-5038565.

Gelateria **L'Isola dei Golosi,** „sehr feine Gelateria/Pasticceria in Pomonte gleich beim Hauptplatz neben der Bar (Richtung Meer hinunter), Eis nach ‚Artigianale'. Besonders die Eissorten Fragola und Pistacchio werden nicht nur von Touristen geschätzt." ■ **Lesertipp**

Chiessi

Im westlichsten Ort der Insel ist vom Tourismus im großen Stil noch immer wenig zu bemerken. Chiessi ist sicherlich eines der schönsten Dörfer an der abgelegenen Westküste.

Wenn überhaupt irgendwo auf der Insel, dann kann man hier ganz im Westen noch einen einigermaßen günstigen Urlaub verbringen. Der **Kiesstrand** ist zwar bescheiden klein und steinig, doch lässt es sich hier und auf den flach abfallenden Felsen rundum unter aufgespanntem Sonnenschirm (selbst mitbringen) aushalten. Nette kleine **Bar** oberhalb. Im Hintergrund erhebt sich das stellenweise mit Macchia bewachsene, größtenteils aber kahle Gebirge des **Campo alle Serre.**

Typisch für die Gegend um Pomonte und Chiessi sind die angelegten **Terrassenfelder,** auf denen wie seit Jahrhunderten Wein angebaut wird.

Verbindungen **Busse** (Linie 116) 8-mal tägl. nach Pomonte, Fetovaia und Marina di Campo, 5-mal tägl. nach Marciana Alta (und weiter über Poggio nach Marciana Marina), auf beiden Strecken weiter nach Portoferraio.

Übernachten/Essen ** **Albergo Aurora,** freundliches Hotel an der Durchgangsstraße links, nur knapp 50 m vom Meer. Ende April bis Anfang Okt. geöffnet. Via dei Gerani 5, 57030 Chiessi (LI), ✆ 0565-906129, hotelauroraelba.it. **€€–€€€**

Pensione Annamaria B & B, etwas oberhalb der Kirche im Ort, eine nette, kleine Pension mit nur wenigen einladenden, modernen Zimmern, einige mit Balkon zum Meer. Geöffnet Mitte April bis Mitte Sept. Via della Chiesa 3, Chiessi, 57030 Marciana (LI), ✆ 0565-906032, pensioneannamaria.it. **€€**

Colle d'Orano und Patresi

Kurz nach dem beschaulichen Ort Chiessi nimmt die Straße in nördliche Richtung ihren spektakulärsten Verlauf hoch über der Küste. Hier und da finden sich kleine Parkbuchten, z. B. in der Kurve über der **Punta Nera,** von denen aus sich herrliche Ausblicke (und Fotomotive) auf die schroffe Küstenlinie, unzugängliche Buchten und das türkisblaue Meer eröffnen. Nach einigen Kilometern gelangt man schließlich in das kleine Straßendorf Colle d'Orano mit einem Hotel sowie einem Ristorante/Pizzeria am südlichen Ortseingang und einer kleinen Piazza an der Durchgangsstraße. Ein tiefer Küsteneinschnitt trennt Colle d'Orano von Patresi, in dem sich ebenfalls eine empfehlenswerte Unterkunft am südlichen Ortseingang findet. Durch den kleinen Ort und über enge Serpentinen geht es hinab zum kleinen Strand weit unterhalb von Patresi.

Baden

Von Patresi führt eine schmale, asphaltierte Straße (ca. 1 km) vorbei am Leuchtturm der **Punta Polveraia** in Serpentinen hinunter zum steinigen Strand des Ortes, der **Cala di Patresi.** Es gibt eine Beton-Badeplattform mit Einstieg (auch Anlegestelle), ansonsten ist der Strand nicht ideal zum Baden – grobe Kiesel, nur ganz am Rand ein

Im Hintergrund Korsika – traumhafter Weitblick an der Westküste

Stück Kiesbucht. Bar an der Plattform, im Sommer fährt der **Marebus** hier hinunter, ansonsten einige gebührenpflichtige Parkplätze an der Straße den Hang hinauf. Alles in allem badet man am Strand von Sant'Andrea deutlich besser!

Leser empfehlen dagegen einen weiteren Strand bei Patresi: „Zunächst die asphaltierte Straße zum Strand hinunter, auf halber Strecke nach rechts einem Hinweisschild zum Strand **Spiaggia della Polveraia** folgen. Nach einem fünfminütigen steilen Abstieg am Hang erreichen Sie eine kleine, ruhige und felsige Bucht. Gut zum Baden und Schnorcheln geeignet!"

Praktische Infos

Verbindungen **Busse** 8-mal tägl. von Zanca via Colle d'Orano und Patresi entlang der Westküste nach Marina di Campo, 5-mal tägl. nach Marciana Alta (und weiter über Poggio nach Marciana Marina), der Bus hält an der Hauptstraße (Linie 116). Der **Marebus** fährt zwischen Ende Juni und Anfang Sept. 8-mal tägl. von Patresi hinunter zum Meer und retour, 6-mal auch ab Colle d'Orano nach Patresi (und zum Strand), dann wieder hinauf und über Zanca hinunter zum Strand von Sant'Andrea (und retour). Tickets im Bus.

Übernachten ***** Villa Rita,** Ecohotel der italienischen Umweltorganisation Legambiente, am Ortsrand von Colle d'Orano gelegen, eine gepflegte Anlage mit **Restaurant** (zum Aperitivo und Abendessen geöffnet, mit Reservierung auch für Auswärtige) und Blick auf den herrlichen Sonnenuntergang. Kleiner Pool und Garten, fast alle der 16 freundlich hellen Zimmer mit Balkon/Terrasse und Meerblick. Zum Meer ist es knapp 1 km. Von Chiessi kommend, am Ortseingang von Colle d'Orano rechts oberhalb der Straße. Anfang April bis Anfang Nov. geöffnet. Haustiere sind hier willkommen. Radfahrerfreundlich, Parkplatz und E-Ladestation (Auto). In der Nebensaison deutlich günstiger. Loc. Colle d'Orano, 57030 Marciana (LI), ✆ 0565-908095 oder 334-5922988, villarita.it. **€€–€€€**

**** Belmare,** in Patresi an der Durchgangsstraße. Ristorante, Bar und Terrasse mit wunderbarem Sonnenuntergangspanorama. April bis Okt. geöffnet. Freundlich geführtes Hotel, Zimmer mit Terrasse/Balkon, Halbpension kostet je nach Saison 15–20 € pro Person und Tag. Hunde erlaubt. Ebenfalls fahrradfreundlich, es werden auch Wander- bzw. Fahrradtouren organisiert. Loc. Patresi, 57030 Marciana (LI), ✆ 0565-908067 oder 335-1803359, hotelbelmare.it. **€€–€€€**

Essen & Trinken In Colle d'Orano empfehlen uns Leser die **Pizzeria Bastia's:** „Wunderbarer Ausblick auf Korsika und ein traumhafter Sonnenuntergang. Und das Essen ist auch in Ordnung – Pizza und Fischgerichte zu annehmbaren Preisen (von den leckeren, selbst gemachten Dolci ganz zu schweigen ...)." ✆ 0565-908119. ■ **Lesertipp**

Zanca

Zanca, quasi der Vorort von Sant'Andrea, liegt hoch über dem Meer und wirkt überaus adrett, wenn auch eher verschlafen. Das „Zentrum" des hübschen Dorfes erstreckt sich um einen Balkon (auch Parkplatz) mit Blick auf Capraia. Hier gibt es auch ein Lebensmittelgeschäft.

Verbindungen **Busse** 5-mal tägl. nach Marciana Alta und weiter nach Marciana Marina sowie Portoferraio, in Gegenrichtung 8-mal tägl. die Westküste entlang nach Marina di Campo, der Bus hält an der Hauptstraße (Linie 116). Der **Marebus** fährt zwischen Ende Juni und Anfang Sept. 4-mal am Vormittag und 5-mal am Nachmittag/Abend von Zanca hinunter zum Strand von Sant'Andrea (und zurück), 2-mal am Tag auch nach Patresi und Colle d'Orano (und retour), Tickets im Bus.

Übernachten **B & B Da Angiolina,** in Zanca im Zentrum, kaum zu übersehen. Gepflegte Appartements für 3–6 Pers. mit Einbauküche, auch einige Doppelzimmer, Pool im Garten. Anfang Mai bis Ende Okt. geöffnet. In der Hochsaison nur wochenweise, in der Nebensaison deutlich günstiger. Via Santa Assunta 4, Loc. Zanca, 57030 Marciana (LI), ✆ 0565-908026, daangiolina.isoladelba.it. **€€**

Die hübsche Bucht von Sant'Andrea

Sant'Andrea

Der Ort an der Nordwestspitze der Insel liegt steil am Hang inmitten einer verschwenderischen Vegetation. In der Bucht ein etwa 150 m langer Sandstrand, in westlicher Richtung schließt – über Treppen und einen Pfad zu erreichen – ein traumhaft schöner Felsstrand am Capo Sant'Andrea an. Ebenso traumhaft der östlich gelegene Cotoncello-Strand – hier schimmert das Wasser türkisgrün.

Diese wunderschöne Ecke der Insel blieb natürlich nicht unentdeckt, und es haben sich neben einer guten Handvoll Hotels auch ein paar Bars und Restaurants etabliert. Dennoch, die Hotelsituation in Sant'Andrea ist eine besondere: Es sind fast ausschließlich kleine, persönlich geführte Familienunternehmen in meist bevorzugter Lage mit herrlicher Aussicht. Tourismus im großen Stil ist in dem kleinen Ort fremd, das Preisniveau allerdings auch entsprechend hoch.

Bevor in Sant'Andrea die Landwirtschaft nach und nach durch den Fremdenverkehr ersetzt wurde, lebten die Bewohner vom Obst- und Gemüseanbau, hauptsächlich aber vom Weinbau. 1956 wurde die Straße von Zanca hinunter zur Bucht gebaut, zur gleichen Zeit kamen auch die ersten Besucher aus Deutschland in den Ort.

Nett sind die Strandbars am Meer, besonders zum Aperitivo am frühen Abend. Während der Sommermonate Bootsverleiher, am eher schmalen Strand werden zudem Sonnenschirme und Liegestühle, Tretboote und Kajaks verliehen.

Der Papst, der Hund und das Auge des Betrachters

Zuerst war der Papst da, am schönsten findet er den Hund, aber im Prinzip hängt alles vom Auge des Betrachters ab bei **Nello Anselmi.** Schon vor vielen Jahren hat der pensionierte Hotelier und Sommelier aus Sant'Andrea die natürlichen Steinskulpturen der Insel entdeckt, später fotografiert und 1993 schließlich den vielleicht interessantesten Bildband über Elba veröffentlicht: **„Mostri di Pietra"** – die „Steinmonster von Elba". Anselmis Steinmonster nehmen ihre Gestalt erst durch das richtige Spiel von Licht und Schatten an, und natürlich ist auch der Blickwinkel von tragender Bedeutung, um die steingewordenen Ungeheuer überhaupt zu „entdecken". Ihm ist es gelungen, dort etwas zu sehen, wo ein anderer unbeeindruckt vorbeigehen würde. Tote Steine inmitten der kargen elbanischen Bergwelt – bisweilen sicher in bizarren Formen, aber doch keine Päpste, Hunde, Hasen, Mexikaner oder gar Feldherren, die der Elbaner über Jahre hinweg auf seinen Streifzügen durch die Insel ausfindig gemacht hat.

Anselmis Steinmonster: der Hase und der Hund

Dass es sich hierbei um sehr persönliche Impressionen handelt, die für Außenstehende oftmals kaum nachvollziehbar sind, daraus macht Nello Anselmi keinen Hehl. Es sind „Entdeckungsreisen für die Fantasie", zu denen er mit seinem Buch auch den Leser anregen will. Seine eigene fantastische Entdeckungsreise begann übrigens schon in Kindertagen, beim Spielen am Meer: Hier sah er erstmals den „steinernen Papst" mit seiner eindrucksvollen Tiara. Den Papst hat 1980 zwar eine Flutwelle weggespült, doch wer sich hauptsächlich im Westen der Insel auf die Suche begibt, begegnet sicher dem einen oder anderen Monster – vielleicht auch ohne Anleitung durch Anselmis Buch.

■ Den Bildband „Steinmonster von Elba" kann man für 15 € in den Infobüros (z. B. im Info-Büro des Nationalparks in Portoferraio, → S. 34) und im Hotel Cernia (→ „Übernachten") in Sant' Andrea kaufen, im Hotel selbst liegt das Buch auch zur Ansicht aus. Neben den Fotografien und dazugehörigen Erläuterungen findet sich im Anhang auch eine Inselkarte mit Wanderwegen, auf denen die einzelnen „Skulpturen" zu finden sind.

Im Sommer gibt es den **Marebus,** einen Shuttle-Service zwischen Colle d'Orano, Patresi, Zanca und Sant'Andrea. Überaus malerisch ist die **Spiaggia del Cotoncello** in der östlichen Ecke der Bucht: überwiegend Granitfelsen (als Badeplätze gut geeignet) in teilweise bizarrer Formation, über Stufen, kleine Brücken und mit ein paar einfachen Klettereinlagen gelangt man zu einem winzigen sandigen Abschnitt.

Verbindungen Leider keine direkte Verbindung hinunter nach Sant'Andrea, man nimmt den **Bus** (Linie 116) ab Portoferraio nach Fetovaia (6-mal tägl., Zwischenstopps in Procchio und Marciana Marina) oder von Marina di Campo nach Marciana Alta (8-mal tägl.), der Bus hält in Zanca an der Hauptstraße, hier umsteigen in den **Marebus** (die Verbindungen sind nicht immer abgestimmt), der Sie zum Strand hinunterbringt, zuletzt Ende Juni bis Anfang Sept. tägl. 4-mal am Vormittag und 5-mal am Nachmittag, Tickets im Bus. Nach 19.45 Uhr keine Busse mehr nach Portoferraio oder Marina di Campo!

Parken Ist ein echtes Problem in Sant'Andrea, zwar gibt es oberhalb des Strands einen relativ großen (Juni–Sept. gebührenpflichtigen) Parkplatz, doch ist der oft voll. Man sollte daher nicht zu spät kommen, andere Parkmöglichkeiten gibt es nicht.

Tauchen Gleich beim Strand von Sant'Andrea befindet sich auch das **Diving Center Il Careno.** März/April bis Anfang Nov. geöffnet, auch Kurse, ganztägige Exkursionen, u. a. auch nach Pianosa, sowie Schnorchelausflüge und -kurse. Piazza del Mare 12, Infos unter ✆ 348-9714995 oder 339-302977, ilcareno.com.

Übernachten ***** Cernia – Isola Botanica,** angenehme, persönliche Atmosphäre zum Wohlfühlen, 10.000 m² großer botanischer Garten bis zum Meer hinunter mit allerlei exotischem Grün und unbekannten Früchten. Terrasse, herrlicher Pool, Tennisplatz, gehobenes **Restaurant** (auch für Nicht-Hotelgäste, Reservierung erbeten). Im Sommer finden im Garten Konzerte, Kunstausstellungen und Vorträge statt, außerdem werden dort Führungen veranstaltet. Auch Einzel- und Familienzimmer. Hunde erlaubt, 15 €/Tag. An der Straße zur Bucht auf der rechten Seite gelegen. Geöffnet Mitte April bis Mitte Okt. Capo Sant'Andrea, 57030 Marciana (LI), ✆ 0565-908210, hotelcernia.it. **€€€–€€€€**

***** Hotel Sant'Andrea,** oberhalb der Bucht, umgeben von einem wunderschönen Garten (samt Restaurant-Terrasse mit herrlichem Blick), alles sehr gepflegt und freundlich geführt. Mit Parkplatz und E-Ladestation, Verleih von E-Bikes. Ende April bis Anfang/Mitte Okt. geöffnet. Zwischen Sant'Andrea und Zanca gelegen (die Via Nova hinab Richtung Sant'Andrea, dann links Richtung Zanca, beschildert). Loc. Sant'Andrea, 57030 Marciana (LI), ✆ 0565-908006, hotelsantandrea.com. **€€€**

***** Gallo Nero,** ebenfalls oberhalb der Bucht, inmitten üppiger Vegetation gelegen. Familiäre Atmosphäre, geschmackvolle Einrichtung, 29 einladende Zimmer, rustikal-eleganter Speisesaal, nierenförmiger Pool, Whirlpool und Tennisplatz. Halbpension möglich. Mitte April bis Anfang Okt. geöffnet. Via S. Gaetano 20, Loc. Sant'Andrea, 57030 Marciana (LI), ✆ 0565-908017 oder 335-7116152, hotelgallonero.it. **€€€–€€€€**

***** Da Giacomino,** östlich von Sant'Andrea, traumhafte Lage, Terrassen-Ristorante über dem Meer, netter Pool, schöner Garten, Tennisplatz, Wellness, Fußweg zum Strand von Cotoncello. Sehr ruhige Lage, 33 Zimmer, auch einige Appartements (casesantandrea.it). Anfahrt: Auf dem Weg hinunter nach Sant'Andrea rechts ab, dann links, beschildert. Halbpension obligatorisch. Hund erlaubt (10 €/Tag). April bis Mitte Okt. geöffnet. Capo S. Andrea, 57030 Marciana (LI), ✆ 0565-908010, hotelda giacomino.it. **€€€€**

***** Ilio,** bereits 1959 eröffnetes Hotel am Hang. Geschmackvoll ausgestattet und mit gepflegtem Garten, nur wenige Meter vom Meer entfernt, Bar (ganztägig geöffnet). Bereits 1989 hat man sich hier einer ökologisch verträglichen Hotelführung verschrieben. 20 komfortable, moderne Zimmer in verschiedenen Ausstattungen. Von der Straße zum Strand beschildert. Mai bis Anfang Okt. geöffnet. Via Sant' Andrea 5, Loc. Sant'Andrea, 57030 Marciana (LI), ✆ 0565-908018, hotelilio.com. **€€€–€€€€**

Villa dei Limoni – Affitacamere, B & B mit Terrasse und Garten, nette Anlage, etwas einfacher und günstiger, mit Bar. Von der Hauptstraße zum Strand hinunter geht es rechts ab (beschildert), die Villa dei Limoni befindet sich dann gleich auf der rechten Seite, kaum zu übersehen. Etwa 500 m vom Strand. Hunde erlaubt. Geöffnet Mitte April bis Mitte Okt. Loc. Sant'Andrea, 57030 Marciana (LI), ✆ 0565-908332, villadeilimoni.it. **€€**

Essen & Trinken Am Strand konkurrieren die alteingesessenen Bars **Il Gabbiano** und **Le Sirene** sowie die noch recht neue **Summer Bar** und das **Barsa Time Bistro,** ebenfalls jüngeren Datums, um Kundschaft – Snacks, Panini, Bruschette, Pizza, Salate und natürlich Aperitivo. Das Barsa Time Bistro ist auch Ristorante mit hübscher Holzterrasse zum Meer hin, mittlere Preise. Im Sommer für Abende (v. a. am Wochenende) besser reservieren: ✆ 0565-1930463.

Marciana Alta

Marciana Alta, auf 375 m Höhe in den üppigen Esskastanienwäldern der nördlichen Hänge des Monte Capanne gelegen, ist von rauer Schönheit. In dem Bergdorf mit seinen verwinkelten Gassen und kleinen Plätzen findet sich noch immer ein Stück ursprüngliches Elba fernab vom großen Rummel der Küstenorte.

Man betritt Marciana Alta durch die mittelalterliche **Porta di Lorena** und gelangt sogleich auf die Piazza Santa Caterina mit der gleichnamigen Kirche aus dem 16. Jh. Von hier führen unzählige Treppen und kleine Gässchen durch das Dorf nach oben, und auch der planloseste Spaziergang endet in der Regel an der Pisanischen Festung, die den Ort noch immer dominiert und Zeugnis von seiner früheren Bedeutung ablegt. Bei diesem Bummel stößt man auf die **Piazza del Cantone,** einen idyllischen Kirchplatz, oberhalb davon geht es zum kleinen **Museo Archeologico** (→ „Sehenswertes in und um Marciana Alta", S. 140) und schließlich zur kleinen **Chiesa San Francesco,** die von den Appiani, den Fürsten von Piombino, errichtet wurde.

Die große Geschichte Marcianas erscheint stets gegenwärtig in den engen Gassen, in denen immer wieder üppiges Grün und farbenfrohe Blumenpracht zu sehen sind. Daneben macht auch die einmalige Lage des Dorfs einen

Der Westen der Insel → Karte S. 126

In den malerischen Gassen von Marciana Alta

Besuch unbedingt lohnenswert. Marciana hat alles: die kargen und steil aufragenden Berge des Monte-Capanne-Massivs im Hintergrund, dichte und üppig grüne Wälder in der direkten Umgebung und schließlich den weiten Blick auf die nordwestelbanische Küste und das blaue Meer. Kaum verwunderlich also, dass das Dorf sorgfältig restauriert wurde und auf sein schmuckes Äußeres achtet, den Tagesgästen von der Küste soll schließlich auch etwas geboten werden. Die Gemeinde zählt insgesamt etwas über 2000 Einwohner, in Marciana selbst leben aber nur etwa 300, meist ältere Menschen. Der Rest verteilt sich auf die zugehörigen Ortschaften Poggio, Procchio, Sant'Andrea, Patresi, Chiessi und Pomonte. Übernachtungsmöglichkeiten gibt es im alten Marciana leider keine und auch die Anzahl an Restaurants ist begrenzt. Der Ort eignet sich allerdings hervorragend als Ausgangspunkt für **Wanderungen,** z. B. zur Wallfahrtskirche **Madonna del Monte** (→ S. 141) oder auf dem Wanderweg Nr. 1 zum **Monte Capanne** (Aufstieg ca. 2–2:30 Std., Ausgangspunkt ist die Porta di San Agabito, vom Dorf aus beschildert).

Marciana Alta ist eine der ältesten Siedlungen der Insel. Vermutlich an der Stelle einer älteren Befestigung gründeten die Römer hier 35 n. Chr. eine antike Stadt. Den heutigen Charakter Marcianas prägten aber die Pisaner, die hier im 11.–13. Jh. eine Residenz unterhielten, wichtigstes Zeugnis aus dieser Zeit ist die **Fortezza Pisana** aus dem 12. Jh. Die Appiani, das Fürstengeschlecht von Piombino und ab dem 14. Jh. Herrscher über den Westteil der Insel, richteten hier ihren Hauptsitz auf Elba ein, die Festung wurde 1450 um- und ausgebaut, unter den Appiani erhielt der Ort im 15. Jh. sogar das Privileg einer Münzpräge (La Zecca, → unten). Zu Zeiten der Pirateneinfälle auf der Insel war das schwer zugängliche Marciana in den Bergen für einige Zeit der wohl sicherste Ort auf Elba. 1553 half dann auch die geschützte Lage nicht mehr, Marciana wurde überfallen, geplündert und bald darauf verlassen.

Mit ihren Nachbarn im nur 3 km entfernten Poggio verband die Leute von Marciana übrigens von jeher ein wenig herzliches Verhältnis. Man stritt sich über alles Mögliche, sei es über die Abgrenzung der Fischfanggebiete oder um die Menge an Esskastanien, die auf dem jeweiligen Territorium des anderen gesammelt werden durften. Marciana pochte auf seine Rechte als ältere Siedlung und versuchte über die Jahrhunderte immer wieder, Poggio einzunehmen – was 1738 letztendlich auch geschah.

Sehenswertes in und um Marciana Alta

Pisanische Festung (Fortezza Pisana): Die viertürmige Anlage stammt aus dem 12. Jh. – den einstigen Glanz der Festung kann man auch aus den Ruinen noch herauslesen. Im Sommer finden im Innenhof manchmal Veranstaltungen und Konzerte statt. Zu sehen gibt es in der Fortezza Pisana nicht allzu viel, zuletzt wurde hier ein kleiner Mittelalter-Rundgang angeboten.

Vor der Festung befindet sich eine Aussichtsterrasse, von der sich ein schöner Blick auf den Ort und bis Marciana Marina und das Meer bietet. Die Festung ist auch über eine Fahrstraße zu erreichen, ab Zentrum Marciana beschildert.

▪ Mitte Juni bis Ende Okt. 10–13 und 15–17.30 Uhr, Do/So nur 10–13 Uhr, Di geschl. Eintritt 2 €, unter 14 J. frei, Kombiticket mit Museo Archeologico 3 € (+ Zecca 4 €).

Museo Archeologico: In dem chronologisch aufgebauten, vor einigen Jahren renovierten Museum werden in vier Räumen Funde aus der Steinzeit, Bronzezeit und Eisenzeit sowie (Schwerpunkt) von einigen römischen Schiffswracks gezeigt, die hier vor der Küste Elbas entdeckt wurden (z. B. 1967 vor Chiessi, um 1970 vor Procchio und erst 2002 vor dem Monte Calamita). Abgerundet wird die sehenswerte kleine Sammlung mit einem Exkurs zum elbanischen Granitabbau im Mittelalter. Erläuterungen leider nur auf Italienisch, an der Kasse wird ein Beiblatt mit einer Kurzbeschreibung auf Deutsch ausgehändigt.

▪ Gleich unterhalb der Festung Richtung Centro. Juni bis Okt. geöffnet, Öffnungszeiten wie Fortezza Pisana (→ oben). Eintritt 2 €, unter 14 J. frei, Kombiticket mit der Festung 3 € (+ Zecca 4 €). Via del Pretorio 66.

Auf dem Weg zur abgelegenen Wallfahrtskirche Madonna del Monte

La Zecca (Numismatische Ausstellung): Im Ort geht man die Via del Giardino ganz nach hinten durch, am Ortsrand weist ein gelbes Schild zur „Zecca", der „Münzpräge" von Marciana in der Casa Appiani, die einst den Fürsten von Piombino als Sommerresidenz diente. Im Granitgewölbe des alten Palazzos könnte sich – so vermuten es neuere Forschungen – ein etruskisches Grab befunden haben. Ob hier tatsächlich Münzen geprägt wurden, ist höchst zweifelhaft, dennoch hat man in zwei Räumen im kühlen Gewölbe eine kleine Münzausstellung eingerichtet, die allerdings nur speziell Interessierte mit Italienischkenntnissen (Erläuterungen nur auf Italienisch) begeistern dürfte. Toller Blick von hier auf den Monte Capanne.

▪ Juni bis Okt. geöffnet, Öffnungszeiten wie Fortezza/Arch. Museum (→ oben). Eintritt 2 €, Kombiticket 3 bzw. 4 €. Via del Giardino 65.

Wallfahrtskirche Madonna del Monte: Die Wallfahrtskirche aus dem 16. Jh. liegt in aller Abgeschiedenheit umgeben von uralten Esskastanienbäumen. Bereits im 15. Jh. haben hier Eremiten gelebt, Ende des 18. Jh. wurde die Kirche umgebaut und erhielt ihr heutiges Aussehen. Das Gotteshaus betritt man von der Rückseite, am Vorplatz befindet sich das **Teatro della Fontana,** das steinerne, von Brunnen gerahmte Halbrund aus dem 17. Jh. Das erfrischende Quellwasser sprudelt aus drei steinernen Löwenmäulern. Sehenswert im Inneren der schlichten Kirche sind die reiche Deckenausmalung und der Altar im antikisierten Stil. Es ist jedoch weniger die Kirche selbst als vielmehr der Aufstieg – zeitweise durch Esskastanienhaine, auf einem Kreuzweg mit 14 Wegkapellchen und die hübsche Lage, die den Spaziergang hier hinauf lohnen. Vor der Kirche laden unter schattigen Bäumen Holzbänke zum Picknicken ein. Geht man von der Kirche noch ein Stück weiter, eröffnet sich bald ein herrlicher Fernblick.

Der Westen der Insel → Karte S. 126

Familientreffen bei Madonna del Monte

Der Kaiser liebte diesen stillen Platz. Im August 1814 hielt sich Napoleon zwei Wochen lang hier auf, ließ den Blick wehmütig in die Ferne und bei klarer Sicht bis auf seine Heimatinsel Korsika schweifen und traf nebenbei – und unter strengster Geheimhaltung – seine Geliebte Maria Walewska, die polnische Gräfin, die bereits im Mai 1810 den gemeinsamen Sohn Alexandre Walewski zur Welt gebracht hatte. Das Treffen, bei dem Napoleon seinen Sohn das erste Mal zu Gesicht bekam, dauerte nur zwei Tage und war auch das letzte der Kleinfamilie. Alexandre, der illegitime Bonaparte-Spross, fand zwar im kaiserlichen Stammbaum keine Aufnahme, brachte es im Zweiten Kaiserreich aber immerhin bis zum französischen Außenminister.

Wallfahrten zur Madonna del Monte finden Anfang Mai und am 15. August statt, am 8. September wird hier zu Ehren der Geburt der Jungfrau Maria ebenfalls ein Pilgergottesdienst abgehalten.

Aufstieg: Von der Pisanischen Festung von Marciana aus gut beschildert, ca. 45 Min. auf einem gut begehbaren breiten Steinweg (Wanderweg Nr. 103, auf dem man von hier aus weiter zur Westküste nach Patresi, Chiessi oder Pomonte wandern kann).

Mit der Kabinenbahn zum Monte Capanne: „Cabinovia" ist hierfür ein eher irreführender Begriff, von der Talstation bei Marciana (800 m vom Ort an der Straße nach Poggio) geht es in Stehkäfigen steil aufwärts – möglichst nicht schaukeln! In etwa 18 Minuten überwindet die einzige Bergbahn der Insel 660 Höhenmeter. Die Aussicht wird mit jedem überwundenen Höhenmeter spektakulärer. Wenn man oben nach wenigen (gesicherten) Metern und ein paar Stufen den Gipfel erreicht hat, öffnet sich bei entsprechendem Wetter ein fantastischer Rundblick über Elba und die Inseln des Toskanischen Archipels.

Kostenloser Parkplatz an der Talstation. Der Bus von und nach Marciana Marina hält bei der Bergbahn.

Abfahrtszeiten/Preise: Anfang April (oder Ostern) bis Okt. tägl. Bergfahrt 10–17.30 Uhr, letzte Talfahrt 18 Uhr, ✆ 0565-901020. Ein eher teures Vergnügen: Die Fahrt auf den Gipfel und zurück kostet 20 €, einfache Fahrt 13 €, Kinder 4–10 J. zahlen 10 €.

Praktische Infos

Information Casa del Parco, ein Informationsbüro des Nationalparks befindet sich unter der großen Aussichtsterrasse bei der Pisanischen Festung (die Treppen runter). Mit **Ausstellung** zu Flora und (Meeres-)Fauna der Insel und des Nationalparks (vieles leider nur auf Italienisch). Die Signora in der Casa del Parco spricht Englisch und kann auch gute Wandertipps geben. April bis Anfang/Mitte Juni und im Okt. Mo 9.30–13 Uhr, Fr 15–18 Uhr (im Okt. auch 10–13 Uhr), Sa 10–13 und 15–18 Uhr, So 10.30–13 Uhr; Mitte Juni bis Ende Sept. Mo–Mi 9.30–13 Uhr, Mi auch 16–18 Uhr, Fr 15.30–19 Uhr, Sa 9.30–13 und 16–19 Uhr, So 10.30–

Wanderung 8: Rundwanderung bei Marciana Alta
Eine schöne Wanderung um das Bergdorf – ca. 7 km, Gehzeit ca. 3 Std. → S. 260

13 Uhr, Do geschl.; im Winter geschlossen. Infos unter ✆ 0565-901030 oder 348-7039374.

Verbindungen **Busse** (Linie 116) 5-mal tägl. über Pomonte und Fetovaia entlang der Westküste nach Marina di Campo und ebenfalls 5-mal tägl. über Poggio, Marciana Marina und Procchio nach Portoferraio (letzter Bus 19.45 Uhr). Im Juli/Aug. gibt es etwa stündlich einen **Pendelbus** („Navetta") zwischen Marciana Alta, Poggio, Seilbahn-Talstation und retour.

Parken In Marciana Alta ausnahmsweise mal kein Problem, unterhalb des Dorfs befindet sich ein großer, kostenloser Parkplatz, gratis parken kann man auch an der Pisanischen Festung und deren Zufahrtsstraße.

Einkaufen Marmeladen und Konfitüren aller Art (u. a. Kombinationen wie Limone mit Rosmarin, Birne und roter Pfeffer oder Pfirsich mit Aleatico) gibt es bei **Il Capepe,** das Glas um 6–7,50 €. Via del Pretorio 2 (gleich oberhalb der Piazza del Cantone). In der Saison tägl. geöffnet, im Sommer auch abends von 21–23.30 Uhr, ilcapepe.com. Ein schönes kulinarisches Souvenir!

Feste & Veranstaltungen Am 18. August findet hier das mittelalterliche Fest **Palio di Sant'Agabito** mit Umzug und großem Bankett in der Pisanischen Festung statt.

In der vorletzten Oktoberwoche begeht man hier und in Poggio eine Woche lang das **Kastanienfest** (Settimana delle Castagne).

Essen & Trinken **Osteria del Noce,** im Dorf bergauf Richtung Festung (rechts halten, beschildert). Gemütliche, kleine Terrasse mit herrlichem Blick, ligurisch-elbanische Küche, gute hausgemachte Pasta und Fischgerichte, relativ kleine Auswahl, wechselnde Tageskarte. Netter und unkomplizierter Service, familiäre Atmosphäre, mittleres Preisniveau (Antipasti/Primi 12–20 €, Secondi 14–22 €). Ende März bis Ende Sept. tägl. mittags 12–14.30 und abends ab 19 Uhr geöffnet, im Winter geschlossen, im Sommer für abends reservieren. Via della Madonna 14, ✆ 0565-901284. Von hier führt der Weg hinauf zur Wallfahrtskirche Madonna del Monte.

Bar Paninoteca Monilli, oben bei der Festung liegt diese einladende „Bar con piccola cucina", in der neben Panini, Schiaccine, üppigen kalten Platten (10–16 €) auch einige wenige Tagesgerichte zur Auswahl stehen. Mit Terrasse und Blick auf den Monte Capanne. Im Sommer ganztägig geöffnet, in der Nebensaison eingeschränkt. Via del Pretorio 64, ✆ 334-8859113.

Im Käfig geht es bequem den Monte Capanne hinauf (und auch wieder hinunter)

Birreria-Bar La Porta, bei der Porta di Lorena. Spezialität sind die riesigen belegten Bruschette, außerdem Salate und Panini, auch Süßes. Beachtlich ist die Auswahl an Bieren, darunter auch italienische wie das viel geschätzte Menabrea, natürlich auch elbanisches Bier (Birra dell'Elba) und das hauseigene Kastanienbier „La Marcianese". Wen das Heimweh plagt, der greift zu Franziskaner oder Beck's und für alle anderen gibt es auch noch leckere Smoothies. Tägl. von morgens bis spätnachts geöffnet, in der Nebensaison So geschl. Piazza Umberto I, ✆ 351-9198303.

Sapori d'Arte, an der wunderhübschen Piazza del Cantone sitzt man hier unter Schatten spendenden Bäumen, das Angebot reich vom Frühstück über den kleinen Mittagstisch bis hin zu Aperitivo mit Cicchetti und Cocktails. Im Sommer ganztägig geöffnet, Mi abends ab 19.30 Uhr Livemusik. Via Roma 1, ✆ 0565-1794806.

Bewährt gutes Eis gibt es bei **Zero Gradi** neben der Bar la Porta (ab 2,80 €).

Poggio

Wie das benachbarte Marciana ist auch Poggio von dichten Esskastanienwäldern umgeben. Das kleine Bergdorf, auf 350 m Höhe am Fuß des Monte Capanne gelegen, ist aber fast noch romantischer.

Einen Beitrag dazu leistet sicherlich die malerische **Piazza del Castagneto,** der terrassenartige Hauptplatz des Orts mit herrlichem Panoramablick auf Marciana Marina und das Capo d'Enfola in der Ferne. Hier sitzen die Bewohner von Poggio auf Plastikstühlen vor der Bar/Pizzeria La Dolce Vita, dem gemeinsamen Wohnzimmer. Zufriedene Katzen halten in den schattigen Ecken ihr Mittagsschläfchen und über allem herrscht die gelassene Stimmung eines abgeschiedenen Bergdörfchens. In Poggio lässt es sich aushalten, daran ändern auch die vielen Tagesbesucher nur wenig, die in den Sommermonaten Einzug in das idyllische Dorf halten. Unbedingt lohnend ist der Spaziergang die Treppen hinauf und durch die schmalen Gassen des alten Orts, z. B. zur nicht minder malerischen **Piazza Umberto I.**

Gegründet wurde der Ort etwa Anfang des 6. Jh. n. Chr., es gab aber vermutlich schon in römischer Zeit eine Siedlung mit dem sprechenden Namen Podium. Auch der seit dem 18. Jh. gültige Name Poggio bedeutet im Italienischen so viel wie Anhöhe, was anhand der exponierten Lage des Ortes logisch erscheint. Im 7. Jh. entstand hier, am höchsten Punkt, eine erste Befestigung. Seine typische, heute noch sichtbare mittelalterliche Ortsanlage erhielt das damalige Jovis (so hieß Poggio im Mittelalter) dann ab dem 11. Jh., als der Ort in den Herrschaftsbereich Pisas fiel. Damals glich er einer einzigen Festung, Einlass gewährte nur ein Stadttor, ansonsten war Jovis auf allen Seiten durch hohe Mauern und lückenlos aneinander gebaute Wohnhäuser uneinnehmbar gemacht worden. Auch die Pfarrkirche **San Nicolò**

Kompakt in der Draufsicht: Poggio

(13. Jh.) am höchsten Punkt von Poggio stammt aus der Zeit unter der Seerepublik Pisa, auch sie war als Schutzfestung konzipiert, wurde aber im Lauf der Jahrhunderte mehrfach umgebaut. Ihr Glockenturm stammt beispielsweise aus dem 18. Jh.

In den 1950er-Jahren machte sich Poggio bzw. **Poggio Terme** als Kurort einen Namen. Mildes Klima und die nahe gelegenen Quellen zogen Gäste an, die sich bei Gicht und Arthritis vom leicht radioaktiven Heilwasser Linderung versprachen.

Heute leben in Poggio im Winter nicht mal 250 Menschen, im Sommer sind es etwa 700. Das ruhige Bergdorf bietet sich hervorragend als Ziel für Erholungssuchende und Naturliebhaber an. Zahlreiche **Wanderwege** erschließen die Gegend um den Monte Capanne und den östlich gelegenen Monte Perone.

Oberhalb von Poggio finden sich noch die traditionellen Schutzhütten der Hirten

Verbindungen Poggio liegt auf der Strecke von/nach Marciana Alta. 8-mal tägl. fahren **Busse** (Linie 116) über Marciana Marina und Procchio nach Portoferraio, genauso oft nach Marciana Alta, dort umsteigen nach Marina di Campo und zu den Orten der Westküste. Im Juli/Aug. gibt es etwa stündlich einen **Pendelbus** („Navetta") zwischen Marciana Alta, Poggio, Seilbahn-Talstation und retour.

Feste & Veranstaltungen In der vorletzten Oktoberwoche begeht man hier und in Marciana Alta eine Woche lang das **Kastanienfest** (Settimana delle Castagne).

Essen & Trinken **Ristorante Publius,** bekanntes und traditionsreiches Feinschmeckerlokal (seit 1970) mit herrlichem Panoramablick von der Terrasse (auf Marciana Marina und das Meer) und stilvoll-rustikalem Ambiente. Leicht gehobenes Preisniveau (Antipasti/Primi 12–22 €, Secondi 20–28 €), mittags und abends geöffnet, Montagmittag geschlossen, für abends reservieren. Piazza del Castagneto 11, ✆ 0565-99208.

Trattoria Sciamadda, beliebtes und junges Lokal gleich bei der Piazza am Treppenaufgang. Kleine Terrasse, die meist bis auf den letzten Platz besetzt ist, aber auch innen ausreichend Platz (und sehenswerter Retro-Style). Freundliches Ambiente, nett und unprätentiös und dazu noch ausgesprochen günstig: die meisten Gerichte um die 10–12 €, eine Spezialität ist „Panzanella con tonnina", der toskanische Brotsalat mit Thunfisch (10 €). Auch Vegetarisches. Im Sommer tägl. mittags und abends geöffnet, im Winter geschl. Via del Carmine 2, ✆ 0565-909098.

Wanderung 9: Auf den Monte Capanne
Herausfordernde Gipfelbezwingung mit fast 700 m Höhenunterschied – ca. 6,5 km, Gehzeit ca. 3:30 Std. → S. 262

Der Westen der Insel → Karte S. 126

Sehenswertes in der Umgebung von Poggio

Fonte di Napoleone: Die Quelle liegt ungefähr 500 m außerhalb des Orts in Richtung Marciana auf der linken Seite. Das inseleigene Mineralwasser wird hier in Flaschen abgefüllt und findet dann den Weg in zahlreiche elbanische Restaurants. Recht unspektakulär sprudelt linker Hand ein kleiner Brunnen. Elbaner und Durchreisende stehen oftmals Schlange, um das Wasser am Straßenrand gleich literweise abzufüllen – gratis, kühl und gesund. Bis zu 6 Flaschen (oder 15 l) darf man für den Hausgebrauch abfüllen. Der Kaiser selbst soll das Heilwasser während seines Exils fast täglich getrunken haben, daher auch der Name der Quelle.

San Cerbone: Die Einsiedelei wurde im 6. Jh. gegründet und bot dem seinerzeit berühmten Bischof von Populonia mit Namen **Cerbone** Zuflucht vor den Langobarden (→ „Geschichte im Überblick“, ab S. 202). Im 15. Jh. wurde die Kapelle von den Appiani neu aufgebaut. San Cerbone liegt am Wanderweg Nr. 1, der von Marciana Alta zum Monte Capanne führt. Wer es bequemer mag: auf der Straße von Poggio kommend kurz vor dem Ortseingang von Marciana Alta steil links ab auf eine schmale Asphaltstraße, die dann oberhalb der Seilbahnstation entlangläuft. Das letzte Stück muss man zu Fuß gehen.

Monte Perone (630 m): Durch einen wunderschönen, lichten Pinienwald, dessen Boden dicht mit Farnen bewachsen ist, schlängelt sich die Straße (ab Poggio beschildert) hinauf zum weitläufigen Parkplatz am Monte Perone – ein beliebtes Ausflugsziel und schattige Sommerfrische. Tische und Bänke laden zum Picknicken ein, zwischen den Bäumen des bewaldeten Areals eröffnet sich ein schöner Blick auf die Bucht von Marina di Campo.

Verschiedene Wanderwege kreuzen sich am Parkplatz beim Monte Perone: Die G.T.E. führt in westliche Richtung hinauf zum Monte Capanne, folgt man diesem in entgegengesetzter Richtung, gelangt man hinunter an die Nordküste bis kurz vor Procchio (→ S. 152).

Tipp: Wenn Sie dem breiten Waldweg (G.T.E.) nur ein Stück in westliche Richtung steil den Berg hinauf folgen, erreichen Sie nach ca. 25 Minuten stetigen Aufstiegs (kurz nach der eingezäunten Antenne auf der rechten Seite) einen Aussichtspunkt, der herrliche Blicke auf fast die gesamte Insel freigibt: Der Monte Capanne ist zum Greifen nah, in entgegengesetzter Richtung überblickt man fast die gesamte Osthälfte der Insel, Marciana Marina und Marina di Campo liegen Ihnen beiderseits zu Füßen. Vor kurzem wurde hier auch ein Naturlehrpfad eingerichtet, entsprechende Schautafeln wurden aufgestellt. Von hier führt der anspruchsvolle Wanderweg Nr. 100 (nur für Geübte!) hinauf auf den Capanne. Die Strecke können aber auch Freizeitwanderer mit einem kleinen Umweg gut bewältigen: G.T.E., an der Kreuzung rechts ab (auf der G.T.E. bleibend), dann den anstrengenden, aber nicht gefährlichen Wanderweg Nr. 101 hinauf zum Gipfel.

Der Hafen von Marciana Marina

Marciana Marina

Eine gelungene Mischung aus traditionellem Hafenstädtchen und Touristenzentrum. Der lebhafte Ort mit seinen schönen Plätzen und dem geschlossenen Ortsbild hat trotz regen Zulaufs viel von seinem Charme bewahrt.

Knapp 1900 Menschen leben ganzjährig in Marciana Marina, im Sommer steigt die Zahl sprunghaft auf etwa das Doppelte an. Hauptattraktion im Zentrum ist die – von Häusern nahezu eingeschlossene – **Piazza Vittorio Emanuele** (Piazza della Chiesa) mit der abends illuminierten Pfarrkirche **Santa Chiara,** auf der im Sommer häufig Konzerte und andere Veranstaltungen stattfinden. Nicht minder reizvoll präsentiert sich die kleinere **Piazza della Vittoria** an der Uferpromenade mit ihren zahlreichen Cafés und Restaurants und dem winzig kleinen Park am Meer. Hier pulsiert das Leben von Marciana Marina, man trifft sich auf den Parkbänken, idyllisch der Blick aufs Meer und den kleinen Hafen. Östlich von der Hafenpiazza befindet sich das historische Viertel **Il Cotone** mit dem gleichnamigen großen Felsen – bevorzugter Platz für ein Sonnenbad –, dessen Einbuchtungen den Fischern früher als natürlicher Hafen dienten. Unbedingt sollte man die pittoreske Via del Cotone hinaufschlendern: Eine besonders nette, kleine Piazzetta mit Parkbänken und Blick auf den Ort lädt hier zum Bleiben ein. In westliche Richtung erstreckt sich von der Piazza della Vittoria eine etwa 1 km lange Uferpromenade mit vielen Bars, Restaurants und kleinen Läden bis zum geschützten Jacht- und Fischerhafen am Ende der Bucht. Er wird von der zylindrischen **Torre degli Appiani** überragt, die im 12. Jh. als Wachturm gegen die Sarazenen erbaut wurde und im 20. Jh. dem elbanischen Schriftsteller **Raffaello**

Brignetti als Wohnsitz diente. Nach ihm hat die Insel ihren Literaturpreis benannt, der alljährlich im Sommer in Portoferraio verliehen wird (premio letterarioelba.it).

Daneben schließt in westliche Richtung der **Strand La Fenicia** an: glasklares Wasser und große, glatte Kieselsteine, zwei Strandbäder mit Sonnenschirm- und Liegestuhlverleih, einem kleinen Pool und einer Bar für den Sundowner. Eine Badealternative findet man etwas westlich davon: ein befestigter Weg führt zu einem kleinen Strand mit Felsen. Nicht ganz so attraktiv, aber durchaus badetauglich, ist der schmale Strand entlang der Uferpromenade, wenngleich das Badevergnügen nur bis zur nächsten Mole reicht. Die Bademöglichkeiten östlich von Marciana Marina sind ebenfalls beschränkt, nur ein paar winzige Kies-/Felsbuchten, u. a. die **Spiaggia della Crocetta** und die **Spiaggia di Remonto,** die jedoch nur über steile Abstiege zu erreichen sind (beschildert).

Wer sich am 12. August in Marciana Marina aufhält, sollte auf keinen Fall die Feierlichkeiten zu Ehren der Ortspatronin Santa Chiara versäumen: ein farbenfrohes Fest mit großer Prozession und Feuerwerk. Der Ort glänzt im Festschmuck, entlang der Hafenmauer stehen Kerzen und mit Lampions beleuchtete Fischerboote fahren aufs Meer hinaus.

Marciana Marina eignet sich auch als „Basislager" für **Wandertouren** in die westelbanische Bergwelt, und die vielleicht reizvollste Küstenwanderung, die man auf Elba unternehmen kann, führt von hier nach Sant'Andrea. Die Busverbindungen von und nach Marciana Marina sind gut, es gibt ausreichend Unterkünfte der verschiedensten Kategorien und zahlreiche Restaurants für jeden Geschmack, darüber hinaus Bootsausflüge vom Hafen, eine Tauchschule und es werden auch Motorboote vermietet.

Geschichte

Am Anfang war der appianische Turm, La Torre degli Appiani, sonst nichts. Marciana Marina ist ein vergleichsweise junger Ort, bis ins 17. Jh. hinein standen hier nur wenige Hütten, die den Fischern aus Marciana Alta und Poggio als Unterschlupf dienten. Wegen der häufigen Pirateneinfälle zog man sich damals bevorzugt ins weniger zugängliche Bergland zurück. Als diese Gefahr im 17. Jh. gebannt war, entstand mit der kleinen Siedlung **Il Cotone** im Osten der Bucht ein erstes bescheidenes Fischerdorf. Marina di Marciana, der Hafen von Marciana Alta, entwickelte sich mehr und mehr zum bedeutenden Handelszentrum, das im 18. Jh. sogar die Hauptstadt Portoferraio in den Schatten stellte. Auch Marciana Alta geriet durch den aufstrebenden Im- und Exporthafen mehr und mehr ins Hintertreffen, zur Unabhängigkeit gelangte der Küstenort aber erst im Jahr 1884 und nannte sich fortan Marciana Marina. Neben dem Handel waren der Fischfang wie auch der Weinbau im 19. Jh. und in der ersten Hälfte des 20. Jh. die wichtigsten Einnahmequellen des Ortes. Der heute so geschützte Hafen wurde in dieser Form erst 1911 angelegt. Mittlerweile spielt der Fischfang in Marciana Marina keine große Rolle mehr, er wurde durch den Tourismus, der ab Mitte der 1950er-Jahre hier Einzug gehalten hat, als Hauptwirtschaftszweig abgelöst. Am Ortsrand hat das Unternehmen **Acqua dell'Elba** seinen Sitz, die Parfümmarke mit ihren zahlreichen Geschäften auf der ganzen Insel (und mittlerweile auch Filialen u. a. in Rom und Florenz).

Seit über zehn Jahren ist Marciana Marina auch Filmstar und dient als Schauplatz der Krimiserie „I delitti del BarLume" rund um Barista Massimo Viviani im fiktiven toskanischen Küstenort Pineta – mittlerweile sind schon über 20 Fälle gelöst worden.

Basis-Infos

Information **Pro Loco,** am Hafen bei der Torre Pisana, im Sommer tägl. 9–13 und 16–20 Uhr. Piazza Bernotti.

Verbindungen **Busse** (Linie 116) 8-mal tägl. über Poggio nach Marciana Alta und weiter nach Chiessi, Pomonte, Fetovaia und Cavoli; 5-mal tägl. über Procchio nach Portoferraio, in Procchio Umsteigemöglichkeit nach Marina di Campo.

Parken **Parkplätze** gibt es ausreichend am Rand des Zentrums, in der Regel gebührenfrei. Näher an der Strandpromenade parkt man für 1 €/Std. Die Strandpromenade wird ab 17 Uhr zur Fußgängerzone.

Auto- und Zweiradverleih Bei **Mazzei Bibi** in der Via XX Settembre 13 (bei der Piazza della Vittoria) auf der linken Seite. Kleinwagen ab ca. 50 € pro Tag, Scooter (für 2 Pers.) ca. 45 €, auch (E-)Mountainbikes. Ostern bis Mitte Okt. geöffnet. ✆ 0565-99447 oder 333-6147165 bzw. 338-7607389.

Bootsausflüge In der Hochsaison nachmittags (15.30 Uhr) mit dem **Glasbodenboot Nautilus** zur Westküste bis zum Pomonte-Schiffswrack, Dauer 2:15 Std., pro Pers. 20 €, Kinder unter 12 J. 10 €, Tickets an Bord, eine Tafel mit weiteren Informationen hängt aus, Abfahrt vom östlichen Steg des Hafens, kaum zu übersehen. ✆ 0565-976022 oder 328-7095470, aquavision.it. Ebenfalls mit Aquavision von Mitte Juni bis Mitte Sept. jeden Fr um 10 Uhr zur **Insel Capraia** (retour in Marciana Marina um 17.45 Uhr, 39 €, Kinder 4–12 J. 20 €).

Einkaufen Jeden Dienstag 8–13 Uhr **Markt.** Einen **CONAD** findet man in der Via Cerboni 4.

Elba di Gusto 8, Feinkost, elbanische Weine (und Biere) sowie Mittagstisch, hier finden Sie sicher ein kulinarisches Souvenir oder auch die Zutaten für das Abendessen (*pasta fresca,* hausgemachte Soßen usw.). Mo–Sa 9–19.30 Uhr, So geschl. (in der Nebensaison auch Mo). Via L. Lloyd 8.

Aqua dell'Elba, Läden des elbanischen Parfümherstellers gibt es an der Uferpromenade in Marciana Marina gleich mehrfach, kein Wunder, hier ist der Hauptsitz des Unternehmens. Vormittags 9–13 und ab ca. 17 Uhr bis spätabends geöffnet.

Motorbootverleih Mehrere Anbieter am Dorfstrand, u. a. bei **Isola d'Elba Rent Boat**

Baden in Marciana Marina: zwischen den Felsen oder im Strandbad

etwa gegenüber dem Hotel Marinella, ✆ 333-6863986, isoladelbarentboat.it. Vor allem in der Hochsaison kein billiges Vergnügen, im August sind die Boote oft Tage im Voraus ausgebucht!

Reisebüro Bei der **Agenzia Viaggi Brignetti** an der Uferpromenade kann man Fährtickets für alle Fähren nach Piombino kaufen, hauptsächlich werden hier aber Ferienappartements und -häuser vermietet. Scali Mazzini 13, ✆ 0565-904081, appartamentielbabrignetti.it.

Taxis In Marciana Marina unter ✆ 0565-99447, 338-7607389 oder 393-5739357 zu erreichen. Die Fahrt nach Portoferraio kostet ca. 40 €.

Veranstaltungen Alljährlich am 12. August begeht man in Marciana Marina das Fest der Ortspatronin **Santa Chiara** (→ oben).

Wassersport Die italienische Tauchschule **Elba Diving Center** vermietet auch Taucherausrüstungen und ist um Flaschenfüllungen besorgt. Tauchgang 50 €, ab zwei Tauchgängen wird es günstiger, Kurse in englischer Sprache, ganztägige Exkursionen u. a. nach Pianosa und Capraia. Ganzjährig geöffnet, nahe Hotel Yacht Club gelegen (hinter dem Friedhof). Viale Aldo Moro 42, 57033 Marciana Marina (LI), ✆ 339-7338902, elbadiving.it.

Übernachten

→ Karte S. 151

***** Yacht Club 2,** gut ausgestattete und zweckmäßige Zimmer, freundlicher und hilfsbereiter Service. In einer Seitengasse der Promenade (in Hafennähe beim Appiani-Turm). Gediegene Zimmer meist mit Balkon oder Terrasse. In der Hochsaison Mindestaufenthalt. Ostern bis Anfang Okt. geöffnet. Via Aldo Moro 46, 57033 Marciana Marina (LI), ✆ 0565-904422, hotelyachtclub.it. **€€€**

***** Marinella 3,** Bestlage am nicht allzu attraktiven Dorfstrand. Großer Swimmingpool, E-Bike-Verleih, beliebtes, feines Hotelrestaurant mit Kellnern der alten Schule, aber modernem Ambiente. Einige Zimmer mit Balkon. Halbpension 25 € pro Person und Tag. Anfang April bis Mitte Okt. geöffnet. Lungomare Regina Margherita 38, 57033 Marciana Marina (LI), ✆ 0565-99018, elbahotelmarinella.it. **€€€**

B & B Imperia 5, ganz zentrale, aber relativ ruhige Lage in einer Seitenstraße der Uferpromenade, eher einfach, renoviert und nicht teuer, 20 Zimmer, nur zum Teil mit Balkon. Auch 3-Bett- und 4-Bett-Zimmer – eine günstige Übernachtungsmöglichkeit. Mitte April bis Anfang Okt. geöffnet. Viale Principe Amedeo 12, 57033 Marciana Marina (LI), ✆ 0565-904026, hotelimperia.it. **€€–€€€**

Appartements Intur Residence 9, 1,5 km außerhalb von Marciana Marina an der Straße nach Procchio (beschildert). In schöner Lage am Hang, schattiger Garten, Stufen zum Meer hinunter, Badeplattform, Einstieg an der felsigen Küste über Badeleitern (oder das Sprungbrett), Sonnenterrasse mit Liegen/Schirmen und mehrere Plätze auf den Felsen, klitzekleiner Strand nebenan. Kajaks und SUPs vorhanden. Nur 15 eher einfache 1- bis 3-Zimmer-Appartements mit Terrasse/Balkon zum Meer. Ostern bis Mitte Okt. geöffnet. Ruhige Lage, im Juli/Aug. nur wochenweise zu mieten, außerhalb der Hochsaison fallen die Preise erheblich, dann ist auch eine kürzere Mietdauer möglich. Hunde erlaubt. Loc. Punta Schioppo 13, 57033 Marciana Marina (LI), ✆ 0565-99185, intur.it. **€€€**

Essen & Trinken

→ Karte S. 151

Capo Nord 1, am Appiani-Turm (Hafen), eine der ersten Adressen für Feinschmecker auf der Insel. Tolle Lage, Degustationsmenüs zu 70 € oder 90 €, es gibt auch eine vegetarische Variante für 50 €. Ende März bis Ende Okt. mittags und abends geöffnet, in der Nebensaison Mo geschl. Loc. La Fenicia, ✆ 0565-996983, ristorantecaponordelba.it. Zugehöriges Strandbad nebenan.

Vecchia Marina 10, „im Vecchia Marina sitzt man sehr schön auf der Terrasse am Platz, aber auch [...] bei schlechtem Wetter ausgesprochen angenehm und gemütlich innen. Das Wirtspaar [...] ist extrem aufmerksam. Sie lassen sich immer wieder etwas Neues für die Karte einfallen und kochen unverschnörkelt, ehrlich und mit ausgezeichneten Zutaten. Sie haben eigenes Olivenöl und bauen [...] eigenen Safran an, den sie auch für verschiedene Gerichte (z. B. großartiger Oktopus mit Safran-Kartoffelpüree!) verwenden. Außerdem gibt es hervorragende Holzofenpizza." Mittags und

abends geöffnet, Mo Ruhetag. Piazza Vittorio Emanuele 18, ✆ 0565-99405. ▪ **Lesertipp**

RendezVous da Marcello 4, ein Klassiker in Marciana Marina, seit vielen Jahren wird hier sehr gute Küche in leicht gehobener Preisklasse serviert. Gediegenes Publikum, freundliche Stimmung, sehr beliebt, nette Lage am Wasser. Wir probierten hier einen hervorragenden gegrillten Schwertfisch (23 €), einen tollen „Insalata di Pulpo caldo" (20 €) und sehr gute hausgemachte Gnocchi mit Pesto (14 €). Freundlicher, zuvorkommender Service. Reservierung für abends erbeten, mittags geht es (außer So) meist auch ohne. Mittags und abends geöffnet, in der Nebensaison Mi Ruhetag, im Winter geschl. Piazza della Vittoria 1, ✆ 0565-99251.

La Scaletta 7, sehr beliebtes Pizzeria-Ristorante, günstig (Pizza 6–12 €, Antipasti/Primi 8–17 €, Secondi 11–20 €). Flotter und freundlicher Service, der auch die Nerven behält, wenn es allabendlich proppenvoll wird und die Gäste Schlange stehen für einen Tisch. Seitengasse bei der Piazza Vittorio Emanuele. Im Sommer tägl. mittags und abends geöffnet. Via della Fossa 6, ✆ 0565-997071.

Zahlreiche weitere Restaurants und Cafés befinden sich am wunderschönen (und autofreien) Kirchenplatz Piazza Vittorio Emanuele hinter der Uferpromenade. Die Uferpromenade von Marciana Marina ist wie geschaffen für einen Aperitivo vor dem Essen und einen Digestivo bzw. Cocktail hinterher.

Gelateria La Svolta 6, sehr gutes Eis, teilweise auch ausgefallene Sorten: Apfel-Zimt, Kürbis-Mandel, Schokolade mit weißem Pfeffer usw., ab 2,50 €. An der Piazza della Vittoria (Via Cairoli 6).

Wanderung 10: Küstenwanderung von Marciana Marina nach Sant'Andrea

Abwechslungsreiche Wanderung entlang der Küste – 6 km, Gehzeit ca. 2:30–3 Std. → S. 264

Der Westen der Insel → Karte S. 126

Buchten zwischen Marciana Marina und Procchio

Großer Beliebtheit erfreuen sich die kleinen Badebuchten an der zerklüfteten Küste zwischen Marciana Marina und dem 6 km entfernten Procchio. Parkplätze findet man an der Straße (an Wochenenden der Hochsaison allerdings nur schwerlich), meist führen kleine Pfade hinunter zum Strand.

Redinoce: Knapp 3 km von Marciana Marina, ein Schild weist hinunter zum Strand, eine aufgeschüttete Sandfläche mit Sonnenschirm- und Liegestuhlverleih, Badesteg (ansonsten nicht ganz idealer Einstieg) und Bar.

Paolina: Die östliche Nachbarbucht von Redinoce, sehr malerisch ist hier die kleine **Isola della Paolina** vorgelagert. Ebenfalls beschildert, der Pfad führt von der Straße in Serpentinen und Stufen hinunter zum überaus einladenden kleinen Sandstrand mit netter Bar. Sonnenschirm- und Liegestuhlverleih, im Juli/Aug. fährt der **Marebus** 2-mal tägl. ab/bis Procchio.

Spartaia: Gut 1 km außerhalb von Procchio (beschildert, Straße zum Strand), ein wirklich wunderschöner, relativ kleiner Sandstrand, an dem es allerdings recht dicht gedrängt zugeht. Ein großer Teil des Strandes ist vom Hotel Désiree belegt, das Parken kann an Sommerwochenenden zum Problem werden – die Kapazitäten sind begrenzt. Mit Bar, Sonnenschirm-, Liegestuhl- und Tretbootverleih. Auch hier fährt im Juli/Aug. 2-mal tägl. der **Marebus** von und nach Procchio.

Procchio

Rote Ziegeldächer verstreut in einem grünen Tal, diverse Pauschalhotels, einige Pensionen und ein sehr schöner Sandstrand in der weiten Bucht des gleichnamigen Golfs – Procchio mit seinen knapp 450 Einwohnern ist ein gepflegter, aber relativ gesichtsloser Touristenort. Nach einer beschaulichen Dorfpiazza und dem damit verbundenen Flair sucht man hier vergebens, „Zentrum" des Dorfs ist die breite und autofreie Promenade zum Strand mit ihren Bars, Restaurants und Souvenirshops. Auch an der viel befahrenen Durchgangsstraße finden sich zahlreiche Cafébars, Läden und Pizzerien. Außerdem gibt es noch die moderne Ladenpassage „Il Salotto di Procchio" unter hölzernen Arkaden: Souvenirshops, Gelaterie, Cafés und ein Bancomat.

Eine schöne Kulisse im Hintergrund des Ortes bilden die auslaufenden Berghänge des Monte Capanne. Die Attraktion von Procchio ist der herrliche, ca. 1 km lange und bis zu 20 m breite **Sandstrand** mit Sonnenschirm- und Liegestuhlverleih, Anlegesteg, Umkleiden, Tretbootverleih sowie einigen Bars und Restaurants. Am linken Ende der Bucht befindet sich eine bizarre Felsformation – gut zum Schnorcheln. Etwas längeren Atem braucht man, wenn man zum gesunkenen römischen Handelsschiff tauchen will, das seit gut 1800 Jahren ca. 50 m vor der Küste liegt. Auf der rechten, also nordöstlichen Seite der Bucht verlängert sich der Strand und geht nahtlos in jenen des Ortsteils **Campo all'Aia** über – deutlich schmaler und zur **Bucht La Guardiola** hin auch stellenweise steinig, ein hölzerner Pfad führt am Strand entlang. Dafür ist es hier auch nicht ganz so voll mit nur einigen wenigen Stabilimenti.

Verbindungen **Busse** (Linie 116) 11-mal tägl. nach Portoferraio, 9-mal tägl. nach Marciana Marina und weiter nach Marciana Alta sowie 11-mal tägl. nach Marina di Campo, 9-mal tägl. (teils mit Umsteigen) nach Fetovaia (Westküste) und weiter nach Pomonte/Chiessi. Der **Marebus** fährt im Juli/Aug. 2-mal tägl. zu den Stränden Spartaia, Paolina und zum östlichen Strand sowie nach Campo all'Aia.

Parken Mehrere gebührenpflichtige **Parkplätze** im Zentrum, teils auch mit Parkscheibe (1–2 Std.), wer kostenlos parken will, muss ein gutes Stück zum Strand laufen. Einen großen, ebenfalls gebührenpflichtigen Parkplatz gleich hinter dem Strand findet man in der Via di Campo all'Aia (von Portoferraio kommend, nach dem Hotel La Perla del Golfo rechts ab und der Straße folgen).

Einkaufen/Markt Jeden Donnerstagvormittag macht der **Inselmarkt** auch in Procchio Station. Darüber hinaus gibt es von April bis November immer Di und Sa 8–13 Uhr den **Mercato della Terra e del Mare** mit regionalen Produkten der Insel (an der Durchgangsstraße).

Wassersport **Diving in Elba,** Exkursionen um Elba und nach Pianosa, auch Kinder-Tauchkurse und Apnoe-Tauchen sowie „Mermaiding"! Via del Mare 2, ✆ 347-3715788, divinginelba.com.

Elba Watersports, am Strand, Surfkurse, Jollen- und Katamaransegeln, SUP, Kajaks/Kanus, Motorboote (auch ohne Führerschein), ab 140 €/halber Tag. Mai bis Ende Sept., ✆ 366-2098908, elbawatersports.it.

Rent Malua, Motorbootverleih, ebenfalls am Strand, ✆ 333-2699287 oder 371-3750504, rentmalua.it.

Übernachten Hauptsächlich in (Pauschal-)Hotels der gehobenen Kategorie, allen voran das noble **Hotel del Golfo** (hoteldelgolfo.it) – die Preise nehmen es hier locker mit dem benachbarten Biodola auf – oder auch das schicke **La Perla del Golfo** (laperladelgolfo.it), wenngleich nicht direkt am Strand, sondern ein Stück oberhalb. Und auch sonst ist Procchio ein eher teures Pflaster, es gibt nur wenige (einigermaßen bezahlbare) Pensionen im Ort.

Camperstellplatz In Campo all'Aia befindet sich die **Area Camper „La Perla"** gleich hinter dem schönen Sandstrand mit dem Strandbad „Bagni La Perla" mit Ristorante/Pizzeria und Bar. Gepflegte Anlage mit Palmen, wenige Schritte zum Wasser, Tennisplatz nebenan, die jungen Bäume spenden noch nicht allzu viel

Am schönen Strand von Procchio

Schatten. Stellplatz inkl. 2 Pers. 35–46 €. Hunde erlaubt. Vergünstigte Liegen und Sonnenschirm am Strand. Ganzjährig geöffnet. Loc. Campo all'Aia, 57030 Procchio, ✆ 339-1725879 oder 338-2876231, elbaincamper.it.

Essen & Trinken Diverse Strandbars und Restaurants versorgen die Badegäste tagsüber mit Snacks, abends bieten sie neben der herrlichen Terrasse am Meer oft auch das volle Menü-Programm. Weitere Restaurants (z. T. auch gehoben) auf der Promenade zum und am Strand.

Ein Stück zu Fuß am Strand entlang ist es zur **Bar La Guardiola** des gleichnamigen Wassersportclubs, das fast schon am nordöstlichen Rand der weiten Bucht unweit der **Spiaggia della Guardiola** (zu der von hier ums Haus herum der Pfad weiterführt) liegt. Einfaches Häuschen am Strand, nur wenige Tische auf der Holzterrasse, fürs Mittagessen (Fischgerichte um 10–18 €) sollte man rechtzeitig kommen. Morgens schon zum Frühstück geöffnet, abends dann Aperitivo (kein Abendessen). Ende Mai bis Okt. tägl. 8–20 Uhr geöffnet, ✆ 339-6868338. Auch Verleih von Sonnenschirmen und Liegestühlen, SUP-Board, Kanus/Kajaks.

Die kleinen Inseln des Toskanischen Archipels

Gorgona, Capraia, Pianosa, Montecristo, Giglio und Giannutri – die kleineren Inseln des Toskanischen Archipels von Nord nach Süd. Sie alle gehören zum Meeresnationalpark des „Arcipelago Toscano".

Wer kennt sie nicht? Montecristo – die sagenumwobene Schatzinsel aus dem berühmten Roman von Alexandre Dumas. Heute ist die gesamte Insel ein ökologischer Schatz, der unter strengem Naturschutz steht.

Bekannt und touristisch attraktiv sind **Capraia** und vor allem das noble **Giglio,** das der Halbinsel Monte Argentario im Süden der Toskana vorgelagert und von dort in knapp einer Stunde mit der Fähre zu erreichen ist. Auf der völlig flachen Insel **Pianosa,** die am nächsten zur toskanischen Hauptinsel Elba liegt, wurde erst im Sommer 1998 die Strafanstalt geschlossen, seither ist Pianosa für eine festgelegte Zahl an Tagesausflüglern zugänglich. Auch **Gorgona,** die kleinste der toskanischen Inseln, war einst eine Gefängnisinsel und ist es – in moderner Form – noch. Allerdings öffnet sich auch Gorgona allmählich einem kontrollierten Tourismus, wodurch ein Besuch auf der Insel nach vorheriger Anmeldung möglich ist. Für **Montecristo** gelten noch rigidere Auflagen für Besucher, da die sagenumwobene Insel bereits seit 1971 vollständig unter strengstem Naturschutz steht. Bleibt **Giannutri:** Die südlichste Insel des Toskanischen Archipels – 150 km von der nördlichsten Insel Gorgona entfernt – kann problemlos und ohne Einschränkungen besucht werden.

Inselhopping

Die Fährverbindungen vom **Festland** zu den kleineren Inseln sind eher spärlich: Lediglich Giglio ist häufig mit dem Festland verbunden, genauer gesagt mit Porto Santo Stefano am Monte Argentario, von dort starten auch die Schiffe nach Giannutri, im Sommer mehrmals wöchentlich. Capraia wird mindestens einmal täglich von einem Linienschiff ab Livorno angesteuert. Ebenfalls in Livorno starten die geführten Ausflüge nach Gorgona, während

man Pianosa, das vornehmlich von Elba aus angefahren wird, im Sommer mindestens einmal wöchentlich auch von Piombino mit der Linienfähre der Toremar erreicht.

Der **Standort Elba** ist für eine Erkundung des Toskanischen Archipels – mit Ausnahme von Gorgona und Giannutri – im Zuge von Tagesausflügen bestens geeignet – das Angebot, mit privaten Ausflugsbooten einen Tag auf Pianosa, Capraia und Giglio zu verbringen, ist vorhanden. Verbindungen zwischen den kleinen toskanischen Inseln bestehen so gut wie keine, Übernachtungsmöglichkeiten finden sich lediglich auf Capraia und Giglio, ein kleines Hotel gibt es auch auf Pianosa, einige wenige Appartements ohne besondere touristische Infrastruktur auch auf Giannutri.

Die sieben Edelsteine der Venus

Schenkt man der Mythologie Glauben, stieg die tyrrhenische Venus, das römische Pendant zur griechischen Aphrodite, dort aus dem Meer, wo heute die toskanischen Inseln liegen. Beim Auftauchen soll sie sieben Edelsteine aus ihrem Diadem verloren haben – einen ziemlich großen und sechs kleinere. So entstand der Toskanische Archipel: der große Edelstein Elba und die etwas kleineren Gorgona, Capraia, Pianosa, Montecristo, Giglio und Giannutri.

Nationalpark Toskanischer Archipel

Vor langer Zeit waren die toskanischen Inseln einmal mit dichten Steineichenwäldern bestanden. Doch bereits die Etrusker benötigten das Holz als Brennstoff für ihre Eisenschmelzöfen. Nach und nach wurden die Inseln gerodet, an Stelle des Laubwalds trat eine anspruchslose Pflanzengesellschaft, die mediterrane Macchia, die heute für alle Inseln kennzeichnend ist. Dennoch haben sich besonders auf den kleineren Inseln auch endemische Pflanzen- und Tierarten erhalten können.

Seit Gründung des **Parco Nazionale dell'Arcipelago Toscano** (Nationalpark Toskanischer Archipel) im Jahr 1996 versucht man, die Artenvielfalt auf den Inseln und natürlich auch im Meer zu schützen und gleichzeitig den ohnehin eingeschränkten Tourismus (z. B. auf Gorgona und Pianosa) in geregelten Bahnen ablaufen zu lassen. Von den fast 75.000 Hektar des Nationalparks fallen über drei Viertel auf geschützte Meeresgebiete. Ökologisches Herz ist die Insel Montecristo, die unter strengstem Naturschutz steht – komplett und einschließlich des sie umgebenden Meeres. Hier lebt die Montecristo-Ziege, eine von zehn endemischen Arten des Nationalparks. Und auch die überaus seltene und stark bedrohte Mittelmeermönchsrobbe findet an den Küsten Montecristos und Capraias ein Refugium. Sichtungen der scheuen Tiere haben in den vergangenen Jahren zugenommen – die Naturschutzmaßnahmen im Archipel zeigen Wirkung.

Gorgona

Die kleinste und nördlichste der Inseln des Toskanischen Archipels beherbergt seit 1869 eine Strafanstalt und ist die letzte Gefängnisinsel in Europa. Seit einigen Jahren kann man sie im Rahmen von Ausflugsfahrten ab Livorno besuchen, das Kontingent ist aber auf hundert Personen täglich beschränkt.

Die nur 2,23 km² große, bergige Insel ist von steil abfallenden Felsen geprägt, die fast die gesamte Küstenlinie (ca. 5 km) umfassen. Die höchste Erhebung heißt **Punta Gorgona** (225 m). Administrativ gehört Gorgona zur 36 km entfernten Küstengemeinde Livorno, zur nächstgelegenen Insel Capraia sind es 40 km.

Wegen seiner lehm- und kalkhaltigen Böden hat Gorgona eine relativ reiche Vegetation: bewaldete Areale aus

Aleppokiefern und Steineichen, umgeben von Mittelmeer-Macchia, vereinzelt gedeihen auch Granatapfelbäume, Ulmen, Johannisbrotbäume und Maronen (Esskastanien). Endemisch ist der Meerlavendel von Gorgona (Limonium gorgonae), eine kleine violette Blume, die an der felsigen Küste wächst. In der **Cala Maestra,** der größten Bucht der Insel im Norden, nisten große Kolonien von Silbermöwen, über die Insel verteilt jagen verschiedene Raubvögel wie Bussarde und Wanderfalken. Von den Mittelmeermönchsrobben, die sich in der Antike in der **Cala Scirocco** (Südostspitze der Insel) in Scharen aufhielten, ist schon lange nichts mehr zu sehen.

Wie die anderen toskanischen Inseln auch stand Gorgona im Laufe seiner Geschichte unter der Herrschaft der Römer, Pisaner, Genuesen und der Appiani aus Piombino; bauliche Hinterlassenschaften sind die mediceische **Torre Nuova** an der Anlegestelle **Scalo** (an der Ostküste) und die pisanische **Torre Vecchia** aus dem 13. Jh. (oberhalb der **Cala dell'Acqua,** Westküste). Außerdem diente Gorgona lange als Rückzugsgebiet für Mönche, bereits aus dem 4. Jh. sind hier Einsiedeleien dokumentiert, und auch später suchten immer wieder Benediktiner und Kartäuser auf der Insel Zuflucht vor den Wirren ihrer Zeit.

Im einzigen kleinen Inseldorf oberhalb der Anlegestelle leben fast ausschließlich die Beschäftigten des bereits 1869 eingerichteten Staatsgefängnisses von Gorgona. Insgesamt zählt man auf Gorgona rund 160 Einwohner, knapp die Hälfte davon sind Häftlinge. Letztere können sich auf der Insel relativ frei bewegen und arbeiten im Rahmen eines Resozialisierungsprogramms vor allem in der Landwirtschaft. Dazu gehört auch ein 2 ha großer **Weinberg,** den die Gefängnisinsassen in Kooperation mit dem traditionsreichen und renommierten toskanischen Weingut

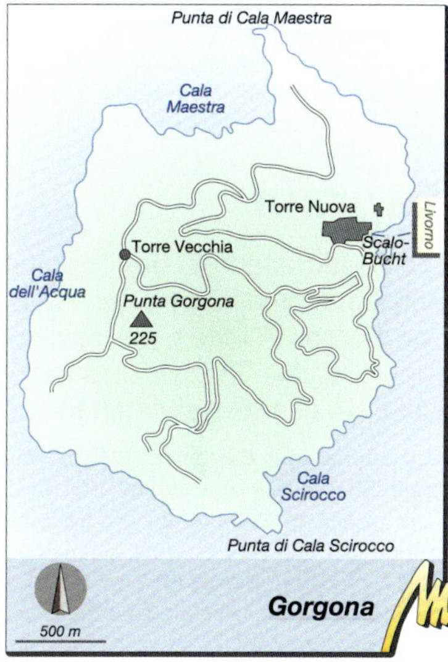

Frescobaldi bewirtschaften. Aus Vermentino- und Ansonica-Reben entsteht ein biologisch produzierter, hochgelobter und ziemlich teurer IGT-Weißwein, der den Inselnamen „Gorgona" trägt.

> Da die Insel zu etwa drei Vierteln zur Zone 1 der geschützten Gebiete des Nationalparks Toskanischer Archipel gehört, ist das **Anlegen für Privatboote verboten** bzw. ist ein Mindestabstand von 1000 m vorgeschrieben!

Ausflugsschiffe von Livorno Maximal 100 Pers. pro Tag dürfen die Insel besuchen. Das Ganze läuft ziemlich reglementiert ab: Handys, Foto- und Videokameras müssen bei Betreten abgeben werden, die Erkundung der Insel ist nur im Rahmen eines **geführten Rundgangs** (7 km Länge) möglich; er bringt die Besucher hinauf bis zur Torre Vecchia, dabei ist ein Anstieg von insgesamt 300 m zu überwinden. Gutes Schuhwerk muss man, ausreichend Wasser und Verpflegung sowie Sonnenschutz sollte man dabeihaben, Baden ist erlaubt. An der Anlegestelle gibt es eine Bar und Toiletten. Abfälle müssen wieder mitgenommen werden. Die Ausflüge finden nur bei ruhiger See statt. Anmeldung mind. zwei Wochen vorher, Fahrten zumeist am Wochenende, Abfahrt am Hafen

Die kleinen Inseln des Toskanischen Archipels → Karte S. 156

von Livorno Porto Mediceo/Molo Elba im Sommer morgens um 8.15 Uhr, im Winter 8.45 Uhr, man muss eine halbe Stunde vor Abfahrt am Hafen sein (Ausweis nicht vergessen!), retour ca. 17 Uhr. 45 € pro Pers., Kinder 4–12 J. 36 € inkl. Nationalparkgebühr. Infos und Anmeldung bei der Nationalpark-Info, ☏ 0565-908231, parcoarcipelago.info.

Capraia

Die westlichste Insel des Toskanischen Archipels hat schroff ins Meer abfallende Steilküsten, das Wasser ist kristallklar. Ihre Landschaft ist von herber Wildheit, im Inselinneren wächst überwiegend mediterrane Macchia. Einziger Inselort ist das recht idyllische Dorf Capraia Isola, ein paar Häuser stehen auch am kleinen Hafen.

Capraia hat eine Fläche von 19 km² mit einer Küstenlinie von 27 km. Die Insel liegt näher an Korsika als am italienischen Festland und ist eine eigenständige Gemeinde, die zur Provinz Livorno gehört. Zur französischen Nachbarinsel in Sichtweite sind es etwa 31 km, Livorno an der Etruskischen Riviera liegt gut 64 km entfernt.

Auf der Insel gibt es fast keine Strände, aber immerhin eine Tauchschule, einen Bootsverleih und vor allem reichlich Gelegenheit für ausgedehnte Spaziergänge oder Wanderungen durch die unberührte Landschaft. Im Hochsommer ist Capraia hoffnungslos ausgebucht, sodass es ohne vorherige Zimmerreservierung beim Tagesausflug per Ausflugsboot bleiben muss.

Wie Gorgona (→ S. 156) und Pianosa (→ S. 162) war Capraia gut 100 Jahre lang eine streng bewachte Gefängnisinsel. Als nach Schließung der Strafvollzugsanstalt 1986 die touristische Erschließung bevorstand, erklärte man Capraia umgehend zum Naturpark. Weite Teile der Insel stehen samt Küstenlinien unter strengem Schutz. Die Besucher finden hier eine italienische Variante des sanften Tourismus vor. Auch größere Bauvorhaben dürfen nicht mehr durchgeführt werden, und so platzen im Sommer die wenigen Unterkünfte aus allen Nähten. Der Fischerhafen ist während der Hochsaison dicht belegt mit Jachten aus Elba oder Korsika, und die ein- bis zweimal täglich anlegende Fähre aus Livorno bringt zusätzlich noch Tagesbesucher auf die Insel. Ganz anders präsentiert sich Capraia außerhalb der Saison: als stille, fast verlassene Insel mit nicht mal 400 Bewohnern.

Als einzige Insel des Toskanischen Archipels ist Capraia vulkanischen Ursprungs, entstanden durch die Eruption zweier Vulkane vor etwa 7,5 und 5 Millionen Jahren. Das Lava- und Tuffgestein wie auch die besonderen Felsformationen um den Vulkan Zenobito an der **Punta dello Zenobito**, der Südspitze der Insel, veranschaulicht das bis heute. Höchster Berg ist mit 445 m der **Monte Castello** im Norden der Insel. Die vulkanische Genese ist auch der Grund für die karge Inselvegetation, die im Wesentlichen aus Mittelmeer-Macchia (v. a. Zistrosen, Mastix, Baumheide, Erdbeerbaum und Myrte) besteht, endemisch sind u. a. die Capraia-Flockenblume und das Capraia-Löwenmaul. Die Luft beherrschen Silbermöwen, Korsische Möwen, Wanderfalken, Bussarde und andere Raubvögel, am Boden leben u. a. die endemische Capraia-Schnecke, wilde Kaninchen und – jüngst angesiedelt – eine kleine Population von Mufflons. Allem Anschein nach in die Küstengewässer der Insel (*Punta delle Cote* und südlich davon) zurückgekehrt ist die Mittelmeermönchsrobbe. Ursache könnten die schiffsverkehrsarmen Zeiten der

Die Insel Capraia

Pandemie gewesen sein. Annäherungen aller Art an die vom Aussterben bedrohten Tiere sind streng verboten.

Der einzige Ort der Insel, **Capraia Isola,** ist beschaulich. Überragt wird das Dorf von der **Festung San Giorgio,** die bereits im Mittelalter entstand und von den Genuesern Anfang des 16. Jh. ausgebaut wurde (weitgehend Privatbesitz und daher nicht zugänglich). Sehenswert ist auch die Pfarrkirche **San Nicola** aus dem Jahr 1759, die an der kleinen **Piazza Milano** liegt. Ansonsten herrscht in den Gassen des Dorfes Ruhe.

Die wenigen Häuser am kleinen Hafen beherbergen zumeist Läden, Bars und Restaurants. In Hafennähe befindet sich auch die kleine romanische **Chiesa dell'Assunta** aus dem 12. Jh., in der die Inselbewohner einst Zuflucht vor den Piraten suchten (ganztägig geöffnet). Zuletzt wurde die Mole am Hafen von Capraia vergrößert, damit die Toremar-Fähren auch bei stürmischer See hier anlegen können, was zuvor nicht möglich war. Direkt hinter der hellblauen Kaimauer befindet sich ein bescheidener Strand. Eine weitere Badestelle liegt unterhalb der Torre del Porto auf der anderen Seite der Bucht, ein Fußweg vom Dorf führt hinunter. An der dortigen **Spiaggia La Grotta** mit hölzerner Sonnenterrasse hat man einen abgegrenzten Schwimmerbereich eingerichtet, der Einstieg ist teils steinig.

Geschichte

In der Antike war Capraia eine wichtige Station auf den damals gängigen Handelsrouten. Die Insel diente Etruskern, Griechen und Römern als Zwischenhafen, z. T. entstanden auch kleine Ansiedlungen, von denen heute jedoch so gut wie nichts mehr zu sehen ist. Nach dem Untergang des Römischen Reichs kam es weitestgehend zur Entvölkerung der Insel. Im Mittelalter wurde Capraia von Mönchen und Einsiedlern als Refugium genutzt, später kamen dann Pisaner, Genueser und Appianer – und mit ihnen die Piraten. Um sich vor den drohenden Überfällen zu schützen, entstanden die heute noch sichtbaren historischen Bauwerke der Insel: die **Torre del Bagno** mit ihren mächtigen Außenmauern, die **Torre del Porto** und ganz im Süden der Insel die **Torre dello Zenobito.** Letztere wurde, wie auch die Torre del Porto, im Jahr 1516 vom genuesischen Bankhaus „Banco di San Giorgio" gebaut (unter dem auch die gleichnamige Festung umgebaut wurde) und ist mit einem Durchmesser von 20 m einer der imposantesten Militärbauten des Archipels. Hier, an der Südspitze der Insel, konnten bis zu 50 Soldaten untergebracht werden, es gab eine Zisterne und eine Kapelle zur religiösen Unterstützung der kleinen Armee.

Die kleinen Inseln des Toskanischen Archipels → Karte S. 156

Punta della Teglia
Livorno
Punta del Ferraione
Elba/Ausflugsboote
Porto
Spiaggia La Grotta
Monte Castello
455
Monte Le Penne
420
Capraia Isola
Laghetto
Monte Forcone
366
Monte Campanile
294
Monte Pontica
426
Abitazione
Casa Colombaia
410
Monte Arpagna
Torre dello Zenobito
Cala Rossa
Punta dello Zenobito
500 m
Capraia

Anfang des 17. Jh. entstand unweit des Orts ein Franziskanerkloster, das in den 1860er-Jahren in die besagte Strafanstalt umgewandelt wurde. Die nächste Wende in der Geschichte der Insel vollzog sich erst in jüngerer Vergangenheit (1986): Aus der Gefängnisinsel wurde eine Touristeninsel mit kontinuierlich steigenden Besucherzahlen. Man erhofft sich dadurch auch die Schaffung neuer Arbeitsplätze, um so die Abwanderung von Capraia zu stoppen. Viele der historischen Gebäude in Capraia Isola wurden sorgfältig renoviert und zeigen sich einladend und adrett hergerichtet. Touristische Neubauten sind auf der kargen Insel nicht vorgesehen. Seit 1996 gehören etwa 75 % der Insel dem **Nationalpark Toskanischer Archipel** an.

Wandern auf Capraia

Nicht immer optimale Markierungen und nur wenig ausgebaute Pfade gestalten die Wanderungen auf der Insel eher mühsam. Die Berge sind um die 400 m hoch, sodass einige anstrengende, z. T. auch schwierige Anstiege überwunden werden müssen. Nichts für völlig Ungeübte und Orientierungslose! Festes Schuhwerk und Trinkwasser sind unbedingt ratsam. Wer nur einen kleinen Spaziergang unternehmen will, kommt vom Dorf Capraia Isola nach ca. 10 Minuten zu einem Aussichtspunkt (bei der Festung rechts halten, dann den Helikopter-Landeplatz rechts liegen lassen und geradeaus, schon von Weitem sichtbar).

Praktische Infos

Information **Pro Loco/Casa del Parco („La Salata"),** nahe dem Hafen in der Via Assunzione 72. Während der Saison tägl. 9–13 Uhr und 15.30–19 Uhr geöffnet. Auch neues Umweltbildungszentrum und Ausstellung zu den Meeressäugern des Archipels. ✆ 347-7714601, prolococapraiaisola.it.

Fähre von Livorno Schiffe von Toremar steuern Capraia ganzjährig 1- bis 2-mal tägl. an, Fahrtdauer 2:45 Std., 25 €/Pers., Auto 46 €, Motorrad 27 €, Fahrrad 8 € (einfache Strecke, ein Auto ist auf der kleinen Insel aber absolut überflüssig!). Das Ganze ist an manchen Tagen auch als Tagesausflug möglich, wenn nämlich die Fähre erst am späten Nachmittag retour fährt. Toremar in Livorno: Via del Molo Mediceo 12 (am Porto Mediceo), ✆ 0586-896113. Am Porto Mediceo auch Parkmöglichkeiten. Toremar auf Capraia: Agentur in der Via Assunzione 18 (am Hafen), das Büro öffnet immer eine Stunde vor Abfahrt der Fähre, ✆ 0586-014345, toremar.it.

Ausflugsboot von Portoferraio (Elba) Von Elbas Hauptstadt geht es von Mitte Juni bis Mitte Sept. 1-mal wöchentlich (zuletzt immer freitags) nach Capraia, Fahrtzeit 2 Std. (→ „Portoferraio/Bootsausflüge", S. 36), die Boote halten auch in Marciana Marina (→ S. 149), einfach 20 €, hin und zurück 39 €, Kinder (4–12 J.) 10 € bzw. 20 €. Infos bei Aquavision, ✆ 0565-976022 oder ✆ 328-7095470, aquavision.it.

Inselbus Vom Hafen aus verkehrt ein **Pendelbus** hinauf zum Dorf zur Piazza Milano und retour. Tickets neben La Gambusa am Hafen.

Reiseagenturen **Agenzia Viaggi Parco,** Bootsverleih, Inselrundfahrten (auch zum Sonnenuntergang), Wassertaxi, auch Unterkünfte, Wanderkarten etc. Via Assunzione 42 (✆ 320-7616066), im Dorf oben in der Via Carlo Alberto 42, ✆ 0586-905071 oder 349-3033411, isoladicapraia.it.

Telefonieren Die **Vorwahl** für die ganze Insel lautet ✆ 0586 und muss auch vor Ort immer mitgewählt werden.

Erste Hilfe Es gibt auf der Insel eine Guardia Medica (medizinischer Bereitschaftsdienst), die in Notfällen unter ✆ 0586-905024 bzw. 335-7865151 zu erreichen ist.

Apotheke ✆ 0586-905035.

Carabinieri ✆ 0586-905036.

Hafenamt **Capitaneria di Porto,** ✆ 0586-905290.

Lebensmittelläden Minimarket im Dorf und am Hafen.

Post Via Umberto I 10, vormittags geöffnet.

Wassersport **Capraia Diving Club,** am Hafen. Ganzjährig geöffnet. Via Assunzione 100, 57032 Capraia Isola (LI), ✆ 0586-905137 oder 333-3172333, capraiadiving.it.

Übernachten Grundsätzlich liegen die Preise für Übernachtungen auf Capraia noch etwas höher als auf Elba. Frühzeitige Buchung ist wegen der wenigen Unterkünfte unerlässlich, besonders im Juli/August hat man sonst kaum eine Chance, ein Quartier zu finden. Zimmer/Appartements werden auch über die Agenzia Viaggi Parco (→ oben) vermittelt.

*** **Residence La Vela,** das Appartement-Hotel im stilvoll restaurierten Palazzo Renzi aus dem 19. Jh. liegt am Ortsrand gegenüber der Festung. Appartements für 2–6 Pers., in der Nebensaison deutlich günstiger. Außerhalb der Hochsaison auch tageweise Buchung möglich. Via Genova 46, 57032 Capraia Isola (LI), ✆ 0586-905098 oder 345-9748188, residencelavela.it. **€€**

Essen & Trinken **La Garitta,** feines Restaurant im ersten Stock in der Via Assunzione am Hafen, von den großen Fenstern Blick auf das Paese. Sehr gute Küche (auch frischer Fisch und Meeresfrüchte), darunter auch mal was anderes wie beispielsweise die „Carbonara di mare". Antipasti/Primi 12–18 €, Secondi 18–22 €. Schönes Ambiente, auch Terrasse. Mittags und abends geöffnet. Via Assunzione 11, ✆ 0586-905230.

Am Hafen weitere Restaurants, Bars und Snack-Bars.

Pianosa

Die merkwürdigste Insel des Archipels: völlig flaches Land, die höchste Erhebung misst gerade mal 29 m. Pianosa liegt nur 14 km von Elba entfernt und auch hier war – bis zum Sommer 1998 – ein Gefängnis untergebracht.

In „Spitzenzeiten" in den 1970er-Jahren lebten fast 2000 Menschen auf Pianosa, knapp die Hälfte davon saß in der 1858 eröffneten Haftanstalt ein. Heute hat die Insel nur noch fünf ständige Bewohner, die mit der Verwaltung des ehemaligen Gefängniskomplexes und dem Ausbau des touristischen Angebots beschäftig sind. Hinzu kommen regelmäßig einige junge Häftlinge aus dem Gefängnis von Porto Azzurro (Elba), die hier auf Pianosa an einem Resozialisierungsprogramm teilnehmen. Sie entsorgen die Altlasten der Gefängnisanlage und bauen auf den Feldern der ehemaligen Geflügelzucht *Il Pollaio* hauptsächlich Gemüse und ein wenig Obst an, das bei Abfahrt der Ausflugs-

Anfahrt auf Pianosa, die ehemalige Gefängnisinsel

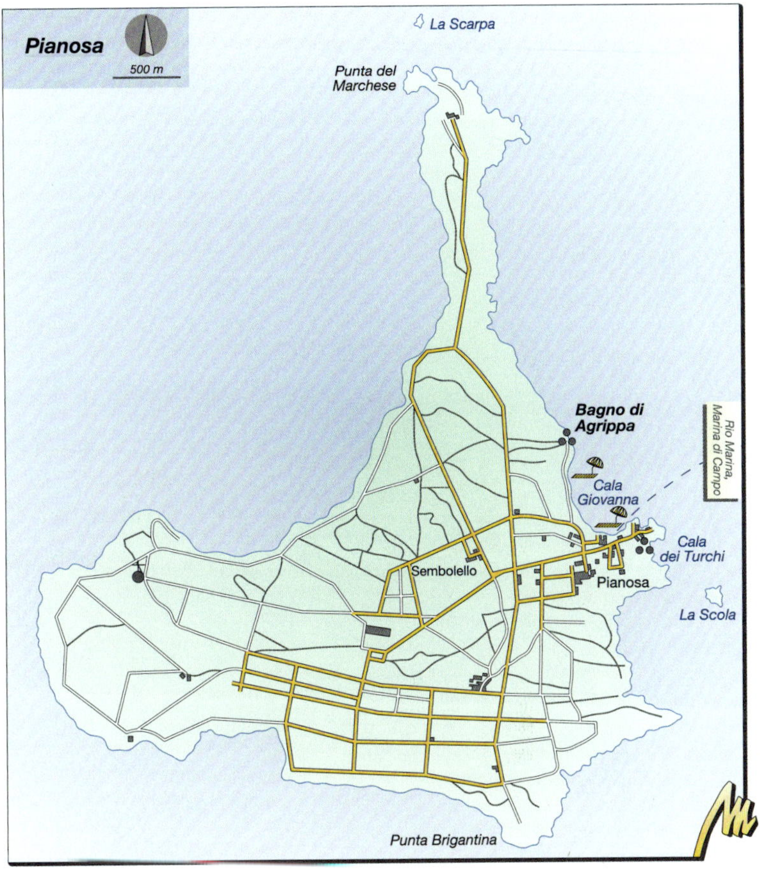

Die kleinen Inseln des Toskanischen Archipels → Karte S. 156

boote bzw. Fähre manchmal auch am Hafen zum Verkauf angeboten wird. Seit 2011 gibt es auf Pianosa sogar ein 13-Betten-Hotel – nicht luxuriös, aber jüngst renoviert.

Die 10 km² große Insel mit einer Küstenlänge von 26 km ist Teil des **Nationalparks Toskanischer Archipel,** weswegen der Besuch der Insel Beschränkungen unterliegt. Zugvögel wie der Wiedehopf oder der Bienenfresser kommen hier vor, aber auch der seltene Gelbschnabel-Sturmtaucher und der Mittelmeer-Sturmtaucher. Auch die Unterwasserwelt von Pianosa birgt eine erstaunliche und schützenswerte Vielfalt, Tauchen ist hier nur mit Genehmigung erlaubt. Die Anzahl der täglichen Besucher ist begrenzt, weite Teile der Insel sind nur im Zuge geführter Touren zu besichtigen. Angeboten werden Trekking-, Mountainbike- und in der Hochsaison auch Kajaktouren, Ortsrundgänge sowie Führungen durch das Museum und/oder die Katakomben. Ohne organisierte Tour müssen die Pianosa-Gäste im Ort und am Strand bleiben, frei zugänglich für alle sind jedoch die Reste der römischen Villa **Bagno di Agrippa.**

Hundert Bauern für Napoleons Kornkammer

Napoleon hat Pianosa quasi annektiert. Die Insel gehörte zwar schon seit 1802 offiziell zu Frankreich, dass auf das brachliegende Eiland aber niemand ernsthafte Herrschaftsansprüche anmeldete, merkte der Kaiser ohne Kaiserreich ziemlich schnell. Nach einer gründlichen Inspektion Pianosas versetzte Napoleon eiligst hundert seiner Soldaten hierher und fing an, die Kultivierung der Insel in die Wege zu leiten. Mit einem genuesischen Geschäftsmann schloss man Verträge, die vorsahen, dass alle landwirtschaftlichen Erzeugnisse der Insel – geplant waren Getreideanbau und Rinderzucht – exklusiv an Elba weiterverkauft werden sollten. Die Aufsicht über die Inselwirtschaft wurde dem eigens dafür eingesetzten pianosischen Gouverneur Gottmann aus dem Elsass übergeben und Napoleons Stab machte sich nun daran, hundert elbanische Bauern anzuwerben, die die Insel zu landwirtschaftlicher Blüte führen sollten. Aber Bonapartes Rechnung ging nicht auf: Trotz der in Aussicht gestellten Steuerfreiheit fand sich kaum jemand, der Elba verlassen und das karge Pianosa kultivieren wollte. Zudem zeigte Gottmann nicht allzu großes Geschick im Inselmanagement und die hochtrabenden Pläne wurden mit Napoleons Rückkehr nach Frankreich 1815 genauso schnell wieder begraben, wie sie entstanden waren.

Geschichte

Unter den Griechen hieß die Insel **Planasia,** die Römer machten dann daraus **Pianasia** und bauten hier Tempel und Thermen. Agrippa Postumus, ein Enkel von Kaiser Augustus, wurde auf die Insel verbannt und später hier ermordet, jedoch nicht ohne vorher eine Villa errichtet zu haben, deren Überreste allerdings äußerst spärlich ausfallen. Mit dem Untergang des Römischen Reichs verschwanden auch die Bewohner von der Insel. Besiedelt wurde Pianosa wieder im frühen Christentum, als hier – einmal abgesehen von Rom – eine der wichtigsten Katakombenanlagen der damaligen Zeit entstand. Wie auch die anderen Inseln des Toskanischen Archipels war Pianosa im Mittelalter ein Rückzugsort für Einsiedler. Die Pisaner und Genuesen lieferten sich hier später heftige Kämpfe, bei denen die gesamte Inselbevölkerung verschleppt wurde. Erst unter den Appiani (von Piombino) fand eine erneute Besiedlung statt, bis Pianosa 1553 vom gefürchteten Piraten **Dragut** verwüstet wurde. In den folgenden Jahrhunderten blieb die kleine Insel unbewohnt, bis 1814 **Napoleon,** der sich inzwischen auf die Nachbarinsel Elba im Exil befand, seinen Ersatzstaat vergrößern wollte und sich für Pianosa zu interessieren begann.

Bedeutung erlangte Pianosa erst wieder in den 1850er-Jahren mit der Einrichtung einer „landwirtschaftlichen Strafkolonie", der *Colonia penale agricola della Pianosa*. Deren Insassen sollten die Kultivierung der Insel vorantreiben, also das zuwege bringen, woran Napoleon gescheitert war (→ Kasten oben). Zu Zeiten Mussolinis waren auf Pianosa zahlreiche politische Gefangene inhaftiert, deren prominentester war der Sozialist und spätere italienische

Staatspräsident *Sandro Pertini* (1896–1990). In den 1970er-Jahren wurde Pianosa zum Hochsicherheitsgefängnis ausgebaut. Aus dieser Zeit stammt auch die mächtige Betonmauer namens *Muro Dalla Chiesa*, die noch heute das Dorf und die Cala Giovanna vom Rest der Insel trennt. Zunächst saßen dort Terroristen der Roten Brigaden ein, später (nach den Morden an den Richtern *Giovanni Falcone* und *Paolo Borsellino* im Jahr 1992) waren es Mafia-Straftäter. Im Zuge der Mafia-Inhaftierungen war die Insel hermetisch abgeriegelt, in den umliegenden Gewässern galten strenge Überflug- und Schifffahrtsverbote. Der Ausnahmezustand währte bis 1997, als der letzte Mafia-Häftling an ein Festlandsgefängnis überführt wurde, ein Jahr später wurde die Haftanstalt offiziell geschlossen.

Die Casa dell'Agronomo ist heute ein Museum

Heute setzt man auf Pianosa, das seit 1996 komplett dem Schutzgebiet des Nationalparks Toskanischer Archipel zugewiesen ist, ganz auf den Tagestourismus. Einen größeren touristischen Ausbau lassen die Bestimmungen für die Schutzzone, der Pianosa angehört, nicht zu.

Sehenswertes

Das „Inseldorf", das zum großen Teil erst nach Einrichtung des Gefängnisses vor über 150 Jahren entstand, ist vollständig von einer hohen Betonmauer umgeben. Jenseits dieser Mauer, also über den gesamten Rest der Insel, erstreckte sich die Gefängnisanlage. Diesseits lebten die Wärter und ihre Familien in dem kleinen Hafenort mit Festung, Post und Carabinieri, Ristorante, Kirche und Piazza. Heute strahlt der Ort ein wenig das Flair einer Geisterstadt aus.

Eindruck hinterlässt vor allem der kleine **alte Hafen** unterhalb des Kaps **Promontorio della Teglia,** auf dem sich in der Antike wahrscheinlich eine Befestigung befand. Heute thront hier ein zinnenbekrönter Palazzo, der allerdings schon länger leer steht und wie viele andere Häuser der Insel auch zusehends verfällt. Von der Terrasse (mit Obelisk) daneben hat man einen schönen Blick auf die **Cala dei Turchi,** die Felsformation **Il Marzocco** und das Inselchen **La Scola.** Am Hafen sind noch bescheidene römische Überreste zu sehen, z. T. auch unter Wasser.

Das prachtvollste Gebäude des Dorfes ist die 1871–1881 erbaute und erst jüngst renovierte **Casa dell'Agronomo.** Sie war so etwas wie die Zentrale der landwirtschaftlichen Strafkolonie, die auch als Selbstversorgergemeinschaft konzipiert war und neben dem Obst- und Gemüsebau auch Viehzucht betrieb (der Hühnerhof *Pollaio* mit an die 3000 Stück Federvieh soll einst der größte Europas gewesen sein). Heute befindet sich hier das überaus sehenswerte **Museo dell'Agronomo.** Es informiert anschaulich über die Geschichte Pianosas (besonders die der Haftanstalt) und widmet sich der Flora und Fauna von Insel, Küste und Meer, ein eigener Raum ist der Vogelwelt Pianosas gewidmet. Vom ersten Stock die hintere hölzerne Treppe hinunter kann man eindrucksvoll in die Unterwasserwelt Pianosas eintauchen.

■ Das Museum ist in den Sommermonaten (wenn auch die Ausflugsfahrten ab Marina di Campo stattfinden) tägl. 11–16 Uhr geöffnet. Eintritt 5 €. Alle Infotafeln auch auf Englisch.

Sitz des Gefängnisdirektors war der Palazzo del Direttore, heute das Albergo Milena. Hier geschah auch der einzige je dokumentierte Mord auf der Insel: ein Eifersuchtsdrama zwischen dem Gefängnisdirektor und einem seiner Mitarbeiter, die beide in dieselbe Frau verliebt waren. Gleich nebenan ist die wirklich interessante **Ausstellung „Pianosa com'era"** („Pianosa, wie es war") zu sehen: Jede Menge historische Fotos dokumentieren das Leben auf der Insel in den vergangenen rund 130 Jahren.

■ „Pianosa com'era" ist in den Sommermonaten tägl. 10.30–17 Uhr geöffnet (13–14 Uhr Mittagspause). Eintritt frei, eine Spende wird erbeten. Erläuterungen leider nur auf Italienisch.

Vom Palazzo del Direttore sind es nur wenige Meter Richtung Hafen zu den christlichen **Katakomben** aus dem 3./4. Jh., die erst im Jahr 2000 wiederentdeckt wurden. Sie sind die einzigen des Archipels und die größten nördlich von Rom. Zugänglich sind 110 m des Labyrinths, in dem etwa 700 Menschen bestattet wurden. Früher waren die Katakomben ausschließlich vom Meer aus durch eine Öffnung im Felsen zu erreichen, die nur Eingeweihten bekannt war. Zwischenzeitlich diente der unterirdische Friedhof wegen seines kühlen Klimas auch als Weinkeller, Lager und sogar als Müllhalde.

■ Die Katakomben sind im Sommer tägl. um 16 Uhr mit Führung zugänglich (Dauer ca. 20–30 Min.). Eintritt 5 €, ermäßigt 3 €. Info in der Casa dell'Agronomo (→ oben).

Der äußere **Gefängnishof** kann besichtigt werden. Dort findet sich eine Kirche aus dem 16. Jh., die zwar restauriert, aber dennoch meist geschlossen ist. Eine Gedenktafel erinnert an die im Gefängnis inhaftierten Widerstandskämpfer gegen den Faschismus, darunter auch der spätere italienische Staatspräsident Sandro Pertini. Im Sommer geöffnet und frei zugänglich ist die **Cantina,** der Weinkeller der Insel (Zugang vom Restaurant aus): In dem langgestreckten Gebäude von 1879 wurde in riesigen Fässern der Ertrag von 60 ha Weinbergen gekeltert. Das angrenzende **Museo delle Scienze** (Geologie/Archäologie) war zuletzt geschlossen.

Frei zugänglich ist auch das **Bagno di Agrippa** am Nordende der Badebucht Cala Giovanna vor der mächtigen modernen Gefängnismauer. Ein 15-minütiger Fußmarsch führt vom „Zentrum" beim Ristorante hierher. Erwarten sollte man nicht zu viel, denn die Villa ist überdacht und eingezäunt, die überschaubaren Reste sind von einer Terrasse aus einsehbar.

Baden

Wer nicht im Rahmen einer Tour unterwegs ist, sollte sich die Zeit bis zur Rückfahrt mit einem Bad im unglaublich klaren Meer am schmalen Sandstrand der nördlich vom Hafen gelegenen Bucht **Cala Giovanna** vertreiben. Durch die fast 150 Jahre andauernde völlige Abgeschiedenheit hat sich eine unverfälschte Küstenlandschaft erhalten, überall schimmert das Wasser türkisgrün (was am kalkhaltigen Untergrund liegt) und ist so klar, dass man mühelos bis auf den Meeresboden schauen kann – toll auch zum Schnorcheln. An landschaftlichen Reizen im Inselinneren hat Pianosa kaum etwas zu bieten – plattes Land, das jahrzehntelang intensiv bewirtschaftet wurde, zurückgeblieben ist eine eher armselige Vegetation. Mit Ausnahme der Küstenlinie: Hier hat man zum Schutz gegen Wind und Wetter einen dicken Streifen Macchia stehen lassen.

Die kleinen Inseln des Toskanischen Archipels → Karte S. 156

Paradiesischer Strand auf der Gefängnisinsel

Praktische Infos

Information **Casa del Parco,** mitten im Zentrum, nicht zu übersehen. Mit kleiner Ausstellung, Bookshop usw. Nur im Sommer tägl. 11–16.30 Uhr geöffnet. Sollte die Casa geschlossen sein, befindet sich die Insel-Info im Museo dell'Agronomo (→ oben), hier auch Näheres zu den Exkursionen.

Ausflugsschiffe von Marina di Campo Mit Aquavision geht es von April Okt. täglich vom Südwesten Elbas nach Pianosa, Abfahrt 10 Uhr, Fahrtdauer 45 Min., hin und zurück pro Pers. 39 €, Kinder 4–12 Jahre 20 €. Infos und Tickets in der Bude am Parkplatz in Marina di Campo, Piazza dei Granatieri 203, im Sommer vor- und nachmittags geöffnet (mit Mittagspause), ✆ 0565-976022 oder 328-7095470, aquavision.it. An Bord können bereits diverse Exkursionen gebucht werden (→ unten).

Toremar-Fähre von Rio Marina Die Fähren starten immer Di ab Piombino, in Rio Marina (Elba) kann man um 9.20 Uhr zusteigen (an Pianosa 11.10 Uhr), Rückfahrt ab Pianosa um 14.10 Uhr (an Rio Marina 16 Uhr). Pro Pers. hin und zurück 32 €. Für die Hochsaison wird empfohlen, das Ticket schon vorher bei der Toremar-Agentur in Rio Marina zu kaufen. Calata Voltoni 20, ✆ 0565-962073, toremar.it.

Die Zahl der Besucher ist auf 340 am Tag beschränkt. Auch wenn das Kontingent vielleicht nicht immer ausgeschöpft wird, sollte man in der Hochsaison das Ticket einige Tage vorher bei den Agenturen in Rio Marina (→ S. 70, Toremar) oder Marina di Campo (→ S. 117, Aquavision) kaufen bzw. reservieren. Auf Pianosa wird eine **Nationalparkgebühr** von 6 € pro Pers. (im Juli/August 8 €) erhoben, Kinder unter 12 Jahre sind davon ausgenommen. Mit dem **eigenen Boot** darf man auf Pianosa **nicht anlegen.**

Mit Hund auf Pianosa Hunde dürfen auf den Inselausflug mitgenommen werden, allerdings nur an der Leine und nur im Dorf (nicht am Strand!).

Exkursionen/Touren Werden vom Nationalpark angeboten, buchbar über **Aquavision** (→ oben) an Bord des Ausflugsdampfers. Vielfältiges Angebot: z. B. **mit dem MTB** zur Nordspitze der Insel (hin/zurück 11 km, ca. 2 Std., 15 € inkl. Fahrrad), **Naturführung** (ca. 2 Std., 10 €), **Schnorcheln** (1:30 Std., 15 €), **Kajaktouren** (2 Std. an der Ostküste, 25 € inkl. Boot), **Bus-** oder **Kutschfahrten** über die Insel (ca. 1:30 Std., 20 €) und schließlich am Nachmittag die **Führung durch den Ort**

(Dauer 1:30 Std., Erw. 5 €) mit anschließender Besichtigung der Katakomben. Alles nur auf Italienisch, ein wenig Englisch ist hin und wieder auch dabei. Einige dieser Touren finden nur in der Hochsaison statt, besser vorab nachfragen/buchen unter ✆ 0565-908231 oder unter parcoarcipelago.info/pianosa.

Müll Besucher sind verpflichtet, ihren (mitgebrachten) Müll auch wieder mitzunehmen und nicht auf der Insel zu lassen. Die Einhaltung dieser Regelung wird peinlich genau überprüft (vor Ort gekaufte Verpackung darf natürlich auch vor Ort entsorgt werden).

Übernachten **Hotel Milena,** 13 jüngst renovierte Doppelzimmer (alle mit Bad) stehen im einzigen Inselhotel zur Verfügung, auf Pianosa können also gerade einmal 26 Personen nächtigen. Die Übernachtung ist mit Vollpension, das Essen gibt's im einzigen Ristorante der Insel. Im Mai und Okt. an den Wochenenden geöffnet, Juni bis Sept. durchgehend, im Winter geschl. ✆ 345-9853862, hotelpianosa.it. **€€€€**

Essen & Trinken **Bar-Ristorante da Brunello,** hervorragende Meeresküche gibt es im eher einfachen Speisesaal des Restaurants, köstliche sind die „Paccheri allo Scoglio" und das hausgemachte Tiramisu. Salat und Gemüse kommen von der Insel selbst. Kleine Karte, Gerichte 12–20 €, Salat 5 €. Die Signora (sie leitet auch das Hotel) ist sehr nett und spricht hervorragend Deutsch. An der Bar werden Sie außerdem mit Kaffee, Wasser, Panini, Süßem etc. versorgt. Ein paar Tische auch draußen. ✆ 333-1826861.

Die kleinen Inseln des Toskanischen Archipels → Karte S. 156

Montecristo

Wie ein Kegel ragt die einsamste der toskanischen Inseln geradezu mystisch aus dem Meer. Die Mystik hautnah zu erleben, ist nicht ganz einfach: An nur rund 20 Tagen im Jahr werden auf Montecristo geführte Exkursionen angeboten, das jeweilige Tageskontingent ist äußerst begrenzt. Wer dabei sein will, muss sich lange im Voraus anmelden, um einen der wenigen Plätze ergattern zu können.

Seine Berühmtheit verdankt Montecristo zweifelsohne der Literatur. Alexandre Dumas d. Ä. sei, so heißt es, zu seinem Roman „Der Graf von Monte Christo" (erschienen 1845–46) durch einen in Livorno lebenden französischen Kaufmann angeregt worden. Dieser hatte Dumas von dem geheimnisvollen Felsbrocken ein paar Seemeilen westlich von Giglio erzählt und ihm so einen idealen Schauplatz für seine abenteuerlichen Fantasien geliefert. Romanheld Edmond Dantès, ein junger Seefahrer, der 1815 das Opfer einer Intrige wird und 14 Jahre lang unschuldig im Kerker von Château d'If einsitzt, gelingt es, aus dem Gefängnis zu entkommen und den sagenumwobenen Schatz zu heben, den ihm sein Mithäftling Abbé Faria vermacht hat. Dieser Schatz ist auf Montecristo vergraben und nicht weniger als 13 Millionen Francs wert. Dantès, der sich fortan als Graf von Monte Christo ausgibt, kehrt nach Frankreich zurück, um sich grausam an den Verschwörern zu rächen. Die Geschichte vom Schatz hat übrigens durchaus einen realen Hintergrund: Die Kamaldulensermönche sollen im Mittelalter auf der Insel wahrhafte Reichtümer angehäuft haben, woraufhin sie immer wieder zum Angriffsziel der gefürchteten Piraten wurde.

Montecristo ist ein nahezu unbesiedelter, steil aus dem Meer emporragender Granitfelsen, der am höchsten Punkt, dem **Monte della Fortezza,** 645 m misst – nach dem 1019 m hohen Monte Capanne auf Elba die zweithöchste Erhebung des gesamten Toskanischen Archipels. Die 10,4 km² große Insel (Küstenlinie 16 km) liegt rund 45 km von Elba und etwa 63 km vom italienischen Festland entfernt. Einziger Hafen der schwer zugänglichen Insel ist die Bucht **Cala Maestra** an der Westküste mit einem schönen, kleinen Strand – Baden ist auf der Insel aber strikt verboten. Ausgebaute Wege sucht man auf Montecristo vergebens, lediglich ein Maultierpfad führt von der Landungsstelle Cala Maestra steil hinauf zur **Grotta del Santo Eremita** und zu den Ruinen des verfallenen **Benediktinerklosters** auf 345 m Höhe. Von dort geht's weiter hinauf zum Monte della Fortezza (645 m).

Montecristo ist ein einzigartiges, isoliertes und hochsensibles Ökosystem, dessen Vegetation hauptsächlich aus mediterraner Macchia (v. a. Zistrosen und Baumheide) besteht. Zur Tierwelt gehören seltene Arten wie der Mittelmeer- und der Gelbschnabelsturmtaucher, die sehr giftige endemische Montecristo-Viper und die ebenfalls endemische Montechristo-Ziege, eine genetisch weit in die Vergangenheit weisende Wildziegenart. Die Tiere wurden vermutlich schon von den seefahrenden Phöniziern als lebender Nahrungsmittelvorrat hierhergebracht, ihr Bestand liegt heute bei etwa 300 Exemplaren. Beliebtes Ziel ist das abgelegene Montecristo im Frühjahr und Herbst bei Zugvögeln, die hier auf ihrer Strecke zwischen Afrika und Europa Rast machen.

Heiliger Mamilianus

Er lebte einsam und friedlich mit nur wenigen Getreuen auf der kleinen Insel Montegiove. Unter Mamilianus entstanden hier eine Einsiedelei und ein Kloster; die ganze Insel wurde bald zum Zufluchtsort für Mönche und Einsiedler. Das Ende des 6. Jh. gegründete Benediktinerkloster wurde sogar überregional bedeutend, ihm unterstanden auch Klöster auf Sardinien und Korsika.

Die Legende erzählt, dass Bischof Mamilianus auf dem unwirtlichen Eiland gegen einen furchterregenden Drachen gekämpft haben soll und siegreich aus dieser ungleichen Begegnung hervorgegangen sei. Die Höhle des Drachen, in der Mamilianus dann einzog, wurde zur Grotta del Santo („Höhle des Heiligen"), und fortan nannten die Bewohner die Insel Montecristo, den „Berg Christi".

Kurios auch die Geschichte über die „Verteilung" der sterblichen Überreste von San Mamilianus: Als dieser im Jahr 465 sein Ende herannahen fühlte, entzündete er ein großes Feuer, um den Menschen auf den umliegenden Inseln zu signalisieren, dass er ein christliches Begräbnis wünsche. Dies wurde ihm auch gewährt, allerdings nicht unbedingt so, wie er es sich vorgestellt hatte. Als nämlich die Bewohner von Elba gleichzeitig mit denen der Insel Giglio beim Leichnam des Heiligen eingetroffen waren, entbrannte ein heftiger Streit, wer ihn denn nun mit nach Hause nehmen dürfe. Im Verlauf der Auseinandersetzung löste sich das Problem mehr oder weniger von alleine: Der Leichnam des Mamilianus wurde beim erbitterten Kampf seiner Bestatter gleich in mehrere Stücke gerissen und jede Insel erhielt so ihren Anteil an dem Verehrten. Ein dritter Teil wurde im Eifer des Gefechts anscheinend übersehen, dieser soll später in der Arno-Mündung bei Pisa angeschwemmt worden sein.

Geschichte

In der Antike war die Insel unter dem Namen **Oglasa** bekannt, später wurde sie **Montegiove** (Berg des Jupiter) genannt. Vor dem 5. Jh. n. Chr. war die Insel unbesiedelt. Dann aber kam **Mamilianus,** der Bischof von Palermo, auf seiner Flucht vor den Vandalen hierher und machte die Insel zum **„Berg Christ“** – so die Legende (→ Kasten).

Im Mittelalter wurde Montecristo immer wieder von Piraten heimgesucht und verwüstet, das Kloster verlor an Bedeutung. Ende des 15. Jh. übernahmen die Pisaner die völlig verarmte Anlage, deren Ruinen noch heute stehen. Mitte des 19. Jh. tauchten die ersten Abenteurer, inspiriert vom Schatzinselmythos, hier auf. 1852 kaufte der Engländer George Watson Taylor die Insel und baute bei der Cala Maestra ein Haus, das später König **Vittorio Emanuele III** (1869–1947) als Jagdhütte diente. 1860 fiel Montecristo in den Verwaltungsbereich der Nachbarinsel Elba und man kommandierte einige Soldaten zur Bewachung der Insel ab.

Seine Unwirtlichkeit hat Montecristo bis heute vor Besiedlung oder Tourismus bewahrt. Seit 1971 ist die Insel Naturschutzreservat und gehört seit 1996 komplett zur **Schutzzone 1** des Parco Nazionale dell'Arcipelago Toscano – Montecristo gilt als das am strengsten geschützte Naturschutzgebiet Europas.

Ausflüge nach Montecristo

Möglich, aber kompliziert und mit langem Vorlauf. Privatpersonen (ohne offizielle Führung) ist es grundsätzlich verboten, die Insel zu betreten, Boote dürfen sich nur auf eine Distanz von maximal 1000 m nähern. Einzig die Nationalparkmitarbeiter wohnen auf Montecristo. Sie wachen über die Natur und führen die jährlich maximal 1725 Besucher, die es geschafft haben, an einer der wenigen Exkursionen teilnehmen zu können, über die Insel. Na-

he der Cala Maestra, beim ehemaligen königlichen Jagdhaus Villa Reale, befindet sich ein kleines **naturkundliches Museum,** das über die Inselflora und -fauna informiert.

Anreiseformalitäten Die eintägigen Exkursionen vornehmlich von Piombino via Porto Azzurro nach Montecristo (2 Touren im Jahr auch von Porto Santo Stefano auf der Halbinsel Monte Argentario via Giglio) werden vom Nationalpark in Kooperation mit der Forstbehörde organisiert und stehen unter deren Aufsicht. Die jährlich 1725 Besuchserlaubnisse werden vorrangig an Wissenschaftler und Studierende vergeben, ein weiteres kleines Kontingent ist für die Bewohner des Toskanischen Archipels reserviert, die restlichen Interessierten können sich für einen der Termine, die immer am Anfang des Jahres bekannt gegeben werden, anmelden. Die Exkursionen finden nur an 23 Tagen (für je 75 Personen) im Zeitraum März bis Oktober statt, nicht aber zwischen dem 16. April und dem 14. Mai (Vogelschutz). Der Preis liegt bei 130 € pro Pers., Kinder sind erst ab 12 Jahren zugelassen. Keine Versorgung vor Ort, Essen und Trinken muss man selbst mitbringen. Infos unter ✆ 0565-908231, parcoarcipelago.info/montecristo.

Wer mit dem eigenen Boot nach Montecristo will, muss sich frühzeitig an die Abteilung **Carbinieri Biodiversità di Follonica** (GR) wenden: ✆ 0566-40611 oder 0566-40019, rgpbio.it/riserva/isola-di-montecristo, 043591.001@carabinieri.it.

Die kleinen Inseln des Toskanischen Archipels → Karte S. 156

Ankunft in Giglio Porto

Isola del Giglio

Giglio ist nach Elba die zweitgrößte der toskanischen Inseln. Auf den ersten Blick ist die Insel ein großer, abweisender Fels im Meer, doch ändert sich das Bild schlagartig, wenn man mit der Fähre ankommt: Giglio Porto ist einer der idyllischsten Häfen des Archipels.

Giglio ist 21 km² groß, zählt ca. 1350 Bewohner und gehört zur Provinz Grosseto. Höchste Erhebung ist der **Poggio della Pagana** (496 m), der fast in der Mitte eines Bergrückens liegt, der die Insel von Nord nach Süd durchzieht. Mit Ausnahme des Kalkgesteins um die **Punta Faraglione** im äußersten Westen der Insel besteht Giglio hauptsächlich aus Granit. Das Relief der Insel wird durch steil zur Küste abfallende Berge geprägt, die an einigen Stellen durch herrliche kleine Sandbuchten unterbrochen werden. Giglio bietet eine relativ vielfältige Vegetation, neben der gewohnten Mittelmeer-Macchia (vor allem Zistrosen, Erdbeerbaum und Baumheide) sind auch noch vereinzelte Exemplare der Steineichen zu sehen, die einst alle toskanischen Inseln in dichten Wäldern überzogen haben. Neben den zahlreichen Zugvögeln, für die Giglio im Frühling und Herbst eine wichtige Zwischenstation auf ihrer Reise zwischen dem afrikanischen und dem europäischen Kontinent ist, leben hier Mauerspechte, Turmfalken und diverse Möwenarten, z. B. die Korsische Möwe sowie die Silbermöwe.

Auf der kleinen Insel gibt es eine ganze Reihe schöner **Strände,** alle sind sehr sauber und mit glasklarem Wasser, der größte liegt in der Bucht von Campese. Da die Strände zum Teil nur zu Fuß erreicht werden können, sind sie fast nie voll, außer im August, wenn die Insel komplett ausgebucht ist. Dennoch: Schon wegen der begrenzten Kapazitäten kann auf der Insel kein Tourismus im großen Stil stattfinden.

Anreise nach Giglio

Wer **mit dem Auto** nach Giglio gelangen will, muss mit der **Fähre über Porto Santo Stefano** (auf der Nordseite der Halbinsel Monte Argentario) anreisen. Zwingend notwendig ist die Überfahrt mit dem eigenen Auto nicht: Es gibt sowohl den Inselbus als auch (relativ günstige) Taxis. Wer auf das Auto verzichten und „solo" in die Fähre steigen möchte, kann auf mehrere größere Parkplätze in Porto Santo Stefano zurückgreifen, darunter **Parking Fanciulli** (gleich am Hafen, bewacht, ganzjährig geöffnet, in der Hochsaison 7–20.30 Uhr, parcheggiofanciulli.it) und **Parcheggio Campo Sportivo** (etwas südlich vom Hafen, ca. 10 Gehminuten, nur Anfang Juni bis Anfang Sept. geöffnet, Via del Campone 6, parcheggio argentario.com). Die Tarife liegen jeweils zwischen 10 und 15 € pro Tag.

Fähre von Porto Santo Stefano **Toremar** und **Maregiglio** bedienen die Strecke zwischen Porto Santo Stefano und Giglio Porto in der Hochsaison bis zu 9-mal täglich (an Wochenenden fast stündlich) hin und zurück, in der Nebensaison 6- bis 7-mal, im Winter 4- bis 5-mal. Fahrtdauer etwa 1 Std. Pro Pers. 15–16 € (einfach, Hochsaison), Kind (4–11 Jahre) 10–12 €, Auto je nach Länge 45–62 €, Motorrad/Scooter 12–20 €, Fahrrad 7–8 €, Hund 2–6 €, zuzüglich 1,50 € Hafentaxe. Maregiglio ist etwas günstiger als Toremar.

Toremar (toremar.it), in Porto Santo Stefano: Piazzale Facchinetti 7/8, ✆ 0564-810803; in Giglio Porto: am Hafen, ✆ 0564-809349. **Maregiglio** (maregiglio.it), in Porto Santo Stefano: Piazzale Facchinetti 7/8, in Giglio Porto: Via Umberto I 22, ✆ 0564-809309.

> Wer nicht hungrig auf die Fähre warten möchte, kann in der **Trattoria Lo Sfizio** gleich oberhalb der Uferpromenade (etwa 300 m vom Fährhafen entfernt) gut essen: bester Fisch und Meeresfrüchte, sehr netter Service, guter Hauswein. Einfaches Ambiente, günstige Preise. Mittags und abends geöffnet, Mo Ruhetag. Lungomare dei Navigatori 26, ✆ 0564-812592.

Ausflugsboot von Porto Azzurro (Elba) Mit **Aquavision** von Mitte Juni bis Mitte Sept. immer mittwochs nach Giglio Porto, Abfahrt in Porto Azzurro 9.30 Uhr, Überfahrt 2 Std., um 16.30 Uhr zurück nach Elba. Einfach 20 €, hin und zurück 39 €, Kinder (4–12 Jahre) 10 € bzw. 20 €. Infos unter ✆ 0565-976022 oder ✆ 328-7095470, aquavision.it.

Aber nicht nur zum Baden (und Tauchen) ist Giglio ein herrliches Ziel: Schöne **Wanderwege** führen von Giglio Castello in den menschenleeren Süden der Insel zur *Punta del Capel Rosso* und zum Nordkap *Punta del Fenaio* mit Leuchtturm, in dem man auch übernachten kann (→ S. 180).

Geschichte

Giglio war bereits in prähistorischer Zeit besiedelt. Während der römischen Herrschaft über den Toskanischen Archipel unterhielt die Insel enge Verbindungen mit dem Monte Argentario am italienischen Festland. In der Antike hieß die Insel **Aegilium.** Im 9. Jh. n. Chr. schenkte Karl der Große Giglio der Kirche (Abtei Tre Fontane), später erhoben sowohl Pisa als auch Siena Ansprüche auf die Insel. Die Pisaner setzten sich schließlich durch und regierten auf Giglio von 1264 bis 1406, bis die florentinischen **Medici** auch hier die Macht übernahmen. 1459 wurde Giglio zum päpstlichen Lehen erklärt, 1544 kam der Pirat **Barbarossa** und verwüstete die Insel; ihre Einwohner wurden als Sklaven verschleppt. Von 1558 bis zur Gründung des Vereinigten Königreichs Italien gehörte Giglio zum Großherzogtum Toskana. Die Überfälle auf die Insel durch sarazenische Seeräuber hielten bis Ende des 18. Jh. an. Neben

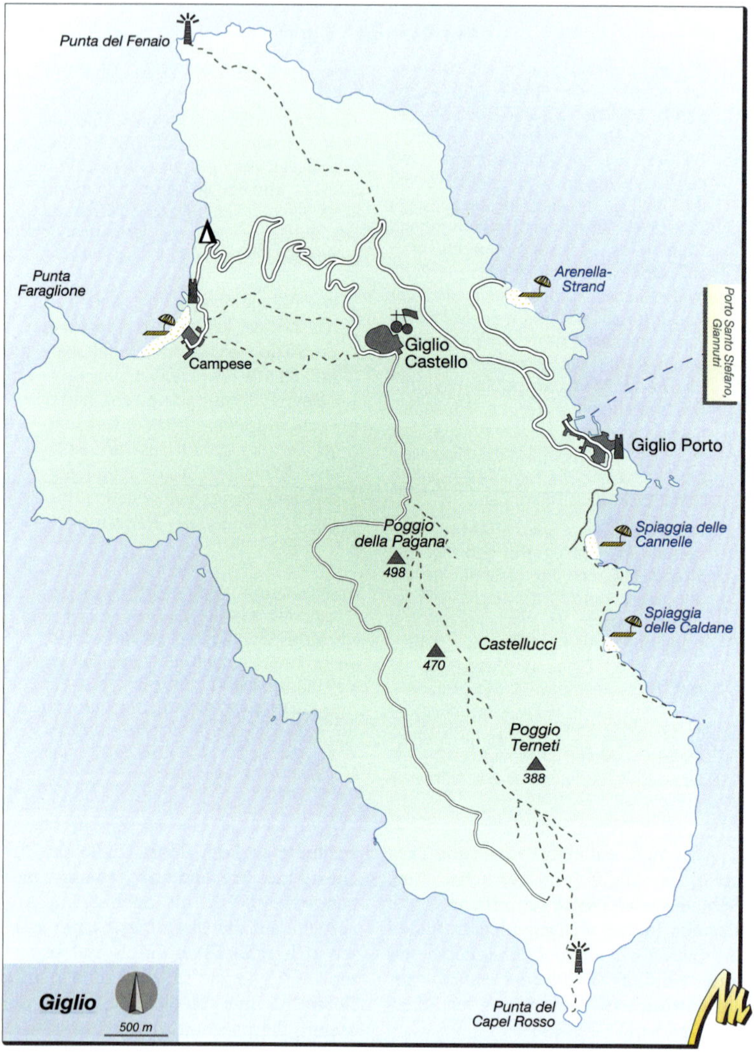

Fischerei, Landwirtschaft und Weinbau lebte die Insel über die Jahrhunderte auch vom Pyritabbau in einer Mine in Campese, die 1962 geschlossen wurde. Reste der Verlademole sind in der dortigen Bucht noch zu sehen. Bekanntes Exportgut Giglios war aber auch der Granit, den bereits die Römer u. a. im Forum des Cäsars und im Pantheon verbauten, später fand er Verwendung in bedeutenden Bauwerken ganz Italiens – etwa in der Kathedrale von Neapel, dem Schiefen Turm von Pisa oder dem Baptisterium von Florenz.

Giglio Porto

Der romantische Hafen mit seinen bunten Häusern wird in der Hochsaison fast stündlich per Fähre vom Festland aus angelaufen. Im Sommer ist das geschützte Hafenbecken bis zum letzten Liegeplatz mit Segeljachten und kleinen Fischerbooten belegt. Zahlreiche Restaurants, z. T. auch auf Pfählen über das Wasser gebaut, laden zum Fischessen ein. Hier geht es recht gemütlich zu, wenn nicht gerade – speziell an den Wochenenden im Juli und August – die Touristenströme Einzug halten. Außerdem finden sich hier auch mehrere Bars sowie Lebensmittel- und Souvenirgeschäfte.

An der Ostseite wird das Hafenbecken weithin sichtbar durch einen **Medici-Turm** aus dem Jahr 1596 begrenzt. Die meisten Häuser der kleinen Ortschaft stehen dicht gedrängt um den Hafen, nur wenige sind an den Hang des direkt steil ansteigenden **Poggio della Chiusa** (487 m) gebaut, der auch im Sommer morgens oft dicht mit Nebel verhangen ist.

Information **Infopoint/Pro Loco,** in der Parallelstraße hinter dem Hafen, man bekommt hier auch Bustickets (Busfahrplan hängt aus). Im Sommer tägl. 9–13 und 14–20 Uhr geöffnet, im Winter eingeschränkt. Via Provinciale 9, 58012 Giglio Porto (GR), ✆ 0564-809400, visitgiglioisland.com.

Inselbus Auf Giglio pendeln Busse zwischen den drei Orten. Von Giglio Porto (Bushaltestelle an der „Hauptstraße", ca. 100 m vom Hafen, ausgeschildert) etwa stündlich über Castello nach Campese, in der Hochsaison häufiger, im Winter auf die Ankunfts- und Abfahrtszeiten der Fähre abgestimmt. Die Fahrt bis Campese dauert 30 Min., Busfahrkarten beim Tabaccaio am Hafen und im Infopoint hinter dem Hafen. Einfache Fahrt 2 €.

Sammeltaxi Ebenfalls von der Bushaltestelle können Sie ein **Taxi collettivo** nehmen, z. B. zu den Stränden. Einige Taxis können bis zu 8 Pers. transportieren – je mehr Fahrgäste, desto günstiger wird es. Nach Castello z. B. zahlt man 15 € (max. 4 Pers.), nach Campese 20 € (max. 5 Pers.), zur Spiaggia delle Cannelle 8 € (max 4 Pers.). Auch Inselrundfahrten (80 € für max. 4 Pers.) sind im Angebot. ✆ 347-1941888, 340-8732865, 338-9706950 sowie 330-731424.

Wassertaxi An den Buden am Hafen sowie bei Ancora Giglio und Giragiglio (→ Bootsverleih). Zu den Stränden Caldane, Cannelle und Arenella einfach 6–7 € pro Pers. (Kinder 5–6 €).

Bootsausflüge nach Giannutri Mit **Maregiglio** von Ende Juni bis Anfang Sept. immer Do um 10.30 Uhr ab Giglio Porto, retour ab Giannutri um 16 Uhr, 28 €/Pers., Kinder 4–11 J. 18 €. Maregiglio, Via Umberto I 22. ✆ 0564-809309, maregiglio.it.

Erste Hilfe Notruf ✆ 112. Die Continuità Assistenziale (ehemals Guardia Medica Turistica) ist von 20 bis 8 Uhr und am Wochenende unter ✆ 0564-450053 erreichbar. Tagsüber wenden Sie sich an die Hotelrezeption, die Pro Loco oder die Apotheke.

Apotheke Die Farmacia befindet sich in der Via Provinciale 2 (Straße zur Kirche in Giglio Porto). Mo–Sa 9–13 und 16.30–20 Uhr (Sa 17–20 Uhr), So 9–13 Uhr.

Bank Zwei Banken im Zentrum, beide mit Bancomat.

Einkaufen Jeden Mittwoch findet am Hafen der **Inselmarkt** statt.

Reisebüro **Agenzia Giglio Multiservizi (GMS),** das einzige auf der Insel. Gegenüber der Anlegestelle links neben der hellblau angestrichenen Macelleria die Treppe hoch. Auch Scooterverleih (ab 35 €/Tag), hauptsächlich aber Appartementvermietung. Via Umberto I 26, ✆ 0564-809056 oder 335-6093627, gigliomultiservizi.com.

Hafenamt Beim Sarazenen-Turm, Mo–Fr 9–12 Uhr, Di/Do auch 15–16.30 Uhr, ✆ 0564-809480. Es gibt nur wenige freie Liegeplätze im Hafen. Wer mit der eigenen Jacht dort anlegen will, muss sich vorher unbedingt anmelden.

Notruf der Küstenwache ✆ 1530.

Post Bei der Kirche, Mo–Fr 9–14.25 Uhr, Sa bis 12.25 Uhr. Via Cardinale Oreglia 10.

Polizei ✆ 0564-809232 (Giglio Porto), Carabinieri ✆ 0564-807003 (Castello).

Veranstaltungen **Palio Marinaio** zu Ehren des Inselpatrons San Lorenzo am 10. August in Giglio Porto. Es treten die drei Viertel Rione Saraceno, Rione Chiesa und Rione Moletto zum Wettbewerb an, abends großes Feuerwerk.

Die kleinen Inseln des Toskanischen Archipels → Karte S. 156

Tauchen Mehrere Anbieter, z. B. **International Diving** in der Via del Saraceno 60 (gleich bei der winzigen Bucht Caletta del Saraceno, beim Sarazenenturm in die Gasse). Umfangreiches Kursangebot, Tauchgang ab 40 €. ✆ 333-1042242 oder 339-2813076, internationaldiving.it.

Zweiradverleih Unter anderem bei **Giglio Noleggio** von Andrea Ansaldo gleich hinter dem Hafen (Eckhaus gegenüber der Apotheke), Scooter ab 35 €/Tag (9–19 Uhr), 2 Tage ab 75 €, Helm und Versicherung inkl. (auch Kleinwagen, 50 €/Tag), Via Provinciale, ✆ 348-8593041, giglionoleggio.it. Bei **Giglio Multiservizi** (→ Reisebüro) kostet ein Scooter für 2 Pers. ebenfalls ab 35 €/Tag. E-Mountainbikes werden bei **Ecobike Giglio** vermietet, Via Provinciale 50 (ein Stück auf der Hauptstraße Richtung Castello auf der rechten Seite), ✆ 349-1614258, ecobikegiglio.it. Für alle gilt: In der Hochsaison vorbestellen!

Bootsverleih Motorboote mit oder ohne Bootsführerschein können Sie bei **Ancora Giglio** am Hafen mieten, auch 3:30-stündige Inselrundfahrten mit Skipper (inkl. Badestopps), Taxiboot zu den Stränden Canelle Caldane, außerdem Scooter- und Autoverleih. Via Umberto I 40, ✆ 333-9846129, ancoragiglio.it. Ähnliches Angebot bei **Giragiglio** ebenfalls am Hafen, Via Thaon de Revel 1, ✆ 393-2020993, giragiglio.it. Außerdem nur wenige Schritte weiter ebenfalls in der Via Thaon de Revel bei **Relaxing Boat,** ✆ 340-3925109, relaxingboat.it. Ein kleines Boot ohne Führerschein für 4-6 Pers. kostet etwa 150 €/Tag, Sprit extra. Rechtzeitig reservieren!

Übernachten Ohne frühzeitige Buchung hat man während der Hochsaison in Giglio Porto – wie auf der gesamten Insel – kaum eine Chance auf eine Unterkunft.

****** La Guardia,** 2019 eröffnetes Hotel im vanillefarbenen Gebäude (ehemals Hotel Demo's) ganz am nördlichen Ende der Hafenbucht. Modernes und stilvolles Design, minimalistisch gestaltete Zimmer in Naturtönen und -materialien. Restaurant (mittlere Preise) mit schöner, überdachter Terrasse, hier kann man auch als Nicht-Hotelgast einen Aperitivo einnehmen. Kleiner Strand davor. Im Sommer 2-mal wöchentlich Yoga, auch Yoga-Wochenenden, außerdem fernöstliche Massagen (Ayurveda und Shiatsu). Anfang Mai bis Anfang Okt. geöffnet, im Sommer 3–4 Tage Mindestaufenthalt. Parkplatz. Hund erlaubt (20 €/Tag). Via Thaon de Revel 45, 58012 Giglio Porto (GR), ✆ 0564-808077, laguardiahotel.it. **€€€€–€€€€€**

***** Il Saraceno,** direkt am Meer hinter dem Hafen. 44 komfortable und renovierte Zimmer, besonders schön sind die mit Balkon zum Meer. Terrassenförmig in den Fels gebaut, Restaurant über dem Meer. Halbpension ist möglich. Hunde erlaubt (einmalig 20 €). Es werden auch einige Appartements vermittelt. April bis Okt. geöffnet. Via del Saraceno 69, 58012 Giglio Porto (GR), ✆ 0564-809006, saracenohotel.it. **€€€**

Der Porto von Giglio Porto

Costa Concordia

Weltweit bekannt wurde die Insel Giglio spätestens, als am Abend des 13. Januar 2012 das mächtige Kreuzfahrtschiff Costa Concordia hier auf Felsen lief und am Rumpf aufriss. „Le Scole" heißen die Felsen direkt vor Giglios Küste und sind auf jeder billigen Touristenkarte der Insel verzeichnet. Kapitän Francesco Schettino fuhr zum – damals üblichen – Gruß an die Gigliesen einfach viel zu dicht an die Insel heran. Danach zumindest soll er dann auch einiges richtig gemacht haben, das sinkende Schiff kontrolliert auf Grund vor der Hafeneinfahrt von Giglio Porto gesetzt haben statt hinaus aufs offene Meer zu fahren, was höchstwahrscheinlich in einer noch viel größeren Katastrophe geendet hätte. Aber tragisch genug: 32 Tote forderte die Havarie der Costa Concordia. 4000 Passagiere und Besatzungsmitglieder kamen mit dem Schrecken und einige mit (meist leichteren) Verletzungen davon. Schettino musste sich vor Gericht verantworten und wurde zu 16 Jahren Haft verurteilt.

Am Hafen von Giglio Porto erinnern heute zwei Monumente an die beispiellose Havarie der Costa Concordia: eine Madonna und darunter die Tafel mit den Namen der Opfer an der östlichen Mole und die Statue „L'uomo che salva il Mare" von Giampaolo Talani (1955–2018) nahe dem Hotel La Guardia. Letztere ist den Bewohnern Giglios zum Dank für ihr Engagement und ihre Hilfe gewidmet.

** **Bahamas,** renoviertes Hotel etwas oberhalb des Hafens, bei der Kirche rechts die Gasse hoch. Hübsche Hazienda-Terrasse, schöner Blick, freundlicher Service. 27 Zimmer, kein Ristorante. Ganzjährig geöffnet. Parkplatz. Via Cardinale Oreglia 22, 58013 Giglio Porto (GR), ✆ 0564-809254 oder 393-9892289, albergo isoladelgiglio.com. **€€€**

Außerhalb *** **Castello Monticello,** schönes, komfortables Haus auf einer Anhöhe knapp 2 km oberhalb von Giglio Porto (Straße nach Castello) an der Abzweigung zum 1,7 km entfernten Arenella-Strand (Shuttle-Service dorthin sowie nach Giglio Porto und zum Canelle-Strand). Hoteleigener Tennisplatz. Zimmer mit modernen Bädern und teils mit historischen Möbeln. Sehr gutes Restaurant mit Fischspezialitäten (mittlere Preise, auch für Nicht-Hotelgäste), nette Terrasse. Lunchpakete für die Gäste. Geöffnet Ostern bis Anfang Nov. Via Provinciale, 58012 Giglio Porto (GR), ✆ 379-1380303, hotelcastellomonticello.com. **€€€–€€€€**

*** **L'Arenella,** idyllische Lage mitten im Grünen, ein Stück oberhalb des Arenella-Strandes mit schönen Ausblicken. Modernes Ambiente und freundlicher Service, mit gehobenem Restaurant **L'Aroma** und Bar, schöne und weitläufige Terrasse auf zwei Ebenen mit Blick auf den Monte Argentario – der ideale Ort für einen Aperitivo. Modern auch die Zimmer, teils mit Balkon/Terrasse. Auch Appartements und eine Villa für bis zu 8 Pers. Shuttle Bus von/nach Giglio Porto. E-Ladestation (Tesla). Geöffnet Ostern bis Mitte Okt. Via Arenella 5, 58013 Giglio Porto (GR), ✆ 0564-809340, hotel arenella.com. **€€€–€€€€**

Pardini's Hermitage, Villa aus dem Jahr 1953, inmitten der unberührten Macchia im Südosten der Insel gelegen und nur zu Fuß (mühsam!) oder per Boot zu erreichen (Abholung durch das Hotel von Giglio Porto). Ein Zentrum für Naturfreunde, Wanderer, Vogelbeobachter, Keramikkünstler und Aquarellmaler. Außerdem im Angebot: Badebucht unterhalb (Plattform), Jacuzzi im Garten, Wellness, Yoga, Kochkurse, Boccia, Tischtennis, Bogenschießen, Bootsausflüge, Kanutouren etc. Zur Hermitage (= Einsiedelei) gehören auch ein ökologisch geführter landwirtschaftlicher Betrieb und ein

Die kleinen Inseln des Toskanischen Archipels → Karte S. 156

paar hübsche Esel. Ein Ort zum Abschalten – wortwörtlich, denn hier werden Sie nicht immer Netz haben. Nur 13 Zimmer, familiäre Atmosphäre, gemeinsames Essen, Vollpension ist inbegriffen, Mindestaufenthalt 3 Tage. Man sollte einigermaßen gut zu Fuß sein, von der Anlegestelle/Badestelle geht es relativ steile Treppen hinauf. Mitte Mai bis Ende Sept. geöffnet. Cala degli Alberi, 58013 Isola del Giglio (GR), ✆ 0564-809034, hermit.it. **€€€€€**

Essen & Trinken Einige schicke Restaurants am Hafen und natürlich auch in den Hotels.

La Vecchia Pergola, am Hafen Richtung Hotel La Guardia, überdachte Terrasse mit Blick auf das Hafenbecken. Freundlicher und hilfsbereiter Service, gute Fischküche zu mittleren Preisen (Antipasti/Primi 9–18 €, Secondi ebenfalls 9–18 €), bei unserem letzten Besuch war darunter eine hervorragende „Baccalà“ auf einem Polenta-Chip. Ebenfalls köstlich waren die „Paccheri al sugo di Polpo“ und das „Cacio e Pepe“. Guter Hauswein. Mittags und abends geöffnet, Mi geschl. Via Thaon de Revel 31, ✆ 0564-809080.

Der winzige Naturhafen in der Cannelle-Bucht

Doria, die einladende Terrasse des Restaurants ist am Hafen auf Pfählen direkt über das Wasser gebaut. Auch hier natürlich Fisch und Meeresfrüchte (schon mal Seeigel – *riccio di mare* – probiert?). Ähnliche Preise wie in der Vecchia Pergola. Tägl. mittags und abends geöffnet. Via Thaon de Revel 18, ✆ 0564-809000.

L'Archetto, ebenfalls am Hafen, beliebter Treffpunkt bis spätabends. Große Auswahl, es gibt Touristenmenüs (14–29 €), aber auch Pizza (8–14 €). Tägl. ab mittags geöffnet. Via Umberto I 8, ✆ 0564-809221.

Bar Da Rosa, am Fähranleger, super Aperitivo mit Häppchen und Cocktails, nett zum Sitzen, auch zum Frühstück. Bis Mitternacht geöffnet.

Wein „Senti Oh!“ heißt der Ansonica (IGT) des **Weinguts Fontuccia,** das auf Giglio 5 ha Rebfläche bewirtschaftet. Darüber hinaus gibt es auch noch einen in der Amphore gekelterten Ansonica und einen Passito. Die Weine sind auch in einigen Restaurants der Insel zu haben. Azienda Agricola Fontuccia, Via Provinciale 54, Giglio Porto, ✆ 0564-809576, fontuccia.it.

Baden in und um Giglio Porto

In der Umgebung von Giglio Porto gibt es gleich mehrere einladende Sandbuchten, das Meer ist hier sehr sauber und leuchtet türkisgrün, die Strände selbst sind in der Regel eher schmal. Bademöglichkeiten sind im Ort zwar vorhanden (im Hafenbecken allerdings wenig idyllisch bzw. gänzlich ungeeignet), besser ist der kleine Strand beim Hotel La Guardia (am Ende der Via Thaon de Revel) oder in der Mini-Bucht zwischen Torre Medicea und Hotel Saraceno: Sand und Kiesel, von Felsen eingerahmt.

Spiaggia Arenella: 3,3 km von Giglio Porto, asphaltierte Straße, zunächst Richtung Castello, beim Hotel Monticelli dann rechts ab, beschildert. Wunderschöner Strand (grober Sand) in der kleinen, von Felsen umrahmten Bucht **Cala dell'Arenella.** Mit Sonnenschirm-, Liegestuhl- und Bootsverleih sowie Snackbar.

Von Castello führt die Straße aussichtsreich hinunter nach Campese

Die kleinen Inseln des Toskanischen Archipels → Karte S. 156

Spiaggia delle Cannelle: Nur 1,3 km südlich von Giglio Porto. Über Asphaltstraße auch zu Fuß relativ bequem erreichbar. Feiner Sandstrand, kleiner Parkplatz, am Strand Pizzeria/Snackbar mit gemütlicher Terrasse, daneben die große Appartementanlage Residence Le Canelle. Sonnenschirm- und Liegestuhlverleih, Tretboote.

Spiaggia delle Caldane: Noch einmal ca. 1 km südlich von Le Cannelle, nur über einen Fußweg (nichts für Fußkranke) oberhalb der Küste zu erreichen. Sehr abgeschiedener, sauberer Sandstrand, keine Bar (aber Sonnenschirm-/Liegestuhlverleih), dafür aber auch vergleichsweise wenige Besucher. Lohnenswerter Spaziergang.

▪ Vom „Parkplatz" am Cannelle-Strand den steilen Betonweg hoch, an der Gabelung halb links, am kleinen Naturhafen vorbei, nach wenigen Minuten kommt man zum Pfad Richtung Cala Caldane (beschildert). Diesem nach halb links folgen, danach steinige Abschnitte sowie ein paar hohe Stufen (besser Turnschuhe als Badeschlappen), insgesamt ca. 20–25 Min., die Bucht sieht man schon von Weitem. Boots-shuttle → S. 175.

Giglio Castello

Nur 6 km sind es vom Hafen Giglio Porto bis hinauf nach Castello, doch überwindet die Straße über 400 Höhenmeter. Auf dem Weg eröffnen sich herrliche Blicke – zunächst auf Giglio Porto und dann auf den Arenella-Strand, später auf den Leuchtturm und schließlich auf Campese mit seinem imposanten Medici-Turm (→ S. 180).

Die Anfänge der alles überragenden Befestigung gehen zurück auf das frühe 11. Jh. Das **Castello** (nicht zugänglich) in seiner heutigen Form stammt aus der pisanischen Epoche und ist noch immer komplett von einer turmbewehrten Festungsmauer umgeben. Das Innere des Dorfs ist von einem Labyrinth enger Gassen durchzogen, dicht gedrängt stehen die alten Wohnhäuser im düster wirkenden historischen Zentrum. An der Nordseite der Festung befindet sich der **Punto Panoramico** mit grandiosem Blick auf das Tyrrhenische Meer.

Auf der anderen Seite der Festungsmauer schließt bei der **Porta della Rocca** der moderne Ort an. Hier, an der **Piazza Gloriosa,** trifft sich das ganze Dorf, während im alten Kern von Castello mit seinen typischen Torbögen und Außentreppen eher Stille herrscht. Einen Spaziergang durch die idyllischen Gassen von Giglio Castello sollte man sich nicht entgehen lassen, einige Bars und Restaurants warten auf Besucher. Vom Ort bietet sich an klaren Tagen ein herrlicher Blick übers Meer nach Montecristo, Elba und Korsika im Hintergrund, toll sind auch die Sonnenuntergänge.

Alljährlich am 15. September findet in Giglio Castello eine große Prozession zu Ehren des Inselpatrons **San Mamiliano** statt, bei dem die silbern gefasste Reliquie des Heiligen (ein Arm) hervorgeholt wird, die sich normalerweise in der ganztägig geöffneten Kirche **San Pietro Apostolo** im Ort befindet. Hier sind auch einige Fresken aus dem 14. Jh. zu sehen. Jeden Donnerstag findet an der Piazza Gloriosa der Inselmarkt statt.

Feste & Veranstaltungen Die **Festa di San Mamiliano** am 15. Sept. erinnert mit einer Prozession, Tänzen und dem Palio dei Somari, dem Eselspalio, an das 2000 Mann starke nordafrikanische Seeräuberheer, das 1799 Giglio überfallen wollte. Als man damals den als Reliquie verehrten rechten Arm des heiligen Mamilianus (→ „Heiliger Mamilianus", S. 170) den Angreifern entgegentrug, kam ein Wind auf und trieb die „Turchi" zurück ins Meer. Noch heute sind in der Kirche von Castello die erbeuteten Waffen der Piraten zu sehen. Eine weitere **Mamilianus-Prozession** findet am 18. Nov. auf der Insel statt, dem eigentlichen Jahrestag des Angriffs.

Übernachten Keine Hotels, aber einige einfache **Privatzimmer,** die an und oberhalb der modernen Piazza Gloriosa gelegen sind. Schilder hängen aus, Infos auch über das Infobüro in Giglio Porto.

Außerhalb Im Leuchtturm an der Punta Fenaio, der Nordspitze der Insel, kann man übernachten. Das dortige sehr exklusive **Resort Faro di Punta Fenaio** hat nur wenige, allerdings sehr schöne Zimmer und Suiten im stilvollen Design. Nur für Erwachsene und kein Handynetz (aber WLAN in den Zimmern), mit Restaurant, Terrasse, Liegewiese, Einstieg ins Meer ... April bis Okt. geöffnet (das Restaurant zuletzt nur bis Sept.). Loc. Punta Fenaio, ✆ 0564-1830901, farodipuntafenaio.it. Anfahrt nur bis Loc. Scopeto (an der Verbindungsstraße Porto–Castello rechts ab, beschildert), ca. 1 km auf schmaler Straße zum Parkplatz, ab hier Abholung durch das Hotel (oder bereits ab Giglio Porto). Zu Fuß ab Parkplatz Scopeto ca. 30 Min.

Essen & Trinken **Ristorante Da Santi,** weißer Neubau am südlichen Ortsrand von Castello mit spektakulärem Blick von der Terrasse. Hervorragende Fischküche, die ihren Preis hat: Antipasti/Primi 10–22 €, Secondi 18–24 €, Fisch teils nach Gewicht. Im Sommer tägl. mittags und abends geöffnet. Via Santa Maria 3, ✆ 327-8799982.

Bumbabàr, an der Piazza Gloriosa. Hier gibt's Frühstück, Snacks (leckere Focaccia!) und Salate, Mittagstisch, Aperitivo und Cocktails. Nette Bar, Terrasse davor, Musik. Es werden auch Tickets für den Inselbus verkauft. Ganztägig bis spätabends geöffnet. Piazza Gloriosa 15.

Ausflug/Tour Eine schöner Ausflug führt von Castello an die Südspitze der Insel, zur **Punta del Capel Rosso:** Von der Piazza Gloriosa am Südrand des Centro storico folgt man der Via Santa Maria nach Süden, nach gut 1 km kommt man zu einem Picknickbänkchen, hier auf schmalem Sträßchen rechts weiter und durch ein kurzes Waldstück, danach am Hang entlang mit tollem Blick aufs Meer und die Insel Montecristo. Nach 5,7 km ab Castello endet die Straße, die folgenden 300 m schlechte Schotterpiste können SUVs//MTBs noch befahren, kurz darauf nur noch zu Fuß (ca. 25 Min.) auf steinigem Pfad zum Leuchtturm (umzäunt), an diesem vorbei und nochmal 400 m auf befestigtem Weg zur Punta del Capel Rosso mit Picknickbänken.

Campese

Steil geht es von Castello auf der Panoramastraße hinab zum Touristenort Campese, der jüngsten Ortschaft der Insel, 9 km von Giglio Porto entfernt auf der anderen Seite der Insel.

Eine große, nicht unbedingt hübsche Appartementanlage am Ortsrand, Hotels, Restaurants und sonstige touristische Einrichtungen an einer schönen Bucht – Campese wirkt auf den ersten Blick etwas langweilig. Attraktion des Ortes ist der lang gezogene, durch Felsen unterbrochene **Sandstrand** mit Bars, Sonnenschirm-, Liegestuhl- und Tretbootverleih, im Sommer tummeln sich hier die Urlauber in Scharen. Im Westen wird die weitläufige Bucht von Campese von den Faraglione-Felsen begrenzt, das östliche Ende des Strands wird von einem eindrucksvollen **Rundturm der Medici** aus dem 16. Jh. überragt, daneben befindet sich der kleine, fast nostalgische **Fischerhafen** des ansonsten eher konturlosen Orts.

Die Bucht von Campese

Die kleinen Inseln des Toskanischen Archipels → Karte S. 156

Am 18. November 1799 gingen hier am Strand tunesische Seeräuber an Land (Sbarco dei Turchi), die sich ohne Umwege daranmachten, Giglio Castello zu erobern. Die Bewohner der Festung am Berg standen der Übermacht der Eindringlinge wehrlos gegenüber und konnten in ihrer Not nur noch auf die wundersame Hilfe des Inselheiligen San Mamiliano hoffen. Schenkt man der Legende Glauben, beschwor Mamiliano einen fürchterlichen Sturm herauf, der die Boote der Angreifer fast zum Kentern brachte und die erschrockenen Tunesier in die Flucht schlug. Seither feiert ganz Giglio jährlich nicht nur am 15. September, sondern auch am 18. November ein Fest zu Ehren des Retters.

Übernachten ***** Campese,** direkt am Sandstrand, mit acht neuen „Superior"-Zimmern im OG mit Terrasse zum Meer, außerdem 39 weitere DZ (Standard). Zuvorkommender, netter Service. Mit Ristorante und Bar am Strand. Hunde erlaubt (10 €/Tag). Geöffnet Ostern bis Ende Sept. Via della Torre 18, Loc. Campese, 58012 Isola del Giglio (GR), ✆ 0564-804003 oder 349-7620779, hotelcampese.com. **€€€€**

Camping *** Baia del Sole,** an der Straße kurz vor Campese. Einziger Campingplatz der Insel und im Hochsommer meist restlos belegt. Terrassenförmig angelegt, gut gelegen, ausreichend Schatten, manche Stellplätze herrlich über dem Meer. Mit eigenem Felsstrand, Bar, Minimarket und Ristorante. Stellplatz inkl. 2 Pers. 43–55 €. Auch einige kleine Holzbungalows (54–77 € pro Tag), die großen Stellplätze und Bungalows im Sommer nur wochenweise buchbar, frühzeitige Reservierung in der Hochsaison notwendig, die besten Chancen hat man noch mit einem kleinen Zelt. Keine Hunde in der Hochsaison. Mitte Mai bis Mitte Okt. geöffnet. Loc. Sparavieri – Campese, 58012 Isola del Giglio (GR), ✆ 0564-804036 oder 346-7490650, campeggiobaiadelsole.com.

Essen & Trinken **Ristorante/Pizzeria da Tony,** direkt beim Medici-Rundturm, nicht nur bei Tauchern sehr beliebte Pizzeria und Fischrestaurant. Via della Torre 13, ✆ 345-2345552.

Tauchen Die Gewässer um Giglio sind ein Eldorado für Taucher, da sich hier quasi alle Schwierigkeitsgrade finden. Die ruhige Bucht von Campese eignet sich besonders für Anfänger, z. B. beim **Campese Diving Center (CDC)** direkt am Strand, unter der Leitung von Reiner Krumbach und in Zusammenarbeit mit dem Institut für Marine Biologie **IfMB** (ifmb.com) – interessant für alle, die sich näher mit dem Ökosystem Meer beschäftigen wollen. Schnuppertauchen 50 €, Tauchkurse ab 230 €. Ein Tauchgang mit kompletter Leihausrüstung kostet 70 €, Studenten erhalten Rabatt. Unterkunft kann vermittelt werden. Die Tauchbasis ist von März bis November geöffnet, im Winter auf Anfrage. Via di Mezzo Franco 14, Loc. Campese, 58012 Isola del Giglio (GR), cdc-giglio.de, Infos und Buchung nur per Mail: info@cdc-giglio.de.

Cala Maestra im Westen Giannutris

Giannutri

Wie auch das benachbarte Giglio ist Giannutri der Maremma am italienischen Festland vorgelagert. Als einzige Insel des Archipels befindet sie sich zum größten Teil in Privatbesitz.

Die südlichste und zugleich östlichste Insel des Archipels weist die Form einer Sichel auf. Sie ist nur ca. 4 km lang und 500 m breit (2,6 km^2 Fläche, 11 km Küstenlinie) und ihr höchster Punkt erbebt sich nur knapp 90 m über dem Meeresspiegel. Giannutri liegt ca. 20 km vom Hafen Porto Santo Stefano am Monte Argentario entfernt, von dort werden in den Sommermonaten Tagesausflüge auf die Insel angeboten. Weitere Möglichkeit für einen Besuch ist ein Ausflug vom Inselnachbarn Giglio.

Vorherrschende Vegetation auf der kargen Insel (auf Giannutri gibt es keine Quellen) ist mediterrane Macchia, nur vereinzelt wachsen Steineichen, und nahe der Cala Maestra hat man wieder Pinien angepflanzt. Die Kalksteinküste der Insel ist zerklüftet, vor allem an ihrer Südspitze finden sich zahlreiche Grotten. Verschiedene Sperlingsarten, Schwalben und Silbermöwen leben hier ganzjährig, saisonal dient die Insel als Zwischenstation für Zugvögel.

Wer mit dem Ausflugsboot ankommt, dem sticht sofort die nicht mehr ganz neue Appartementanlage in der Bucht **Cala Spalmatoio** im Westen der Insel ins Auge. Im Winter ist die Insel wie ausgestorben, gerade mal zwei Dutzend Menschen leben hier ganzjährig. Zu besichtigen gibt es auf Giannutri die sehenswerten Überreste einer **römischen Villa** aus dem 1. Jh. n. Chr.

> Von der Cala Spalmatoio führt ein **Fußweg** vorbei am Helikopter-Landeplatz zur Cala Maestra, Dauer im gemütlichen Spaziergängertempo ca. 20 Min. Diesen Hauptweg darf man nur im Rahmen einer **geführten Wanderung** verlassen (Dauer 1,5 Std., 10 €, Kinder 5–12 J. 5 €, darunter frei, Infos und Anmeldung unter parcoarcipelago.info bzw. ✆ 0565-908231).

Zum **Baden** ist Giannutri nur bedingt geeignet: Es gibt nur zwei bescheidene Strände, an der Ostküste die bereits erwähnte **Cala Spalmatoio** mit Anlegestelle und winzigem Kiesstrand, im Westen die **Cala Maestra** mit ebenso dürftigem Badestrand, dafür aber einigen römischen Überresten am Meer.

Geschichte

Bei den Griechen hieß die Insel **Artemisia,** die Römer nannten sie Dianum bzw. **Dianium,** nach der römischen Jagdgöttin Diana. Im 1. Jh. n. Chr. baute hier die einflussreiche Familie der Domitii – ihr gehörte u. a. der berüchtigte Kaiser Nero an – eine herrschaftliche Villa oberhalb der Cala Maestra, deren gut erhaltene Ruinen noch immer einen Eindruck vom damaligen Wohlstand vermitteln. Im größeren Stil besiedelt wurde die Insel aber nie, im Mittelalter fand lediglich der ein oder andere Einsiedler hier sein Refugium.

Seit 1996 ist die Insel ein Teil des Nationalparks, in den Buchten Cala Spalmatoio und Cala Maestra können jedoch Privatjachten und Ausflugsboote vor Anker gehen.

Villa Romana (Cala Maestra)

Die am besten erhaltenen römischen Ruinen des Archipels. Die Sommerresidenz der Familie der Domitii bestand u. a. aus der Villa, weiteren Wohngebäuden sowie Thermen, Nymphäum, Latrine und Zisternen. Drei beeindruckende Säulen wurden wieder aufgerichtet, erstaunlich gut erhalten sind auch noch Teile der Außenmauern und des Fußbodens mit Mosaikfragmenten und Heizungssystem. Auf der Treppe kann man noch die Reste der römischen Marmorverkleidung erkennen. Die schönsten Mosaike – Szenen der griechischen Mythologie mit Theseus und Minotaurus – wurden allerdings von Touristen abgetragen, sodass das Gelände mittlerweile umzäunt und nur noch in Begleitung zugänglich ist. Die Ausgrabungen auf Giannutri sind noch nicht abgeschlossen, man vermutet, dass es sich bei dem freigelegten Gelände nur um einen kleinen Teil der noch im Verborgenen liegenden Überreste aus römischer Zeit handelt.

▪ Die Villa Romana ist nur im Rahmen einer Führung zugänglich, die von Mitte Juni bis

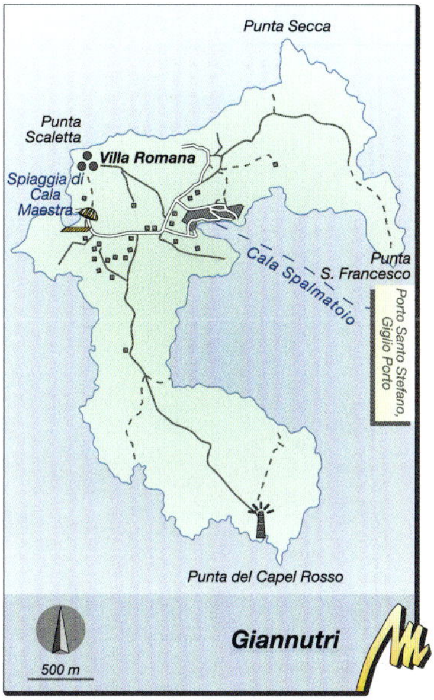

Anfang Sept. täglich, in der Nebensaison meist nur am Samstag stattfindet (prinzipiell nur nach Voranmeldung). Dauer 1 Std., Erw. 8 €, Kinder 11–14 J. 4 €, bis 10 J. gratis. Infos und Anmeldung unter ✆ 0565-908231, parcoarcipelago.info.

Praktische Infos

Ausflugsboote von Porto Santo Stefano (Monte Argentario) Mit **Maregiglio** (maregiglio.it) im Sommer 4-mal in der Woche (Mo, Mi, Sa, So), in der Nebensaison 2-mal (Mi und Sa), Abfahrt in Porto Santo Stefano um 10 Uhr, retour ab Giannutri um 16 Uhr, die Überfahrt dauert gut 1 Std. Pro Pers. 30 €, Kind 20 €, Hund 13 € (je hin und zurück). Ticketbude am Hafen von Porto Santo Stefano.

Ausflugsboote ab Giglio Ebenfalls mit **Maregiglio** von Ende Juni bis Anfang Sept. immer Do um 10.30 Uhr ab Giglio Porto, retour ab Giannutri um 16 Uhr, 28 €/Pers., Kinder 4–11 J. 18 €. Maregiglio in Giglio Porto: Via Umberto I 22. ✆ 0564-809309, maregiglio.it.

Essen & Trinken Je eine Bar/Ristorante in der Cala Spalmatoio und in der Cala Maestra.

> Auch auf Giannutri wird eine **Nationalparkgebühr** erhoben: 4 €/Person.

Die kleinen Inseln des Toskanischen Archipels → Karte S. 156

Im Hafen von Portoferraio

Nachlesen

& Nachschlagen

Monte Capanne: Weitblick über das Inselrelief

Geografie und Geologie

Elba ist die drittgrößte Insel Italiens und mit weitem Abstand die größte Insel des Toskanischen Archipels.

Die elbanische **Bevölkerung** ist eine Mischung verschiedener Einwanderergruppen vom Festland, auch wenn die Unterschiede heute längst verwischt sind. Portoferraio war ursprünglich toskanisch, Marciana korsisch und im herben Bergdorf Capoliveri siedelten einst Neapolitaner. Im Letztgenannten finden sich noch einige Überbleibsel vom Brauchtum bei den Volksfesten. Elba zählt heute sieben eigenständige **Gemeinden,** über ein Drittel der Inselbevölkerung (ca. 32.000 Einwohner) lebt in der Hauptstadt Portoferraio – knapp 12.000 Personen. Ansonsten ist die Bevölkerungsdichte in der Ebene von Marina di Campo am höchsten.

Das Relief der Insel zeigt sich überwiegend hügelig bis bergig und weist drei größere **Massive** auf: der **Monte Capanne** (1019 m), höchster Berg der Insel im Westen, der **Monte Calamita** (413 m) auf der gleichnamigen Halbinsel im Südosten und die **Cima del Monte** (516 m) als höchster Gipfel des auf einer Nord-Süd-Achse verlaufenden Bergrückens im Nordosten der Insel. Dazwischen liegt eine niedrigere Hügellandschaft mit tief einschneidenden Tälern und Ebenen. Deren markanteste ist die flache Ebene des **Campo nell'Elba** zwischen Procchio und Marina di Campo, sie markiert die Grenze zur steil aufragenden westlichen Halbinsel.

Umgeben ist Elba vom **Tyrrhenischen Meer,** dem Teil des Mittelmeers zwischen der westitalienischen Küste sowie Korsika und Sardinien im Westen und Sizilien im Süden. Die **Küstenlinie** der Insel zeigt sich außerordentlich facettenreich: drei große Sandbuchten im Süden, schroffe und felsige Abschnitte an der gesamten westlichen Halbinsel, kleinere Buchten an der Halbinsel Calamita und an der Ostseite sowie nahezu unzugängliche Abschnitte im Norden von Elba. Daneben gibt es noch zahlreiche kleine Kies- und Sandbuchten westlich der Inselhauptstadt Portoferraio.

Der **geologische Aufbau** der Insel wird von mehreren Regionen verschiedenen Gesteins bestimmt. Im Westen der Insel findet sich das Granitgestein des Monte Capanne, dessen Alter man auf etwa sieben Millionen Jahre schätzt und das sich beim langsamen Abkühlen zäher Magma gebildet hat, die in bereits bestehende Gesteinsarten eingedrungen ist (Intrusion). In geringerem Umfang hat auch im Osten der Insel eine Intrusion stattgefunden, die besonders hier eine Vielzahl an Mineralien hervorgebracht hat. Hinzu kommen noch die **Eisenerzvorkommen** auf Elba, die die Besiedlungsgeschichte der Insel entscheidend mitbestimmt haben, sowie die 170 verschiedenen Mineralienarten, die – gemessen an der Größe Elbas – an sich schon eine Sensation sind. Diese geologische Vielfalt spiegelt sich natürlich auch in den Landschaften und in der Natur der Insel wider.

Die Insel der Mineralien

Die wichtigsten Mineralienvorkommen Elbas liegen im Osten der Insel, v. a. in der Gegend um Rio Marina und auf der Halbinsel Calamita (hier dominiert jedoch Eisenerz). In den mittlerweile stillgelegten Minen und Gruben im östlichen Teil Elbas fand man bis in die jüngste Vergangenheit hauptsächlich Pyrite, Hämatite, Magnetite und Quarzkristalle, aber auch Calcite, Malachite, Azurite, Turmaline und Berylle, außerdem Topase und Granate. Auch im Gebiet um den Monte Capanne finden sich Mineralien, einer der wichtigsten Fundorte liegt am östlichen Ausläufer des höchsten Inselberges bei San Piero in Campo.

Eine Sonderstellung unter den elbanischen Mineralien nimmt der **Ilvait** ein, der nur hier vorkommt und seinen Namen von Ilva, der römisch-antiken Bezeichnung für Elba, erhalten hat. Von beeindruckender Größe und Schönheit sind besonders der **Pyrit** mit seiner golden glänzenden glatten Oberfläche und der schwarz glänzende **Hämatit.**

Mineraliensammler tun sich auf Elba mittlerweile schwer. Da die Gruben geschlossen sind, kann man nur noch in natürlichen Steinbrüchen, frei zugänglichen „Aufschlüssen" (Fundorten) und z. T. auch bei natürlichen Abbrüchen fündig werden. Aber auch hier wird man nur mit etwas Glück überhaupt noch etwas finden.

Elba auf einen Blick

Geografisches: Die Fläche beträgt 224 km², Elba ist knapp 30 km lang und etwa 18 km breit mit einer Küstenlinie von 147 km. Höchster Berg ist mit 1019 m der **Monte Capanne** im Westen der Insel.

Wichtige Orte: Portoferraio – Inselhauptstadt und wichtigster Ankunftshafen; **Marina di Campo** – zweitgrößter Ort und wichtiges Touristenzentrum an langer Sandbucht; **Porto Azzurro** – lebhafter Hafenort im Osten der Insel; **Rio Marina** – ehemaliger Verladehafen an der Ostküste und zweitwichtigster Ankunftshafen; **Capoliveri** – geschichtsträchtiges Bergdorf auf der Halbinsel Calamita; **Marciana Marina** – Hafen im Nordwesten der Insel, ein weiteres touristisches Zentrum; **Marciana Alta** – abgeschiedenes Dorf an den Hängen des Monte Capanne und beliebtes Ausflugsziel.

Bevölkerung: Auf Elba leben ganzjährig fast 32.000 Menschen, davon allein 12.000 in der Hauptstadt Portoferraio. Es folgen das Campo nell'Elba (Marina di Campo) mit ca. 4700 Einwohnern, Capoliveri mit ca. 3900 und Porto Azzurro mit etwa 3600, Marciana Alta bringt es auf 2000 Einwohner, Marciana Marina auf ca. 1900 und die Gemeinde Rio (2018 aus Rio nell'Elba und Rio Marina zusammengelegt) auf ca. 3400 Einwohner. Im Sommer steigt die Inselbevölkerung sprunghaft an.

Im botanischen Garten des Eremo di Santa Caterina

Flora und Fauna

Auf Elba herrscht natürlich die typische Vegetation des Mittelmeerraums vor, und das bedeutet vor allem eins: Macchia. Dank der vielen verschiedenen Gesteinsarten findet sich hier aber durchaus eine vielfältige Naturlandschaft, u. a. auch bedingt durch die unterschiedlichen Höhenstufen der Insel – vom Meeresspiegel bis hinauf auf ca. 1000 m.

Dennoch unterscheidet sich die Flora Elbas nicht wesentlich von der des nahe gelegenen italienischen Festlands. Auffallend ist dagegen der große **Waldbestand,** der hier trotz intensiver landwirtschaftlicher Nutzung erhalten geblieben ist. Zu sehen sind die dichten Wälder noch an der Nordseite des Monte Capanne, hier in Form von oft jahrhundertealten (Ess-)Kastanienbäumen, am benachbarten Monte Perone findet sich ein lichter Pinienwald, daneben treten noch Kork- und Flaumeichen, Aleppokiefern und diverse andere Kiefernarten auf. Von den Steineichenwäldern, die in der Antike den größten Teil der Insel bedeckten, ist allerdings nur noch wenig übrig. Der bewaldete und mit **Macchia** bewachsene Anteil auf Elba beträgt noch immer etwa die Hälfte des gesamten Inselgebiets, hier muss man jedoch auch die in den vergangenen Jahrzehnten wieder aufgeforsteten Pinienwälder mit einbeziehen.

Auf Elba lassen sich drei **Vegetationszonen** unterscheiden: vom Meeresspiegel bis etwa 500 m die Stein- und Korkeichen, dazu Macchiapflanzen wie Zistrosen, Mastix, Ginster, Myrte und Erdbeerbaum; in den mittleren Höhen (500–900 m) ebenfalls Macchia und Laubwald (u. a. Esskastanien, Eichen und Eschen); in der höchsten Region um den Monte Capanne (ab ca.

800–900 m) dann vereinzelt Eiben und Hopfenbuchen sowie zahlreiche, auch endemische Varianten von Veilchen (u. a. das Elba-Veilchen Viola ilvensis) und die erst vor einigen Jahren entdeckte endemische Safranpflanze Crocus ilvensis, außerdem Lilien, Narzissen und Bergorchideen. Darüber hinaus gibt es gleich zwei verschiedene Kornblumenarten auf der Insel: um den Monte Capanne und im Gebiet der Festung Volterraio.

Daneben zählt die elbanische Flora weitere endemische, d. h. nur hier vorkommende Pflanzen. Diese Pflanzen sind z. T. eng verwandt mit der Flora auf Korsika und Sardinien, was daran liegt, dass die heutige Insel vor etwa einer Million Jahren zum Sardinien-Korsika-Massiv gehörte und erst später – durch tektonische Absenkung – isoliert wurde.

„Importpflanzen" auf Elba sind Agaven, Eukalyptus und Mimosen, die es ursprünglich auf der Insel nicht gab.

Auch die **Fauna** der Insel kennt Arten, die denen auf Korsika und Sardinien ähneln bzw. teilweise mit ihnen identisch sind. Hierzu zählen der korsische Zeisig sowie bestimmte Geckos, Taranteln und Frösche. Wie fast alle toskanischen Inseln ist auch Elba eine wichtige Station für viele Zugvögel zwischen Afrika und Europa. Zu den besonderen Vorkommen dieser Vielflieger zählen der Gelbschnabel-Sturmtaucher (Calonectris diomedea, ital. Berta Maggiore) und der mittlerweile stark in seinen Beständen zurückgegangene Mittelmeer-Sturmtaucher (Puffinus yelkouan, ital. Berta Minore), beide jedoch v. a. auf der Nachbarinsel Pianosa und auf Montecristo. Ganzjährig anzutreffen sind der Wanderfalke, das Rote Rebhuhn, der (einst für die Jagd importierte) Fasan und die Alpenbrunelle, dazu an der Küste die weit verbreitete Silbermöwe (Larus argentatus, ital. Gabbiano reale) – ein robuster Räuber, der nicht nur die Nester anderer Brutvögel ausräumt, sondern möglicherweise auch Jagd macht auf Ihr Panino, das Sie sich grade genüsslich einverleiben wollen. Im Vergleich zur Silbermöwe selten ist die deutlich kleinere Korsische Möwe (Larus audouinii, ital. Gabbiano corso). Sie wird auch Korallenmöwe genannt und ist mit nur etwa 100 Brutpaaren auf der Insel vertreten. Auch wenn die Möwen an den Häfen, Stränden und im Dunstkreis der Fähren überaus präsent sind, gebrütet wird in absoluter Abgeschiedenheit an den unzugänglichen Klippen und auf den vorgelagerten Inseln.

Bei den Säugetieren besitzt die Insel eine geringere Artenvielfalt als das italienische Festland. Erwähnung verdienen der hier heimische Baummarder, zahlreiche Nagetiere, Stachelschweine sowie Feldhasen und Wildkaninchen. Eingeführt wurden Wildschweine (→ Kasten, S. 191) und Mufflons, diese Wildschafe haben im Vergleich mit den Hausrassen ein glattes und wesentlich kürzeres Fell. Anzutreffen sind kleine Herden an der Baumgrenze an den Hängen des Monte Capanne, etwa 300 Mufflons gibt es auf Elba – zu viele für die kleine Insel. Dazu verteilen sich zahlreiche wilde Ziegen über die ganze Insel.

Die beeindruckendsten Begegnungen finden jedoch im Meer vor der Küste Elbas und der anderen toskanischen Inseln statt: Von den Fähren und Ausflugsbooten vor der Westküste und hinüber nach Pianosa sind immer wieder Delfine bei ihren kunstvollen Luftsprüngen zu beobachten. Noch spektakulärer sind die Sichtungen von Finnwalen und Pottwalen, die ebenfalls in den Gewässern des Archipels zu Hause sind und sich im Frühjahr und Herbst gelegentlich blicken lassen – Finnwale waren sogar schon im Hafenbecken von Portoferraio zu sehen. Und in den letzten Jahren haben sich an mehreren Sandstränden Elbas im Juni auch wieder die **Unechten Karettschildkröten** (Caretta caretta) zur Eiablage eingefunden. Der Nachwuchs schlüpft

Nationalpark Toskanischer Archipel

Parco Nazionale Arcipelago Toscano

Vorausgegangen waren lange Jahre der Kontroverse unter der Bevölkerung und der politischen Unentschlossenheit, bis er 1996 schließlich doch noch gegründet wurde: der **Parco Nazionale Arcipelago Toscano,** der alle sieben größeren Inseln des Archipels umfasst. Während die Insel Montecristo bereits seit Anfang der 1970er-Jahre unter strengem Naturschutz steht, wurde der Gedanke an den Schutz der gesamten toskanischen Inselwelt erstmals 1982 im italienischen Parlament laut gedacht und bald darauf in ein Gesetz zum Schutz der Meereszonen des Archipels umgewandelt. Provisorisch standen auch bald die Inseln unter Schutz, doch die eigentliche Errichtung des Nationalparks kam nur schleppend voran. Die Bewohner der toskanischen Inseln standen dem Projekt skeptisch bis ablehnend gegenüber, zumal sich v. a. elbanische Fischer und Landwirte durch den Park in ihrer Existenz bedroht sahen. Als die Pläne kurz vor dem Aus standen, griff 1996 dann die EU ein und brachte – nicht zuletzt auch durch ein umfangreiches Finanzierungsprogramm – schließlich die Realisierung des Parks zustande. 2021 wurde der Nationalpark in die erlesene „Green List" der IUCN (International Union for Conservation of Nature) aufgenommen.

Der Nationalpark mit etwa 18.000 Hektar Landfläche (und ca. 57.000 Hektar Meeresfläche) umfasst etwa 50 % des Inselterritoriums von Elba (v. a. den Westteil der Insel, den Nordosten zwischen Rio nell'Elba und Cavo sowie den südlichen Bereich der Halbinsel Calamita), 75 % der Insel Capraia und rund 40 % von Giglio. Montecristo, Giannutri, Pianosa und Gorgona stehen zu 100 % unter Naturschutz, wobei Montecristo und Giannutri in die Schutzzonen A und B fallen, in denen „alle, das Territorium verändernde Tätigkeiten" verboten sind. Für Elba und Giglio gelten die moderateren Zonen C und D, die zum Schutz der Bewohner landwirtschaftliche und bauliche Tätigkeiten zulassen. Zu den erklärten Zielen des Nationalparks zählt schließlich neben der „Bewahrung der vegetalen und tierischen Arten" auch die „Integration zwischen Mensch und Natur" – so das offizielle Nationalpark-Statut.

▪ Weitere Informationen im **Info-Büro des Nationalparks** auf dem Viale Elba 2 (Ecke Calata Italia 4) in Portoferraio, geöffnet April bis Okt. tägl. 9–19 Uhr, Nov. bis März Mo–Sa 9–15 Uhr, So 9–13 Uhr. ✆ 0565-908231, parcoarcipelago.info.

dann für gewöhnlich nach 50–60 Tagen im August – an den Stränden bitte unbedingt die Schutzmaßnahmen einhalten! Einer Sensation gleich kamen die Sichtungen der vom Aussterben bedrohten und extrem scheuen **Mittelmeermönchsrobbe** (Monachus monachus) an den Küsten von Capraia und Pianosa im Sommer 2020. Die Robben waren über 50 Jahre lang hier im nordwestlichen Mittelmeer nicht mehr heimisch, insgesamt soll es weltweit nur noch weniger als 700 Exemplare geben. Zumindest an die Südwestküste Capraias scheint die Mönchsrobbe dauerhaft zurückgekehrt zu sein.

Elba und der Toskanische Archipel gehören zum 1999 gegründeten **Santuario Internazionale per i Mammiferi Marini** (Internationales Schutzgebiet für Meeressäuger), kurz **Santuario Pelagos,** das sich auf 87.500 km² Meeresfläche über das gesamte nördliche Tyrrhenische Meer von Frankreich/Ligurien bis zur Nordküste Sardiniens erstreckt. Im Jahr 2003 wurden die sieben Toskanischen Inseln und das sie umgebende Meer darüber hinaus zur **Riserva della Biosfera Isole di Toscana** der UNESCO ernannt, in der wiederum seltene und vom Aussterben bedrohte Spezies unter besonderen Schutz gestellt werden. Kerngebiete dieser Schutzzonen sind Montecristo sowie weite Teile der Küsten von Gorgona, Capraia und Giannutri, auf Elba das Gebiet um den Monte Capanne.

> Wer glaubt, ein Schildkrötennest entdeckt oder eine Meeresschildkröte bzw. gar eine Robbe gesichtet zu haben, wende sich an die **Guardia Costiera** unter ✆ **1530.** Und halten Sie unbedingt Abstand von den Tieren!

Begegnung der besonderen Art – mit dem Wildschwein

Wildschweine kommen auf Elba – vor allem dank des Mangels an natürlichen Feinden – zuhauf vor, sie wurden in den 1960er-Jahren eigens zu Jagdzwecken eingeführt und erfreuen sich hier eines stetig wachsenden Bestandes. Insbesondere nachts auf einsamen Landstraßen ist eine Begegnung gar nicht so abwegig, eine umsichtige Fahrweise daher unerlässlich. Eine Gruppe Halbwüchsiger im Schweinsgalopp über den Feldweg zum Appartement – nichts Ungewöhnliches. Besondere Vorsicht ist geboten bei Bachen mit ihren Frischlingen, denn hier weiß man nie, wie viele noch aus dem Unterholz kommen. Und fühlt die Bache sich oder ihren Nachwuchs bedroht, kann ein ausgewachsenes Wildschwein lebensgefährlich werden!

Die größten wildlebenden Säugetiere der Insel werden bis zu einen Meter groß und können ein Gewicht von etwa 200 kg erreichen. Paarungszeit ist im Winter, die Frischlinge (bis zu zehn) werden etwa im Mai/Juni geboren. Als klassische Allesfresser machen die Wildschweine, deren Speisezettel neben Gräsern, Blättern, Wurzeln, Pilzen und Früchten auch lebende und tote Kleintiere umfasst, selbst vor Feldern und Weinstöcken elbanischer Landwirte nicht Halt und durchsuchen nachts teilweise auch recht dreist die Gärten nach Essbarem (wenn es sich nach Einbrechern im Garten Ihres einsamen Ferienhäuschens anhört – es ist wahrscheinlich eine Wildschweinfamilie). Hauptsächlich halten sich die Wildschweine jedoch in der dichten Macchia der Insel auf, besonders aber in den Wäldern in der Mitte Elbas und im Westen. Im Spätherbst werden sie in begrenzter Zahl zum Abschuss freigegeben.

Sonne garantiert und Schatten auf Bestellung: Traumstrand im August

Klima und Reisezeit

Am schönsten ist Elba natürlich im Frühling, wenn alles grünt und blüht. Die Insel weist wie die anderen Inseln des Toskanischen Archipels auch ein typisches Mittelmeerklima mit trockenen, heißen Sommern und eher niederschlagsreichen Wintermonaten auf.

Dramatische Temperaturschwankungen gibt es auf Elba nicht, das Klima der Insel gilt als besonders mild. Dennoch: Alle paar Jahre im Winter trägt der Monte Capanne tatsächlich für einige Tage weiß, Schnee oder Minusgrade sind in den Tallagen jedoch eher eine Seltenheit. Um Weihnachten herum blühen die wilden Narzissen, im Januar sind es die Mandelbäume. Zahlreiche Pflanzen der Insel weisen eine ganzjährige Blütezeit auf, hinzu kommen die vielen Quellen auf Elba, dank derer die Insel auch im Hochsommer nicht ausgedörrt erscheint. Während im Sommer die Winde hauptsächlich aus nördlicher Richtung eine angenehme Brise bringen, können im Winter die heftigen Südwinde schon mal Sturmstärke erreichen. Den größten Niederschlag auf der Insel verzeichnet man in den späten Herbstmonaten sowie im Februar, März und April, in den letzten Jahren war es jedoch viel zu trocken.

Die Wetterstatistik zählt auf Elba knapp 170 Sonnentage im Jahr, die Sonnenscheindauer beträgt im errechneten Mittel sieben Stunden pro Tag, Spitzenreiter ist der Monat Juni mit täglich elf Stunden Sonnenschein, während es im Dezember gerade mal 3,5 Stunden sind. Die Höchsttemperaturen auf Elba liegen im Hochsommer öfter über 30 °C, die Tiefsttemperaturen betragen etwa 7 °C im Januar.

Die Urlaubssaison auf der Insel beginnt zu Ostern und dauert bis etwa

Anfang oder Mitte Oktober, bei stabiler Großwetterlage auch bis Ende Oktober. Zu den gesetzlichen Feiertagen wie z. B. dem 1. Mai oder dem 2. Juni, die per „Ponte" (Brücke) zum verlängerten Wochenende ausgedehnt werden können, ist es oft recht voll auf den Inseln.

Natur- und Wanderfreunde können sich in den Monaten April und Mai an einem bunten Blütenmeer erfreuen, zum Baden lädt das dann etwa 16–18 °C „warme" Tyrrhenische Meer in diesem Zeitraum allerdings nur hart gesottene Naturen ein, das Wetter kann bis in den Juni hinein durchwachsen sein, mit bewölkten und regnerischen Tagen ist zu rechnen – aber auch mit anhaltenden Schönwetterperioden. Sonnenschein bei strahlend blauem Himmel ist etwa ab Mitte Juni bis Ende August/Anfang September fast garantiert, nur selten trübt zwischendurch ein Regentag oder der launische Wüstenwind **Scirocco** (und mit ihm dichte Wolken) die Badefreuden. Wunderbare Fernsicht garantiert hingegen der frische **Maestrale** (Mistral) aus Nordwesten – ideale Voraussetzung für die Besteigung (oder Befahrung mit der Gondel) des höchsten Inselberges Monte Capanne (1019 m), von dem aus man den gesamten Toskanischen Archipel und Korsika überblicken kann.

Natürlich fallen die verlässlich schönen Tage in die Hauptreisezeit, zu der die Insel vor Besuchern fast überzuquellen scheint. Juli und August sind die wichtigsten Reisemonate auf Elba, und im August sind es wiederum die Wochen um Mariä Himmelfahrt am 15. August (Ferragosto), in denen halb Italien hier Badeurlaub zu machen scheint. Der Sommerurlaub zu **Ferragosto** hat in Italien Tradition, schon die alten Römer unter Kaiser Augustus versprachen sich während der Hundstage im August Abkühlung am Meer. Heute verlangen die Hoteliers für die drei zentralen Wochen im August Höchstpreise (aus der „Alta Stagione" wird dann die „Altissima Stagione"), die Strände und Restaurants sind noch voller als sonst. Kurzum: Wer irgendwie kann, sollte seinen Urlaub auf der Insel nicht in den Zeitraum 5. bis 25. August legen.

Klimadaten von Elba (Durchschnittswerte)

Monat	Ø Lufttemperatur (Max./Min. in °C)		Ø Wasser-temperatur	Ø Regentage im Monat	Ø Stunden mit Sonnenschein
Jan.	12,8 °C	7,4 °C	14,5 °C	7	3
Febr.	13,3 °C	7,8 °C	13,5 °C	7	4
März	14,5 °C	8,6 °C	14,5 °C	6	5
April	17,4 °C	10,5 °C	15,5 °C	6	7
Mai	20,9 °C	13,6 °C	17,5 °C	5	9
Juni	24,6 °C	16,8 °C	21,0 °C	2	10
Juli	28,1 °C	19,9 °C	23,5 °C	1	10
Aug.	28,2 °C	20,0 °C	24,5 °C	2	10
Sept.	25,3 °C	17,6 °C	23,5 °C	4	8
Okt.	21,4 °C	14,6 °C	21,5 °C	6	6
Nov.	16,7 °C	11,0 °C	18,0 °C	8	4
Dez.	13,4 °C	8,3 °C	16,0 °C	9	4
Jahr	**19,7 °C**	**13 °C**	**18,6 °C**	**5,2**	**6,7**

Doch schon ab Ende August wird es etwas ruhiger, herrliche Badetage kann man dann bis weit in den September hinein genießen. Ab etwa Mitte/Ende September kann man allerdings wieder Pech mit dem Wetter haben, Regentage sind nicht auszuschließen. Etwa Anfang Oktober kehrt der Frühherbst mit deutlich fallenden Temperaturen ein. Die Reisezeit für Badefans ist auf Elba also relativ kurz bemessen, wer jedoch zum Wandern, Segeln, Surfen oder Tauchen kommt, wird auch in den Monaten April, Mai, September und Oktober sehr gute Bedingungen finden. Besonders für Wassersportler sind die frühen Herbstmonate geeignet: Das im Sommer aufgeheizte Mittelmeer bietet auch im September/Oktober noch angenehme Temperaturen und Segler können sich auch im Frühling und Herbst über optimale Windverhältnisse freuen.

Der **Klimawandel** macht natürlich auch vor den Toskanischen Inseln nicht Halt, am unmittelbarsten ist das am immer öfter fehlenden Niederschlag zu erkennen. Der moderate, aber ergiebige Regen der Wintermonate, den die Pflanzenwelt so dringend braucht, bleibt immer öfter aus. Geschwächt durch die Dürreperioden v. a. der letzten Jahre sind die Pflanzen anfällig für Schädlingsbefall, den sie z. T. nicht überstehen.

Wirtschaft und Tourismus

Haupteinnahmequelle der Insel ist selbstverständlich der Tourismus, und das schon seit vielen Jahren. Die traditionellen Wirtschaftszweige Eisenabbau und -verhüttung, Granitabbau, Fischerei, Landwirtschaft und Weinbau traten in der zweiten Hälfte des 20. Jh. zunehmend in den Hintergrund, lediglich in Sachen Weinbau ist in den letzten Jahrzehnten ein neuer Aufschwung zu verzeichnen.

Der Rohstoff **Eisenerz** hatte die Insel schon zu Zeiten der Etrusker bekannt gemacht, die hier erstmals Abbau im größeren Stil betrieben. Über die Jahrhunderte hinweg wurde die Eisengewinnung im Osten Elbas immer wieder aufgegriffen und aufgegeben, den Anfang vom Ende erfuhr dieser Wirtschaftszweig nach dem Zweiten Weltkrieg, als die zerbombten Hochöfen von Portoferraio endgültig außer Betrieb gesetzt wurden. Anfang der 1980er-Jahre wurden schließlich auch die letzten Eisenminen der Insel geschlossen, u. a. ging man zum billigeren Import der Rohstoffe aus Ländern des globalen Südens über.

Fast aufgegeben wurde auch der **Granitabbau,** ein traditioneller elbanischer Erwerbszweig, in dem noch in den 1960er-Jahren etwa 400 Steinhauer beschäftigt waren. Der Granit wurde schon unter den Römern, später dann unter den Pisanern abgebaut. Die Steinbrüche befinden sich im Südwesten der Insel, hauptsächlich bei San Piero in Campo am Fuß des Monte-Capanne-Massivs. Verschifft wurde der Stein ab Cavoli, Seccheto und Marina di Campo. Nachdem der elbanische Granit Anfang des 20. Jh. noch zum Straßenbau in Rom, Florenz oder Mailand verwendet wurde, spielt er heute fast keine Rolle mehr. Lediglich für Baumaßnahmen auf der Insel selbst wird hin und wieder noch etwas von dem harten Gestein genutzt.

Die elbanische **Landwirtschaft** spielt zwar noch immer eine Rolle, verliert aber, mit Ausnahme des Weinbaus (→ „Die Weine der Insel", S. 226), zusehends an Bedeutung. Vielfach haben die Bauern auf die lukrativere Tourismusbranche umgesattelt; heute lebt nicht einmal mehr jeder zehnte Elbaner von der Landwirtschaft. Ohnehin ist nur etwa ein Drittel der vorwiegend bergigen Inselfläche zu bewirtschaften,

Caprile westlich von San Piero

Die Caprili

Wer im Südwesten Elbas auf den Pfaden um den Monte Capanne unterwegs ist, wird auf eine Granitverarbeitung der etwas anderen Art stoßen: igluartige, kleine Hütten aus Granitsteinen, die ohne jeden Mörtel oder Zement zusammengefügt wurden. Die Caprili (von „capra" = Ziege) dienten über die Jahrhunderte als Unterstände für die Ziegenhirten am Monte Capanne und wurden so konstruiert, dass sie sowohl gegen Wind als auch gegen Regen schützten. Im Inneren der Steinhütte befand sich meist eine Bank als Rastplatz für die Hirten. Teilweise gab es sogar eine Umzäunung für die Herde. Wer die Wanderung bei San Piero in Campo (→ S. 256) unternimmt, wird unterwegs auf mehrere bestens erhaltene, teils auch restaurierte Caprili stoßen.

wovon wiederum fast die Hälfte für den Weinbau genutzt wird. Die übrige Fläche ist mit Oliven und Obst kultiviert, ein geringerer Anteil mit Getreide und Gemüse. Auch der **Fischfang,** ehemals ein wichtiger Wirtschaftszweig Elbas, spielt heute eine untergeordnete Rolle und dient den meisten Elbanern nur noch als Nebenerwerb.

Mit dem Niedergang der Eisen verarbeitenden Industrie nach dem Zweiten Weltkrieg brachen zunächst Arbeitslosigkeit und eine miserable wirtschaftliche Lage über die Insel herein, aber schon bald erschien ein viel versprechendes Licht am Horizont: der **Tourismus.** Wohl auch aus Mangel an Alternativen wurde das Geschäft mit den Feriengästen in den 1950er-Jahren verstärkt vorangetrieben. Ein gut ausgebautes Straßennetz entstand (heute etwa 150 km Asphaltdecke), 1954 wurde eine regelmäßige Fährverbindung zum Festland eingerichtet und die Bettenzahlen stiegen sprunghaft an. Während man 1952 gerade mal 25.000 Übernachtungen zählte, hatte sich diese Zahl bereits fünf Jahre später vervierfacht, Mitte der 1970er-Jahre verzeichnete man etwa 700.000 Hotelübernachtungen und in den 1990er-Jahren war die Zwei-Millionen-Grenze dann schließlich überschritten, Übernachtungen in Appartements und auf Campingplätzen nicht eingerechnet. Entsprechend dieser großen Nachfrage wurden auch zahlreiche neue Unterkünfte gebaut, den bescheidenen neun Herbergen von 1949 stehen rund 60 Jahre später mehr als 200 Hotels und Residenzen gegenüber.

Dennoch ist Elba dem Massentourismus und dem damit verbundenen Negativ-Image entgangen, obwohl es Anfang der 1990er-Jahre zu einer ernsthaften Krise in der Branche kam: Die damalige wirtschaftliche Rezession wirkte sich natürlich auch auf den Haupterwerbszweig der Insel aus, hinzu kamen zunehmend Umweltprobleme, die der Insel zu schaffen machten und die Verantwortlichen zum Umdenken zwangen. 1994 wurde vom elbanischen Hotelverband das Projekt **Elbambiente** ins Leben gerufen, das sich schon recht früh den „Sanften Tourismus" auf die Fahnen geschrieben hatte. Elbambiente richtet sich sowohl an Urlaubsgäste als auch an Hoteliers, mehr für den Schutz der Insel zu tun, von offizieller Seite wird u. a. die verstärkte Waldbrandbekämpfung und die Werbung für alternative touristische Möglichkeiten beigesteuert. Man versucht, durch eine Ausweitung des touristischen Angebots die extreme Konzentration der Besucher auf die Monate Juli und August zu entzerren und die Insel z. B. durch den Ausbau der Wanderwege auch für Frühjahrs- und Herbsturlauber zu einem attraktiven Ziel zu machen. Mit anderen Worten: Man will weg vom Image der reinen Badeinsel, die Saison soll ausgedehnt und Gästezahlen besser übers Jahr verteilt werden. In Ansätzen mag dies wohl gelungen sein, an der maßlosen Überfüllung der Insel in den beiden Haupturlaubswochen im August kön-

Fast schon Relikte aus einer anderen Zeit – Fischerboote im Hafen

nen diese Maßnahmen jedoch nichts ändern. Von den Urlaubsgästen, die alljährlich nach Elba reisen, stammen etwa 60 % aus Italien, der Rest kommt zumeist aus dem europäischen Ausland: viele Deutsche, Österreicher und Schweizer, aber auch Niederländer, Franzosen und Briten.

Das Eselchen Grisella

Esel sind als Akteure im Tourismusgeschäft Elbas bis heute allenfalls eine Randerscheinung – mit einer Ausnahme: Grisella. Das Eselchen mit dem hübschen Namen war ab 1955 in der Branche tätig, nachdem Tino, seines Zeichens elbanisches Waisenkind und Grisellas Besitzer, auf eine schlagende Geschäftsidee gekommen war: Er bot Touristenkindern an, sich auf Grisellas Rücken durch die Landschaft schaukeln zu lassen, eine frühe Form des Eseltrekkings gewissermaßen. Das hatte Vorteile für beide Seiten: Den kleinen Feriengästen war nicht langweilig und Tino konnte mit der für den touristischen Dienst erhobenen Gebühr seine notorisch knappe Barschaft auffrischen, was dringend nottat, um Grisella angemessen versorgen zu können.

Grisella, Tino, Pater Ambrosio, der Esel als Fortbewegungsmittel oldfashioned findet und auf die Vespa setzt, die „alte Petronella", von der Tino das Eselchen einst geschenkt bekommen hatte, bevor dessen touristische Karriere Fahrt aufnahm, und natürlich Betty, die hinreißende Tochter eines schwerreichen First-Class-Touristen aus Brasilien (wieso eigentlich Brasilien?), in die Tino nicht minder schwer verliebt ist – sie alle gehören zum Staff des 1955 im Cecilie-Dressler-Verlag erschienenen Kinderbuchklassikers „Das Eselchen Grisella" von Heinrich Maria Denneborg (1909–1987). Denneborg stammte aus Gelsenkirchen, war Mitglied der dortigen Künstlersiedlung Halfmannshof (ja, so was gab's mal in Gelsenkirchen) und ab 1929 als Kinderbuchautor und Puppenspieler tätig. Sein neben „Grisella" größter schriftstellerischer Erfolg war „Jan und das Wildpferd" (1957), das 1958 mit dem Deutschen Jugendbuchpreis ausgezeichnet wurde. Mit seinem Puppentheater trat er während des Zweiten Weltkriegs mehrmals vor deutschen Frontsoldaten auf, was er später zwar nie verschwiegen, aber auch nie hinlänglich erklärt hat. Ab den 1960er-Jahren stand er als Kulturbotschafter in Diensten des Goethe-Instituts und demonstrierte seine Puppenspielkünste u. a. in Südamerika, Asien und Australien.

Denneborgs „Eselchen Grisella" wurde in insgesamt 13 Sprachen übersetzt, in den 1970er-Jahren erschien darüber hinaus eine Hörbuchfassung, die heute als MP3-Download erhältlich ist. Das Buch ist dagegen, wie Grisella selbst, längst außer Dienst und nur noch antiquarisch zu bekommen. Pater Ambrosios Vespa vermutlich nicht mal das.

Torre di San Giovanni – einst zum Schutz vor Piraten errichtet

Geschichte Elbas und des Toskanischen Archipels

Elba hat einen festen Platz in der Weltgeschichte. Dafür verantwortlich ist ein Mann, der sich gerade einmal zehn Monate hier aufgehalten hat, und das auch noch unfreiwillig: Napoleon. Ganz aus freien Stücken, wesentlich länger und mit nachhaltigerer Wirkung waren andere hier.

Vor- und Frühgeschichte

Bei einem Meeresspiegel, der mehr als 100 m unter dem heutigen lag, war Elba bis zum Ende der letzten Eiszeit (also bis in die Mittelsteinzeit) mit dem Festland verbunden. Man entdeckte an verschiedenen Orten der Insel Spuren altsteinzeitlicher Jäger, die wahrscheinlich jedoch nie fest an den Hängen Elbas siedelten. Erst für das Neolithikum (Jungsteinzeit, ab ca. 5000 v. Chr.) lässt sich eine Besiedlung nachweisen, dafür sprechen die hier gefundenen Werkzeuge und bearbeitete Waffen wie zum Beispiel Pfeilspitzen und Äxte (zu besichtigen im Archäologischen Museum in Rio nell'Elba).

Auch in der jüngeren Kupfersteinzeit (ab ca. 2500 v. Chr.) müssen Menschen auf Elba gewesen sein. Vermutlich war man damals auf der Suche nach kupferhaltigem Gestein, das hier nun erstmals auch abgebaut und verwertet wurde. Kupfergegenstände aus der Zeit von etwa 2000 v. Chr. fand man in der **Grotta di San Giuseppe** bei Rio Marina. An die Stelle dieses Metalls trat bald darauf die widerstandsfähigere und leichter zu bearbeitende Kupfer-Zinn-

Argonautischer Schweiß für die Ewigkeit

Schenkt man den antiken griechischen Geschichtsschreibern Glauben, sind die Argonauten auf ihrer Fahrt durch das Mittelmeer auch auf der Insel Elba gelandet. Unter der Führung Jasons brachen 46 Männer – die Argonauten – auf der eigens gebauten „Argo" zu einer abenteuerlichen Fahrt durchs westliche Mittelmeer auf, um das legendäre **Goldene Vlies** zu finden. Der antike Autor **Apollonios von Rhodos** berichtet, dass die griechischen Seefahrer am elbanischen Strand von **Le Ghiaie** Halt machten und dort ihren Schweiß – schließlich ruderte man mühsam – an den Kieseln des Strands trockneten. Da sie sich vorher mit heiligem Öl eingerieben hatten, sind die Kiesel noch heute von den Tropfen dunkel gesprenkelt, so zumindest will es die Mythologie.

Aus heutiger Sicht lässt sich eine weit weniger fabelhafte Begründung für die gesprenkelten Kiesel von Le Ghiaie finden: Bei den Steinen sind ganz einfach Einschlüsse des dunklen Gesteins Turmalin festgestellt worden. Als gesichert gilt jedoch, dass die erste griechische Siedlung auf elbanischem Boden (an der Stelle des heutigen Portoferraio) **Argoos** bzw. **Porto Argoo** hieß, benannt nach den sagenhaften Seefahrern.

Legierung Bronze. Das hierfür notwendige Zinn wurde vermutlich vom Festland herbeigeschafft, der Guss der Bronzegegenstände fand aber auf der Insel selbst statt. Die ersten festen Siedlungen auf Elba entstanden in der Zeit zwischen 1800 und 1100 v. Chr., und zwar im Westen der Insel an den Hängen des Monte Capanne. Ihre erste Blüte sollte die Insel jedoch erst unter den Etruskern erfahren, die in Elba den reichen Rohstofflieferanten für Eisenerz erkannten und das Metall im großen Stil abbauten.

Die Etrusker auf Elba

Woher die Etrusker kamen, lässt sich bis heute nicht sicher sagen. Der griechische Geschichtsschreiber Herodot (5. Jh. v. Chr.) gibt als Ursprungsgebiet der Etrusker Lydien (kleinasiatische Westküste) an. Man geht heute jedoch davon aus, dass es sich um eine Mischung kleinasiatischer Stämme handelte, die etwa ab dem 11. Jh. v. Chr. nach Mittelitalien einwanderten und sich in ihrem Kernland Etrurien, dem Gebiet zwischen den Flüssen Arno und Tiber, niederließen. Den Griechen zur Zeit Herodots waren die Etrusker als Tyrrhener bekannt, daher auch heute noch der Name des Meeres vor der etruskischen Küste. Wie archäologische Funde belegen, unterhielten die Etrusker rege Handelsbeziehungen im gesamten westlichen Mittelmeerraum, unter anderem auch mit dem nordafrikanischen Karthago. Ihr Exportschlager waren begehrte Metallwaren, insbesondere Waffen. Auf Elba hielten die Etrusker etwa 900 v. Chr. Einzug. Mitentscheidender Grund für ihre Ansiedlung waren die Erzvorkommen, deren Abbau nun erstmals in großem Umfang betrieben wurde. Schnell wurde Elba ein bedeutender Rohstofflieferant für das etruskische Reich, zunächst wegen des Kupfers, bald aber konzentrierte man sich ausschließlich auf das „neue" Metall Eisen.

Die Eiseninsel der Antike

Elba als wichtigster Rohstofflieferant bescherte der antiken Welt unter den Etruskern das erste industrielle Zentrum Europas. Dieses lag allerdings nicht auf der Insel selbst, sondern am gegenüberliegenden Festland in der etruskischen Stadt **Pupluna** (dem heutigen Populonia), wo das gewonnene Eisenerz verhüttet wurde. Pupluna war so bedeutend, dass hier sogar Münzen geprägt wurden, die den etruskischen Feuergott auf der Vorderseite, Hammer und Zange (als Symbole der Schmiede) auf der Rückseite darstellten. Dass die Insel wie auch Populonia mehr und mehr auch die Begehrlichkeit der anderen antiken Großmächte weckten, erscheint kaum verwunderlich.

Die hauptsächlich im Osten Elbas vorkommenden Eisenerze enthalten einen stattlichen Eisenanteil von bis zu 60 %. Es handelt sich dabei vor allem um die Eisenerz-Verbindungen Hämatit, Pyrit und Magnetit. Hämatit bzw. dessen feinkörnige, rötlich schimmernde Variante Roteisenstein wurde in der Gegend um Rio Marina abgebaut, der aufgrund seines hohen Schwefelgehaltes gelbliche Pyrit vor allem in den Gruben nördlich von Porto Azzurro und Magnetit wiederum auf der Halbinsel Calamita.

Geschmolzen wurde in der Antike in Hochöfen aus Lehm, in denen das eisenhaltige Erz mit der doppelten Menge an Holzkohle und mit Hilfe eines Blasebalgs auf eine Temperatur von knapp 1300 °C erhitzt wurde. Da der Schmelzpunkt für Eisen jedoch bei über 1500 °C liegt, floss aus den Schmelzöfen nur eine zähe Roheisenmasse, die zur weiteren Bearbeitung erneut erhitzt werden musste. Wie hoch entwickelt dabei die etruskische Technik war, sollte sich erst nach ihrem Verschwinden zeigen: Die Römer nämlich, die das Zentrum der Eisenverarbeitung nach Elba verlegten, waren nicht in der Lage, das etruskische System aus Schmelzöfen zu kopieren und produzierten in ungleich höherem Maße Abfallprodukte, mit denen die Insel bald überhäuft war. Während auch der zur Verhüttung notwendige Rohstoff Holz auf der Insel knapp wurde und Elba nahezu vollständig abgerodet war, türmten sich um die Zentren der Eisenverarbeitung bald meterhoch die angefallenen Schlacken. Noch heute sind die Überreste dieser frühen „Industrieabfallentsorgung“ zu sehen: Sie färben beispielsweise die Strände im Osten der Insel.

Dass die antiken Verhüttungsmethoden noch nicht besonders effizient waren, kam erst im 20. Jh. wieder zu Tage: Die Abfallprodukte auf der Insel und die längst vergessenen und mittlerweile dicht überwachsenen Eisenschlackenhügel von Populonia wurden für das rohstoffarme Land Italien mit Beginn des Ersten Weltkriegs 1914 zur wichtigen Ressource und über zwei Jahrtausende später ein weiteres Mal abgetragen und verhüttet.

Dank seiner Bedeutung als Waffenschmiede der Etrusker wird Elba bald auch Griechen und Karthagern bekannt und auf deren Handelsrouten zum wichtigen Anlaufpunkt. Die Griechen, die die Insel **Aethalia** nannten (vom griechischen „aithalos" = Rauch, Ruß), versuchten, ihren Einflussbereich über Unteritalien und Sizilien auf das westliche Mittelmeer auszuweiten. Dem entgegen stand die Allianz zwischen Etruskern und Karthagern. Höhepunkt dieser Auseinandersetzung war die erste gesichert überlieferte Seeschlacht im Tyrrhenischen Meer: Um 535 v. Chr. siegten die etruskisch-karthagischen Flottenverbände vor Alalia (Korsika) über die Griechen und sicherten sich die Vorherrschaft über das westliche Mittelmeer. Hundert Jahre später wandte sich das Kriegsglück dem Gegner zu: Bei dem Versuch, ihren Einflussbereich nach Süden auszudehnen, erlitten die Etrusker eine empfindliche Niederlage, die den Untergang ihres Reiches einleitete.

474 v. Chr. wurde die etruskische Flotte bei der Seeschlacht von Cumae von den Griechen, die zuvor auch gegen die Karthager siegreich gewesen waren, vernichtend geschlagen. Lachender Dritter war die aufstrebende Regionalmacht Rom, die ihren Lokalrivalen geschwächt fand. Für Elba hingegen begann eine Zeit des Schreckens. Die Flotte aus Syrakus nahm in der Folge die Insel ebenso wie das benachbarte Populonia (453 v. Chr.) ein, plünderte und brandschatzte die Küsten Elbas und des Festlandes und hielt sie besetzt. In diese Zeit fällt auch die Gründung des griechischen Hafens **Porto Argoo (Argoos)** in der Gegend des heutigen Portoferraio. Die griechischen Kolonisten wurden bald von den Römern bedrängt, gleichzeitig litt die Bevölkerung Elbas unter den anarchischen Zuständen: Die Buchten der Insel wurden zu Zufluchtsorten zahlloser Piraten, die die Küsten des Tyrrhenischen Meeres terrorisierten.

Auch nachdem Rom das etruskische Reich auf dem Festland zerschlagen hatte (Ende 4. Jh. v. Chr.) und sich schließlich auch auf der Insel Elba, dem römischen **Ilva,** behaupten konnte (Mitte des 3. Jh. v. Chr.), war es mit der Piraterie auf der Insel noch lange nicht vorbei.

Elba unter den Römern

Zu den ersten römischen Siedlungen auf Ilva zählten **Fabricia** (heute Portoferraio), **Caput Liberum** (Capoliveri) und **Post Montes** (Pomonte). Der Eisenabbau wurde unvermindert weiterbetrieben und hinzu kam erstmals auch Granit, der im Westen Elbas aus dem Monte-Capanne-Massiv gebrochen wurde. Teile des elbanischen Granits wurden u. a. für den Bau des Pantheons in Rom verwendet. Elba stieg auf zum wichtigen Handelszentrum im westlichen Mittelmeer, umgeschlagen wurden neben den lokalen Bodenschätzen auch Wein und Öl. Zu Zeiten des Ersten und Zweiten Punischen Krieges (264–241 v. Chr. und 218–201 v. Chr.) gegen Karthago diente die Insel als bedeutender Stützpunkt für die römischen Flotten. Auch der Toskanische Archipel war Schauplatz zahlreicher Seeschlachten zwischen Römern und Karthagern.

Die Bedrohung durch die tyrrhenischen Seeräuber blieb hingegen bestehen. Erst 67 v. Chr. machte kein Geringerer als Pompeius – Partner, Schwiegersohn und schließlich Gegner Julius Caesars – ihrem Treiben ein Ende. Die „lex Gabinia de bello piratico" stattete den Feldherrn mit weit reichender Machtbefugnis, 20 Legionen und 500 Schiffen aus und binnen 40 Tagen hatte er das Tyrrhenische Meer, das den Römern von nun an „mare nostrum" – „unser Meer" – sein sollte, von der Piraterie befreit.

Die Überreste einer ehemals luxuriösen „Villa rusticana" bei Le Grotte

Das Ende der römischen Republik und der Beginn der Kaiserzeit stellte für Elba eine Zäsur dar. Die Ausdehnung des Römischen Reiches nach Norden und die damit verbundene Erschließung neuer Eisenvorkommen bedeuteten zunächst einen drastischen Niedergang der elbanischen Wirtschaft. Doch nun entdeckten die Römer den Toskanischen Archipel und allen voran Ilva als beliebte Sommerresidenz. Im 1. Jh. v. Chr. entstanden die römischen Patriziervillen an der Landspitze Linguella (Portoferraio), bei Cavo im Nordosten der Insel und – als größtes römisches Bauwerk auf dem Toskanischen Archipel – die Villa von **Le Grotte** oberhalb der Bucht von Portoferraio: ein luxuriöser Landsitz mit großzügiger Badeanlage, den wahrscheinlich der Präfekt Publius Acilius Attianus erbauen ließ. Auf der Insel Elba, vormals Standort von Schwerindustrie, Handelshäfen und räuberischen Piraten, blühte nun eine antike Form des Tourismus.

Spätantike und frühes Mittelalter

Die ersten verfolgten Christen kamen im 3. Jh. auf die Inseln: Entweder als Gefangene – in dieser Zeit beginnt die Karriere Pianosas als Strafkolonie, ihre Katakomben gehören zu den bedeutendsten des Christentums (→ S. 167) – oder als Flüchtlinge vor Kaiser, Welt und später den Wirren der Völkerwanderung. Der heilige **Mamilianus** floh im 5. Jh. vor den Vandalen auf die Inseln, besiegte der Legende nach auf Montecristo einen Drachen und gründete eine bedeutende Glaubensgemeinschaft (→ S. 170). Im 6. Jh. wurde Elba der Kirchendomäne von Populonia angegliedert. Mit der Machtübernahme der Langobarden in der Toskana wurde der Bischof von Populonia, der später heilig gesprochene **Cerbone,** auf die Insel ins Exil gezwungen. Bei Poggio im Westen Elbas gründete er im Jahr 573 eine Eremitage (San Cerbone, → S. 146).

Die Inseln waren nun zum Fluchtpunkt für Einsiedler und „Andersgläubige" geworden, die von den Langobarden am Festland verfolgt wurden. Doch die Ruhe währte nicht lange, nur wenige Jahre später wurde auch Elba von den langobardischen Herzögen der Toskana eingenommen und geplündert. Knapp 200 Jahre später, im Jahr 774, erlitten die Langobarden eine vernichtende Niederlage gegen die Truppen Karls des Großen. Elba wurde nun päpstlicher Besitz, aber schon Ende des 8. Jh. zur Zielscheibe sarazenischer Piraten. Diese im ganzen Mittelmeer gefürchteten arabischen Freibeuter legten die Insel in den folgenden beiden Jahrhunderten mehrere Male in Schutt und Asche. Schließlich wurde der aufstrebenden Seerepublik Pisa die islamische Präsenz im toskanischen Meer zu viel.

Die Pisaner regieren

Nicht nur die Buchten Elbas nutzten die sarazenischen Seeräuber als Verstecke, sie verfügten auch über strategisch günstige Stützpunkte auf Korsika und Sardinien und waren so in der Lage, das gesamte Tyrrhenische Meer zu kontrollieren. Die Pisaner nahmen den Kampf gegen die Piraten im 10. Jh. auf. Nach anfänglichen Erfolgen in den Gewässern des Archipels musste der Stadtstaat auch schmerzliche Niederlagen hinnehmen, für die beispielhaft ein Name steht: **Mughedin,** auch bekannt als **Musetto,** Statthalter Sardiniens und legendärer sarazenischer Seeräuber. Bei einem Rachefeldzug für die Niederlage einer sarazenischen Flotte gelang es ihm im Jahr 1005, Pisa einzunehmen, zu plündern und Frauen und Kinder in die Sklaverei zu entführen. Dabei konnte Musetto der „Unbezwingbare" weder von Pisa noch von der Lokalrivalin Genua gestellt werden – erst 1034, bei einem groß angelegten Angriff auf das algerische Bona, bekam man den legendären Piraten zu fassen und richtete den mittlerweile 80-Jährigen unverzüglich hin.

Die Pisaner hatten Elba als Dank für die Verteidigung der toskanischen Küsten per päpstlicher Schenkung erhalten. In der zweiten Hälfte des 11. Jh. kamen auch Korsika und Sardinien in pisanischen Besitz. Elba erlebte unter der fast zwei Jahrhunderte andauernden pisanischen Herrschaft relativ geordnete Verhältnisse, auf der durch die langjährigen Pirateneinfälle nahezu entvölkerten Insel entstanden pisanische Festungsanlagen wie z. B. die Festung von Marciana Alta (12. Jh.) und die Befestigung **Luceri** bei Ferraia (der mittelalterliche Name für Portoferraio). Daneben errichtete man zahlreiche Wachtürme, um die Sarazenen, die die Insel noch immer bedrohten, frühzeitig erspähen und abwehren zu können. Hierzu zählen u. a. die Schutzfestung von **Volterraio** aus dem Jahr 1281, die **Torre di San Giovanni** (12. Jh.) bei Marina di Campo und die **Torre Pisana** (ebenfalls 12. Jh.) am Hafen von Marciana Marina. Das Bergdorf Capoliveri wurde von den Pisanern mit wuchtigen Schutzmauern versehen. Festungen und Türme waren dabei Teil eines ausgeklügelten Vorwarnsystems: Jede der Bastionen lag mit mindestens einer anderen in Sichtweite, sodass mittels Feuer- und Rauchzeichen schnell die ganze Insel informiert werden konnte, wenn feindliche Segel am Horizont erschienen. Außerdem entstanden überall auf der Insel pisanische Kirchenbauten im Stil der Romanik. Der Abbau von Eisenerz und Granit wurde unter den Pisanern wieder aufgenommen und die Insel erlebte eine Phase des Wohlstands.

Mit der Abnahme der Gefahr durch die Piraten flammte die alte Rivalität zwischen den ehemaligen Verbündeten Pisa und Genua wieder auf. Genua hatte längst ein Auge auf die „pisanischen Inseln" geworfen und startete den ersten Übernahmeversuch 1162 bei Sant' Andrea, der aber durch das beherzte Eingreifen der elbanischen Bevölkerung vereitelt wurde. Weitere genuesische

Angriffe auf Elba, Pianosa, Capraia und Gorgona folgten, die anschließenden Besatzungen waren aber nie von Dauer. Über den Streit der Stadtstaaten um die maritime Vorherrschaft im Tyrrhenischen Meer legte sich mit dem Anfang des 13. Jh. zudem die Auseinandersetzung zwischen Kaiser und Papst. Genua stand im Lager der Papsttreuen, Pisa auf Seiten des Kaisers. Als 1241 im Zuge dieses Ringens Bischöfe an Bord genuesischer Schiffe auf dem Weg nach Rom waren, um den Staufer Friedrich II. abzusetzen, rückte der Toskanische Archipel in den Blickpunkt der europäischen Politik: Vor Giglio nämlich brachte eine pisanische Flotte den Konvoi auf und verhinderte mit der Festsetzung der Bischöfe die Absetzung des Kaisers. Diese Aktion kostete Pisa allerdings Sardinien, das der Papst den Genuesern zuschlug. Der Höhepunkt des Kampfes zwischen Pisa und Genua, der auch Elba betreffen sollte, stand aber noch aus: Bei der Seeschlacht von Meloria (1284) wurde die pisanische Flotte von den Genuesern vernichtend geschlagen, die Macht Pisas über das Tyrrhenische Meer war gebrochen. Im Frieden von 1299 konnten die Pisaner zwar Elba zurückerlangen, nicht aber Sardinien und Korsika.

Die Insel Elba – betrachtet anno 1555

Elba unter den Appiani

Mit dem Niedergang der Republik Pisa fiel Elba dem Fürstentum von Piombino zu, das der Familie Appiani unterstand, die zuvor durch ein Mordkomplott die Macht über die ohnehin geschwächte Republik Pisa an sich gerissen hatte und später große Teile der pisanischen Besitztümer an den Herzog Visconti von Mailand verkaufte. Elba selbst blieb in appianischem Besitz, erlitt aber einen wirtschaftlichen Niedergang und wurde wieder zur Zielscheibe von Piratenüberfällen. 1442 waren weite Teile der Insel von einer sarazenischen Flotte in Schutt und Asche gelegt worden, dem jungen appianischen Fürsten gelang es aber dank eines Abkommens mit dem Bey von Tunis, Elba aus der Schusslinie der Piraten zu nehmen. Schlechter erging es Gorgona und Giglio, die in der Folge von Piratenangriffen völlig verwaisten.

Nutznießer der Überfälle der Barbarossa-Brüder und ihres nicht minder gefürchteten Nachfolgers **Dragut** waren die Medici. **Cosimo I de' Medici** hatte längst ein Auge auf den Toskanischen Archipel geworfen und mehrfach seine militärische Unterstützung gegen die Piraten angeboten. Der misstrauische **Jacopo Appiani** wies diese Hilfe stets zurück, wohl ahnend, dass Cosimo nicht von purer Nächstenliebe geleitet wurde. Nach dem Tod Jacopos im Jahr 1544, dessen Stammhalter noch ein Kind war, hatte die Stunde des florentinischen Fürsten geschlagen. Dank seiner enormen finanziellen Rücklagen konnte Cosimo Kaiser Karl V. überzeugen, ihm 1548 die Herrschaft über Elba zu übertragen. Die Witwe des letzten Appiani-Herrschers wurde ihrer Privilegien enthoben, der Sohn nach Genua verbannt und die Medici konnten ungestört ihre Macht auf den Toskanischen Archipel ausweiten.

Die Medici auf Elba

Nur wenige Tage nach der Machtübernahme machten sich mediceische Bautrupps daran, aus der Inselhauptstadt Ferraia eine uneinnehmbare Festung zu errichten (→ „Ein Medici als Stadtplaner", S. 24) – was ihnen auch gelang: Das bald nach seinem Gründer benannte **Cosmopoli** konnte von Piraten nie mehr besetzt werden. Unter der Führung Draguts, der die Festung begutachtet und für uneinnehmbar befunden hatte, verlagerten die Korsaren

Korsaren des Mittelmeers

Die Dörfer gebrandschatzt, die Küsten verwüstet, Frauen und Kinder in die Sklaverei verschleppt und Männer, die den Kampf überlebten, an die Ruderbänke der Galeeren gekettet: kein Wunder, dass allein der Anblick der dreieckigen Korsarensegel genügte, um unter den Bewohnern der Inseln Panik auszulösen.

Die Piraterie ist so alt wie die Handelsschifffahrt, und der Terror, der von ihr ausging, begleitete die Seeleute und die Bevölkerung der Küsten durch die Jahrhunderte. Einen Höhepunkt erlebte das Korsarentum des Mittelmeers im 16. Jh. und ein Name war in besonderer Weise dafür verantwortlich: **Barbarossa.** Als „Rotbart" wurde zunächst **Aruj,** später dann sein Bruder **Khayr al-Din** bezeichnet. Beide Brüder, gebürtige Griechen, die ihre ersten Erfahrungen in der osmanischen Marine gesammelt hatten, waren exzellente Seefahrer und fähige Strategen. Aruj hatte früh großes Ansehen erworben, als er vor der Küste Elbas mit einer kleinen Galeote zwei Galeeren des Papstes kaperte. Anfang des 16. Jh. vertrieb er die Spanier aus Algier und festigte die Stadt als Stützpunkt für die Korsaren.

Sein Bruder Khayr al-Din, ein außerordentlich gebildeter Mann, übernahm das Kommando über die mittlerweile stattliche Kaperflotte. Khayr al-Din erwarb sich bald den Ruf, ein zweiter Musetto (→ S. 203) zu sein, und brachte es dank seiner außergewöhnlichen Fähigkeiten sogar zum Großadmiral Suleimans des Prächtigen. 1534 segelte Khayr al-Din nach Elba und überfiel Grassera und Rio nell'Elba. Ein Teil der nach Tunis verschleppten Bevölkerung wurde ein Jahr später von den Spaniern befreit, aber es waren zu wenige, um das verwüstete Grassera wieder aufzubauen, der Ort ist heute verschwunden. Zehn Jahre später kreuzte Barbarossa erneut vor der Küste Elbas, versprach aber, die Insel zu schonen, wenn **Jacopo Appiani** den Sohn eines Freundes aus der Gefangenschaft entlassen würde. Appiani lehnte ab, woraufhin Barbarossas Truppen Capoliveri in Schutt und Asche legten. Angesichts der Verwüstung lenkte der elbanische Fürst ein. Der junge Mann aus Tunis wurde freigelassen, die übrigen Orte Elbas blieben verschont. Die Bucht, an der der legendäre Pirat angelandet sein soll, trägt noch heute seinen Namen: Spiaggia di Barbarossa.

Fresken in der Kirche San Nicolò (San Piero)

ihre Aktivitäten in den Osten und Süden der Insel und wüteten dort unbeeindruckt weiter. Dragut, der im Verbund mit französischen Truppen kämpfte und sich 1554 auf Korsika einen Stützpunkt eingerichtet hatte, verwüstete in den Jahren 1553 bis 1556 weite Teile der Insel, darunter erneut Capoliveri, Rio nell'Elba, Pomonte, San Piero in Campo und Sant'Ilario in Campo.

1557 mussten die Medici die Insel wieder an die Appiani abtreten, da die spanischen Habsburger eine zu große Machtausdehnung der Florentiner befürchteten. Einzig Cosmopoli und das Umland mit einem Radius von zwei Meilen blieben im Besitz der Medici.

Drei Herrschaftsbereiche auf Elba

Nach dem Tod des letzten männlichen Appiani im Jahr 1599 meldete Spanien unter Philipp III. selbst Besitzansprüche auf einen Teil der Insel an; **Porto Longone,** das heutige Porto Azzurro, wurde zur spanischen Garnison ernannt, 1603 begann man mit dem Bau der Festung. Der Rest der Insel – mit Ausnahme des mediceischen Cosmopoli – gehörte zunächst aber weiterhin zum Fürstentum von Piombino. Als **Isabella Appiani,** die letzte ihrer Familie, 1635 **Niccolò Ludovisi** heiratete, erhielt dieser das Fürstentum Piombino samt den verbleibenden Gebieten auf Elba, darunter Marciana Alta und die Gegend um Marina di Campo.

Angesichts der Präsenz spanischer Truppen auf elbanischem Boden war es unvermeidlich, dass die Insel in das große Ringen zwischen Bourbonen und Habsburgern im 17. Jh. hineingezogen wurde. 1646 wurde Porto Longone von französischen Truppen belagert, die nach vier Jahren in die Flucht geschlagen werden konnten. Die zahlreichen militärischen Auseinandersetzungen zwischen spanischen, französischen und österreichischen Truppen fanden ihren Höhepunkt während des Spanischen Erbfolgekriegs (1701–1713), der mit einem Sieg des Bourbonen Philipp V. über die Habsburger endete. Das dreigeteilte Machtverhältnis zwischen (mittlerweile bourbonischen) Spaniern, den florentinischen Medici und den Appiani-Nachfahren blieb aber vorerst bestehen, bis 1737 der letzte Medici-Großherzog der Toskana starb und dessen Großherzogtum an Franz von Lothringen, den Ehemann der Habsburgerin Maria Theresia, fiel.

Elba zu Zeiten Napoleons

1794 wurde die Insel von Franzosen besetzt, kurz darauf von Engländern, dann wieder von Franzosen, bis Elba 1802 durch den Frieden von Amiens (zwischen England und Frankreich) – erstmals vereint – komplett unter französische Herrschaft fiel. Die Insel wurde zunächst einem französischen Verwaltungskommissar unterstellt. 1805 schenkte **Napoleon,** mittlerweile mit dem Titel „Kaiser der Franzosen" versehen, Elba seiner Schwester **Elisa,** Fürstin von Piombino. 1814 marschierten österreichische Truppen in die Toskana ein, Elisa musste das Land verlassen. Am 2. April 1814 wurde Napoleon vom französischen Senat abgesetzt. Die Katastrophe des Russland-Feldzuges und der wachsende Druck der antinapoleonischen Koalition, bestehend aus Österreich, Preußen und Russland, lasteten schwer auf Frankreich und hatten zum Zusammenbruch der Herrschaft Napoleons geführt. Vier Tage nach seiner Absetzung dankte Bonaparte in Fontainebleau offiziell ab. Mit dem Vertrag von Fontainebleau (6. April 1814) wurde Elba zum souveränen Fürstentum erhoben. Dort durfte der Kaiser – diesen Titel konnte er zunächst behalten – zwar souverän regieren, aber mit der Auflage, zeit seines Lebens auf der Insel bleiben zu müssen. Dass er überhaupt auf Elba und nicht an einem entfernteren Ort gelandet war, hatte er dem russischen Zaren Alexander I., seinem ehemaligen Verbündeten gegen England, zu verdanken. Zwar war Napoleon mit dem arg geschrumpften „Kaiserreich" nunmehr dem Spott der europäischen Öffentlichkeit ausgesetzt, doch wäre es nach den übrigen europäischen Machthabern gegangen, hätte man ihn auf die Azoren, eine entlegene Karibikinsel oder am besten gleich nach Sankt Helena verbannt. Trotzdem war der kaiserliche Absturz dramatisch, denn seinerzeit war Elba kaum mehr als eine von der großen Politik vernachlässigte Insel landwirtschaftlicher Prägung, deren Bevölkerung in Armut lebte. Immerhin war wenigstens die Freude der Elbaner groß, als angekündigt wurde, dass der gebürtige Korse und ehemalige Herrscher über ein Weltreich nun Fürst von Elba (so der offizielle Titel) werden sollte.

Napoleons Villa in Portoferraio

Auf Napoleons Spuren

Keine kaiserlichen Prunkbauten, eher Residenzen der bescheidenen Art findet man vor, wenn man auf den Spuren des großen Kaisers auf der Insel wandelt. Im oberen Bereich der Inselhauptstadt Portoferraio stößt man z. B. auf die **Villa dei Mulini**, die „Stadtwohnung" Napoleons. Im Garten des kleinen Palazzo wird gerne sein Lieblingsplatz gezeigt, eine Steinbank an einer kleinen Mauer, wo der Fels über 100 m steil abfällt. Hier soll er oft stundenlang gesessen und gebrütet haben. Weit reicht der Blick vom Garten übers Meer.

Die Zimmer der Stadtwohnung wurden dem Kaiser bald zu klein und zu dunkel und im Sommer vor allem zu heiß, sodass sich Napoleon auf die Suche nach einer angemessenen Sommerresidenz machte. Die **Villa San Martino** im gleichnamigen Tal bei Portoferraio wird eilig im Sommer 1814 gebaut, nachdem sich Napoleon für den Bau Geld von seiner Schwester geliehen hatte.

Erwähnung verdient an dieser Stelle noch die einsam und idyllisch gelegene Wallfahrtskirche **Madonna del Monte** im Westen Elbas. Auch hier soll der Kaiser oftmals gesessen haben und wehmütig den weiten Blick übers Meer bis hinüber nach Korsika genossen haben. Bei Madonna del Monte traf er auch zum letzten Mal – und in aller Heimlichkeit – seine Geliebte Maria Walewska.

Napoleon auf Elba: 3. Mai 1814 bis 26. Februar 1815

Die Schreckensfahrt von Paris zum Hafenort St. Raphael (Südfrankreich) überstand Napoleon nur in Verkleidung – etliche Mordanschläge waren auf ihn geplant und wütende Menschenmengen trachteten ihm nach dem Leben. Freundlich war dagegen der Empfang auf der Insel: Ganz Elba erwartete den Kaiser, von den Festungen Portoferraios wurde Salut geschossen und die bescheidenen Überbleibsel der französischen Garnison postierten sich feierlich am Hafen. Zwar war der symbolisch übergebene Stadtschlüssel nur vergoldet und passte lediglich zum modrigen Weinkeller des Bürgermeisters, zwar musste der Kaiser seine erste Nacht im neuen Reich – gänzlich unter seinem Niveau – in einer Kammer im Rathaus verbringen, aber dennoch: Napoleon fasste neuen Mut und machte sich mit gewohntem Elan daran, den kleinen Inselstaat neu aufzubauen.

Unter dem Exilkaiser wurde der Straßenbau auf der Insel ebenso vorangetrieben wie der Bau von Brücken und Kanälen und die Trockenlegung der Sümpfe, was zum Aufbau einer ertragreichen Landwirtschaft führte. Daneben wurde der Erzabbau ein weiteres Mal in der elbanischen Geschichte zum wichtigen Wirtschaftszweig, ebenso förderte Napoleon den Weinbau der Insel. Aus seiner Heimatinsel Korsika ließ er Esskastanien- und Eichensetzlinge importieren, die Wälder wurden wieder aufgeforstet und auch die Wildbestände der Insel konnten unter des Kaisers Gnaden aufatmen, als dieser eine Beschränkung der Jagd erließ. Kurzum: Die darniederliegende elbanische Wirtschaft profitierte kräftig vom Aufenthalt des Kaisers. Probleme gab es allerdings mit den Finanzen. Der französische Bourbonenkönig Louis XVIII war zwar im Vertrag von Fontainebleau dazu verpflichtet worden, dem Exilkaiser jährlich zwei Millionen Francs zu zahlen – von diesem Geld sah Napoleon aber nichts. Das Inselbudget blieb während seines gesamten Aufenthaltes bescheiden, zumal seine Reformen große Summen verschlangen. Teilweise musste sich der Kaiser aus seinen Privatkassen finanzieren – und sparen.

Ein Ende fand Napoleons relativ beschauliche Zeit auf Elba, als das Gerücht kursierte, man plane auf dem Wiener Kongress die Verbannung des Ex-Kaisers auf eine weiter entfernte Insel. Napoleon fasste den folgenschweren Entschluss, es doch noch einmal mit den Mächtigen Europas aufzunehmen, und verließ am 26. Februar 1815 die Insel in der Gefolgschaft von rund tausend treuen Soldaten und Offizieren. Für hundert Tage erzitterte Europa noch einmal – der Rest ist Geschichte: **Waterloo** wurde am 18. Juni 1815 zur verheerenden Niederlage für Napoleons Truppen, er selbst wurde auf die Atlantikinsel St. Helena verbannt, wo er am 5. Mai 1821 starb.

Alte Machtverhältnisse und das neue Königreich

Zehn Monate war Elba unter Napoleon ein eigenständiger Staat, ehe es auf dem Wiener Kongress (1815) wieder dem Großherzogtum Toskana zugeschlagen wurde, das seit 1814 unter der Regentschaft Ferdinands III. stand. In der ersten Hälfte des 19. Jh. setzte im heutigen Italien das Zeitalter des **Risorgimento** ein, der Kampf für die Einheit der italienischen Nation. Zahlreiche Revolutionäre saßen zu dieser Zeit in den Gefängnissen Elbas und anderer toskanischer Inseln ein. 1861 schließlich wurde das Königreich Italien unter **Vittorio Emanuele II** vereint, zu dem auch die Toskana und die Insel Elba zählten. Wirtschaftlich wurden die Verhältnisse auf der Insel gegen Ende des 19. Jh. allerdings zusehends schlechter (u. a. durch verheerenden Reblausbefall in den 1890er-Jahren bedingt), was zu einer großen Auswanderungswelle

Stillgelegt: Relikte des Eisenerzabbaus auf der Halbinsel Calamita

führte. Der Eisenabbau in den Minen fand damals noch kaum organisiert unter einfachen Bedingungen statt und bot Arbeit für nur wenige Männer, die ihre „Ausbeute“ selbst zum Hafen schaffen mussten.

Elba im 20. und 21. Jahrhundert

Einen erneuten Aufschwung erlebte die Insel ab dem Jahr 1900, als bei Portoferraio in rascher Folge drei moderne Hochofenanlagen gebaut wurden. Die Arbeitsbedingungen der Industriearbeiter (die z. T. sogar vom Festland geholt werden mussten) hätten allerdings schlechter nicht sein können, sodass es schon bald zu Protesten und Streiks kam. Für die Kriegsindustrie wurde die Eisenverarbeitung der Insel bald zum wichtigen Wirtschaftsfaktor, die Produktion konnte im Lauf des Ersten Weltkriegs auf ein später nie mehr erreichtes Maß gesteigert werden.

Das Aus für die Eisenverarbeitung brachte der Zweite Weltkrieg: Bei Angriffen der alliierten Luftwaffe in den Jahren 1943 und 1944 wurden nicht nur allein in Portoferraio über 100 Zivilisten getötet, sondern auch sämtliche Hochöfen der Insel zerstört. Nach Ende des Krieges beschloss man, die zerbombten Anlagen nicht wieder aufzubauen. Der Effekt: Um die 2000 Menschen verloren ihre Arbeit und wanderten ab bzw. aus. Moderne Techniken verhalfen allerdings dem Eisenabbau im Osten der Insel zu neuem Leben und ab den boomenden 1950er-Jahren boten die Minen Arbeit für die sog. „Männer der Adern“, die hier einem gefährlichen Knochenjob nachgingen. 1981 wurde die letzte Mine, die **Galleria del Ginevro** (→ S. 100) geschlossen: Eisen und andere Rohstoffe ließen sich überwiegend in Afrika deutlich günstiger gewinnen, hinzu kamen Streiks und Konflikte mit den Arbeitern, die die Produktionsfirma nicht ausfechten wollte.

Zu diesem Zeitpunkt hatte die Insel ihre neue wirtschaftliche Bestimmung aber schon längst gefunden: den Tourismus, der bereits in den 1950er- und 1960er-Jahren zu boomen begann. Heute ist Elba eine der beliebtesten Ferieninseln der Italiener und ein attraktives Reiseziel innerhalb des gesamteuropäischen Tourismus (→ „Wirtschaft und Tourismus“, ab S. 194).

In den Fokus der Weltöffentlichkeit rückte der Toskanische Archipel im Januar 2012 mit der Havarie des Kreuzfahrtschiffes **Costa Concordia** an Giglios Küste (→ S. 177).

Seit einem halben Jahrhundert lebt die Insel von ihren (Bade-)Gästen

An- und Abreise – meist mit der Fähre

Anreise

Mit dem Auto oder Motorrad

Elba bzw. der Fährhafen Piombino (→ „Mit der Fähre ab Piombino", S. 214), über den man die Insel erreicht, liegen ziemlich genau 825 km von München entfernt. Gängige Anreiseroute ist die über den Brenner. Von dort fährt man auf der A 22/A 1 via Bologna weiter bis Florenz, dann auf der A 11/A 12 bis Rosignano Marittimo bei Livorno, spätestens ab hier ist dann aber Schluss mit Autobahn und es geht unweigerlich auf der Via Aurelia (S 1) weiter. Sparfüchse wechseln bei der Ausfahrt Firenze Scandicci auf die gebührenfreie Schnellstraße (Superstrada) FI–PI–LI Richtung Livorno und bei Collesalvetti noch ein kurzes Stück auf die A 12 bis Rosignano Marittimo. Allerdings wird hier auch ziemlich schnell klar, wofür man Autobahngebühren zahlt – der Straßenbelag auf beiden Superstrade (Aurelia und FI-PI-LI) hat schon bessere Zeiten gesehen (Höchstgeschwindigkeit 110 km/h).

Geschwindigkeitsregelung in Italien

Fahrzeug	innerorts	Landstraße	Schnellstraße	Autobahn
Pkw	50 km/h	90 km/h	110 km/h	130 km
Pkw u. Anhänger	50 km/h	70 km/h	70 km/h	80 km/h
Wohnmobil über 3,5 t	50 km/h	80 km/h	80 km/h	100 km/h
Motorräder	50 km/h	90 km/h	110 km/h	130 km/h

Wer aus dem Westen Deutschlands oder aus der Schweiz kommt, fährt die A 12 ab Genua bis Rosignano Marittimo durch. Von Österreich (Ost und Mitte) aus führt die Route über Tarvisio und Udine/Venedig (A 23/A 4/A 13) nach Bologna und Florenz.

> **Reisende mit dem Ziel Giglio,** fahren weiter in Richtung Porto Santo Stefano am Monte Argentario, wo die Fähren ablegen: ab Höhe Piombino die S 1/Via Aurelia nach Grosseto nehmen, von dort geht es weiter nach Orbetello (Abzweigung Monte Argentario).

Maut und **Gebühren** zahlt man auf allen Autobahnen über die Alpen, in der Schweiz per Jahresvignette, in Österreich mit Autobahnvignette und Extramaut auf der Brennerautobahn, alles mittlerweile auch digital zu buchen bzw. online zu kaufen. Auf der italienischen Autobahn muss man nach wie vor am „casello" (Mautstation) anhalten und bar oder mit gängiger Karte bezahlen, im Vorfeld kann man sich bei den Automobilclubs auch eine Viacard mit aufgeladenem Guthaben (25 oder 50 €) kaufen und die hierfür freigehaltene Spur an der Mautstation nutzen – das bringt aber höchstens etwas an den Wochenenden der Hochsaison.

Im Falle einer **Panne** wendet man sich direkt an die Straßenwacht des italienischen Automobilclubs **ACI** (aci.it), die rund um die Uhr unter der Notrufnummer ✆ **800116800** (mit ausländischem Mobilfunkanbieter) bzw. ✆ **803116** (ital. Handy/Festnetz) zu erreichen ist. Die Pannenhilfe ist kostenpflichtig, auch für Mitglieder von Automobilclubs. Der **ADAC**-Auslandsnotruf in München ist unter ✆ **0049-89-222222** zu erreichen. Auf der Website **autostrade.it** (auch auf Englisch) wird auf längerfristige Baustellen hingewiesen, diverse Webcams zeigen den Verkehr auf Italiens Autobahnen in Echtzeit.

> **Notrufnummern**
>
> Bei **Unfällen** gelten die europäischen Notrufnummern ✆ **112** (Polizei) und ✆ **118** (Unfallrettung), die Straßenpolizei ist unter ✆ **113** erreichbar. **Notrufsäulen** befinden sich im Abstand von 2 km an den Autobahnen.

Besondere Verkehrsvorschriften **Abschleppen** auf Autobahnen ist verboten; auf Autobahnen auch tagsüber **Abblendlicht** ein-

Ankunft auf Giglio

schalten; eine fluoreszierende **Warnweste** für jeden Fahrzeuginsassen ist griffbereit im Fahrerraum mitzuführen; Wenden, Rückwärtsfahren und Spurwechsel im **Mautstellenbereich** ist verboten; bei **Regen** auf Autobahnen 110 km/h; **Promillegrenze** 0,5. Telefonieren während der Fahrt ist nur mit einer **Freisprechanlage** gestattet. Im **Kreisverkehr** hat der im Kreisel Fahrende Vorfahrt. **Parkverbot** an schwarz-gelb und an gelb markierten Bordsteinen, bei blauer Markierung ist das Parken **gebührenpflichtig,** bei weißer Markierung teilweise mit **Parkscheibe,** teilweise auch frei.

> **Achtung:** Motorräder unter 150 ccm sind auf italienischen Autobahnen verboten!

Warnschilder: Gegenstände, die auf dem Wagendach transportiert werden und über das Wagenende hinausragen (z. B. Surfbrett oder -mast), müssen mit dem dafür vorgeschriebenen 50 x 50 cm großen, rot-weiß gestreiften Schild gesichert werden.

Italienische Verkehrsschilder **attenzione uscita veicoli** = Vorsicht, Ausfahrt; **divieto di accesso** = Zufahrt verboten; **lavori in corso** = Bauarbeiten; **parcheggio** = Parkplatz; **rallentare** = langsam fahren; **senso unico** = Einbahnstraße; **strada senza uscita** = Sackgasse; **zona pedonale** = Fußgängerzone, **zona rimorchio** = Abschleppzone; **zona disco** = Parken mit Parkscheibe; **zona traffico limitato (Z.T.L.)** = Bereich mit Zufahrtsbeschränkung bzw. eingeschränktem Verkehr; **deviazione** = Umleitung; **zona di silenzio** = Hupverbot; **inizio zona tutelata** = Beginn der Parkverbotszone; **sbarrato** = gesperrt; **tutte le direzioni** = in alle Richtungen; **traffico canalizzato** = Kreisverkehr oder eine andere Art der Verkehrsführung.

Tanken Ist in Italien teuer, nochmal teurer wird es (ca. 10–15 Cent pro Liter), wenn man die Dienste des Tankwarts in Anspruch nimmt. Wer das nicht möchte, sollte sich immer an eine „Fai da te"-Zapfsäule stellen. Wenn die Tankstelle geschlossen ist, tankt man am Automaten: erst Geld bzw. Geldkarte einschieben, dann Nummer der Zapfsäule wählen und dann tanken. Meist bekommt man vom Automaten keine Quittung. Die Tankstellen sind i. d. R. Mo–Fr 7–12/13 Uhr und 15.30–19.30 Uhr geöffnet, am Sa/So nur vereinzelt, Autobahntankstellen tägl. durchgehend.

Abweichende Bestimmungen A/CH: In Österreich beträgt die Höchstgeschwindigkeit außerorts 100 km/h, auf Autobahnen generell max. 130 km/h. Von 22–5 Uhr nachts auf der Inntalautobahn (A 12), der Brennerautobahn (A 13) und der Rheintalautobahn (A 14) 110 km/h Höchstgeschwindigkeit. Leuchtet auf den elektronischen Autobahnschildern „I-GL" auf, bedeutet dies Geschwindigkeitsbegrenzung wegen Luftverschmutzung: Verstöße werden dann noch teurer.

In der Schweiz liegt die Höchstgeschwindigkeit außerorts bei 80 km/h, auf Schnellstraßen bei 100 km/h, auf Autobahnen bei 120 km/h (Pkw mit Anhänger generell max. 80 km/h, Wohnmobil über 3,5 t generell max. 100 km/h).

Mit der Bahn

Am schnellsten und günstigsten fährt man nachts von München und von Wien mit dem **NightJet** der ÖBB nach La Spezia, Fahrtdauer 15 Std., dort umsteigen nach Piombino Marittima (meist mit nochmaligem Umsteigen, z. B. in Pisa oder Campiglia Marittima). Bei Tagverbindungen ab Deutschland, Österreich und der Schweiz muss man öfter umsteigen, Fahrtdauer frühmorgens ab München 11 Std. Die günstigsten Tarife (v. a. über Nacht im Liege- oder Schlafwagen) sind kontingentiert und sollten daher möglichst früh gebucht werden, das ist frühestens 180 Tage vor Fahrtantritt möglich.

Infos zu Verbindungen und Preisen unter nightjet.com, bahn.de, oebb.at, sbb.ch und trenitalia.com. Bahntickets müssen in Italien **vor dem Einsteigen entwertet werden** (grün-graue Stempelautomaten am Bahnsteig), Ausnahme sind die Hochgeschwindigkeitszüge („Frecce"), die ohnehin zug- und sitzplatzgebunden sind.

Eine **Fahrradmitnahme** war in den Nachtzügen der ÖBB auf den Italienstrecken zuletzt nicht möglich. Bei

Tagverbindungen muss man sich eine Internationale Fahrradkarte (samt Reservierung) besorgen, die in Deutschland und Österreich 12 € und in der Schweiz 20 CHF kostet. Die Fahrradmitnahme ist nicht in allen Zügen möglich (das erfährt man aber bei Ticketkauf, teils auch Reservierungsgebühr). Bei inneritalienischen Zügen ist das Fahrrad nur in Regionalzügen erlaubt (Zuschlag), in den „Frecce" (den italienischen Highspeed-Zügen), Intercitys und Intercity Notte nur in einer Fahrradtasche (Größe max. 80 x 110 x 45 cm).

Alle Infos Stand November 2023.

Mit dem Flugzeug

Der Flugbetrieb auf dem kleine **Inselflughafen** nördlich von Marina di Campo beim Ort La Pila wurde im Oktober 2023 eingestellt, ob und wann es wieder (Linien-)Flüge nach Elba geben wird, ist unklar (eine Verlängerung der Start- und Landebahn steht im Raum, Genaueres weiß man noch nicht). Nächstgelegene Flughäfen in der Toskana sind **Pisa** (pisa-airport.com) und **Florenz** (aeroporto.firenze.it). Wer dort einen Mietwagen nimmt, sollte sich vergewissern, ob er damit auch auf die Insel übersetzen darf!

Der Flughafen in La Pila ist für Auskünfte unter ✆ 0565-976011 erreichbar, weitere Infos unter elbaisland-airport.it.

Mit dem Bus

Die Fernbusse von **Flixbus** sind täglich von München nach Florenz unterwegs, Fahrtdauer 9–10 Std. Auch Pisa wird angefahren, teils aber mit Umsteigen. Weiter geht es mit dem Zug nach Piombino. Ob man bei der Tagverbindung nach Florenz noch die letzte Fähre nach Elba erwischt, ist fraglich.

Termine und Preise unter flixbus.de/it.

Mit der Fähre ab Piombino

Einziger italienischer Fährhafen zur Insel ist Piombino, etwa eine Stunde Fährfahrt von Elba entfernt. Von hier geht etwa stündlich eine Autofähre zur Inselhauptstadt Portoferraio (in der Hochsaison öfter), außerdem bestehen einige Verbindungen nach Rio Marina und – seltener – nach Cavo. Der Fährhafen ist von der Haupteinfallstraße nach Piombino großzügig ausgeschildert, auch viele Züge nach Piombino fahren durch bis zur **Stazione Marittima** (am Hafen Ticketverkaufsbüros, Snackbar, Parkplatz, Parkhaus etc.).

Mehrere Schifffahrtsgesellschaften bedienen die Route nach Elba. Die **Preise** variieren stark je nach Saison, Tagesabfahrtszeit und Reederei. Am günstigsten sind die Fähren von **Blu Navy,** die etwa alle zwei Stunden zwischen Piombino und Portoferraio verkehren. Am häufigsten – in der Hochsaison fast halbstündlich – fahren **Toremar** und **Moby** (Toremar ist i. d. R. günstiger als Moby). Die niedrigste Frequenz hat **Corsica Ferries** mit 3–5 täglichen Verbindungen ausschließlich von Ende Mai bis Ende September. Meist fährt man unter der Woche bis zu 30 % günstiger als am Wochenende. Außerdem haben viele Hotels, Appartement-Anbieter und Campingplätze mit einem oder mehreren Fähranbietern **Sonderkonditionen** vereinbart, mit denen man ebenfalls etwa 30 % einspart. Fragen Sie bei der Unterkunftsbuchung nach dem „codice sconto" für die Fähre!

Wer **ohne Fahrzeug** unterwegs ist, wird jederzeit ein Ticket bekommen. **Mit Fahrzeug** kann's Engpässe geben an den Wochenenden der Hochsaison und besonders in den beiden Wochen um Ferragosto (15. August), zu Ostern, Pfingsten oder wenn Brückentage anstehen. Ohne frühzeitige Buchung braucht man zu diesen Stoßzeiten schon etwas Glück, um noch ein Ticket

Die Fähren nach Elba

für den gleichen Tag zu ergattern – im Extremfall bekommt man dann nicht mal mehr die letzten Fähre am Abend. Wer schon vor der Abfahrt der gebuchten Fähre am Hafen ist, kann mittlerweile bei allen Reedereien auf einer früheren Fähre einschiffen, sofern dort ein Platz frei ist, was außerhalb der erwähnten Stoßzeiten fast immer der Fall ist. Im umgekehrten Fall – man ist zu spät gekommen und hat die gebuchte Fähre verpasst – kann man bei Toremar und Moby am selben Tag die nächstmögliche Fähre nehmen; ist an diesem Tag nichts mehr frei, verfällt das Ticket. Bei Blu Navy kann man schon bei der (Online-)Buchung die Option „Frühere oder spätere Abfahrt" (*parti prima - parti dopo*) wählen, um flexibel zu sein. Aber auch hier gilt: Sind die späteren Fähren am gebuchten Anreisetag voll besetzt, wird das Ticket ungültig, auf den nächsten Tag ausweichen kann man damit nicht.

Reedereien **Moby/Toremar,** 57025 Piombino, Stazione Marittima – Piazzale Premuda, ✆ 0565-221212 oder 0565-31100, toremar.it/de bzw. mobylines.com.

In der Hochsaison mind. stündlich auf der Strecke **Piombino–Portoferraio,** erste Abfahrt Richtung Elba 5:30 Uhr, letzte Fahrt 22 oder 22:30 Uhr, Fahrtdauer 1 Std.; außerdem 6-mal tägl. (am Wochenende 8-mal) nach **Rio Marina,** Fahrtdauer 45 Min., darüber hinaus 5-mal tägl. mit dem Tragflächenboot nach **Cavo** (nur Personenbeförderung), Fahrtdauer 20 Min., das Boot fährt 4-mal tägl. weiter bis Portoferraio (40 Min.), nur im Winter auch 1-mal am Tag Autofähre von/nach Cavo. Die Preise wechseln von Saison zu Saison, als Anhaltspunkte für die Hochsaison gelten folgende Tarife: Erw. ab 13 €, Kinder bis 12 J. die Hälfte, unter 4 J. frei, Auto ab 37 €, Motorrad ab 19 €, Fahrrad ca. 8 €, Hund ca. 5,50 €, Wohnmobil/-wagen ab 45–60 €, hinzu kommt noch die Hafentaxe.

Blu Navy, 57025 Piombino, Stazione Marittima, Piazzale Premuda 8, ✆ 0565-269710, blunavytraghetti.com. Ganzjährig 8-mal tägl. nach **Portoferraio,** letzte Fahrt um 20 Uhr (im WInter 17.30 Uhr), in den Wintermonaten Sa/So 6-mal tägl.

Corsica Ferries, Piazzale Premuda – Stazione Marittima, 57025 Piombino, corsica-ferries.de. In der Hochsaison mit der Schnellfähre 3- bis 5-mal **Piombino–Portoferraio,** Fahrtdauer 45 Min. (Wem Elba nach einer Weile zu klein geworden ist, kommt mit Corsica Ferries, wie der Name vermuten lässt, von Mitte Juni bis Mitte Sept. auch weiter nach Korsika: Mi und Do abends Portoferraio–Bastia, Überfahrt 1:30 Std., genaue Termine und Buchungen unter corsica-ferries.de.)

Verkehrsmittel vor Ort

Das eigene Fahrzeug

Das Straßennetz ist hervorragend ausgebaut, fast alle größeren Straßen sind asphaltiert, Ausnahme sind die Pisten am Monte Calamita im Südosten auf der gleichnamigen Halbinsel. Die Straßen befinden sich in überwiegend gutem Zustand. Allzu schnell fahren kann man dennoch nicht, die Straßen sind kurvenreich, auch die entlang der Küste. Deswegen verschätzt man sich leicht: Was auf der Karte wie ein Katzensprung aussieht, entpuppt sich auf der Strecke als langwierige Slalomfahrt bergauf und bergab. Vorsicht ist bei Nachtfahrten geboten, denn nachts steigt die Wahrscheinlichkeit, dass Wildschweine oder andere Tiere die wenig befahrenen Straßen überqueren.

Hauptverkehrsader der Insel ist die Verbindungsstraße von **Portoferraio nach Porto Azzurro.** Hier herrscht in der Hochsaison oft dichter Verkehr, nicht selten bildet sich zu Stoßzeiten in Richtung Portoferraio ein Rückstau bis zur Villa Romana (Le Grotte), das sind immerhin knapp 6 km! Sehr reizvoll ist die **Panoramastraße** entlang der Küste an der westlichen Halbinsel von Marina di Campo nach Marciana Marina – auf der Strecke passiert man auch die an den Hängen des Monte Capanne gelegenen Bergdörfer Marciana Alta und Poggio.

In vielen größeren Inselorten ein Problem ist das **Parken,** besonders in der Hochsaison. Dort ist das Parkplatzangebot in zentraler Lage naturgemäß beschränkt und viele Plätze sind gebührenpflichtig (Parkscheinautomat, normalerweise 1–1,50 € pro Stunde) – nicht selten ohne Ausschlusszeiten bis Mitternacht (mancherorts gibt's eine Freiparknische über die Mittagszeit, manche Plätze sind auch mit Parkscheibe nutzbar). **Kostenlose Parkplätze** findet man in Porto Azzurro, Capoliveri, Marina di Campo etc. am Ortsrand, in Portoferraio liegt einer am Fährhafen (Viale Elba, gegenüber vom Busbahnhof). Dass sie allesamt schnell bis auf den letzten Platz belegt sind, versteht sich von selbst.

Unkomplizierter ist das Parken in den kleineren Dörfern der Insel, nicht aber, wenn sie an der Küste liegen und überdies noch einen attraktiven Strand zu bieten haben. Dann nämlich ist an den Badetagen der Hochsaison die halbe Zufahrtsstraße beidseitig zugeparkt, es herrscht das Chaos und zum Strand muss man ein gutes Stück laufen. In der Nebensaison ist die Lage prinzipiell deutlich entspannter – gebührenpflichtiges Parken ist teilweise auf den Zeitraum von Mitte Juni bis Mitte/Ende September begrenzt.

Recht neu sind Parkscheinautomaten, in denen man die letzten Ziffern seines Nummernschildes (ital. „targa") zur Identifizierung eingeben muss. Immer häufiger kann man die Parkgebühren auch per App mit dem Handy bezahlen.

Keine Gute Idee ist das **Falschparken.** Wer's dennoch tut, wird vom zu jeder Tageszeit (!) fleißigen elbanischen Parküberwachungsdienst mit bis zu 80 € zur Kasse gebeten, die Tickets werden dem ausländischen Verkehrssünder auch nach Hause geschickt. Daher der ernst gemeinte Rat: Suchen Sie sich immer einen ordnungsgemäßen Parkplatz, auch wenn der Weg ins Zentrum dann etwas länger wird.

Blaue Markierung bedeutet gebührenpflichtiges Parken (a pagamento), **weiße Markierung** freies Parken oder mit Parkscheibe („zona disco"), an **gelber** oder **schwarz-gelber Markierung** niemals parken, sie sind für behördliche Fahrzeuge, Busse, Taxis etc. reserviert. Einmal wöchentlich kommt die **Straßenreinigung** (pulizia stradale), dann herrscht an den jeweiligen Straßen absolutes Parkverbot (darauf wird auf einem Schild extra hingewiesen). Das Gleiche gilt für den **Wochenmarkt** (mercato settimanale), hier verschärft sich das Parkplatzproblem nochmal, da die Märkte oft auf den Parkplätzen selbst stattfinden (zu den Markttagen → S. 237). Im **Info-Teil den jeweiligen Orte** in diesem Buch wird auf Parkmöglichkeiten hingewiesen.

Als Verkehrsmittel vor Ort bestens geeignet sind **Motorräder/Scooter** – kurvenreiche Straßen, viel Panorama, keine Parkplatzsorgen. Man sollte jedoch bedenken, dass Elba nicht gerade groß ist und man die Insel relativ schnell abgefahren hat. Motorräder/Scooter und teils auch Enduros werden in jedem größeren Ort der Insel vermietet. Im Sommer sollte man wegen der Rutschgefahr auf den älteren, durch die Hitze aufgeweichten Asphaltstraßen achtsam sein.

Tanken: Das Tankstellennetz ist ausreichend dicht und eine Tankfüllung reicht auf der kleinen Insel fast ewig. Die normalen Öffnungszeiten sind Mo–Sa 7–12/13 Uhr und 15.30–19.30 Uhr, sonntags ist geschlossen. In Portoferraio, Porto Azzurro und Marina di Campo gibt es auch Tankstellen mit Tankautomat, bei denen man jederzeit mit unzerknitterten (!) Scheinen oder mit Karte tanken kann. Hierzu immer zuerst das Geld bzw. die Karte einschieben und dann die Nummer der Zapfsäule wählen, an der man steht.

Pannenhilfe (Soccorso stradale): In ganz Italien unter ✆ **800116800** (mit ausländischem Mobilfunkanbieter) bzw. ✆ **803116** (ital. Handy/Festnetz) zu erreichen. Unterhalten wird der Pannendienst vom italienischen Verkehrsclub ACI. Außerdem unterhält der **ADAC** einen Auslandsnotruf in München: ✆ **0049-89-222222.**

Busverbindungen

Es bestehen gute Busverbindungen auf der Insel. Alle größeren Orte werden von den Bussen der **A.T.** (Autolinee Toscane) häufig angefahren, auch zu den kleineren Dörfern gibt es Verbindungen, gelegentlich muss man umsteigen, um ans Ziel zu gelangen. Busfahren auf Elba ist zudem ein günstiges Vergnügen, je nach Strecke zahlt man 1,20–5,60 € für die einfache

Entfernungstabelle

Straße; in Kilometern	Capoliveri	Cavo	Chiessi	Lacona	Marciana Alta	Marciana Marina	Marina di Campo	Porto Azzurro	Portoferraio	Rio Marina
Capoliveri	•	25	35	11,5	36,5	30	21	5,5	16,5	17,5
Cavo	25	•	52,5	29	54	48	38	19,5	34	7,5
Chiessi	35	52,5	•	23	13	21	14	33	32	45
Lacona	11,5	29	23	•	25	19	9	10	14	21,5
Marciana Alta	36,5	54	13	25	•	7,5	19	35	27	46,5
Marciana Marina	30	48	21	19	7,5	•	13	28	20	40,5
Marina di Campo	21	38	14	9	19	13	•	19	18	31
Porto Azzurro	5,5	19,5	33	10	35	28	19	•	14,5	12
Portoferraio	16,5	34	32	14	27	20	18	14,5	•	26,6
Rio Marina	17,5	7,5	45	21,5	46,5	40,5	31	12	26,6	•

Fahrt, im Bus gekaufte Tickets sind ca. 40 % teurer. Im Sommer (Juni bis September) verkehren neben den normalen Linienbussen auch noch **Strandbusse (Marebus)** zu verschiedenen Stränden der Insel, u. a. ab Portoferraio, Procchio, Zanca (Westküste) und Capoliveri. Infos zu diesem Service, mit dem u. a. die Parkplatznot an den Stränden gemindert werden soll, erhalten Sie im A.T.-Büro in Portoferraio, Viale Elba 20 (beim Hafen). Dort hängt auch der für die ganze Insel gültigen **Orario** (Busfahrplan) aus: Der *Orario feriale* gilt wochentags, für sonntags richtet man sich nach dem *Orario festivo*. Über Verbindungen und Abfahrtszeiten informiert darüber hinaus die **App „at bus"** (für iOS/Android). Auch die Bustickets erhält man im A.T.-Büro bzw. im Automaten vor dem Eingang, in kleineren Orten bekommt man sie meist in der Bar/Tabaccheria, außerdem sind sie im Bus selbst (ca. 40 % Zuschlag) erhältlich.

Von Portoferraio bestehen mehrmals täglich Verbindungen zu allen größeren Orten, es fährt die **Linie 116** in den Westen der Insel, die **117** in den Nordosten/Südosten und die **118** nach Lacona und Bagnaia. Detaillierte Infos zu den Busverbindungen finden Sie in diesem Buch bei den jeweiligen Orten.

Nach 20 Uhr fahren von Portoferraio auch im Sommer fast keine Busse mehr ab. Deshalb: Abfahrtszeiten der Fähre von Piombino möglichst darauf abstimmen! Die Busstation in Portoferraio (mit klimatisiertem Wartesaal) ist im Sommer täglich 7.30–20 Uhr geöffnet (ansonsten: Mo–Sa 7.30–14.20 und 15.55–18.45 Uhr, So geschl.). Viale Elba 20, Auskünfte unter ✆ 0565-882602, at-bus.it.

Die **Elba Card** erlaubt freie Fahrt in allen Bussen der Insel, es gibt sie für einen Tag (10 €), 3 Tage (15 €) oder 6 Tage (25 €).

Taxis

Auf Elba ausreichend vorhanden, die Fahrt von Portoferraio nach Porto Azzurro kostet ca. 35 €, an Sonn- und Feiertagen sowie nachts kommen Zuschläge von 20 bzw. 25 % hinzu. Einen Taxistand gibt es in Portoferraio am Molo Massimo, ansonsten kann man in Capoliveri, Porto Azzurro, Marina di Campo und Marciana Marina telefonisch ein Taxi rufen (→ unter den jeweiligen Orten). Für längere Fahrten (z. B. Inselrundfahrten) kann man auch ein Taxi mit Fahrer mieten, das heißt hier **N.C.C.** (Noleggio con Conducente). Günstig ist das Ganze nicht bzw. lohnt nur bei mehreren Mitfahrern. Auch Bring- und Abholservice für abends.

Aussichtsreiche Straßenführung im Westen der Insel

Mietwagen und -zweiräder

Die Auswahl ist groß, neben den zahlreichen Anbietern in fast allen größeren Orten oder an den Urlaubsorten kann man auch in vielen Reisebüros ein Fahrzeug mieten. Für die Hochsaison sollte man dringend reservieren, und das am besten einige Wochen vorher!

In der Regel sind die lokalen Vermieter für Autos günstiger als große internationale Firmen. Einer der größten lokalen Anbieter auf der Insel ist **TWN** mit Agenturen in Portoferraio (neben dem Busbahnhof, Viale Elba 32, ✆ 0565-914666, mobil unter ✆ 329-2736412, twn-rent.it), Lido di Capoliveri, Lacona, Marina di Campo und Procchio. Mietfahrzeuge (v. a. Autos) werden auch von den größeren Hotels auf Elba vermittelt.

Sehr beliebte Fortbewegungsmittel auf der doch recht überschaubaren Insel sind auch Scooter bzw. Roller/Vespas und Mofas, die praktisch in jedem größeren Ort an der Küste, ausgenommen die Westküste, angeboten werden. Man sollte sich bei Anmietung vom guten Zustand des Gefährts überzeugen (v. a. Bremsen, aber auch Lenkung und Reifendruck etc.). Helme und Kartenmaterial werden bei Anmietung zur Verfügung gestellt, bei Autos kann man z. T. gegen Aufpreis auch einen Kindersitz bekommen. Die Autoverleiher sind, soweit vorhanden, im Buch bei den jeweiligen Orten aufgeführt.

Fahrräder, darunter Mountainbikes, E-Bikes und E-Mountainbikes, werden in Portoferraio, Capoliveri, Lacona, Marina di Campo und Marciana Marina angeboten.

Preise und Konditionen Ein **Kleinwagen** ist ab ca. 55 €/Tag zu bekommen, wobei es einen deutlichen Unterschied macht, ob man tagsüber (9–19 Uhr) oder 24 Stunden (9–9 Uhr) mietet, bei Letzterem muss man mit etwa 10 € Zuschlag rechnen. Im Angebot sind meist die Marken Fiat (Panda, 600) oder Renault (Twingo), **Cabriolets** sind etwa 30 % teurer. Ab drei, manchmal auch schon ab zwei Tagen Mietdauer wird es günstiger.

Mit dem Scooter zur Inselerkundung

Ein **Scooter** ist für etwa 35–50 € pro Tag (9–19 Uhr, 24 Std.) zu bekommen, allerdings sollte man darauf achten, ob das Fahrzeug nur allein oder auch zu zweit befahren werden kann, Letzteres schlägt sich nämlich noch mal kräftig auf den Preis nieder. Der Helm (Casco) ist im Preis inbegriffen.

Fahrräder werden für ca. 10–15 € am Tag angeboten, Mountainbikes ab ca. 20 €, hochwertigere Mountainbikes um 25–35 €, ein E-Bike gibt es für ca. 25–30 €/Tag, ein E-MTB für ca. 35–60 €. Die Preise sinken auch bei Zweirädern mit der Dauer der Mietzeit, allerdings nicht immer auch in der Hochsaison. Fahrradhelme sind im Mietpreis i. d. R. inbegriffen.

Die Preise für Mietwagen beinhalten eine **Haftpflichtversicherung,** für Teilkasko (i. d. R. mit 300 € Selbstbeteiligung) muss man pauschal noch mal mit ca. 10 €/Tag rechnen; hinzu kommt die **Kaution,** die mit Kreditkarte hinterlegt wird. Wollen mehrere Personen das Fahrzeug fahren, erhöht sich der Preis um einen relativ geringen Betrag, allerdings müssen die zusätzlichen Fahrer mit in den Vertrag aufgenommen werden.

Das Fahrzeug nimmt man voll getankt in Empfang und so muss es auch wieder abgegeben werden. Die Mietverträge laufen i. d. R. mit unbegrenzter Kilometerzahl.

Erkundigen Sie sich beim Verleiher (v. a. bei Scootern/Mopeds), welche Regularien im Fall einer **Panne** oder eines platten Reifens gelten. Manche Anbieter schleppen kostenlos ab, es kann aber auch sein, dass man mit bis zu 50 € zur Kasse gebeten wird! Durchaus eine Rolle kann spielen, ob man sich den Platten auf Asphalt oder Schotter/Feldweg eingehandelt hat ...

> Weitere Informationen und Adressen zu den Vermietern bei den jeweiligen Orten.

Motorbootverleih

Ideal, um einsame Strände anzulaufen. Verleiher gibt es u. a. in Porto Azzurro, Bagnaia, Sant'Andrea und Marciana Marina (Informationen und Adressen unter den jeweiligen Ortsbeschreibungen). Kleinere Schlauchboote mit Außenborder (ital. „gommone") können auch ohne entsprechenden Führerschein angemietet werden. Die Preise hierfür liegen bei ca. 150 € pro Tag, Sprit geht immer extra. Aufgrund begrenzter Kapazitäten ist eine rechtzeitige Reservierung für die Hochsaison ratsam!

Inselhopping nach Capraia

Ausflugsboote: rund um Elba und zu den anderen Inseln

Wer sich für den Toskanischen Archipel Island-Hopping vorstellt, wird enttäuscht sein: Es bestehen von Elba aus lediglich nach Capraia, Pianosa und nach Giglio regelmäßige Verbindungen, überwiegend mit Ausflugsschiffen und zumeist auch nur in den Sommermonaten. **Capraia** wird von Portoferraio und Marciana Marina freitags angesteuert, **Pianosa** täglich von Marina di Campo und mit der Linienfähre dienstags ab Rio Marina, **Giglio** mittwochs von Porto Azzurro. Die Überfahrten dauern teilweise bis zu zwei Stunden. Infos zu allen dreien unter aquavision.it.

Die Fahrten sind nicht unbedingt günstig, aber attraktiv – sei es ein Nachmittag am herrlichen Strand Cala Giovanna mit dem kristallklaren Meer rund um Pianosa oder aber ein Besuch des idyllischen Hafens von Giglio. Die Preise liegen bei 39 € pro Person, Kinder zahlen etwas mehr als die Hälfte. **Gorgona** kann nur nach vorheriger Anmeldung von Livorno aus besucht werden (→ S. 157), für **Montecristo** (→ S. 171) muss lange vorher ein Antrag gestellt werden (max. 1725 Besucher im Jahr, Fahrten ab Piombino und Porto Azzurro), Ausflüge nach **Giannutri** gibt es von Elba aus nicht (jedoch ab Porto Santo Stefano und Giglio, → S. 183 und 175).

Zu den Inselausflügen kommen noch eine ganze Reihe kleinerer Bootsausflüge (täglich), u. a. mit dem **Glasbodenboot** entlang der Westküste Elbas (ab Marciana Marina), oder **Bootstouren rund um Elba** ab Marina di Campo und Porto Azzurro. Die Boote sind in der Regel recht klein und bei bewegter See kann es mitunter etwas schaukelig zugehen – der Kapitän hat Spucktüten dabei.

> Detaillierte Informationen zu den **Ausflugsbooten** bei den jeweiligen Orts- und Inselkapiteln.

Übernachten

Über 200 Hotels (Alberghi) und Appartementhotels (Residence), zahlreiche Ferienwohnungen, über 25 Campingplätze und eine eher geringe Anzahl von Privatzimmern stehen auf Elba zur Verfügung – das Preisniveau ist zumindest in der Hochsaison weit oben, auch bei einfacheren Unterkünften.

Für alle Unterkünfte vom Luxushotel in exklusiver Strandlage bis zum bescheidenen Dorfhotel abseits der Küste gilt: Wer im **Juli oder August** hier unterkommen will, muss **rechtzeitig buchen,** bei beliebten Hotels teilweise schon im Februar/März. In besonderem Maße betroffen sind Ferienwohnungen: Vor allem italienische Gäste buchen schon bei Abreise am Urlaubsende „ihre" Wohnung wieder fürs nächste Jahr, sodass die Kapazitäten für die bevorzugten Reisemonate bereits frühzeitig erschöpft sind. Selbst die Campingplätze sind im Juli/August meist komplett ausgebucht, ein kleines Zelt lässt sich eventuell noch irgendwo dazwischenquetschen, verlassen sollte man sich darauf aber nicht. Gar nicht erst zu suchen braucht man eine Jugendherberge bzw. ein Hostel: Beides gibt es auf Elba nicht.

Deutlich entspannter ist die Situation während der restlichen zehn Monate des Jahres, sieht man einmal von Ostern, Pfingsten, Feiertagen und den dazugehörigen „Ponti" (= Brückentagen) ab. Gerade im Mai oder September wird man in aller Regel eine Unterkunft finden, auch kurzfristig. Viele Anbieter zeigen ihre Belegungslücken mittlerweile auf den großen Buchungsportalen an und/oder werben auf ihren Websites für eine Direktbuchung zum „garantiert besten Preis" (*miglior tariffa garantita*). Fast an jeder Rezeption wird Englisch, mancherorts auch Deutsch gesprochen.

Hotels

Auf Elba gibt es eine ausreichende Auswahl an wirklich sehr schönen und gepflegten Hotels im Drei- und Vier-Sterne-Bereich, oftmals in ganz herrlicher Lage am Meer bzw. Hang oder versteckt im grünen Inselinneren. Auch in unteren Kategorien kann man durchaus angenehme Überraschungen erleben. Alle italienischen Hotels werden von den lokalen Fremdenverkehrsbehörden klassifiziert, die Preise legen die Hoteliers allerdings selbst fest. Die Klassifizierung der **Alberghi** von offizieller Seite ist übrigens nicht immer ganz nachvollziehbar, es spielen auch eher abwegige Kriterien wie Häufigkeit des Wäschewechsels, das vorhandene Radio im Zimmer oder auch einfach die Gesamtanzahl der Zimmer des Hotels eine Rolle.

Die meisten Hotelzimmer sind mit **Klimaanlage** ausgestattet, die man i. d. R. auch individuell einstellen bzw. abschalten kann. Ebenso ist kostenloses **Wifi** (WLAN) auf dem Zimmer Standard – den „Codice Wifi" bekommt man meist ungefragt zusammen mit dem Zimmerschlüssel überreicht. Zu beachten ist, dass man in vielen Hotels in der Hochsaison mit einer **Mindestaufenthaltsdauer** rechnen muss, oft vier bis fünf Tage, teils auch eine Woche.

Zimmerpreise: Sie müssen an der Rezeption und in den Zimmern aushängen, sind aber oftmals „per persona" ausgewiesen. Deshalb immer genau hinschauen, bevor man sich verfrüht über die vermeintlich günstige Herberge freut.

Die Preisangaben in diesem Buch sind in Kategorien geordnet und beziehen sich auf eine Übernachtung für **zwei Personen im Doppelzimmer** mit Bad in der Zeit zwischen Anfang Juli bis Ende August (in der Nebensaison ist es teils 40–50 % günstiger).

€	bis 90 Euro
€€	über 90 bis 140 Euro
€€€	über 140 bis 200 Euro
€€€€	über 200 bis 300 Euro
€€€€€	über 300 Euro

Einzelzimmer: Sie sind oft nur wenig günstiger als die Doppelzimmer (ca. 25–30 %), außerdem nicht in jedem Hotel vorhanden. Manchmal muss man dann mit einem DZ vorliebnehmen, der Preis reduziert sich allerdings etwa um ein Viertel. Bessere Chancen hat man in den gehobenen Drei- und Vier-Sterne-Hotels, hier kostet das EZ oft nur knapp mehr als die Hälfte eines DZ.

Zustellbetten/Kinderrabatt: Eine „Culla" (Babybett) kostet für Kleinkinder bis 2 Jahre ca. 15–25 € pro Nacht, oftmals wird sie auch kostenfrei zur Verfügung gestellt, für größere Kinder kann man u. U. auch ein drittes Bett bekommen (ca. 30–40 % Aufschlag zum DZ).

Blick auf Porto Azzurro

Pensionspflicht: Tendenziell eher die Regel als die Ausnahme, in der Hochsaison hat man Glück, wenn man ein Zimmer bzw. Hotel findet, in dem die Halbpension nicht obligatorisch ist. Außerhalb der Monate Juli/August wird jedoch in fast allen Hotels darauf verzichtet. Nicht unerwähnt bleiben sollte an dieser Stelle, dass viele Hotels der Insel über eine sehr gute Küche verfügen – für viele (italienische) Gäste ist das Mittag- und/oder Abendessen in ihrem Hotel eine Selbstverständlichkeit.

Reservierungen: Für die Hochsaison sollte man frühzeitig buchen, am besten online (fast alle Hotels haben auf ihrer Website Möglichkeit zur Online-Buchung) oder per E-Mail. Die Internetadressen finden Sie bei den jeweiligen Hotelbeschreibungen. Als Anzahlung reichen i. d. R. die Angaben der Kreditkarte (Kartennummer und Ablaufdatum).

Ferienwohnungen, Appartements und Ferienhäuser

Auch hier eine große Bandbreite: Vom noblen Landhaus für zwölf Personen an der Costa dei Gabbiani bis hin zu vier zusammengezimmerten Holzwänden in der hintersten Ecke eines Campingplatzes ist alles vorhanden, dazwischen das „Mittelfeld" mit vielen schönen und gemütlichen Ferienwohnungen, die zum Teil auch privat vermietet werden. Die allermeisten Appartements sind im Sommer nur wochenweise buchbar, in der Nebensaison kann man je nach Auslastung mit einer Mindestmietdauer von etwa drei bis fünf Tagen rechnen.

Appartements und Ferienhäuser sind nicht nur über die üblichen Buchungsportale zu bekommen, auch viele **Reisebüros** der Insel haben welche im Angebot, die Objekte sind i. d. R. im Internet ausgestellt. Umschauen kann man sich u. a. bei **Tesi Viaggi** (tesiviaggi.it), **Pianeta Elba** (pianetaelba.it) und bei **Brignetti Viaggi** (appartamentielbabrignetti.it). Die Webseiten sind auch in deutscher bzw. englischer Sprache abgefasst.

Affittacamere (Privatzimmer), B & B und Agriturismo (Ferien auf dem Bauernhof)

Privatzimmer sind auf Elba eher unterrepräsentiert. Die traditionellen Affittacamere sind recht schlicht und nicht immer mit eigenem Bad ausgestattet, dafür aber garantieren sie familiäre Atmosphäre. Die Mindestaufenthaltsdauer liegt oft auch außerhalb der Hochsaison bei drei oder vier Tagen, das Preisniveau ist aber – ausnahmsweise mal – relativ moderat. Daneben sind gerade in jüngster Zeit eine Reihe schickerer B&Bs entstanden, die preislich über dem Niveau der herkömmlichen Privatzimmer liegen. Sie bieten eine Handvoll Zimmer mit kleiner Frühstücksterrasse und haben fast immer einen eigenen Charme.

Agriturismo-Betriebe (Aziende Agrituristiche) vom noblen Weingut bis zum schlichten Bauernhof findet man im Internet unter elba-agriturismo.it.

Camping (Campeggio)

Die Insel ist ein Paradies für Campingfreunde. Es gibt rund 25 Plätze, viele davon liegen wirklich sehr schön im Grünen und am Meer. Massenbetrieb herrscht lediglich auf den dicht beieinanderliegenden Plätzen in den Buchten im Süden der Insel. Wunderschön liegen die beiden Campingplätze am östlichen und am westlichen Rand der Lacona-Bucht.

Die **Preise** für zwei Personen inkl. Stellplatz liegen in der Hochsaison von Anfang Juli bis Ende August bei etwa 45–60 € pro Tag. Abhängig ist die Preisgestaltung u. a. von der Platzkategorie, die von einem bis drei Sterne reicht. Häufig sind die kleinen Plätze der unteren Kategorien gemütlicher und stimmungsvoller, wenn auch nicht ganz so komfortabel ausgestattet. Animationsprogramm bieten meist nur die großen Plätze im Zwei- bis Drei-Sterne-Bereich.

Neben dem klassischen Stellplatz fürs Zelt oder Wohnmobil bzw. Wohnwagen werden vielerorts auch **Bungalows** vermietet: teilweise recht schlichte „Case mobili" (die aber, zumal wenn sie neu sind, durchaus Komfort bieten), teilweise aber auch schicke Appartements mit gehobener Einrichtung. Immer öfter wird auch „Glamping" im noblen Safarizelt angeboten.

Was die **Ausstattung der Plätze** anbelangt, ist in den letzten Jahren deutlich zugelegt worden: Frigo-Boxen (kleine Kühlschränke) können gemietet werden, Waschmaschinen stehen in ausreichender Zahl bereit und kostenloses Wifi auf dem ganzen Platz ist mittlerweile Standard. Mancherorts ist auch ein schicker Pool mit (aufgeschüttetem) Sandstrand nebst Bar hinzugekommen und der „Verköstigungsbetrieb" für die tägliche Pizza durch ein gutes Ristorante ersetzt worden.

Nicht alle Campingplätze sind für **größere Gespanne** geeignet: Eine manchmal recht steile Anfahrt verkompliziert die Sache zumindest, teils gibt es auch nur wenige geeignete Stellplätze. Unkompliziert ist die Anfahrt bei den Plätzen in den großen Buchten im Süden. Den Stellplatz für eine Nacht mit Stromanschluss vor der Schranke gibt es nur vereinzelt. Ausgewiesene, aber nicht unbedingt romantische **Wohnmobilstellplätze** findet man in Lacona und Marina di Campo.

Die **Campingsaison** auf Elba beginnt in aller Regel Anfang/Mitte April (bzw. Ostern) und dauert bis etwa Oktober. Bei gutem Wetter wird auch mal verlängert, ist kein Gast mehr in Sicht, schließt man gegebenenfalls schon vor dem offiziellen Datum.

Wildzelten ist auf Elba – wie in ganz Italien – verboten, es drohen drastische Bußgelder. Auf den kleinen Inseln verfügt nur **Giglio** über einen Campingplatz: in traumhafter Lage über dem Meer.

Essen und Trinken

Italien ist ein kulinarisches Paradies, und die Küche der Insel Elba macht hier keine Ausnahme, auch wenn sie bescheidener erscheint als in so mancher Region auf dem Festland. Dominiert wird die Speisekarte Elbas heute von Fisch und Meeresfrüchten in zahlreichen Variationen.

In den Hafenorten sieht man morgens noch immer ein paar Fischkutter mit ihrem (zunehmend kleiner werdenden) Fang zurückkehren. Gefischt wird an den felsigen Küsten Elbas eine große Vielfalt, doch können schon lange nicht mehr alle Gäste mit dem hier angelandeten Ertrag verköstigt werden. Zum Teil kommt er per Luftfracht oder aus der Tiefkühltruhe (auf der Speisekarte mit dem Zusatz „prodotto congelato" oder „surgelato"). Fisch und Meeresfrüchte kommen in unzähligen Varianten und Gängen auf den Tisch, als „Penne in barca" (mit Venusmuscheln), „Spaghetti al Pescatore" (Nudeln nach Fischerart) oder – seltener – als „Spaghetti alla Margherita" (mit Meeresspinne). Bei den Hauptgerichten werden Fisch und Meeresfrüchte dann gebraten, gegrillt, frittiert, geschmort, im Ofen gebacken, gefüllt als „Totani ripieni" (Tintenfisch) usw.

Bekanntestes Fischgericht der Insel ist die reichhaltige Fischsuppe „Cacciucco" (→ auch Kasten unten).

Elbanische Spezialitäten

Cacciucco, der Fischeintopf, ist die bekannteste Spezialität der Insel: ein wahrer Berg aus verschiedenen Fischen und Meeresfrüchten in fruchtiger Tomatensoße, der locker Vorspeise und Hauptgericht vereint. Ursprünglich sammelte man hierfür alle Fische und anderes Meeresgetier, das man nicht verkaufen oder anderweitig verarbeiten konnte, also eine Art „Resteverwertung". Cacciucco gibt es in den Restaurants übrigens nicht jeden Tag – man sollte also zugreifen, wenn die schmackhafte Fischsuppe gerade im Angebot ist (und bereit sein, ca. 25–38 € pro Person zu investieren). Typische Fischgerichte auf Elba sind außerdem die Fischsuppen **Sburrita** und **Acqua pazza** wie auch der **Stoccafisso all'Elbana** (Stockfisch) mit Kartoffeln, Tomaten, Oliven und Pinienkernen, den es als Variante auch mit Kichererbsen *(ceci)* gibt. **Panzanella elbana** ist ein Brotsalat aus eingelegtem Zwieback und Thunfisch, Sardellen, Tomaten, Zwiebeln, Olivenöl und Kräutern.

Berühmt sind auch der Gemüseeintopf **Gurguglione** (u. a. Paprika, Auberginen, Zucchini, Zwiebeln) mit Ursprung im Bergdorf Rio nell'Elba und diverse Süßspeisen, insbesondere die **Schiaccia briaca,** der „besoffene Kuchen", ein saftiger, mit Aleatico-Dessertwein getränkter Kuchen mit Rosinen, Pinienkernen, Mandeln und Nüssen. Im Herbst gibt es **Castagnaccio** (Maronenkuchen).

Eine mindestens ebenso wichtige Rolle in der traditionell eher einfachen, bäuerlichen elbanischen Küche spielen das Gemüse und die heimischen Kräuter, die gemeinsam deren Basis stellten. Im Sommer und Herbst spielen Pilze eine große Rolle, ebenso die Esskastanie als Kohlenhydratlieferant, nicht zu vergessen der hervorragende Elba-Honig. Gewürzt wird neben den gängigen Kräutern auch mit Salbei, Lorbeer, Kapern, Fenchel und Wacholder, sehr häufig auch mit Peperoni und Zitrone. Bei den Fleischgerichten dominierten traditionell Wild(-schwein) und Kaninchen, Huhn und Ziege. Heute findet man auf den Speisekarten vieler Restaurants aber auch zahlreiche klassische „Importgerichte" wie z. B. „Scaloppine alla milanese" (Wiener Schnitzel). Vielfach sind auch die Einflüsse anderer Regionen auf der Insel durchaus spürbar.

Traditionell spielt das Abendessen („cena") eine größere Rolle als das Mittagessen („pranzo"), bei dem man vielfach zu einer Light-Variante übergegangen ist. Geschlemmt wird eher am Abend, und hier ist im Restaurant – sofern angeboten – das Degustationsmenü oft keine schlechte Wahl. Gerade in der gehobeneren Gastronomie geht man mancherorts dazu über, ein solches nur für den ganzen Tisch anzubieten, alternativ bleibt das meist etwas teurere À-la-carte-Menü.

Fisch in verschiedenen Variationen prägt die Küche Elbas

Wasser, Bier und Spirituosen

Ein Gastronom, der auf sich hält, schenkt natürlich das **Mineralwasser** der Inselquelle **Fonte Napoleone** aus, das nicht nur dem modernen ökologischen „chilometro zero"-Grundsatz entspricht, sondern auch besonders gut schmeckt (gibt es frizzante und naturale), idealerweise aus der Glasflasche. Daneben wird natürlich auch auf Elba italienisches **Bier** wie auch Importbier ausgeschenkt, darüber hinaus auch das hier gebraute Inselbier **Birra dell'Elba** aus der Brauerei in Portoferraio (mit kleinem Shop, Mo–Fr vormittags, Via Manganaro 146, birradellelba.it).

Der italienische Nationalschnaps **Grappa** wird natürlich auch auf Elba gebrannt. Verkauft werden sowohl einjährige als auch mindestens dreijährige (Stravecchia). Den Grappa dell'Elba bekommen Sie in den Enotheken und Feinkostgeschäften der Insel. Besondere Erwähnung verdienen an dieser Stelle auch die Liköre der Insel: **Limoncino (Limoncello)** und **Arancino,** Zitronen- und Orangenlikör aus elbanischem Anbau. In den Weinhandlungen der Insel erhältlich.

Wer auf sich hält, schenkt Fonte Napoleone aus

Die Weine der Insel

Der Weinbau auf Elba hat eine lange Tradition. Schon Plinius der Ältere (23/24–79 n. Chr.) berichtet von der Insel als „Insula vini ferax", was in etwa „weinreiche Insel" bedeutet.

Die Medici widmeten sich hier ebenso dem Weinbau wie einige Jahrhunderte später Napoleon. Unter seiner Regie erfuhr die elbanische Weinproduktion einen immensen Aufschwung, denn, so die kaiserliche Ansicht, wegen ihres guten Weines seien die Elbaner so kräftig und gesund. In den 1870er-Jahren war knapp ein Viertel der Inselfläche mit Weinreben kultiviert. Man zählte damals rund 32 Millionen Rebstöcke, die etwa 120.000 Hektoliter Wein abgaben. Auch wenn sich die Zahl der Rebstöcke bis heute drastisch reduziert hat, der elbanische Wein spielt für die Inselwirtschaft eine wichtige Rolle.

Die Weinbaugebiete der Insel liegen in der Ebene von Campo, bei der Bucht von Mola (Porto Azzurro), bei Lacona und an der weiten Bucht von Portoferraio, aber auch an den terrassenförmig angelegten Hängen der Westküste bei Pomonte und Chiessi, bei Marciana Marina sowie an der Südseite der Halbinsel Calamita.

Der fruchtig-trockene **Elba Bianco DOC** (aus Procanico-Reben, Ansonica und/oder Vermentino) ist der meistpoduzierte Wein der Insel. Weißweine Elbas sind außerdem der **Ansonica DOC,** der **Procanico DOC** – eine dem Trebbiano toscano eng verwandte Rebsorte – und der **Vermentino DOC** (je mind. 85 % Anteil der jeweiligen Rebe). Alle drei zählen zu den heimischen Rebsorten der Insel, die hier schon seit Jahrhunderten angebaut werden, die mit großem Abstand größte Anbaufläche nimmt der Procanico ein. Bei den Roten gibt es den eher leichten und trockenen **Elba Rosso DOC,** den **Elba Rosato DOC** und den **Elba Rosso Riserva DOC** (je mind. 60 % Sangiovese) sowie einen **Elba Sangiovese/Sangioveto DOC** (mind. 85 % Sangiovese) und den süßen Dessertwein **Elba Moscato Passito DOC** (100 % Moscato). Dazu kommt als einziger DOCG-Wein (seit 2011) des Anbaugebiets der **Aleatico Passito DOCG** (100 % Aleatico-Reben), ein dunkler und schwerer Dessertwein.

Etwa die Hälfte der elbanischen Weine werden allerdings ohne Appellation oder unter dem Label I.G.T. (Indicazione Geografica Tipica) geführt. Außerdem werden auf der Insel diverse Importweine angeboten (z. B. aus Sizilien), die lediglich hier abgefüllt werden und entsprechend die – zugegebenermaßen verwirrende – Aufschrift „Imbottigliato all'Elba" tragen.

Nicht unerwähnt bleiben soll an dieser Stelle die Insel **Gorgona:** Die dortigen Weinberge werden vom altehrwürdigen Weingut Marchesi Frescobaldi und vor Ort durch die Häftlinge von Gorgona bewirtschaftet und bringen einen viel beachteten und ziemlich teuren Weißwein hervor. Auch auf **Giglio** wird Wein angebaut, der häufig auch in den Lokalen der Insel auf den Tisch kommt.

Weinliebhabern sei auf Elba ein Ausflug zum Weingut **La Chiusa** (→ S. 54) bei Magazzini empfohlen, einem der schönsten der Insel in herrlicher Lage zwischen Weinstöcken am Meer oder aber zu den Weingütern **Acquabona** (→ S. 53), **Montefabbrello** (→ S. 52) und **Sapereta** (→ S. 107). Interessant auch das Weingut **Arrighi** (→ S. 81) in Porto Azzurro: Hier reift der Wein nach antikem Vorbild in Terracotta-Amphoren; ein anderer, der „Vino Marino" namens „Nesos", wird nach antiker griechischer Methode sogar einige Tage im Meer gebadet. Arrighi produziert übrigens auch einen hochgelobten Aleatico Passito DOCG, den „Silosò".

Im Folgenden einige weitere Weingüter der Insel:

Agricoop – Terre del Granito: Kooperative im Westen der Insel im Vallebuia, → S. 128.

Cecilia: Weingut bei La Pila (Straße von Marina di Campo Richtung Procchio), Podere La Casina, Loc. La Pila, 57034 Campo nell'Elba, ✆ 0565-977322, vinicecilia.it.

Le Sughere del Montefico: bei Rio Marina, → S. 71.

Tenuta delle Ripalte: Das Weingut befindet auf dem weitläufigen Gelände des Nobelresorts an der Costa dei Gabbiani an der Südspitze des Monte Calamita, → S. 103.

Wer erst mal probieren will, findet in der Weinhandlung **Calata Mazzini 15** in Portoferraio (→ S. 37) eine gute Auswahl elbanischer Weine nebst kundiger Beratung. Hier bekommen Sie auch die Weine der Azienda Agricola Valle di Lazzaro (u. a. der hochgelobte IGT Chardonnay „Lazarus").

Relativ groß ist die Auswahl auch bei **Coop** und **Conad** in Portoferraio (→ S. 37), außerdem bei **„Armando"** in Porto Azzurro (→ S. 79).

Die Rebstöcke von Acquabona – im Hintergrund Volterraio

Elba sportlich

Elba ist die Badeinsel par excellence, aber auch Segler und Taucher finden hier optimale Bedingungen, Surfer zieht es vor allem in die Buchten im Süden. Wem der feste Boden mehr zusagt, wandert oder fährt mit dem Mountainbike.

Baden

Die schönsten Strände befinden sich zweifelsohne im **Süden** Elbas: Hier warten gleich drei größere Sandbuchten (Lido di Capoliveri, Lacona und Marina di Campo), die den faulen Tag am Strand ebenso wie ein straff organisiertes Wassersportprogramm ermöglichen; für Familien mit Kindern sind die meist flachen Buchten des Inselsüdens geradezu ideal. Traumhaft sind aber auch die Badestrände im **Westen** Elbas: Zwischen steiler Felsküste tun sich immer wieder herrliche kleine Sand- und Kiesbuchten auf, wobei hier natürlich die wunderschön gelegene Bucht von Fetovaia besondere Erwähnung verdient. Auch an der **Nord- und Nordwestküste** Elbas finden sich zahlreiche idyllische Buchten, z. B. der winzige Cotoncello-Strand von Sant'Andrea im äußersten Nordwesten oder aber die sandige Biodola-Bucht ganz in der Nähe der Inselhauptstadt. Baden vor steiler Felskulisse kann man auch an der Küste gleich westlich von **Portoferraio:** Hier locken besonders das Capo Bianco und der traumhafte Sansone-Strand (beide Kies).

Weniger reizvoll präsentieren sich die Strände im **Nordosten,** Ausnahme ist hier der schöne und sogar recht lange Strand von Cavo. Sehr ansprechend sind dagegen die vielen Strände rund um die **Halbinsel Calamita** im Südosten: beschauliche, kleine Sandbuchten und einsame Kiesstrände um den südlichsten Punkt Elbas, die Punta dei Ripalti. Hier findet jeder das Passende.

Mit dem Ausflugsboot nach Pianosa (Badesachen nicht vergessen!)

Auf Elba gibt es auch einige abgelegene **FKK-Strände,** die zum Teil nur vom Wasser aus zugänglich sind, z. B. im westlichen Bereich des Golfo Stella und in einigen kleinen Buchten der Westküste. Bekanntester und einziger offizieller FKK-Strand der Insel ist die Spiaggia di Acquarilli unterhalb der Verbindungsstraße von Lacona Richtung Porto Azzurro (steiler, etwas schwieriger Fußweg hinab vom gebührenpflichtigen Parkplatz mit Bar).

Wer in den Hochsaisonmonaten Juli und August auf der Insel unterwegs ist, wird allerdings kaum die erträumte einsame Badebucht finden. Die Strände sind gut besucht bis sehr voll, manche sind zu größeren Teilen für die angrenzenden Hotels reserviert. Schon bei der Parkplatzsuche stößt man schnell an Grenzen, überdies ist das Parken gerade bei den größeren Stränden fast immer gebührenpflichtig. Findet man doch einen kostenlosen Parkplatz, folgt meist ein längerer Fußmarsch zum Strand. An vielen Stränden werden Sonnenschirme und Liegestühle verliehen, außerdem sind häufig Tretboote, Kajaks und auch Motorboote im Angebot. Die Preise für den **Strandservice** sind hoch: Für einen Sonnenschirm und zwei Liegestühle muss man je nach Ort in der Hochsaison mit ca. 25–35 € pro Tag rechnen, an besonderen Spots wie Fetovaia kann es auch mehr werden und oft wird auch für die erste Reihe am Wasser ein Zuschlag erhoben. Die **Wasserqualität** ist im Allgemeinen sehr gut, die Strände sind in aller Regel außerordentlich sauber und gepflegt.

Die **Badesaison** fängt auf Elba relativ spät an, wer bereits im Mai ein – wahrhaft erfrischendes – Bad nehmen will, muss mit Wassertemperaturen von gerade mal 17–18 °C rechnen, dafür ist das Meer im Oktober noch über 21 °C warm. Eine Tabelle mit den durchschnittlichen Wassertemperaturen finden Sie im Kapitel „Klima und Reisezeit" (→ S. 193).

Stichwort Quallen: Quallen können vor allem bei auflandigem Wind und oft auch während und nach dem Scirocco vorkommen, fragen Sie im Zweifel die anderen Strandbesucher, ob aktuell Quallen (ital. „meduse") gesichtet wurden!

Im Mittelmeer kommen die Nesseltiere immer wieder gerade auch im seichten Wasser in Strandnähe vor. Bei der Berührung mit der leicht lilafarbenen Leuchtqualle sind meist heftige Hautreaktionen mit Schwellungen und Blasen die Folge, teilweise auch Schwindel, Übelkeit, Kopfschmerz und Kreislaufprobleme. Bei großflächigem Kontakt mit den Nesseln sollte man einen Arzt aufsuchen, kleinere und leichtere Verbrennungen können oft auch selbst behandelt werden: Stelle mit Meerwasser begießen (auf keinen Fall Süßwasser!), dann trocknen lassen, eventuelle Reste der Tentakel mit einer Pinzette entfernen oder mit einer Kreditkarte o. Ä. abkratzen (auf keinen Fall mit der bloßen Hand!), danach die Haut mit Eis kühlen. Die schlechte Nachricht am Schluss: Experten gehen davon aus, dass das Quallenaufkommen im Mittelmeer steigen wird. Grund dafür ist die Klima- und Meereserwärmung und das dadurch veränderte Ökosystem des Meeres.

Eseltrekking

Exkursionen unter fachkundiger Leitung und mit Eseln – vor allem für Familien mit Kindern ein tolles Erlebnis. Die Touren finden in der Umgebung von Marina di Campo statt, Ganztagestouren 30 €, Kinder 20 €. Infos: Somareria dell'Elba, Traversa di Via Filetto 421/b, 57034 Campo nell'Elba, ✆ 338-4215060, somareriadellelba.com.

Fahrradfahren

Auf der Insel wird man zwangsläufig zum Bergfahrer, quasi überall geht es bergauf und bergab, die Aussichten sind fast allerorten herrlich, der Autoverkehr aber leider viel zu viel. Für einen

Radurlaub empfiehlt sich daher eher die Nebensaison, z. B. das Frühjahr, wenn deutlich weniger los ist. Tourenräder werden bei den meisten Verleihern angeboten, auch MTBs (→ unten), mittlerweile auch in der E-Variante, das High-End-Straßenrennrad bringt man vielleicht besser selbst mit.

Freeclimbing

Für das Klettern gibt es auch auf Elba einen Club: **Elba Free Climbing Club,** Via Montecristo 16, 57037 Portoferraio (LI), ✆ 0565-917140. Kletterfelsen befinden sich u. a. bei Marciana Alta (Madonna del Monte), am Monte S. Bartolomeo (Pomonte) und an der Costa dei Gabbiani auf der Halbinsel Calamita. Unter infoelba.net sind unter der Rubrik „Freeclimbing" die Klettergebiete und -routen auf der Insel aufgeführt. Erkundigen Sie sich unbedingt, ob die Routen auch aktuell gewartet und gesichert sind!

Mit dem Mountainbike um den Monte Calamita

Golf

Etwa 7 km südöstlich von Portoferraio (Straße nach Porto Azzurro) gibt es eine 9-Loch-Anlage. Betreiber ist der **Elba Golf Club dell'Acquabona,** Loc. Acquabona, 57037 Portoferraio, ✆ 0565-940066, elbagolfacquabona.it. Gäste bestimmter Hotels (z. B. *Airone, Biodola, Hermitage* sowie *Désireé* und *Del Golfo*) erhalten Sonderkonditionen. Ganzjährig geöffnet.

In der Biodola-Bucht findet man den **Golf Club Hermitage,** 9-Loch-Anlage, Infos unter ✆ 0565-9740, golfhermitage.it.

Mountainbiken

Es gibt auf Elba mehrere ausgewiesene Mountainbike-Strecken, die als solche auch gekennzeichnet sind. Allein fünf bestens ausgeschilderte Routen diverser Schwierigkeitsgrade führen um die **Halbinsel Calamita** (Capoliveri Bike Park), weitere im Nordosten der Insel um **Rio nell'Elba** (Elba Trail Area) oder rund um den **Monte Capanne** ab Sant'Ilario im Westen (anspruchsvoll, 19,8 km). Das entsprechende Gerät leiht man sich am besten (sofern man das Bike nicht bereits von zu Hause mitgebracht hat) beim spezialisierten Vermieter, z. B. in Capoliveri (→ S. 91), in Schiopparello (→ S. 52) oder in Lacona (→ S. 110). Alle bieten auch geführte Touren an. Infos auch unter trailforks.com/region/elba-trail-area.

Nordic Walking

Geführte Touren u. a. bei **Il Viottolo** in der Via Albarelli 60, 57034 Marina di Campo, ✆ 329-7367100, ilviottolo.com. Im Angebot sind halb- und ganztägige Touren (30–40 €) sowie auch Wochenendtouren (250 € inkl. zwei Übernachtungen/Halbpension).

Reiten

Das **Centro Ippico Costa dei Gabbiani** der Tenuta delle Ripalte bietet Reitstunden für Anfänger wie auch Ausritte für

Segler vor Portoferraio

Fortgeschrittene an, natürlich nur nach Voranmeldung. Loc. Ripalte (Costa dei Gabbiani), ✆ 0565-942408, April bis Sept./Okt., labosana.it bzw. tenutadelle ripalte.it.

Seekayak

Das Angebot reicht von der gemütlichen Paddeltour am Nachmittag bis zur hochambitionierten Inselumrundung, Erstere unkompliziert beim Bootsverleiher am Strand, Letztere mit entsprechendem Equipment und kundiger Führung. Großer Veranstalter auf der Insel für längere Seekayaktouren mit breit gefächertem Angebot ist **Il Viottolo** in der Via Albarelli 60, 57034 Marina di Campo, ✆ 329-7367100, ilviottolo.com. Ebenfalls sehr umfangreich ist das Angebot von **Sea Kayak Italy,** Via L. Lloyd 35, 57033 Marciana Marina, ✆ 351-5505313, seakayakitaly.it.

Segeln

Die Insel Elba ist ein nahezu perfekter Ausgangspunkt für Segeltörns im Tyrrhenischen Meer: Mehrere Charterflotten und deutschsprachige Segelschulen sind hier ansässig. Selbstverständlich verfügt die Insel aber auch über gut ausgestattete und sichere Häfen mit allen Einrichtungen.

Erfahrenen Seglern bieten sich Törns nach Giglio und Capraia, den kleineren Inseln des Toskanischen Archipels an. Auch die Halbinsel Argentario mit den Häfen Porto Santo Stefano, Porto Ercole und Cala Galera bietet lohnenswerte Törnziele. Bei guter Wetterlage reizt aber die meisten Skipper ein Törn nach **Korsika.** Nur etwa 40 Seemeilen entfernt warten die Häfen Bastia und Macinaggio auf die Segler aus Elba, wo mit Pastis und korsischem Wein eine gelungene Überfahrt zu feiern ist. Dank Schengener Abkommen brauchen Segler auch keine Zollformalitäten für Italien und Frankreich mehr über sich ergehen zu lassen. Somit steht einem Elba-Korsika-Törn im Prinzip nichts mehr im Wege.

Die **Charterjachten** sind nach italienischer Rina ausgerüstet, d. h., alle erforderliche Sicherheits- und Navigationsausrüstung ist an Bord; auch deutschsprachige nautische Literatur und Seekarten. Voraussetzung sind natürlich der amtliche Sportbootführerschein See sowie der SKS (Sportküstenschifferschein) und im eigenen Interesse eine größere Erfahrung in Umgang mit Hochseejachten. Denn dieses Segelrevier sollte auch im Hochsommer nicht unterschätzt werden: Plötzliche, ohne Vorwarnung auftretende Mistral- und Sciroccowinde in Sturmstärke können unerfahrene Segler in große Schwierigkeiten bringen. Wem die nötige Erfahrung fehlt, sollte sich lieber eine Jacht mit Skipper chartern; oder man bucht direkt bei einer der Segelschulen einen Ausbildungstörn. Erfahrene Schiffsführer kennen die Gefahren, vermitteln das Segelhandwerk und laufen natürlich auch einsame Buchten und Ankerplätze an, die der Laie nicht kennt. Zu empfehlen sind das Frühjahr und der Herbst, im Juli und August ist es sehr schwer, in den Häfen gute Liegeplätze zu finden.

Für **Jollensegler** bieten sich in Elba mehrere geschützte Buchten mit Sandstränden an. Hier wehen auch in den manchmal sehr windarmen Sommermonaten erfrischende thermische Winde, die für Jollensegler herrlichen Segelspaß bedeuten. An einigen Stränden im Süden finden Sie Surfbrett- und Jollenverleiher. Die größeren Strände verfügen über abgeteilte Zonen für Schwimmer. Schmale Bojengassen sind für die Jollensegler zwischen diesen Zonen zwecks Anlandung vorgesehen. Schwimmwesten sind obligatorisch.

Segelschulen In der Bucht von Portoferraio gibt es zwei deutsche Segelschulen, beide bieten DSV-Segelscheinkurse für Jollen und Seesegeln an. Auch können auf Anfrage Jollen und Jachten gemietet werden.

Segel Club Elba, Loc. Magazzini 12, 57037 Portoferraio, ✆ +49-160-91483020. In Deutschland: ✆ 089-38034845, elbasegeln.de.

Segelzentrum Elba, Loc. Bagnaia, 57037 Portoferraio, ✆ 0049-(0)2236-65505, segelferien.de. In Deutschland: Sürther Hauptstr. 213, 50999 Köln.

Charterfirmen **Sun Charter,** Portoferraio/Werft, Jeanneau-Jachten, in Deutschland: Hans-Urmiller Ring 11, 82515 Wolfratshausen, ✆ 08171-29905, suncharter.de.

Charterwelt GmbH, hauptsächlich Bavaria-Jachten, über Buechi Yachting, in Deutschland: ✆ 089-8299880, charterwelt.de.

Sport-Events auf Elba

Elba Marathon: gibt es erst seit wenigen Jahren, immer Anfang Mai, Start und Ziel ist Marina di Campo, die Strecke führt nach Chiessi und retour. Gibt es auch als Halbmarathon (Marina di Campo – Seccheto und retour).

Capoliveri Legend Cup: Mountainbike-Rennen um den Monte Calamita, am ersten Wochenende im Mai.

Elbaman: der elbanische **Ironman,** bestehend aus 3,8 km Schwimmen, 180 km Radfahren und einem vollen Marathon (rund 42,195 km), immer letztes Septemberwochenende auf der Insel, Näheres unter elbaman.it.

Rallye Elba Storico – Trofeo Locman: Das Oldtimer-Rennen über die ganze Insel findet alljährlich am letzten Wochenende im September statt. Zahlreiche Straßen werden stundenweise gesperrt. Infos: rallyelbastorico.net.

Festival del Camminare: Das Wanderfestival auf allen Inseln des Archipels wird vom Nationalpark veranstaltet, immer im April und Oktober, kostenlose Touren, Infos und Termine bei den Case del Parco (z. B. in Portoferraio → S. 34) und unter parcoarcipelago.info.

Taucher am Capo d'Enfola

Die alten **Stadthäfen** von Portoferraio, Porto Azzurro und Marciana Marina sind nicht nur für die Landurlauber ein malerischer Anziehungspunkt: Oft völlig mit Jachten überfüllt, muss der fremde Skipper erst einmal lernen, mit den italienischen Verhältnissen klarzukommen. Die Plätze werden hier nicht vom Hafenmeister zugewiesen; es gilt das Recht des Erstankömmlings. Auch wird hier mit Anker rückwärts angelegt. Für Nordsee- und Ostseesegler kein leichtes Manöver. Eine kleine, oft belegte Marina gibt es auch in Capraia und in Giglio Porto (ebenfalls im Sommer oft voll).

Hafen: Stadthäfen Portoferraio, zwei Marinas und Bootswerften sind an der gleichnamigen Bucht gelegen, Marinas außerdem in Porto Azzurro und Marciana Marina. Liegeplätze auch in Cavo, Rio Marina und Marina di Campo. In den Häfen gibt es einige wenige öffentliche Liegeplätze (schnell belegt) und kostenpflichtige Anlagen, in denen man je nach Saison und Länge zahlen muss.

Einreisebestimmungen/Papiere: Für die zeitweise Einfuhr (bis zu zwölf Monate) von Wassersportfahrzeugen bedarf es keiner offiziellen Genehmigung. Lediglich gültige Schiffspapiere, ein Versicherungsnachweis und der amtliche Sportbootführerschein See sowie der SKS sind erforderlich. Weitere Informationen über die italienischen Fremdenverkehrsämter und den Deutschen Seglerverband.

Wetterberichte: Täglich bei der Capitaneria in Italienisch, oft auch in Englisch. Hochseejachten müssen mit UKW-Funk ausgerüstet sein, die italienischen Küstenfunkstellen senden regelmäßige Wetterberichte auf UKW auch in Englisch. Gute Dienste leistet auch die Webseite windfinder.com.

Treibstoffversorgung: In Portoferraio, Porto Azzurro und Marciana Marina.

Trinkwasser: Wenden Sie sich an die jeweilige Capitaneria (Hafenmeisterei).

Tauchen

Gute Möglichkeiten, rund um die Insel gibt es etwa 30 Tauchspots, v. a. im Westen, an der Nordküste und an der Costa dei Gabbiani (Halbinsel Calamita), nicht zu vergessen das tolle Tauchrevier vor Pianosa. Mehrere Tauchschulen sind auf ganz Elba verteilt, darunter auch einige deutschsprachige. Anfänger können sich relativ unkompliziert an einem Probetauchgang versuchen (z. T. im Pool), Kurse werden für Anfänger und für Fortgeschrittene angeboten.

Tauchschulen **Unica Diving,** Loc. Magazzini, Werner Nehls, an Bord mobil erreichbar unter ✆ 348-4106761, unica-diving.com.

Spiro Sub, Tauchschule von Volker Kammerer in Marina di Campo, ✆ 0565-976102, ✆ 338-2689379, spirosub.isoladelba.it.

Omnisub, Markus Schempp, Barbarossa-Bucht, ☏ 335-5735536 oder 340-8710082, omnisub.com.

Aquanautic, Morcone-Bucht und Lacona, ☏ 339-6385979, aquanautic-elba.de.

Enfola Diving Center, Capo d'Enfola, ☏ 348-7925653, enfoladivingcenter.it.

Centro Sub Talas, Lido-Bucht, ☏ 335-8022027, talas.it.

Sottolonda, Lacona-Bucht, ☏ 345-6488085, sottolonda.it.

Stefano Sub, in Porto Azzurro und Naregno, ☏ 380–5042063, stefanosub.it.

Elba Diving Center, Marciana Marina, ☏ 339-7338902, elbadiving.it.

Marelino Sub, Madonna delle Grazie (Capoliveri), ☏ +41-79-4418274, marelinosub.com.

Flaschenfüllstationen Man wende sich an die Tauchschulen oder an: Nautica Sport, Calata Italia 3, sowie Armeria Elbana, Via Manganaro 12, beide in Portoferraio.

Tennis

Viele 3- bzw. 4-Sterne-Hotels haben eigene Tenniscourts, die Tenuta delle Ripalte (→ S. 103) sogar vier Plätze und ein Tenniscamp mit Trainer (für Ambitionierte). Die Plätze werden, wenn nicht gerade von Hotelgästen belegt, auch an Personen vermietet, die nicht im Hotel wohnen. Weitere Tennisplätze finden Sie in **Portoferraio:** Loc. San Giovanni, ☏ 0565-915366, und Loc. Schiopparello beim Agriturismo Due Palme, ☏ 0565-933017; **Rio nell'Elba:** Tennis Club di Rio nell'Elba, ☏ 328-8087043; **Porto Azzurro:** Tennis Club Porto Azzurro, Loc. Santissimo, ☏ 340-6265104, und Longone Tennis Club, ☏ 0565-957845; **Marina di Campo:** Tennis Club Marina di Campo, Loc. Sighello, ☏ 339-6904930, und Loc. Fetovaia, ☏ 0565-988037; **Marciana Marina:** A.S.D. Sporting Club Marciana Marina, Viale Aldo Moro, ☏ 329-9690629.

Wandern

Die Insel ist von über 300 km landschaftlich oftmals sehr reizvollen Wanderwegen durchzogen. Die Markierungen sind in der Regel gut bis sehr gut und man hat in den letzten Jahren viel für den Ausbau des Wegenetzes getan, z. B. die Teilabschnitte von wuchernder Macchia befreit und alte Markierungen ersetzt sowie naturkundliche Schautafeln angebracht (leider zumeist nur in italienischer Sprache).

Das Niveau reicht von einfachen, gemütlichen Spaziergängen bis zu anspruchsvollen Wanderwegen über Geröll im Gebiet des **Monte Capanne.** Überhaupt stellt die Besteigung des höchsten Bergs (1019 m) im Westen

Ein herrliches Wanderrevier erstreckt sich um dem Monte Capanne

der Insel für viele den bergsteigerischen Höhepunkt auf Elba dar, der Westteil der Insel ist vielleicht der interessanteste für Wanderer. Einige Wanderungen sind durchaus sehr schweißtreibend, wirklich schwierige Kletterpassagen, die umfangreiche alpinistische Erfahrung erfordern, findet man auf der Insel nur selten (z. B. den Wanderweg 100, der von Osten auf den Monte Capanne führt), gelegentlich aber einige geröllige, rutschige Stellen, die die Begehung der Pfade erschweren.

Für passionierte Wanderfreunde eine attraktive Möglichkeit, Landschaft und Natur der Insel kennen zu lernen, ist die **Grande Traversata Elbana (G.T.E.),** die von der Westküste (Pomonte) nach Cavo im äußersten Nordosten der Insel führt. Der Pfad ist insgesamt über 60 km lang und war noch bis ins 20. Jh. – vor dem Ausbau des elbanischen Straßennetzes – eine wichtige Ost-West-Verbindung, die v. a. mit Eseln bzw. Maultieren begangen wurde. Der gut beschilderte Wanderweg ab Pomonte (ein Nebenpfad der G.T.E. beginnt in Patresi im äußersten Nordwesten der Insel) führt über den Monte Capanne und den benachbarten Monte Perone durch das Valle Literno (südlich von Procchio) und im Süden an San Martino vorbei zur Cima del Monte im Nordosten der Insel. Von hier, westlich an Rio nell' Elba vorbei, geht es in Richtung Norden nach Cavo. Die gesamte Strecke ist in etwa vier Tagesetappen zu bewältigen. **Achtung:** Entlang der G.T.E. gibt es weder Einkehr- noch Einkaufs- und auch keine Übernachtungsmöglichkeiten, also ausreichend Proviant mitnehmen und eventuelle Abstecher (z. B. nach Marciana Alta, Procchio, San Martino, Porto Azzurro oder Rio nell'Elba) in die Planung einbeziehen!

Da auf einigen Routen der Insel die Markierungen noch nicht optimal sind, kann es sich lohnen, auf Kartenmaterial zurückzugreifen. Zur Verfügung stehen zahlreiche gute und genaue **Wander- und MTB-Karten,** von denen uns zuletzt die Karte „Isola d'Elba" (1:25.000) von 4Land Cartography in Kooperation mit dem Nationalpark gute Dienste erwiesen hat, erhältlich u. a. beim Info-Büro des Nationalparks in Portoferraio (→ S. 34, hier auch weitere Wanderkarten).

Alljährlich im April und im Oktober findet das **Festival del Camminare** (Walking Festival) statt, das Wanderfestival der Inseln des Toskanischen Archipels, veranstaltet vom Nationalpark. An den geführten Wandertouren verschiedener Dauer und Schwierigkeitsgrade kann man nach Anmeldung kostenlos teilnehmen, auch Themenführungen, Abend- und Mondlichttouren, Ausflüge nach Pianosa (diese allerdings gebührenpflichtig) usw. Infos und Anmeldung unter ✆ 0565-908231, parcoarcipelago.info. Das detaillierte Programm (und die Treffpunkte) findet sich in der in den Tourist-Informationen/ Case del Parco ausliegenden Broschüre.

> Weitere praktische Informationen zum Thema Wandern auf Elba sowie **zehn** detailliert beschriebene **Tourenvorschläge** finden Sie am Ende dieses Reisehandbuchs im **Kleinen Wanderführer → S. 242**

Windsurfen und SUP

Zum Teil sind die Surfschulen den Segelschulen der Insel angeschlossen. An den Stränden der Insel finden sich jedoch noch wesentlich mehr Surfschulen, manche bieten eine ganz hervorragende Ausbildung und bestes Equipment, es gibt aber auch provisorisch errichtete Buden am Strand – im Prinzip oft nur ein besserer Bretterverleih. SUP (Stand-Up-Paddling) findet sich bei fast allen Surfschulen und Verleihern an den Stränden. Oft werden Anfängerkurse geboten, zumindest aber eine kurze Einweisung. Details zu Verleihern und Schulen bei den jeweiligen Ortstexten.

Reisepraktisches von A bis Z

Ärztliche Versorgung

Der offizielle Weg zu ärztlicher Hilfe führt für gesetzlich Versicherte aus Deutschland über die **European Health Insurance Card (EHIC),** die in der Gesundheitskarte enthalten ist. Mit der EHIC kann man im europäischen Ausland direkt zum Arzt gehen, ohne dabei die Kosten vorstrecken zu müssen. Theoretisch zumindest, denn viele Ärzte behandeln nicht im Rahmen des staatlichen Gesundheitssystems, sodass man die Behandlung oftmals bar bezahlen muss. Für Privatversicherte gilt ohnehin grundsätzlich Barzahlung. Gegen Vorlage einer detaillierten Quittung (ital.: ricevuta) des behandelnden Arztes einschließlich Übersetzung werden die Kosten allerdings zu Hause erstattet. Nähere Auskünfte erteilen die Krankenversicherungen. Wer ganz sicher gehen will, sollte eine – in der Regel sehr günstige – **private Auslandskrankenversicherung** abschließen. Sie deckt neben den Arzt- und Arzneimittelkosten auch den Rücktransport nach Hause ab.

Erste-Hilfe-Behandlungen in staatlichen Krankenhäusern sind kostenlos. In größeren Touristenorten (v. a. an der Küste) gibt es in den Sommermonaten (15. Juni bis Anfang September) oft auch eine Erste-Hilfe-Station der **Guardia Medica Turistica (✆ 800-064422),** bei der man Bagatellfälle gegen einen geringen Betrag behandeln lassen kann. Diese Erste-Hilfe-Stationen wechseln jährlich, man wende sich im jeweiligen Ort an die Tourist-Information (oder die Hotel- bzw. Campingplatzrezeption etc.), dort wird Ihnen die aktuelle Adresse genannt.

Apotheken: Die Farmacia kann bei kleineren Problemen den Arzt ersetzen. Die Apotheken sind in der Regel Mo–Fr 9–12.30 Uhr und 15.30–19.30 Uhr geöffnet, Sa 9–13 Uhr. Farmacia di turno: die Not- und Wochenenddienste sind an jeder Apotheke angeschlagen.

Erste-Hilfe-Station (Soccorso medico urgente): Nur in Portoferraio, Ospedale Loc. San Rocco, ✆ 0565-926111. Nur wenige Ärzte sprechen Englisch (oder Deutsch), sodass man gerade im Notfall jemanden dabei haben sollte, der auch Italienisch spricht, zumindest aber ein Wörterbuch. Die Ambulanz im Krankenhaus ist vom 1. Juli bis 15. Sept. tägl. 10–13 und 16–19 Uhr geöffnet (im Aug. 15–19 Uhr).

In den anderen Gemeinden stehen unter der Woche die niedergelassenen Ärzte zur Verfügung (Infos hierzu in den Tourist-Informationen oder an der Hotel-/Campingplatzrezeption), abends, am Wochenende und an Feiertagen galt zuletzt die zentrale Notrufnummer **✆ 0586-223456** oder **✆ 800-064422.** Das Krankenhaus in Portoferraio ist unter **✆ 0565-926111** zu erreichen. Unter diesen Nummern kann man Ihnen auch den nächstgelegenen diensthabenden Arzt nennen.

Notruf (Soccorso pubblico di emergenza): **✆ 112** wählen (in ganz Italien inkl. Elba), die Adresse nennen und um Hilfe (Pronto soccorso) bitten – die Polizia am anderen Ende der Leitung schickt dann die Ambulanz. Notarzt und Krankenwagen unter **✆ 118.**

Baden

→ S. 14/15 und S. 228

Einkaufen

Nicht gerade günstig, egal, was man auf der Insel erstehen möchte, Schnäppchen sind selten, auch bei kulinarischen Mitbringseln. Noble Bekleidungs- und Schuhgeschäfte sowie Seglerausstatter findet man vor allem in Portoferraio, Porto Azzurro und Marina di Campo. Günstiger wird es nur bei den **Saldi** (Schlussverkauf) im Juli/August, Kleidung und Schuhe sind dann oft bis zu 50 % reduziert.

Laut Gesetz muss man beim Einkauf, aber auch im Restaurant bzw. Hotel den **Scontrino** (Kassenzettel) bzw. die **Ricevuta fiscale** (Quittung) immer mitnehmen und auch (zumindest kurzfristig) aufheben, um sie bei etwaigen Kontrollen der Finanzpolizei vorzeigen zu können. In der Praxis ist man als Tourist von dieser Vorschrift jedoch kaum betroffen – Ausnahmen bestätigen die Regel.

Das Handeln ist in den Geschäften übrigens völlig unüblich, bei Straßen- und vielmehr noch Strandhändlern allerdings gang und gäbe.

Acqua dell'Elba und Algenkosmetik

Das herb-frische Inselparfüm **Acqua dell'Elba** eignet sich ideal als Souvenir für Daheimgebliebene – zu haben sowohl als Damen- und Herrenduft, Badesalz, Duschgel, Bodylotion, Seife, Duftkerze, außerdem Handtücher, Badehosen, Pareos, Strandtaschen etc. Acqua-dell'Elba-Parfümerien gibt es mehrfach in Marciana Marina, Capoliveri, Porto Azzurro, Marina di Campo und Portoferraio, nicht zu übersehen. Der Duft der Insel ist übrigens ein Exportschlager, den man mittlerweile auch in wohlriechenden Shops in Florenz und Rom kaufen kann. Weitere Infos unter acquadellelba.com.

Die **Terme di San Giovanni,** eigentlich eine Kuranlage, gibt mittlerweile auch eine Naturkosmetiklinie („Alghelba") auf Basis der heilsamen Algen und des Fangoschlamms aus der Lagune von San Giovanni (→ S. 51) heraus, zu kaufen an der Therme selbst.

Der **Inselmarkt** durchreist quasi ganz Elba und macht jeden Tag woanders Station. Verkauft werden jeweils von 8 bis 13 Uhr Schuhe, Kleidung, Haushaltswaren sowie Obst, Gemüse und andere Lebensmittel. Der Wochenplan sieht folgendermaßen aus:

Montag: Rio Marina

Dienstag: Marciana Marina und Rio nell'Elba

Mittwoch: Marina di Campo

Donnerstag: Capoliveri und Procchio

In Rio Marina

Freitag: Portoferraio

Samstag: Porto Azzurro

Sonntag: Lacona.

Darüber hinaus findet von April bis November in Procchio immer Samstag und Dienstag von 8 bis 13 Uhr der **Mercato della Terra e del Mare** statt.

Eintrittspreise

Unendlich viel gibt es auf Elba nicht zu besichtigen und die Eintrittspreise für die wenigen Highlights halten sich erfreulicherweise im Rahmen (teuerster Eintritt ist mit 15 € das Cosmopoli-Sammelticket für die Sehenswürdigkeiten der Altstadt von Portoferraio). In Kirchen ist der Eintritt generell frei.

Feste und Feiertage

Am 15. August, an Mariä Himmelfahrt, wird in ganz Italien **Ferragosto** gefeiert. Dieses Hauptfest der Marienverehrung ist außerdem das größte Familienereignis in Italien und Hö-

hepunkt der Urlaubssaison – an diesem Tag sind alle öffentlichen Einrichtungen geschlossen!

Gesetzliche Feiertage

Weihnachten (Natale), **Neujahr** (Capodanno) und **Dreikönigstag** (Epifania, 6.1.) sind Feiertage. **Ostern** (Pasqua): **Karfreitag** (Venerdì santo) ist kein Feiertag, **Ostermontag** (Pasquetta) jedoch wie gewohnt. Am **25. April** ist Anniversario della Liberazione, Tag der Befreiung (von der deutschen Wehrmacht). **1. Mai,** selbstverständlich auch hier Festa del Lavoro. **Pfingsten** (Pentecoste) – nur der Sonntag. **2. Juni,** Tag der Republikgründung (Fondazione della Repubblica). **15. August,** Ferragosto (→ oben) – absolutes italienisches Hauptfest! **1. November,** Allerheiligen (Ognissanti), außerdem der **8. Dezember,** Mariä Empfängnis (Immacolata Concezione).

Regionale Feiertage & Veranstaltungen

29. April, San Cristino in Portoferraio.

1.–3. Mai, kleine Wallfahrt zur Madonna del Monte (Marciana Alta).

5. Mai, Messe zum Todestag Napoleons in der Chiesa della Misericordia in Portoferraio.

Sonntag vor Pfingsten, Festa del Cavatore (Fest der Minenarbeiter) in Capoliveri.

1. Juli bis 1. August, Le Notti dell'Archeologia, Kulturveranstaltungen in antiken Stätten.

Ca. 5.–25. Juli, Magnetic Opera Festival – das erst 2015 vom Kulturverein Maggyart ins Leben gerufene Musikfestival auf der Naturbühne der stillgelegten Miniera del Ginevro auf der Südseite des Monte Calamita lockt große Namen vor eine grandiose Kulisse, gegeben wird große italienische Oper, dazu auch einige Konzerte auf der Piazza Matteotti in Capoliveri. Fand zuletzt nicht statt, Infos beim Tourist-Büro in Capoliveri (→ S. 91).

14. Juli, Leggenda dell'Innamorata, in der Innamorata-Bucht, → auch S. 98.

Ende Juli, San Giacomo e San Quirico in Rio nell'Elba (letztes Juliwochenende).

7. August, San Gaetano in Marina di Campo.

12. August, Santa Chiara in Marciana Marina.

15. August, große Wallfahrt zur Madonna del Monte (Marciana Alta).

16. August, San Rocco in Rio Marina.

18. August, Palio di Sant'Agabito, Mittelalterfest in Marciana Alta.

29. August, Prozession der Misericordia-Bruderschaft in Portoferraio.

Anfang September, Elba – Isola Musicale d'Europa, klassische Konzerte und Jazz in Portoferraio, elba-music.it.

Anfang September, Premio Letterario Internazionale Isola d'Elba – Raffaello Brignetti: Literaturpreisverleihung in Portoferraio.

8.–15. September, Wallfahrten zur Madonna del Monserrato (Porto Azzurro).

Ende September/Anfang Oktober, Festa dell'Uva, das dreitägige Weinfest in Capoliveri zählt zu den größten und beliebtesten Festen auf der Insel.

Letzte Oktoberwoche, Castagnata – Kastanienfest in Marciana Alta und Poggio.

Weitere Feste und Veranstaltungen bei den jeweiligen Ortstexten.

Geld

Dank einheitlicher europäischer Währung im Prinzip wie zu Hause, Bargeld bis zu 400 € pro Tag gibt es an jedem Geldautomaten (mit mehr oder minder hoher Auslandsgebühr), ansonsten zahlt man auch auf Elba zunehmend mit Bankkarte oder mit der Kreditkarte. Aber Achtung: Bei einigen Museen, dem Sonnenschirmvermieter oder am Souvenirstand braucht man mit der Karte nicht zu kommen, hier zählt nur Bares (ital.: contanti).

Im Notfall: Sperrung der Kreditkarte

Bei Verlust von Geldkarte, Kreditkarte, Reiseschecks etc. sollte man diese sofort telefonisch sperren lassen, nach Deutschland unter der Notrufnummer ✆ 0049-116116; man wird dann an die jeweilige Bank weitergeleitet. Österreichische Karten können unter ✆ 0043-1-71111770 gesperrt werden, Schweizer USB-Karten sperrt man unter ✆ 0041-44-8283135, Credit-Suisse-Karten unter ✆ 0041-800800488.

Hunde

Wohlerzogene, gepflegte und freundliche Hunde sind auf Elba und den anderen toskanischen Inseln gern gesehene Gäste und dürfen in aller Regel mit ins Gartenrestaurant, auch auf Campingplätzen gibt es kaum Probleme. In Hotels und Appartements werden Hunde nur teilweise akzeptiert, in jedem Fall muss man sie aber bei der Buchung mit anmelden. An elbanischen Stränden mit Strandservice sind Hunde nur teilweise, an „freien" Stränden aber grundsätzlich erlaubt – rücksichtsvolles Verhalten den anderen Badegästen gegenüber, Leine und mitgeführter Maulkorb vorausgesetzt (sowie die ohnehin selbstverständliche Beseitigung etwaiger Hinterlassenschaften). In einigen Gemeinden gelten Sonderregeln: In Porto Azzurro sind Hunde nur an den Stränden von Mola (hier ein eigener Hundestrand) und beim Laghetto di Terranera gestattet, in den meisten anderen Kommunen dürfen die Vierbeiner zwar an den Strand, allerdings nur vor 8/9 Uhr und nach 19/20 Uhr auch ins Wasser - also nicht während des normalen Badebetriebs.

Bei der Einreise nach Italien braucht das Tier ein Tollwut-Impfzeugnis, das mind. 21 Tage und max. zwölf Monate vor Einreise ausgestellt sein muss, ebenso einen EU-Heimtierausweis und eine Identitätskennung mit Mikrochip unter der Haut.

Generell besteht in der Mitte und im Süden Italiens eine erhöhte Ansteckungsgefahr u. a. mit der gefährlichen **Leishmaniose,** einer von Sandflöhen übertragenen Parasiten-Erkrankung, die in fast allen Mittelmeerländern vorkommt.

In den Gassen von Marciana Alta

Informationen

Die offizielle Webseite der Tourismusorganisation der Insel Elba ist unter **visitelba.de** (auch auf Deutsch) zu finden, unter **islepark.it** findet man ausführliche Informationen zu den toskanischen Inseln, leider aber nur auf Italienisch.

Vor Ort gibt es Info-Büros in Portoferraio, Capoliveri, Marina di Campo und Marciana Marina; außerdem auf Capraia und auf Giglio. Interessante und auch umfassendere Informationen zu Natur und Kultur der Insel findet man in den **Case del Parco,** den in der Regel auch mit einer Ausstellung ergänzten Infobüros des Nationalparks Toskanischer Archipel. Die Büros befinden sich in Portoferraio, Marciana Alta und Rio nell'Elba sowie auf der Nachbarinsel Pianosa. Näheres unter den jeweiligen Orten.

Internet/Wifi

Wireless LAN (WLAN) heißt in Italien Wifi und ist in fast allen Hotels, auf Campingplätzen und teilweise auch in Bars, Cafés etc. zu finden. Meist macht ein Schild am Eingang auf die Wifi-Zone aufmerksam, Wifi ist in Italien quasi überall kostenlos zu haben.

Kinder → S. 16/17

Mülltrennung

Auch in Italien und natürlich auch auf Elba wird Müll getrennt, im Prinzip wie in Deutschland und anhand von Piktogrammen auch deutlich gekennzeichnet: „Vetro" ist Glas (aber nicht nach Farben sortiert), „Plastica e Metallo" entspricht in etwa dem „Gelben Sack", „Carta e Cartone" sind Altpapier und Kartonagen, dazu gibt es oft noch die „Rifiuti organici" (Biomüll) und für alles andere den „Rifiuto secco non differenziabile", also den Restmüll.

Notrufnummern

Die einheitliche europäische Notrufnummer gilt auch in ganz Italien: ✆ **112.** Notarzt/Krankenwagen: ✆ **118.** Feuerwehr: ✆ **115** (Waldbrand: ✆ **1515**). Notruf der Küstenwache: ✆ **1530.** Pannenhilfe des ACI: ✆ **800116800** (mit ausländischem Mobilfunkanbieter) bzw. ✆ **803116** (ital. Handy/Festnetz).

Öffnungszeiten

Grundprinzip ist zumindest im Sommer noch immer die Mittagspause, die Siesta. Dafür hat man abends oft länger geöffnet, wenn die Hitze nachgelassen hat.

Apotheken: → „Reisepraktisches von A bis Z/Ärztliche Versorgung", S. 236.

Geschäfte: meist Mo–Fr 8.30/9–12.30/13 Uhr und ca. 15/16–19.30/20 Uhr, im Hochsommer teils erst ab 17 Uhr, Sa 9–13 Uhr. Vor allem Souvenirläden öffnen auch noch mal nach dem Abendessen von 21 Uhr z. T. bis Mitternacht. Touristische Geschäfte und Supermärkte sind auch sonntags geöffnet.

Kirchen: von ca. 7–12 Uhr und 16/17–19/20 Uhr, z. T. auch durchgehend geöffnet. Sonntags während der Messen ist natürlich keine Besichtigung möglich.

Museen: grundsätzlich 9–12 Uhr und 16–19 Uhr, im Sommer oft durchgehend 9–19 Uhr und an manchen Abenden bis 22 Uhr, meist Mo geschlossen, Ausnahmen bestätigen die Regel.

Banken: meist Mo–Fr 8.30–13.30 Uhr und 14.30–16.30 Uhr bzw. 15–16 Uhr.

Postämter: Mo–Fr 8.20–14 Uhr, Sa nur bis 12.30 Uhr, in Portoferraio Mo–Fr durchgehend 8.20–19 Uhr.

Post

Die italienische Post genießt nicht den besten Ruf – zumindest wenn es um die Beförderung von Postkarten an die Lieben zu Hause geht. Noch immer ist man nicht selten vor Ankunft der Urlaubsgrüße selbst schon wieder daheim. Der Vermerk „per Eilpost" (posta prioritaria) bringt bei Karten und Briefen nichts, da sie generell im Flugzeug befördert werden. Briefmarken (Francobolli) kauft man nicht nur bei der Post, sondern auch in autorisierten Tabacchi-Läden und in Souvenirshops. Das **Porto** für eine Postkarte bzw. einen Standardbrief in das europäische Ausland (EU und Schweiz) beträgt derzeit 1,30 € (Stand: Ende 2023).

Rechnungen

Was Sie auch kaufen, Sie bekommen immer eine Rechnung (ricevuta fiscale) oder einen Bon (scontrino). Den Beleg muss man laut Gesetz bis 50 m nach Verlassen des Geschäftes behalten. Kontrollen sind zwar selten, aber nicht grundsätzlich auszuschließen.

Reisedokumente

Für die Einreise nach Italien muss man einen Personalausweis (Carta d'Identità) oder Reisepass (Passaporto) dabeihaben. Kinder bis zwölf Jahre benötigen einen Kinderreisepass (über zwölf Jahre Personalausweis/Reisepass). Kinder und Jugendliche, die ohne Erwachsene reisen, benötigen außer ihrem Ausweis eine schriftliche Vollmacht der Erziehungsberechtigten. Autofahrer brauchen Führerschein (Patente di guida) und Fahrzeugschein (Libretto di circolazione). **Bei Diebstahl oder Verlust:** in jedem Fall sofort zur Polizei gehen. Falls dies der einzige Ausweis war, den man dabei hatte, bekommt man ein Formular, das zur Heimreise berechtigt. Zuvor angefertigte Kopien des verloren gegangenen Papiers sind nützlich und helfen der Polizei bei der Identitätsüberprüfung (Nummer des Passes, ausstellende Behörde etc.).

Einreise mit dem Boot: → „Sport und Freizeit/Segeln", ab S. 231.

Sprache und Sprachkurse

Viele Elbaner sprechen Englisch, einige auch etwas Deutsch, sodass die Verständigung eigentlich kein Problem ist. Dennoch kann sich jeder ein paar Worte Italienisch aneignen, die gängigen Begrüßungsfloskeln und Höflichkeitsformeln sitzen relativ schnell. Eine Hilfe dabei kann Ihnen unser kleiner Sprachführer am Ende dieses Buchs sein (→ S. 268).

Wer es langfristig ernst meint mit dem Italienischlernen, sollte einen Intensivkurs vor Ort in Erwägung ziehen, Kurse werden auch auf Elba angeboten. Eine Möglichkeit ist z. B. das **A.B.C. – Centro Lingua & Cultura Italiana,** Loc. Bocchetto 1, 57036 Porto Azzurro, ✆ 0565-957888, abcelba.com. Kurse von Mai bis Mitte Oktober, ein Gruppenkurs mit maximal zehn Teilnehmern kostet ab 240 €/Woche, Unterkünfte werden vermittelt oder im Paket mit dem Kurs angeboten (günstig, u. a. in der Villa der Schule mit Pool).

Telefonieren

Mit Aufhebung der EU-weiten Roaming-Gebühren ist der Anruf nach Hause keine finanzielle Unwägbarkeit mehr, zur Kasse gebeten wird man jedoch, wenn man mit deutschem Handy eine italienische Telefonnummer anruft (mobil oder Festnetz). Zu unterschiedlichen Preisen und Konditionen haben die Anbieter auch Auslands-Flatrates im Programm.

Funklöcher kommen vereinzelt in abgelegenen Gegenden (z. B. beim Wandern) noch vor.

Vorwahlen: von Italien nach Deutschland: ✆ 0049, nach Österreich: ✆ 0043, in die Schweiz: ✆ 0041. Nach Italien aus dem Ausland: ✆ 0039. Die „0" in der **italienischen Vorwahl** (z. B. 0565 für Elba) muss aus dem Ausland mitgewählt werden, auch in Italien bei einem Ortsgespräch. Italienische Handynummern beginnen immer mit „3" (347, 333 usw.).

Zollbestimmungen

Im Zuge des Binnenmarkts gelten großzügige Richtlinien für die Einfuhr italienischer Waren nach Deutschland oder Österreich. Im privaten Reiseverkehr **innerhalb der EU** dürfen Waren zum eigenen Verbrauch unbegrenzt mitgeführt werden. Um diese vage Formulierung zu präzisieren und eine Abgrenzung zwischen privater und gewerblicher Verwendung vorzunehmen, gelten folgende Richtmengen pro Person:

- 800 Zigaretten oder 400 Zigarillos oder 200 Zigarren oder 1 kg Tabak, 10 l Spirituosen, 20 l Alkoholika bis 22 Vol.-% (z. B. Campari), 60 l Schaumwein, 110 l Bier, 10 kg Kaffee. Für Wein wurde keine Richtmenge festgelegt.

Beim Transit durch die **Schweiz** ist eine freiwillige Deklaration der mitgeführten Waren fällig, wenn die in der Schweiz geltenden Freimengen (250 Zigaretten oder Zigarillos oder Zigarren oder 250 g Rauchtabak, 5 l alkoholische Getränke bis 18 Vol.-%, 1 l Alkoholika über 18 Vol.-%) überschritten werden. Für Waren, die das Limit überschreiten, muss eine Kaution in Landeswährung hinterlegt werden, die man bei der Ausreise zurückerhält.

Aufstieg auf den Monte Capanne – Blick zurück

Wandern

auf Elba

GPS-kartierte Touren sind mit dem Symbol GPS gekennzeichnet. Download der GPS-Tracks inkl. Waypoints unter mmv.me/52722

Übersicht der Wanderungen

Kleiner Wanderführer

Gebirgswandern mit Meerblick: Das grandioseste Wanderrevier des Toskanischen Archipels erstreckt sich natürlich rund um den Monte Capanne. Aber auch entlang der Küsten Elbas finden sich ein paar herrliche Wanderwege.

Die zehn hier beschriebenen Touren führen Sie zu den landschaftlichen Highlights der Insel Elba. Der Schwierigkeitsgrad reicht vom einfachen Waldspaziergang über die abwechslungsreiche Küstenwanderung bis zur schweißtreibenden Gipfelbesteigung.

Vier Touren erstrecken sich rund um den Monte Capanne: Ganz im Westen führt die Wanderung 7 von Pomonte an die Hänge des Monte San Bartolomeo und eine schöne Rundwanderung findet sich auch bei Marciana Alta: die Wanderung 8. Ein Highlight ist natürlich die Wanderung 9: der Aufstieg auf den Monte Capanne. An dessen Südflanke führt aussichtsreich Wanderung 6 auf uralten Hirtenpfaden entlang.

Ebenfalls im Westteil der Insel befindet sich eine der schönsten, wenn nicht die schönste Küstenwanderung überhaupt: die Wanderung 10 von Marciana Marina zu den herrlichen Steinstränden von Sant'Andrea. Ebenfalls an der Küste, allerdings mit ein wenig Anstieg, verläuft die Wanderung 1 hinauf zum Capo d'Enfola. Mit der Wanderung 2 von Rio nell'Elba nach Porto Azzurro lässt sich eine herrliche Höhenwanderung mit spektakulären Ausblicken erleben. Eine entspannte Waldwanderung findet sich mit der Wanderung 3 ganz im Nordosten bei Cavo. Rund um den Monte Calamita geht es mit dem MTB bei der Rad-Wanderung 4. Im Süden schließlich führt die aussichtsreiche Wanderung 5 rund um die Halbinsel Capo Stella.

Abschließend noch einige Hinweise zu Equipment und Vorsichtsmaßnahmen beim Wandern auf Elba:

Verpflegung: In jedem Fall ausreichend Trinkwasser mitnehmen! Ständig sprudelnde Quellen sind auf Elba selten. Beachten Sie außerdem, dass bei längeren Wanderungen gerade im Westen der Insel auf der Strecke kaum Einkehrmöglichkeiten bestehen.

Kleidung: Gutes Schuhwerk ist notwendig. Wer im Bereich des Monte Capanne oder entlang des Gebirgszuges im Osten der Insel unterwegs ist, sollte Wanderschuhe tragen. Sonnenschutz nicht vergessen und im Frühjahr/Herbst bei Gebirgswanderungen Windjacke oder Pullover.

Wetter: Auch wenn es „nur" auf etwa 1000 m hinaufgeht, sind viele Strecken v. a. im Westen als Gebirgswanderungen zu charakterisieren. Deshalb sollte man Wetterumschwünge ernst nehmen. Wenn sich beispielsweise der Monte Capanne von der Küste aus betrachtet in malerische Wolken hüllt, kann der Nebel oben auf dem Berg die Orientierung erheblich erschweren.

Waldbrand: Gerade während längerer Hitzeperioden steigt natürlich die Waldbrandgefahr. Achten Sie also bei sommerlichen Wanderungen nicht nur auf die schöne Aussicht, sondern gelegentlich auch auf Rauchentwicklung (im Notfall dann zügig einen Weg entlang windabgewandter Hänge suchen). Ebenso wichtig ist natürlich die Waldbrand-Prävention: kein Feuer entfachen (ob im Wald oder in der Macchia), Zigaretten immer sorgfältig ausmachen und kein Glas wegwerfen. Die Feuerwehr ist italienweit unter dem Notruf ✆ 115 und ✆ 1515 zu erreichen.

Tiere: Halten Sie sich von wild lebenden Tieren fern, nicht nur zu deren Wohl. Ein Wildschwein-Frischling mag niedlich sein, die besorgte Bache ist es keineswegs. Sollten Sie den Tieren also begegnen, halten Sie einen Respektabstand. Auch die frei lebenden Mufflons kreuzen friedlich die Wanderpfade, halten aber deutlich Abstand zu Menschen. Sehr scheu ist die Aspis-Viper (zu erkennen an ihrem dreieckigen Kopf und den schwarzen Querbändern), eine Begegnung aber nicht ausgeschlossen, vor allem in feuchtem Gemäuer (Ruinen) und nach Regen, wenn die Schlangen zum Sonnenbad herauskommen. Der Biss der Aspis-Viper soll sehr schmerzhaft sein, ihr Gift aber für einen gesunden Erwachsenen keine lebensbedrohliche Verletzung darstellen. Sind Sie aber mit Kindern oder Hunden unterwegs, achten Sie darauf, der Schlange nicht zu neugierig auf die Pelle zu rücken.

GPS-Wanderung 1

Zum Capo d'Enfola

Charakteristik: Die in weiten Teilen einfache, anfangs aber recht schweißtreibende Wanderung führt über die kleine Halbinsel zum Capo d'Enfola, wo die absolute Ruhe am Aussichtspunkt auf einer Felsnase über dem Meer nur durch das Geschrei der Möwen unterbrochen wird. **Anfahrt/Verbindungen:** Die Halbinsel liegt ca. 8 km nordwestlich von Portoferraio. Parkmöglichkeiten an der Landenge am Capo d'Enfola (gebührenpflichtig und an Sommerwochenenden meist überfüllt). Keine Busse direkt zum Capo d'Enfola, allerdings verkehrt die Linie 6 in der Hochsaison häufig von Portoferraio nach Viticcio (an der Abzweigung nach Enfola aussteigen, ab hier ca. 1 km zu Fuß bergab auf der Straße). **Versorgung:** Bistro/Bar und Ristorante am Strand an der Landenge. **Länge/Dauer:** ca. 5 km; ca. 2:30 Std.; Höhenunterschied ca. 190 m (jeweils Auf- und Abstieg). Mittels **GPS kartierte Wanderung:** Waypoint-Dateien zum Downloaden unter: mmv.me/52722.

Wegbeschreibung: Ausgangspunkt für die Wanderung zum Kap ist die „Tonnara" **1**, die alte Thunfischfabrik an der Landenge, heute Sitz der Nationalparkverwaltung. Rechts von dem Gebäude folgt man einem breiten Schotterweg in Serpentinen hinauf in Richtung **Monte Enfola** (135 m) – schattenlos geht es stetig bergauf, der anstrengendste Teil der Wanderung. Hier finden sich bereits einige Aussichtspunkte, der Blick reicht, je höher man kommt, immer weiter Richtung Osten bis hin zur Medici-Festung in Portoferraio. Nach gut 30 Min. erreicht man eine Abzweigung **2**, hier geht es rechts ab auf den „Anello" (Ringweg) in Richtung Kap, der aber zu ignorieren ist. Man wandert geradeaus weiter auf dem Schotterweg, der knapp unter dem Monte Enfola in einen Waldpfad übergeht. Hier sind noch einige Bunker aus dem Zweiten

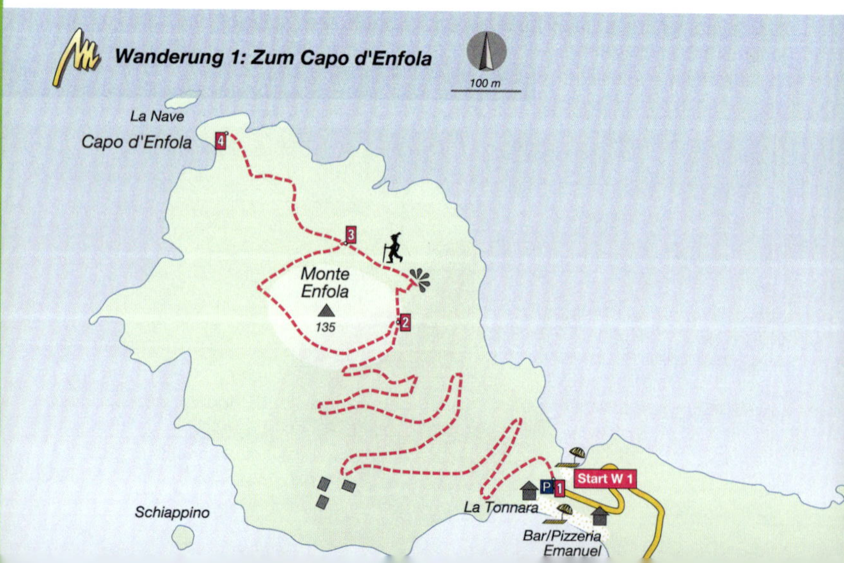

Weltkrieg zu sehen, die man wegen Einsturzgefahr jedoch keinesfalls betreten sollte. Von hier oben bietet sich ein herrlicher Blick auf die Nordküste und auf die Bucht von Procchio mit dem Monte Capanne im Hintergrund. Nun geht man auf schmalem Pfad ca. 15 Min. an der Westseite der Enfola-Halbinsel entlang, bis man an einer Abzweigung **3** den beschilderten Pfad nach links hinunter zum Kap einschlägt. Bereits nach wenigen Metern verlässt man den lichten Wald, es folgt ein steiler und schattenloser Abstieg (ca. 15 Min.) teilweise über Felsstufen, die eine gewisse Trittsicherheit erfordern. Über einen ca. 20 m langen und auf ca. 3 m Breite begehbaren Grat (links steiler Absturz) gelangt man zum **Capo d'Enfola** **4** mit Sitzbank: Es herrscht herrliche Ruhe, nur das Geschrei der Möwen, die hier zahlreich zu Hause sind, ist zu hören. Vor dem Kap liegt die kleine Felseninsel **La Nave.**

Zurück zur Abzweigung **3** geht es nun geradeaus auf dem Rundweg in östliche Richtung weiter. Bereits nach 10 Min. auf überwiegend schattigem, aber steil bergauf führendem Pfad ist man zurück auf der breiten Schotterstraße des Hinwegs **2**, die man nun weitaus weniger anstrengend hinunter zum Ausgangspunkt bzw. Endpunkt **1** einschlägt. Dauer des Abstiegs: ca. 25 Min.

GPS-Wanderung 2

Auf der G.T.E. – von Rio nell'Elba nach Porto Azzurro

Charakteristik: Traumhafte Höhenwanderung mit grandiosen Ausblicken. Nach kurzem kraftraubendem Aufstieg geht es auf der G.T.E. auf dem Berggrat entlang. Der Blick reicht über die Bucht von Portoferraio und die Bucht von Porto Azzurro, eigentlich über die gesamte Insel und darüber hinaus auf den Archipel von Capraia bis Montecristo und Giglio. Der Abstieg nach Porto Azzurro gestaltet sich teils etwas anstrengend. Zurück mit dem Bus. Anfahrt/Verbindungen: Kostenlose Parkplätze sind in Porto Azzurro eher zu finden als in Rio, die Buslinie 117 verbindet beide Orte miteinander und mit Capoliveri und weiter mit Portoferraio (zur Saison 8-mal tägl.). Versorgung: Nur in Rio nell'Elba und Porto Azzurro sowie zur Saison beim Ziegenhof Terra e Cuore. Länge/Dauer: ca. 8 km; 2:45 bis 3 Std.; Höhenunterschied Aufstieg 370 m, Abstieg 530 m. Mittels GPS kartierte Wanderung; Waypoint-Dateien zum Downloaden unter: hmmv.me/527522.

Wegbeschreibung: Start ist die Bar di Sotto an der **Piazza del Popolo** in Rio nell'Elba **1**. Genau gegenüber (rechts vom Ristorante Cipolla) steigt eine Gasse an, die Via Sabba Galletti, der wir folgen, bis sie in die Via Solfernino mündet, hier geht es halblinks die Asphaltstraße hinauf und an schönen Gärten samt Villen vorbei (rechts). Nach den Villen geht es weiter auf dem Sträßchen entlang und bergauf. Nach ein paar Kurven mündet von rechts ein Weg ein (253, ignorieren), links erstreckt sich ein **Picknickplatz** unter Pinien **2**. Mit sachter Steigung weiter geradeaus mündet das Sträßchen in die Landstraße **3**, die von Rio nell'Elba hinüber auf die andere Seite des Gebirgszugs nach Magazzini führt. Wir überqueren die Straße und gehen von nun an auf der G.T.E., die von halbrechts ebenfalls auf dem Pass (Le Panche, auf 326 m) einmündet. Rechter Hand eröffnen sich fantastische Ausblicke auf die Ruine von Volterraio und hinab in die Bucht von Portoferraio. Der folgende Weg ist klar zu erkennen, er führt auf dem Grat entlang immer geradeaus auf losem Schotter hinauf zum ersten **Gipfel** **4**, von dem sich ein herrlicher Rundblick eröffnet. Nach dem Gipfel folgt der Abstieg, als nächstes die Senke hinab, aber weiter auf dem Grat und wieder steil hinauf zur **Cima del Monte** **5** (515 m).

Hier, nach einer guten Stunde reiner Gehzeit, rückt Porto Azzurro in den Blick und es öffnet sich ein Rundblick über nahezu die ganze Insel. Nur die Sendemasten stören ein wenig. Links vom Gipfel führt die G.T.E. weiter Richtung Porto Azzurro. Den zackigen Gipfelkamm im Süden, auf dessen vorderstem Gipfel das Kreuz über Porto Azzurro steht, werden wir auf dem weiteren Weg umrunden. Es folgt ein herrlicher Wanderweg, links ein paar malerische Pinien, nun bergab, teils auf Felsplatten und auf eine markante Eiche zu. Weiter geht es auf Schotter steil bergab, folgender Abzweig rechts wird ignoriert und man folgt geradeaus der spärlichen Beschilderung G.T.E. Dann ist beim Abstieg etwas Trittsicherheit vonnöten. Schließlich trifft der Wanderweg vor einem Zaun auf einen weiteren Pfad **6**, der nach rechts und zum Castello del Volterraio führt. Wir aber bleiben auf der G.T.E. und wandern am Zaun entlang, folgen einer Linkskurve, während der Pfad zu einer Piste wird und hinab in eine Senke führt. Hier zweigt links der (anspruchsvolle!) Wanderweg 205 **7** nach Madonna di Monserrato ab. Wir aber folgen rechter Hand der G.T.E. auf der Piste, die bald am Hang entlangführt und auch ein Stück durch ein schattiges Waldstück. Nach etwa 15 Min. auf der Piste erreichen wir die sympathische Ziegenhazienda **Terra & Cuore** **8** (auch Raststation, → auch S. 53).

Etwa 100 m weiter verlassen wir, scharf links der Haarnadel folgend, die G.T.E. an einer Abzweigung **9** (Beschilderung „Porto Azzurro"). Auf schmaler Piste wandert es sich nun angenehm, streckenweise auch unter hohen Bäumen hinab (auch als 210 markiert), bis wir einen Weinberg erreichen und dahinter bei einem Haus auf eine Betonstraße **10** kommen. Hier geht es geradeaus die Straße hinunter, die bald wieder zur Piste wird. Es geht an Häusern und Weinstöcken vorbei, an einer Gabelung **11** links hinunter (Abzweigungen ignorieren). Dann wird für ein kurzes Stück der Weg noch einmal etwas schlechter: Schmal und ausgewaschen führt ein Hohlweg zwischen Zäunen entlang, nach einer zu querenden Zufahrt und weiteren 50 Metern ist ein Betonweg **12** erreicht, auf den es einfach geradeaus geht (und der bald wieder zu einer Piste wird), bis er bei einem **Sportplatz** auf eine Asphaltstraße mündet **13**. Hier geht es rechts hinunter ins Zentrum und zum **Hafen** **14**.

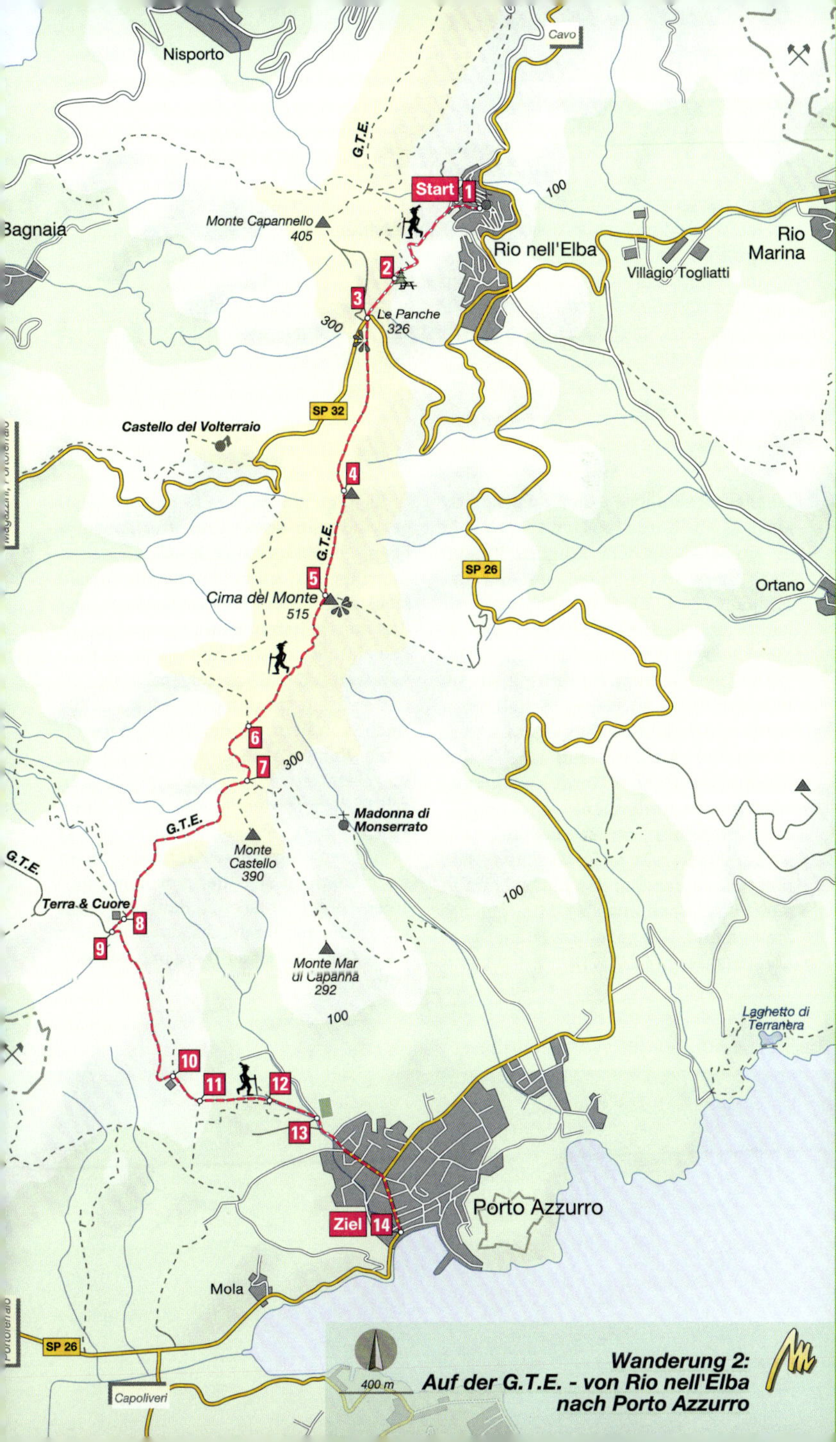

Wanderung 2:
Auf der G.T.E. - von Rio nell'Elba nach Porto Azzurro

GPS-Wanderung 3

Rundwanderung bei Cavo

Charakteristik: Einfache Rundwanderung auf angenehmen Wegen hinauf zum etwas schaurigen **Mausoleo Tonietti,** viel Schatten, teils schöne Ausblicke. Hier beginnt die G.T.E., die Grande Traversata Elbana. **Anfahrt:** In Cavo gelangt man nach der Strandpromenade über die Via B. Procchi zum Parkplatz (mit Kiosk, zur Saison kostenpflichtig, 8 €/Tag) oberhalb des Nordstrandes von Cavo, der Spiaggia Frugoso. **Versorgung:** Restaurants und Bars in Cavo. **Länge/Dauer:** knapp 6 km; 1:45 Std.; Höhenunterschied 110 m (Auf- und Abstieg). Mittels **GPS kartierte Wanderung;** Waypoint-Dateien zum Downloaden unter: mmv.me/527522.

Wegbeschreibung: Vom **Parkplatz/ Kiosk** **1** am Nordstrand von Cavo geht es zunächst die Via Frugoso hinauf. Nach etwa 100 m folgen wir der Beschilderung „G.T.E./Mausoleo Tonietti" halbrechts und nach 700 m (ca. 10 Min.) geht es bei einer Gabelung geradeaus (rechter Abzweig führt zu einem Privatgrundstück), der Schotterweg wird jetzt enger. Es geht bergauf und es öffnen sich Ausblicke auf zwei kleine Inseln und (in der Ferne) Piombino. Nach einer Kehre geht es weiter bergan, der Untergrund wird schlechter, teils ist der Pfad recht ausgewaschen. Bald rückt ein erstes Mal das Mausoleum in den Blick. Nach etwa 25 Min. gelangt man an eine Weggabelung **2**, hier geht es rechts weiter (G.T.E.).

Es folgt eine weitere Kehre. Der felsige Pfad wird besser und streckenweise eben, bleibt aber schmal zwischen Macchia und niedrigen Bäumen. Bald sieht man erneut das Mausoleum über die nun höheren Bäume aufragen. Es geht für gut 45 Min. über mehrere Kurven weiter der G.T.E. folgend. Bald öffnet sich ein traumhafter Blick auf die Bucht von Portoferraio. Nach einer weiteren Kehre, noch einer Schleife und insgesamt etwa 1:10 Std. erreicht man schließlich (nunmehr im Wald) einen **Picknickplatz** auf einer Lichtung **3** samt Kreuzung. Linker Hand steht man nach wenigen Schritten vor dem **Mausoleo Tonietti,** das auch dank des recht verwahrlosten Eindrucks als Schauplatz eines Gruselfilmklassikers hätte dienen können.

Start und Ziel der Wanderung ...

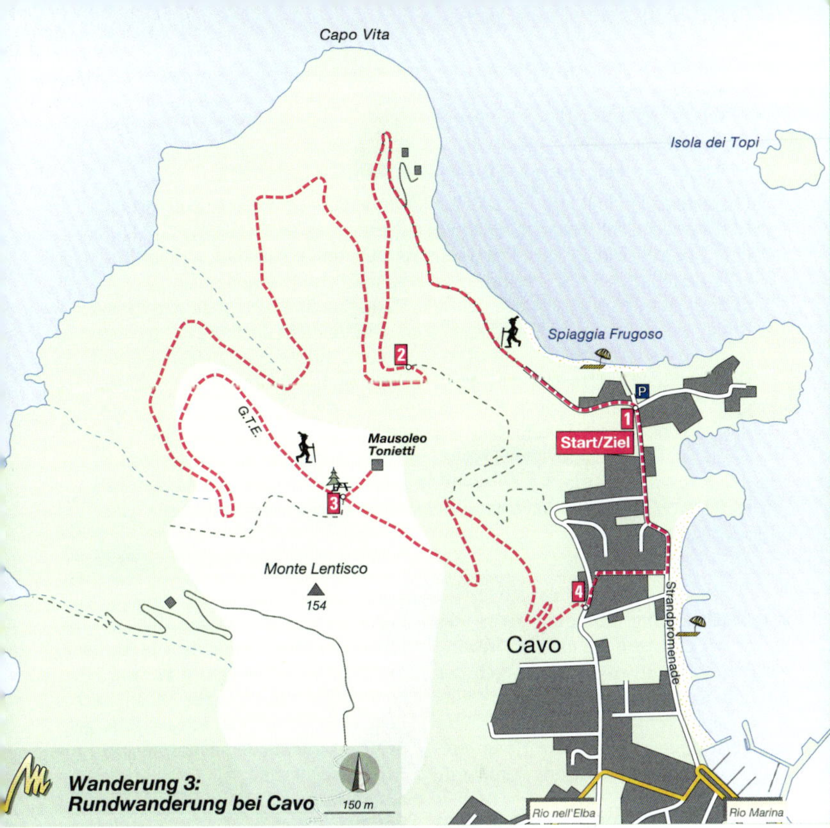

Wanderung 3: Rundwanderung bei Cavo

Von der Kreuzung aus geht es nun geradeaus weiter Richtung Cavo. Ein weiter, steiniger Waldweg führt bergab. Nach ein paar Kehren unter Pinien erreichen wir schließlich die Straße am oberen Ortsrand von **Cavo** **4**, in die wir links einbiegen. Bei einem kleinen Parkplatz, der sogleich auf der rechten Seite folgt, gehen wir halbrechts ein paar Stufen hinab und stoßen bald auf den Lungomare. Linker Hand geht es zurück zum Ausgangspunkt.

... ist Cavo mit seinen hübschen Stränden

GPS-Wanderung 4

Mit dem MTB um den Monte Calamita

Charakteristik: Die Rundtour auf dem Mountainbike ist auch für durchschnittlich Sportliche gut machbar. Ein etwas anstrengenderer Anstieg muss kurz vor dem Ziel zurück in Capoliveri bewältigt werden, dazwischen laden einige herrliche Badebuchten zur Erfrischung im türkisgrünen Meer ein. **Anfahrt/Verbindungen:** Start ist an der Piazza del Cavatore in Capoliveri, hier halten auch die Busse; wer mit dem Auto frühzeitig kommt, findet meist auch noch einen kostenlosen Parkplatz gleich unterhalb der Piazza. Hier an der Piazza befindet sich auch der Fahrradverleih (→ S. 91). **Versorgung:** zahlreiche Bars/Restaurants in Capoliveri, Getränkeautomat am Museo della Vecchia Officina, Snack-Bar im Zentrum der Tenuta delle Ripalte, Strandrestaurant an der Bucht von Calanova. **Länge/Dauer:** etwa 22,4 km, ca. 3–3:30 Std., wer den Abstecher hinunter zur Miniera del Vallone weglässt, spart ca. 40–45 Min. Mittels **GPS kartierte Wanderung;** Waypoint-Dateien zum Downloaden unter: mmv.me/527522.

Wegbeschreibung: Los geht es an der **Piazza del Cavatore** am oberen Ortseingang von Capoliveri **1**. Wir folgen der Asphaltstraße Richtung „Miniera Calamita" und „Tenuta delle Ripalte", die zunächst ohne Anstiege am Hang entlang in südliche Richtung und mit

Abfahrt am Monte Calamita

herrlichem Blick auf die Buchten unterhalb verläuft. Nach etwa 15 Min. lassen wir die Abzweigung **2** zum „Percorso delle Miniere" (für MTBs) rechts liegen, nach weiteren etwa 5 Min. geht unsere schmale Asphaltstraße in eine Schotterpiste über **3**. Nach insgesamt ca. 30 Min. erreichen wir das Tor der **Vecchia Officina** **4**, der ehemaligen Werkstatt der Minenarbeiter, in der heute ein sehr sehenswertes Museum (→ S. 100) untergebracht ist. Davor befinden sich einige Tische und Bänke mit Aussicht – ideal für eine kleine Pause.

Nur wenige Meter von der Vecchia Officina weiter auf der Schotterpiste erscheint rechter Hand eine Schranke **5**, hier biegen wir nach rechts ab und fahren an dieser vorbei auf steinig-schotterigem Untergrund (teils etwas rutschig) in Serpentinen hinunter zu den eindrucksvollen Industrieruinen der **Miniera del Vallone** und der **Punta della Calamita** (rechts hinunter ans Meer) und linker Hand weiter zur **Spiaggia del Cannello** **6**: ein weitläufiger, meist auch nicht allzu frequentierter Kies-Sand-Strand ohne jegliche Serviceeinrichtungen. Den etwa 20 Min. Abfahrt

folgt ein knapp doppelt so langer Aufstieg zurück hinauf zur Schranke **5** und wir biegen nach rechts ab weiter in östliche Richtung.

Nach einer weiteren halben Stunde auf der Schotterpiste erreichen wir den Eingang/Info Point **7** des weitläufigen Ferienresorts **Tenuta delle Ripalte.** Wir folgen der Straße hier geradeaus leicht bergan und kurz vor den Tennisplätzen (unterhalb von Tennisplätzen und Pool eine Bar mit Getränken, Panini, Snacks) halblinks bergan quasi um die Anlage herum zum Parkplatz und wiederum links zum Reitplatz in traumhafter Lage; oder aber bereits beim Info Point nach rechts abbiegen und das Resort rechts unterhalb umfahren.

Am **Reitplatz** **8** biegen wir nach rechts ab (der Weg ist durch eine Kette für Autos gesperrt) und folgen den Holzschildern zu diversen Stränden (Calanova, Stagnone, Istia etc.), ein kurzes Stück auf Asphalt bergab, dann wieder Schotter und stetig immer weiter bergab, entlang der einladenden **Badebuchten Buzzancone, Istia und Calanova** (Letztere mit Ristorante/Bar), zu deren Abzweigung wir nach etwa 30 Min. ab Reitplatz gelangen. Über die Schranke **9** muss man das MTB heben oder darunter hindurch schieben. Nun wieder auf Asphalt geht es teils recht steil bergauf (die Buchten Ferrato und Straccoligno lassen wir mehr oder minder ungesehen rechts liegen), nach etwa 15 Min. kommt eine Kreuzung **10**, bei der wir der Asphaltstraße geradeaus folgen und die letzten schweißtreibenden etwa 40 Min. bergauf nach Capoliveri zurück zum Ausgangspunkt **1** bewältigen.

GPS-Wanderung 5

Rundwanderung über die Halbinsel Capo Stella

Charakteristik: Der herrliche Rundwanderweg führt rings um die Halbinsel, die den Golfo di Lacona vom Golfo Stella trennt. Die Wege sind anfangs breit und schattig, folgen später aber als schmale Pfade durch Macchia der Küstenlinie. Die Wanderung ist angenehm zu gehen, bietet herrliche Ausblicke und im zweiten Drittel sogar eine versteckte Badebucht. **Anfahrt/Verbindungen:** Start in Lacona an der Kurve der Hauptstraße; hier wird die Via del Margidore (von Porto Azzurro oder Portoferraio kommend) zum Viale dei Golfi, der parallel zum Strand von Lacona verläuft. Die Via del Porticciolo führt zum Margidore-Strand. Die Wanderung beginnt entlang der ebenfalls abzweigenden Via Capo di Stella. Parkplätze in Lacona (gebührenpflichtig). An der Kurve/Kreuzung hält der Bus, der mehrmals tägl. von Portoferraio kommt. **Versorgung:** beim Strandzugang von Lacona. **Länge/Dauer:** etwa 8 km; ca. 3 Std. Höhenunterschied 200 m (Auf- und Abstieg): Mittels **GPS kartierte Wanderung;** Waypoint-Dateien zum Downloaden unter: mmv.me/527522.

Wegbeschreibung: Los geht es (von Portoferraio/Porto Azzurro) kommend an der Kurve in Lacona, am Anfang des Viale dei Golfi **1** – beim **Camping Lacona.** Hier nicht in die Via del Porticciolo zum Margidore-Strand, sondern geradeaus auf die Via Capo di Stella. Aus der Asphaltstraße wird bald eine Schotterpiste, leicht ansteigend geht es in Serpentinen zum Hotel Capo Stella, an diesem vorbei und nach einer letzten Kurve zu einem Tor **2**. Die Zugangsbeschränkung gilt nur Fahrzeugen, Fußgänger können das Tor passieren. Eine schattige Piste verläuft nun leicht ansteigend geradeaus, später weitgehend eben. Ein einmündender Wanderweg wird ignoriert, genauso wie etwa 5 Min. später eine Zufahrt und kurz darauf ein abzweigender Weg links. Nach etwa 30 Min. gelangen wir an eine Weggabelung **3** und halten uns rechts Richtung Capo di Stella (beschildert), nun wieder leicht ansteigend. Nach etwa 7 Min. folgt eine Kreuzung **4**, hier zunächst geradeaus auf schmalerem Pfad und kurz darauf, bei einer Weggabelung **5** halblinks hinauf (Beschilderung „58"). Der Wanderweg wird noch ein wenig schmaler, führt unter einer Stromleitung entlang und zu einer weiteren Gabelung **6**, hier nun rechter Hand weiter bis zu **7**. Hier haben wir nun einen kleinen Rundweg um das Capo Stella bzw. die südlichste Erhebung der Halbinsel erreicht, an dessen Scheitelpunkt **8** ein schöner **Aussichtspunkt** liegt: Giglio liegt links, Montecristo geradeaus, Korsika rechts.

Am Golfo di Lacona

Nach dem kleinen Rundweg geht es zunächst zurück zu 4 – wer schon bei 5 abgebogen ist, kommt auch hinab zur Westflanke der Halbinsel, es dauert nur ein wenig länger. Bei der Kreuzung also nehmen wir die erste Abzweigung links (beschildert, Via della Calce). Auf einer Schotterpiste geht es in großen Kurven bergab. Nach etwa 15 Min. folgt eine Weggabelung mit kleinem Bänkchen 9, hier geradeaus weiter hinab und in der folgenden Kehre den Abzweig links ignorieren. Es bieten sich herrliche Ausblicke über den Golfo di Lacona. Noch einmal 10 Min. später nehmen wir dann den Abzweig links 10. Kurz darauf führen linker Hand Stufen hinab zu der einsamen **Bucht Piastrone** 11. Der Einstieg ist zwar ein wenig steinig, ein Bad lohnt sich aber allemal.

Weiter geht es die Treppe wieder hoch, dann aber geradeaus weiter, zunächst auf einem staubigen Pfad bergan. Oben aber ist der Wanderpfad schön zu gehen, weitgehend eben, der Küstenlinie folgend und mit wunderschönen Blicken auf die Küste und den Strand von Lacona. Nach etwa 30 Min. auf diesem Pfad gelangt man schließlich zu einem breiteren Weg 12. Links hinab geht es auf Schotter zum **Camping Stella Mare,** von hier gelangen wir unten beim Strand geradeaus auf die Straße 13, die geradewegs zum Viale dei Golfi 14 führt, rechter Hand geht es zum Ausgangspunkt.

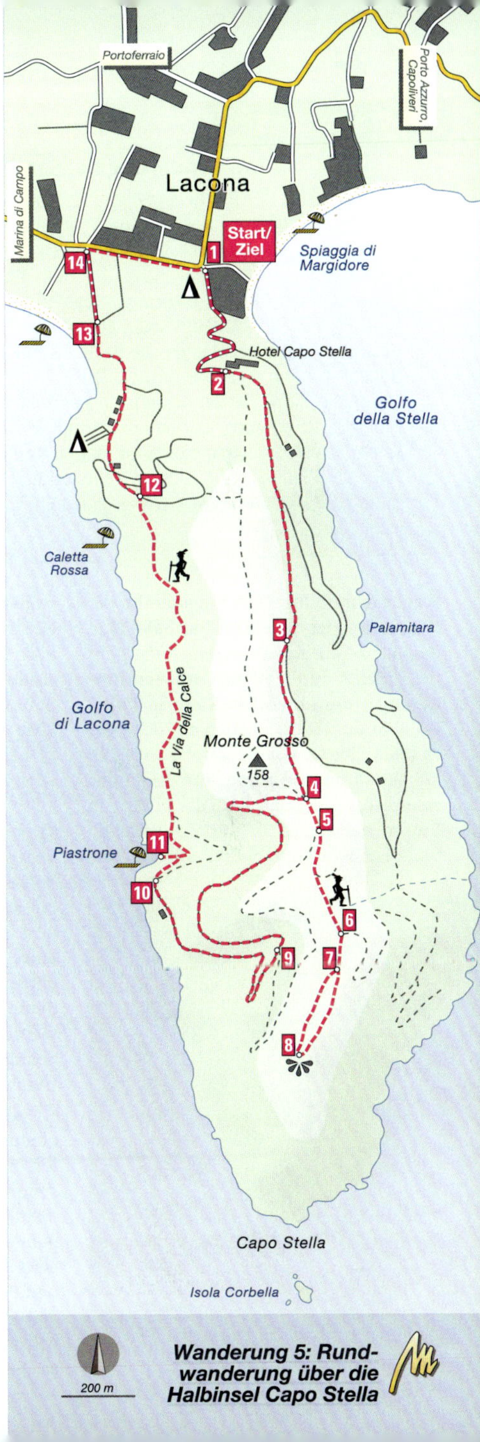

Wanderung 5: Rundwanderung über die Halbinsel Capo Stella

GPS-Wanderung 6

Rundwanderung bei San Piero in Campo

Charakteristik: Der Rundwanderweg verläuft auf uralten Hirtenpfaden an den südlichen Ausläufern des Monte Capanne entlang und bietet immer wieder schöne Ausblicke auf die südliche Westküste Elbas und die vorgelagerten Inseln Montecristo und Pianosa. Auf dem Weg passiert man nicht nur teils bizarre Felsen, sondern auch ein paar **Caprili,** die alten Schutzhütten der Hirten (→ S. 195). Anfangs recht anstrengend und durchgehend schattenlos, nach teils steilen Anstiegen bis zum Felsen **Pietra Murata** geht es im weiten Bogen und ohne weitere Anstiege zurück nach San Piero. **Anfahrt:** San Piero ist ab Marina di Campo bestens ausgeschildert, Parken ist im Ort selbst kein Problem. **Versorgung:** Bars und Ristoranti in San Piero, auf der Strecke selbst keinerlei Versorgungsmöglichkeit, daher Trinkwasser nicht vergessen! **Länge/Dauer:** 8,4 km; ca. 3–3:30 Std.; Höhenunterschied 580 m (Auf- und Abstieg). Mittels **GPS kartierte Wanderung;** Waypoint-Dateien zum Downloaden unter: mmv.me/527522.

Wegbeschreibung: Ausgangspunkt der Wanderung ist die **Piazza Garibaldi** **1** in San Piero, an deren oberem Ende geht man rechts durch einen Torbogen hindurch in die kurze Via Sotto la Volta. Kurz darauf ist man schon auf der **Piazza della Chiesa,** vor der Kirche rechts in die Via Corta und geradeaus durch das zweite Tor (oder oberhalb der niedrigen Stufen halbrechts in die Via Brunello und gleich darauf rechts durch den Torbogen). Es geht geradeaus (Via del Baccile) an einer Steinmauer auf der linken Seite entlang, bis man links auf einen Weg abzweigt **2**, der zwischen Steinmauern verläuft. An der nächsten Kreuzung mit der Via Fonte Chiavetta **3** geht es rechts hoch. Der Betonweg wird zur Schotterpiste und mündet beim **Sportplatz** in eine staubige Piste **4**, hier geradeaus. An der folgenden Weggabelung **5** rechts halten (Beschilderung „Monte Capanne, Nr. 135"). Über die sandige, steinige, teils gepflasterte und ansteigende Piste gelangen wir zu einer weiteren Weggabelung **6**, in die wir am Ende der Wanderung (Beschilderung „Moncione") wieder einmünden werden. Weiter geht es aber zunächst geradeaus (also halbrechts haltend), der Beschilderung „San Giovanni" folgend.

„Steinmonster" im Westen (vgl. auch S. 136/137)

Beim Aufstieg wird die Piste zu einem staubigen, von Felsen durchsetzten Pfad, wir passieren eine erste Felsengruppe – zahlreiche pittoreske Granitformationen werden folgen – und gehen durch hohe Macchia. Nach dem ersten Aufstieg folgen bei einem kleinen Pinienwäldchen zwei Weggabelungen kurz hintereinander. Bei der ersten führt rechter Hand ein Weg **7** zur Chiesa San Giovanni und zur Torre San

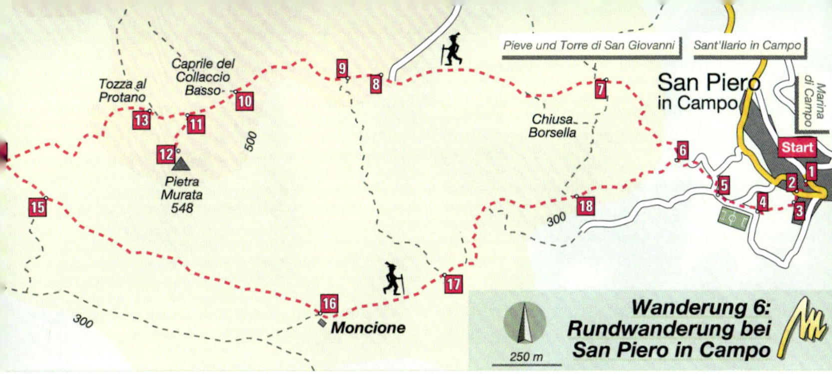

Giovanni (die in einem etwa 45-minütigen Abstecher zu erreichen sind). Weiter geht es aber linker Hand zur zweiten Abzweigung (links hinab zur Chiusa Borsella), bei der wir uns nun rechts hinauf wenden. Es geht jetzt ein ganzes Stück durch hohe Macchia, an Felsen vorbei, immer wieder folgen Anstiege und flache Wegabschnitte im Wechsel. Wenn man den Rand eines Waldes passiert, trifft man kurz darauf auf eine Art Forststraße **8** – hier mündet der San-Giovanni-Abstecher ein (reine Gehzeit bis hier etwa 1:15 Std.). Weiter geht es nach links (Beschilderung „Pietra Murata"). Kurz darauf folgt eine Kreuzung **9** mit Infotafel (rechter Hand führt der Weg Nr. 107 weiter). Wir gehen geradeaus weiter (Beschilderung „Collaccio Basso") auf einer sandigen Piste, bis schließlich nach gut 15 Min. und einem weiteren Anstieg rechter Hand der Abzweig zum „Caprile del Collaccio Basso" folgt **10**. Ein kurzer Abstecher führt zu dem pittoresken **Caprile** (zu den alten Hirten-Schutzhütten → auch S. 195) samt herrlicher Aussicht u. a. auf den Monte Capanne.

Die Wanderung führt bei **10** aber weiter geradeaus, nach wenigen Minuten und einem weiteren Anstieg zum (fast) höchsten Punkt der Wanderung bei der Pietra-Murata-Abzweigung **11**. Der obligatorische (kurze) Abstecher führt linker Hand hinauf zum mächtigen Granitblock der **Pietra Murata** **12** samt angefügtem Caprile: weiter, herrlicher Blick über den Südwesten der Insel, bei entsprechendem Wetter bis Pianosa und Montecristo und in nördlicher Richtung hinauf zum Monte Capanne.

Zurück auf dem Hauptweg geht es geradeaus weiter. Eine bald folgende Abzweigung **13** rechts wird ignoriert, stattdessen halblinks auf staubiger Piste, die bald zu einem Wanderpfad wird. Kurz darauf passiert man die **Tozza al Protano**, eine weitere, an eine Felsformation angefügte, alte Schutzhütte. Nun geht es zunehmend steiler bergab: Auf dem tief ausgewaschenen Pfad, geröllig, schmal und streckenweise verwachsen, verliert man teils über hohe felsige Stufen schnell an Höhe.

Nach gut 20 Min. Abstieg erreichen wir eine Abzweigung **14**, nach rechts führt ein Pfad Richtung Pomonte und ins Vallebuia. Hier links halten und auch die nächste Abzweigung (**15**, Beschilderung „Via dei Graniti") ignorieren und weiter geradeaus. Der sandige Wanderpfad führt nun weitgehend eben bzw. sanft bergab (mit wenigen felsigen Stellen) durch niedriger werdende Macchia und eröffnet herrliche Panoramablicke. Schließlich gehen wir über eine breite, flache Felsplatte und erreichen (knapp 30 Min. seit **14**) die **Ruine der Mühle Moncione** **16**. Von rechts mündet erneut die Via dei Graniti ein (Infotafeln). Weiter geht es geradeaus. Achtung: Der Einstieg in den weiteren Weg war zuletzt sehr verwachsen und schwer zu erkennen. Wenige Schritte nach den Infotafeln geht es eine sachte, abschüssige Felsplatte hinab, dann links halten (rechts kommt man bei einer Hausruine nicht weit). Der verwachsene Pfad wird bald besser, bequem zu begehen und weiterhin mit Panoramablick. Nachdem man den nächsten Abzweig links ignoriert hat **17**, passiert man bald Granitstelen. Kurz darauf rückt Marina di Campo in den Blick. Auch kann man unten den Steinbruch sehen, über dem der Pfad in der Folge entlangführt. Schließlich erreicht man eine Abzweigung **18**, die hinaufführt zur **Chiusa Borsella,** hier geradeaus (Achtung: kurz darauf zweigt ein schmaler Pfad rechter Hand ab, hier links halten!) und zurück zur Abzweigung bei **6** (nochmals knapp 30 Min. seit **16**). Ab hier geht es auf gleichem Weg wie beim Aufstieg zurück nach San Piero in Campo.

Wanderung 7

An den Hängen des Monte San Bartolomeo

Charakteristik: Nicht schwierige, aber schweißtreibende Wanderung. Auf dem Weg, der zunächst parallel zum Valle di Pomonte ansteigt, öffnen sich dem Wanderer herrliche Ausblicke auf das Tal, den Ort Pomonte und das Meer im Westen. In östlicher Richtung läuft man auf dem ersten Teil der Strecke durch die Macchia geradewegs auf die felsige Westseite des Monte Capanne zu. Nach der Umrundung des 437 m hohen Monte San Bartolomeo geht es durch abwechslungsreichere Vegetation hinab zum Ort Chiessi. Auf dieser Strecke gibt es einige rutschige Stellen, sodass gebirgstaugliches Schuhwerk dringend zu empfehlen ist. Achtung: Man steigt im ersten Teil der Wanderung einen Südhang hinauf und schattige Abschnitte finden sich so gut wie keine. Unbedingt die Mittagshitze meiden und ausreichend Wasser mitnehmen! **Anfahrt/Verbindungen:** Ausgangspunkt ist die Kirche von Pomonte, im Ort befindet sich auch ein Parkplatz (Via degli Oleandri). Pomonte ist mit dem Bus im Sommer 8-mal tägl. sowohl von Marina di Campo als auch von Marciana Alta/Marciana Marina zu erreichen. Ebenso fährt 8-mal tägl. ein Bus vom Endpunkt Chiessi zurück nach Pomonte. **Versorgung:** Bars und Restaurants in Pomonte und Chiessi, auf der Strecke selbst keine Versorgungsmöglichkeit, auch keine Quellen. **Länge/Dauer:** ca. 7 km; etwa 2:30–3 Std.

Wegbeschreibung: In Pomonte vom **Kirchenplatz** aus wenige Schritte auf der Straße Richtung Chiessi laufen und dann rechts die mit Granittreppen gepflasterte Gasse Via San Bartolomeo hinauf. Oben angekommen nach rechts in die Via Grimaldo Martini einbiegen, die durch den oberen Teil des Ortes führt. Nach Haus Nr. 18 biegen wir nach links auf den Wanderpfad 104 (rot-weiß-rote Markierung), hier auch ein Hinweisschild: „Innesto Sent. 103 1:30". Der Weg führt steil bergauf und verläuft parallel zum Tal. Nach ca. 30 Min. anstrengendem Aufstieg gelangt man zu einer natürlichen, unübersehbaren **Felsterrasse** (herrlicher Blick), diese überqueren – nicht rechts abbiegen! – und weiter bergauf auf steinigem Pfad.

Nach einer weiteren halben Stunde erscheint am Hang die Ruine eines alten Magazins, dieses rechts liegen lassen, nach weiteren ca. 20 bis 30 Min. stößt man auf eine Kreuzung, hier links abbiegen in westliche Richtung auf den Weg Nr. 103 (in die entgegengesetzte Richtung führt der Weg 103 auf die G.T.E. und weiter hinauf zum Monte Capanne). Nach der Kreuzung verläuft der Weg leicht bergab, bald darauf erscheint ein Wegweiser nach Chiessi. Nach ca. 15 Min. zweigt ein Pfad (mit

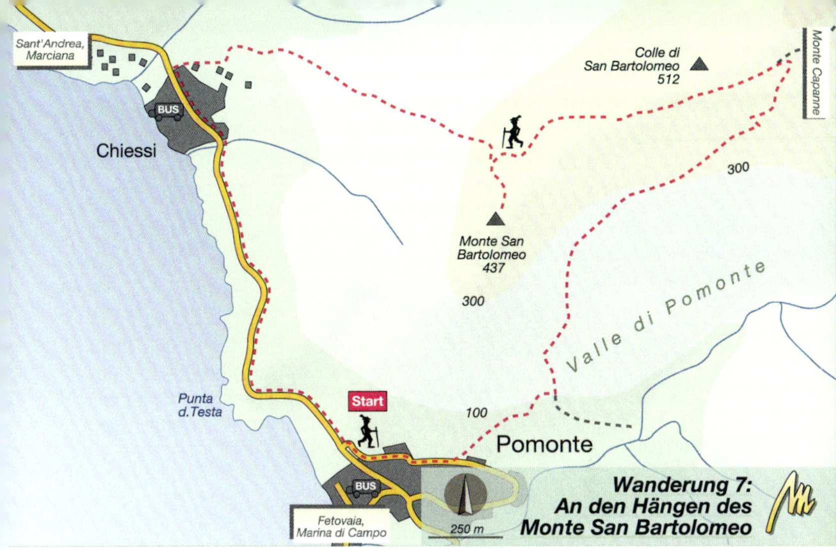

Wegweiser) zum Monte San Bartolomeo ab (auf dem Weg dorthin die Ruinen einer pisanischen Kirche), wir gehen jedoch den Pfad geradeaus weiter und gelangen über einen kleinen Pass auf die Nordseite des Hangs – hier gibt es endlich etwas Schatten – und genießen bald darauf den Blick auf Chiessi am Meer.

Auf der Nordseite bietet sich eine reichere Vegetation mit diversen Farnarten und Gräsern, später, im unteren Abschnitt, auch Salbei, Brombeeren etc. Abstieg auf teilweise rutschigem Steinpfad (einige unwegsame Stellen) ca. 45–60 Min. über Treppen hinunter ins Dorf **Chiessi** zum Hotel Aurora, dem Endpunkt der Wanderung. Von hier mit dem Bus zurück nach Pomonte. Der Verlängerung der Via della Chiesa in Chiessi folgend und am Friedhof vorbei kann man auch auf einem Weg oberhalb der Straße zurück nach Pomonte gehen.

Beschauliches Chiessi

GPS-Wanderung 8

Rundwanderung bei Marciana Alta

Charakteristik: Die überwiegend kaum anstrengende Wanderung führt auf gut begehbaren Pfaden von der Pisanischen Festung oberhalb von Marciana Alta ein Stück den Kreuzweg nach Madonna del Monte entlang, bis sie nach Süden abzweigt und um das Tal des Pedalta nach San Cerbone verläuft. Von hier geht es durch einen schönen Kastanienwald zurück nach Marciana Alta, Aufstiege nur im ersten Teil. **Anfahrt/Verbindungen:** Der Ausgangspunkt Pisanische Festung ist in Marciana gut ausgeschildert. Parkplätze vorhanden. Busverbindungen nach Marciana Marina und Portoferraio. **Versorgung:** Bars und Restaurants in Marciana Alta. **Länge/Dauer:** 7 km; ca. 3 Std.; Höhenunterschied ca. 470 m (jeweils Auf- und Abstieg). Mittels **GPS kartierte Wanderung;** Waypoint-Dateien zum Downloaden unter: mmv.me/527522.

Wegbeschreibung: Ausgangspunkt der Wanderung sind die **Aussichtsterrassen** **1** unterhalb der **Fortezza Pisana** von Marciana Alta (dort und an der Straße oberhalb der Festung freie Parkplätze). Von hier geht es am Stoppschild geradeaus ein kurzes Stück die Asphaltstraße hinunter, bevor man linker Hand auf den **Kreuzweg** nach Madonna del Monte abzweigt (beschildert, rot-weiße Kennzeichnung). Über weite Stufen an der ersten Abzweigung vorbei (nach ca. 500 m, hier auch ein kleiner Rastplatz), bis kurz vor der vierten Kreuzwegstation **2** ein weiterer Pfad links abzweigt. Auf diesem (Beschilderung Nr. 110) geht es hinauf und über eine große Kreuzung **3**. Von dort hält man sich weiter halbrechts auf Weg 110. Bald verlässt man den Wald und der Pfad führt zwischen Felsen an den Osthängen des Monte Giove und des La Stretta entlang. Auf diesem Wegstück hat man immer wieder herrliche Ausblicke: im Rücken die Küste, die Bergdörfer und Marciana Marina, vor sich der Gebirgszug des Monte Capanne. Nach etwa einer Stunde (etwa zwischen Monte Giove und La Stretta, kurz nach einem Waldstück) geht es an einer Abzweigung **4** halblinks hinunter. Hier befindet man sich auf 702 m am höchsten Punkt der Wanderung. (Achtung: Die gut erkennbare Abzweigung nicht verpassen! Geradeaus geht es am La Stretta entlang zum La Tavola und von dort in einer anspruchsvollen Tour auf den Monte Capanne oder weiter an die Westküste.)

Den Pfad hinunter, man geht nun ein kurzes Stück auf der G.T.E., eröffnet sich wiederum ein beeindruckendes Panorama. Zuweilen wuchert Farn über den Weg, der dennoch sehr gut erkennbar bleibt. Nach einer Kehre, an der ein kleiner Bach ins Tal fließt, wird der Weg zunehmend schattig und führt nach Osten in den Wald zur Einsiedelei San Cerbone hinunter. Nach etwa 20 Min. Abstieg trifft der Weg auf eine Abzweigung, hier halblinks hinunter **5**. Der schöne Waldpfad mündet nach weiteren 15 Min. auf einen breiten Forstweg **6**, von dem es nun rechter Hand auf dem Pfad weiter hinunter geht (durch mehrere Kehren und über eine aufgeschüttete Steinbrücke), bis man kurz darauf auf einen breiten Weg trifft **7**. Der Weg nach Marciana Alta führt nun nach links hinunter, es lohnt sich aber ein kleiner Abstecher zur **Kirche San Cerbone:** Nach rechts, leicht bergauf (rot-weiße Markierung), nach 5 Min. kreuzt der Weg die Seilbahn-

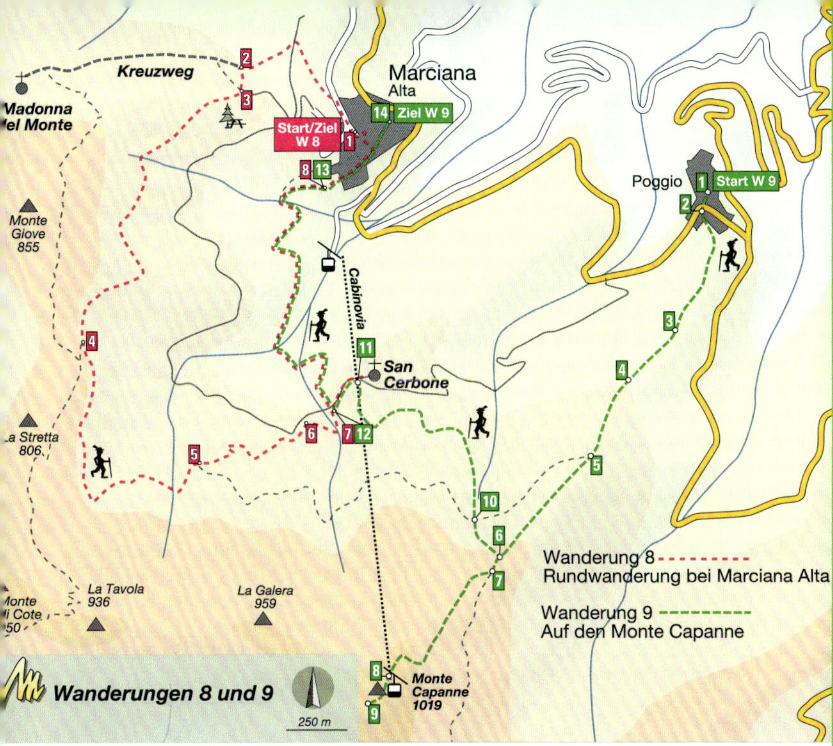

schneise hinauf zum Capanne. Von hier ist die alte Einsiedelei bereits zu sehen: Ein ruhiger, schön unter Kastanien gelegener Ort, der zur Rast einlädt.

Nach diesem Abstecher nach San Cerbone geht es zurück zur letzten Abzweigung **7** und von hier geradeaus bergab (rot-weiße Wegmarkierung, Nr. 101). In Serpentinen gelangt man an einer **Ruine** vorbei, der Weg wird nun steil, steinig und kurvig. Nach einem steinigen Bachbett geht es auf einem terrassierten Pfad zu einer hölzernen Brücke über ein weiteres Bachbett und nun nahezu eben am Hang entlang, bis eine Mauer die **Gärten von Marciana** ankündigt. Kurz darauf ist der Ortsrand **8** erreicht (ca. 35 Min. von San Cerbone). Über die Via della Rena geht es Richtung Zentrum, dann durch die **Porta di S. Agabito** und hier sofort links hinauf über steile Treppen und durch enge Gässchen zur **Fortezza Pisana,** dem Ausgangspunkt der Wanderung. Wer in Marciana Alta Rast machen will, geht ins Zentrum und kann von dort über Gassen und Treppen hinauf zur Festung gelangen.

Eine **Alternativ-Route** führt von San Cerbone nach Poggio. Bei der Einsiedelei angekommen, geht man um die Kirche herum und folgt dem Wanderweg Nr. 101 Richtung Osten. Bei der Kreuzung mit der G.T.E. dieser nach links folgen. Bei der nächsten Kreuzung – mit dem Wanderweg Nr. 105, der von Poggio auf den Monte Capanne führt (→ Wanderung 9, unten) – geht es linker Hand hinab nach Poggio und von dort aus entweder mit dem Bus zurück nach Marciana Alta oder aber zu Fuß auf der wenig befahrenen Asphaltstraße (vorbei an der Fonte Napoleone und der Seilbahnstation).

GPS-Wanderung 9

Auf den Monte Capanne → Karte S. 261

Charakteristik: Ganz klar: Die Bezwingung des höchsten Bergs der Insel mit einer beachtlichen Höhe von 1019 m ist für Bergwanderer sicherlich der Höhepunkt einer Elba-Reise. Anstrengend, fast schattenlos und somit besonders schweißtreibend gestaltet sich der Aufstieg, am Gipfel wird man jedoch mit einem atemberaubenden Blick belohnt, der an klaren Tagen über den gesamten Toskanischen Archipel bis nach Korsika auf der einen und bis zum italienischen Festland auf der anderen Seite reicht. Die Wanderung ist nicht gefährlich, aber mühsam, festes Schuhwerk dringend notwendig. **Anfahrt/Verbindungen:** Ausgangspunkt ist Poggio, einige wenige Parkplätze am Ortsrand. Busverbindung mit der Linie 116 nach Marciana Marina und Portoferraio. **Zurück:** Entweder auf gleichem Weg oder mit der Cabinovia (letzte Fahrt von der Bergstation 17.30 Uhr, Juli/Aug. 18 Uhr, einfach 13 €, → S. 142) oder zu Fuß nach Marciana Alta. Von dort weiter ab den Bushaltestellen Marciana oder Marciana Cabinovia (Talstation) mit der Linie 116 zurück nach Poggio oder weiter bis Marciana Marina bzw. Portoferraio. **Versorgung:** Restaurant und Bars in Poggio und Marciana Alta. **Länge/Dauer:** 6,2 km (nur Aufstieg auf den Gipfel knapp 2 km), Aufstieg 2–2:30 Std., Abstieg etwa 1:30 Std.; Höhenunterschied Aufstieg 670 m, Abstieg 600 m. Mit Rückweg nach Marciana Alta gesamt ebenfalls 3–3:30 Std. (knapp 8 km). Mittels **GPS kartierte Wanderung;** Waypoint-Dateien zum Downloaden unter: mmv.me/527522.

Wegbeschreibung: Der Ausgangspunkt ist die zentrale **Piazza von Poggio** **1**, von hier geht es hinauf zum oberen Ortsrand. Zunächst über die große Treppe linker Hand, dann über die **Piazza Umberto I** und zur Straße **2** Richtung Marciana Alta (an einer Linkskurve kurz vor dem Ortsausgang). Von dort geht es auf dem Treppenweg Via dei Pini hinauf. Die rot-weiß-rote Markierung weist den Weg als Nr. 105 aus.

Es folgt der stetige Anstieg über den (meist) breiten, felsigen Rücken des Bergausläufers. Man geht über steile Treppenwege, teils über hohe, unbehauene Felsstufen, und im Wechsel über etwas flachere Strecken auf dem felsigen Kamm, gefolgt von Abschnitten mit vielen engen Serpentinen – immer aber bergan auf einem herrlichen Wanderweg. Abwechselnd wandern wir auch durch einen niedrigen Wald und durch spärlichere, zunehmend kargere Vegetation – mit zunehmend grandiosen Ausblicken hinab auf Poggio oder Marciana und hinauf zum Gipfel – und passieren auf dem Weg (Ruinen von) **Caprili,** traditionelle Schutzhütten der Hirten: z. B. der Caprile di Montecristo **3** und unter Pinien einen weiteren Caprile bei **4**. Dabei sind alle Abzweigungen, so auch nach insgesamt etwa 1,3 km bei der Wanderweg-Kreuzung **5** (wir treffen hier auf die G.T.E.) zu ignorieren, es geht immer geradeaus. An einer Stelle ist auf einer leicht abschüssigen Felsplatte etwas Vorsicht geboten.

In einem kleinen Wäldchen schließlich mündet bei einem Caprile der Pfad ein, der nach Marciana Alta führt **6** (hier geht es nach der Gipfelbesteigung hinab). Wir aber wandern zunächst geradeaus weiter bergan. Kurz darauf folgt eine Weggabelung **7**, hier rechts halten und die felsigen Stufen hinauf!

Bald verlassen wir das Wäldchen wieder, wandern nun an der Bergflanke

Verdiente Rast: auf dem Monte Capanne

bergan und queren ein Geröllfeld, ein wenig anstrengend, aber gut zu begehen. Es ist steil, aber es wird noch steiler. Es geht noch ein Stück an der Bergflanke entlang, dann in niedriger Macchia in weiten Serpentinen steil hinauf zu einem Grat. Von dort sieht man die ersten Käfige der Seilbahn hinauf und hinunter wackeln, während wir über den Grat zur ersten **Aussichtsplattform** neben der **Bergstation** 8 gelangen.

An der Seilbahnstation geht es nun ein letztes Stück hinauf (recht steil, hohe Stufen, teils gerötlig und möglicherweise mit vielen Leuten), vorbei auch am Heliport und den Sendemasten zum **Gipfel** 9.

Zurück: Am bequemsten ist es natürlich, sich in einem der Seilbahnkäfige hinuntergondeln zu lassen (zur Cabinovia → S. 142). Oder man setzt seine Wanderung fort: Entweder auf gleichem Weg zurück oder hinüber nach Marciana Alta.

Dazu geht es zunächst auf gleichem Weg hinab, was sich u. a. wegen der teils hohen Stufen als durchaus anstrengend erweist und sowohl Konzentration als auch ein gewisses Maß an Trittsicherheit erfordert. Bei der Wegkreuzung 6 geht es nun nach links hinab auf den **Wanderpfad Nr. 101** nach Marciana. Auf felsigem Pfad geht es anfangs weiterhin anstrengend hinab, dann durch einen zauberhaften Wald und bei einer Kreuzung mit der G.T.E. 10 geradeaus weiter hinab. Bald wird es weniger steil, der Weg führt im Wald am Hang entlang, quert einen Bach und erreicht schließlich **San Cerbone** 11. Vom Portal des kleinen Kirchleins führt ein breiter Weg sogleich unter der Seilbahn hindurch und wird wieder zu einem Wanderpfad. Nach knapp 200 m ab San Cerbone zweigt linker Hand ein Weg 12 ab. Wir aber folgen geradeaus der rot-weißen Markierung bzw. dem Wanderweg 101 hangabwärts. Nachdem eine **Ruine** passiert wurde, wird der Weg wieder steil, steinig und kurvig. Nach einem Bachbett geht es auf einem terrassierten Pfad zu einer hölzernen **Brücke** über ein weiteres Bachbett und nun nahezu eben am Hang entlang, bis eine Mauer die **Gärten von Marciana** ankündigt. Kurz darauf ist der Ortsrand 13 erreicht. Es geht geradeaus in die enge Gasse hinein und rechter Hand hinab durch die **Porta di Lorena** 14.

GPS-Wanderung 10

Küstenwanderung von Marciana Marina nach Sant'Andrea

Charakteristik: Eine der schönsten Wanderungen, die man auf Elba unternehmen kann – durch üppiges Grün und über Weinterrassen, dazwischen lauschige Buchten und ein herrlich weiter Blick hinüber nach Capraia und bis zur Nordspitze Korsikas. Nur im ersten Teil gibt es eine längere (und anstrengende) Steigung, ansonsten in relativ gemächlichem Auf und Ab an der Küste entlang. Achtung: Bei stärkerem Wellengang wird der Strandabschnitt von Cotoncello (bei Sant'Andrea) unpassierbar, man muss einen ca. 25-minütigen Umweg in Kauf nehmen. **Anfahrt/Verbindungen:** Start in Marciana Marina, dort ausreichend Parkplätze. Von Sant'Andrea zurück zum Ausgangspunkt in Marciana Marina zu gelangen, kann im ungünstigsten Fall mit einigem Leerlauf verbunden sein: Zunächst geht es mit dem **Marebus** (fährt nur im Sommer) von Sant'Andrea hinauf nach Zanca, dort in der Regel Wartezeit auf den Bus via Marciana Alta nach Marciana Marina. Näheres zu Verbindungen → Sant'Andrea, S. 138. Besorgen Sie sich einen Busfahrplan sowohl für die A.T.-Busse (auch als App) als auch für den Marebus! **Versorgung:** Bars und Restaurants in Marciana Marina und in Sant'Andrea. **Länge/Dauer:** ca. 6 km; ca. 2:30–3 Std.; Höhenunterschied ca. 290 m (jeweils Auf- und Abstieg). Mittels **GPS kartierte Wanderung;** Waypoint-Dateien zum Downloaden unter: mmv.me/527522.

Wegbeschreibung: Ausgangspunkt der Wanderung ist der **Hafen von Marciana Marina,** beim Ristorante Capo Nord **1** unweit des Appianischen Turms. Hier geht es linker Hand auf der Asphaltstraße über eine kleine Brücke, direkt

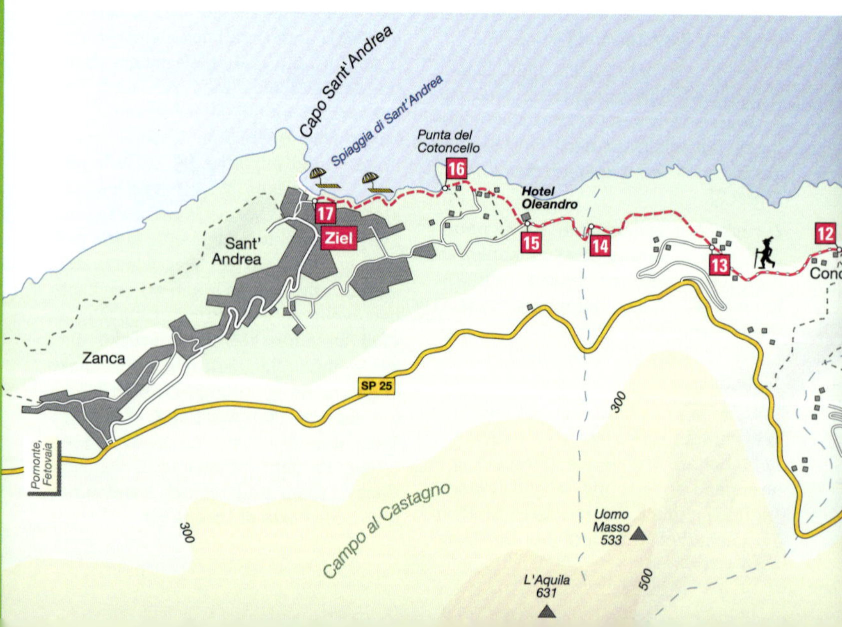

dahinter bei den **Bagni la Fenicia** (Strandbad mit Pool) rechts auf einen Fußweg und sogleich links ab den **Wanderpfad 150** hinauf **2**. Ein schöner, schmaler Pfad führt in Serpentinen bergan und an zwei Anwesen vorbei. Nach gut 600 m Anstieg auf dem steinigen Weg stoßen wir auf eine Kreuzung und gehen geradeaus weiter bergauf (weiß-rote Markierung). Ein Stück oberhalb treffen wir auf die Asphaltstraße **3**, der wir rechter Hand für 100 m folgen, bevor wir sie wieder rechter Hand verlassen. Wieder weist eine rot-weiße Markierung den Wanderweg 150 **4** aus. Anfangs steinig verläuft der schattige Pfad dann auf schmalen Terrassen, bis er wieder in die Straße mündet **5**. Es geht wieder rechter Hand ein Stück auf der Straße entlang, bis diese unterhalb einer Häusergruppe eine Linkskurve beschreibt. Hier zweigt rechts ein Abstecher (150A) **6** zu einem **Aussichtspunkt** oberhalb der **Punta della Madonna** ab. Mit oder ohne Abstecher, weiter geht es auf der kaum befahrenen Landstraße. Nach etwa 500 m zweigt kurz vor einer Haarnadelkurve links hinauf ein Wanderweg ab **7** (Beschilderung 150). Diesem Pfad folgen wir hinauf und halten uns 5 Min. später bei einer T-Kreuzung **8** rechts. Eine Zufahrt wird gekreuzt **9** und es geht zunächst auf schönem schattigem Pfad leicht hinab durch den lichten Wald, dann auch ein Stück steiler, steiniger und teils über hohe Stufen. Schließlich zweigt rechts ein Weg ab **10**, hier halten wir uns links, folgen der rot-weißen Markierung wieder über steinige Stufen.

> **Alternativ** kann man ab Abzweig **7** auf dem Sträßchen weiter und die Haarnadelkurve hinunter gehen. Bald führt die Abzweigung 150B hinab zur Spiaggia di Ripa Barata. Geradeaus weiter auf Schotter endet der Weg und wird zum Pfad, der schließlich wieder auf den Wanderweg 150 trifft **10**.

Bald geht es mit schönem Küstenblick zwischen Zäunen entlang und zwischen ein paar Häusern hindurch und schließlich oberhalb der schönen kleinen **Badebucht La Cala** (Kiesstrand) entlang **11**.

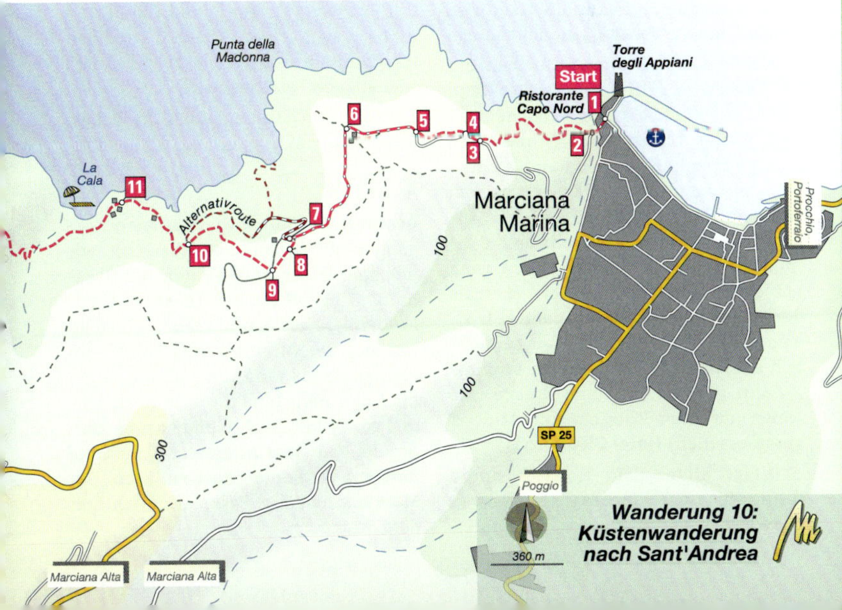

Fast am Ziel

Von der Bucht La Cala wandern wir auf demselben Pfad weiter in Richtung Sant'Andrea, an ein paar Häusern vorbei, Steintreppen hinab und über einen kleinen Bach. Danach führt der Weg (150, weiß-rot) nun steil, steinig und teils über hohe Stufen und Serpentinen bergauf, bis wir **Conca** **12** erreicht haben.

Auf dem asphaltierten Sträßchen, der Via Maciarello, geht es nun rechter Hand weiter. Nach etwa 500 m erreichen wir den Weiler **Maciarello** **13**, passieren eine **Kapelle** und kommen am Ortsausgang zu einem weißen Haus mit gelbem Rahmen. Ein Holzschild mit der Aufschrift „S. Andrea" weist uns rechts hinunter. Zunächst über grobe Stufen, dann auf einem Fußpfad und über schmale Terrassen am steilen Hang, dann teils etwas verwachsen erreichen wir schließlich ein Haus **14**. Über dessen schmale Zufahrt geht es über eine Brücke und weiter auf einer Piste bis zum (zuletzt geschlossenen) **Hotel Oleandro** **15**.

Direkt hinter dem Hotel Oleandro führt ein unscheinbarer Treppenweg (Beschilderung „S. Andrea") hinunter, dann im Wechsel Pfad und Treppe, bis zur **Spiaggia Cotoncello** **16**: Einige der imposanten Felsen sehen aus, als würden sie gleich umkippen und ins Wasser stürzen, andere gehören zu den berühmten Steinmonstern Elbas (→ Kasten, S. 136/137). Am Cotoncello-Strand gibt es auch einen kleinen, sandigen Abschnitt, ansonsten lässt man sich hier auf den Felsen nieder.

Der Pfad führt nun über die Felsen (eingehauene Treppen und kleine Brücken) in wenigen Minuten nach **Sant' Andrea** **17**.

Achtung: Bei nur mittelmäßigem Seegang ist der Felspfad oft überspült, wir möchten in diesem Fall von der Begehung dringend abraten (besonders mit Kindern!), es kann sehr glitschig werden. Der **Alternativweg** führt vom kleinen Sandstrand links ab auf einen Pfad den Berg hinauf, dann noch einmal ca. 15 Min. auf Asphaltstraße zum Strand von Sant'Andrea, wo mehrere Bars zur verdienten Rast einladen. Der **Marebus** hält am Parkplatz **17** hinter dem Strand.

Abruzzen ■ Ägypten ■ Albanien ■ Algarve ■ Algarve ■ Allgäu ■ Altmühltal & Fränk. Seenland ■ Amsterdam ■ Andalusien ■ Apulien ■ Australien – Der Osten ■ Auvergne & Limousin ■ Azoren ■ Bali & Lombok ■ Barcelona ■ Berlin ■ Bodensee ■ Bornholm ■ Bremen mit Bremerhaven ■ Bretagne ■ Brüssel ■ Budapest ■ Chalkidiki ■ Chiemgau & Berchtesgadener Land ■ Chios ■ Cilento ■ Comer See ■ Cornwall & Devon ■ Costa Brava ■ Costa de la Luz ■ Costa Rica ■ Côte d'Azur ■ Cuba ■ Dänemark Nordseeküste ■ Dolomiten ■ Dolomiten ■ Dominikanische Republik ■ Dresden ■ Dublin ■ Düsseldorf ■ Ecuador ■ Eifel ■ Elba ■ Elsass ■ Fehmarn ■ Florenz & Chianti ■ Föhr & Amrum ■ Franken ■ Fränkische Schweiz ■ Fränkische Schweiz ■ Friaul-Julisch Venetien ■ Fuerteventura ■ Gardasee ■ Gardasee ■ Golf von Neapel ■ Gomera ■ Gran Canaria ■ Hamburg ■ Harz ■ Haute-Provence ■ Ibiza & Formentera ■ Irland ■ Island ■ Istanbul ■ Istrien ■ Jerusalem ■ Kalabrien & Basilikata ■ Kanada – der Westen ■ Karpathos ■ Kärnten ■ Katalonien ■ Kefalonia & Ithaka ■ Köln ■ Kopenhagen ■ Korfu ■ Korsika ■ Korsika ■ Kos ■ Krakau ■ Kreta ■ Kreta ■ Kroatische Inseln & Küstenstädte ■ Kykladen ■ Lago Maggiore ■ Lago Maggiore ■ La Palma ■ La Palma ■ Languedoc-Roussillon ■ Lanzarote ■ Latium mit Rom ■ Lesbos ■ Ligurien ■ Ligurien ■ Limnos ■ Liparische Inseln ■ Lissabon & Costa de Lisboa ■ Lissabon ■ London ■ Lübeck ■ Lüneburg & Lüneburger Heide ■ Madeira ■ Madeira ■ Madrid ■ Mailand ■ Mainfranken ■ Mainz ■ Mallorca ■ Malta, Gozo, Comino ■ Marken ■ Marseille ■ Mecklenburgische Seenplatte ■ Mecklenburg-Vorpommern ■ Menorca ■ Midi-Pyrénées ■ Mittel- und Süddalmatien ■ Montenegro ■ Moskau ■ München ■ Münster & Münsterland ■ Naxos ■ Neuseeland ■ New York ■ Niederlande ■ Nord- u. Mittelengland ■ Nord- u. Mittelgriechenland ■ Norddalmatien ■ Norderney ■ Nordkroatien ■ Nördliche Sporaden ■ Nordportugal ■ Nordseeküste – Schleswig Holstein ■ Nordspanien ■ Normandie ■ Norwegen ■ Nürnberg, Fürth, Erlangen ■ Oberbayerische Seen ■ Oberitalien ■ Oberitalienische Seen ■ Odenwald ■ Oslo ■ Ostfriesland – Ostfriesische Inseln ■ Ostseeküste – Mecklenburg-Vorpommern ■ Ostseeküste – von Lübeck bis Kiel ■ Paris ■ Peloponnes ■ Pfalz ■ Piemont & Aostatal ■ Piemont ■ Polnische Ostseeküste ■ Porto ■ Portugal ■ Potsdam ■ Prag ■ Provence & Côte d'Azur ■ Provence ■ Regensburg ■ Rhodos ■ Rom ■ Rügen, Stralsund, Hiddensee ■ Rumänien ■ Rund um Meran ■ Salzburg & Salzkammergut ■ Samos ■ Santorini ■ Sardinien ■ Schottland ■ Schwarzwald Mitte/Nord ■ Shanghai ■ Sizilien ■ Sizilien ■ Slowakei ■ Slowenien ■ Spreewald ■ Sri Lanka ■ St. Petersburg ■ Steiermark ■ Stockholm ■ Straßburg ■ Südböhmen – Böhmerwald ■ Südengland ■ Südfrankreich ■ Südnorwegen ■ Südschwarzwald ■ Südschweden ■ Südtirol ■ Südtoskana ■ Südwestfrankreich ■ Sylt ■ Tallinn ■ Teneriffa ■ Teneriffa ■ Tessin ■ Thailand – der Norden ■ Thassos & Samothraki ■ Thüringen ■ Toskana ■ Toskana ■ Tschechien ■ Türkei ■ Türkei – Lykische Küste ■ Türkei – Mittelmeerküste ■ Türkei – Südägäis ■ Türkische Riviera – Kappadokien ■ Umbrien ■ USA – Südwesten ■ Usedom ■ Valdarno, Casentino & Florenz ■ Vancouver & Seattle ■ Varadero & Havanna ■ Venedig ■ Venetien ■ Wachau, Wald- u. Weinviertel ■ Wales ■ Warschau ■ Westböhmen & Bäderdreieck ■ Wien ■ Zakynthos ■ Zypern

MM-Travel **MM-City** **MM-Wandern**

Etwas Italienisch

Aussprache

c vor e und i immer *„tsch"* wie in *rutschen*, z. B. *centro* (Zentrum) = *„tschentro"*. Sonst wie *„k"*, z. B. *cannelloni* = *„kannelloni"*.

cc gleiche Ausspracheregeln wie beim einfachen **c**, nur betonter: *faccio* (ich mache) = *„fatscho"*; *boccone* (Imbiss) = *„bokkone"*.

ch wie *„k"*, *chiuso* (geschl.) = *„kiuso"*.

cch immer wie ein hartes *„k"*, *spicchio* (Scheibe) = *„spikkio"*.

g vor e und i *„dsch"*, vor a, o , u als *„g"*; wenn es trotz eines nachfolgenden dunklen Vokals als *„dsch"* gesprochen werden soll, wird ein i eingefügt, das nicht mitgesprochen wird, z. B. in *Giacomo* = *„Dschakomo"*.

gh immer als *„g"* gesprochen.

gi wie in *giorno* (Tag) = *„dschorno"*, immer weich gesprochen.

gl wird zu einem Laut, der wie *„lj"* klingt, z. B. in *moglie* (Ehefrau) = *„mollje"*.

gn ein Laut, der hinten in der Kehle produziert wird, z. B. in *bagno* (Bad) = *„bannjo"*.

h wird am Wortanfang nicht mitgesprochen, z. B. *hanno* (sie haben) = *„anno"*. Sonst nur als Hilfszeichen verwendet, um c und g vor den Konsonanten i und e hart auszusprechen.

qu im Gegensatz zum Deutschen ist das u mitzusprechen, z. B. *acqua* (Wasser) = *„akua"* oder *quando* (wann) = *„kuando"*.

r wird kräftig gerollt!

rr wird noch kräftiger gerollt!

sp gut norddeutsch zu sprechen, z. B.

st *specchio* (Spiegel) = *„s-pekkio"* (nicht *schpekkio), stella* (Stern) = *„s-tella"* (nicht *„schtella")*.

v wie *„w"*.

z wie *„z"* in Zug, z.B. *polizia* (Polizei) oder aber weich wie *„ds"*, z. B. *zero* (Null).

Elementares

Frau ...	*Signora*
Herr ...	*Signor(e)*
Guten Tag	*Buon giorno*
Guten Abend (ab nachmittags!)	*Buona sera*
Gute Nacht	*Buona notte*
Auf Wiedersehen	*Arrivederci*
Hallo/Tschüss	*Ciao*
Wie geht es dir/Ihnen?	*Come stai/sta?*
Danke, gut.	*Molto bene, grazie*
Danke!	*Grazie*
Entschuldigen Sie	*(Mi) scusi*
ja/nein	*si/no*
Tut mir leid	*Mi dispiace*
Macht nichts	*Non fa niente*
Bitte! (gern geschehen)	*Prego!*
Bitte (bei einer Frage/Bitte)	*Per favore ...*
Sprechen Sie Englisch/Deutsch?	*Parla inglese/ tedescso?*
Ich spreche kein Italienisch	*Non parlo l'italiano*
Ich verstehe nichts	*Non capisco niente*
Ich suche nach ...	*Cerco ...*
Okay, geht in Ordnung	*va bene*
Ich möchte	*Vorrei*
Warte/Warten Sie!	*Aspetta/Aspetti!*
groß/klein	*grande/piccolo*
Ich brauche ...	*Ho bisogno ...*
Ich muss ...	*Devo ...*
in Ordnung	*d'accordo*
Ist es möglich, dass ...	*È possibile ...*
mit/ohne	*con/senza*
offen/geschlossen	*aperto/chiuso*
verboten	*vietato*
Wie heißt das?	*Come si dice?*
Gibt es/Haben Sie ...?	*C'è ...?*
Gibt es (mehrere)	*Ci sono?*
Was kostet das?	*Quanto costa?*
Wann?	*Quando?*
Wo? Wo ist?	*Dove?/Dov'è?*
Wie?/Wie bitte?	*Come?*
Wieviel?	*Quanto?*

Smalltalk/Orientierung

Ich heiße ...	*Mi chiamo ...*
Wie heißt du?	*Come ti chiami?*
Wie schön!	*Che bello!/Bellissimo!*
Von woher kommst du?	*Di dove sei tu?*
Ich bin aus München/Hamburg	*Sono di Monaco, Baviera/di Amburgo*
Bis später	*A più tardi!*
rechts/links	*a destra/a sinistra*
Wo ist bitte ...?	*Per favore, dov'è..?*
... die Bushaltestelle	*... la fermata*
... die Toilette/das Bad	*... il bagno*
Stadtplan	*la pianta della città*
immer geradeaus	*sempre diritto*
Ist es weit/nah?	*È lontano/vicino?*

Bus

Eine Fahrkarte von X nach Y	*un biglietto da X a Y*
Stadtbus	*il bus*
Überlandbus	*il pullman*
hin und zurück	*andata e ritorno*
Wann fährt der nächste/letzte?	*Quando parte il prossimo/l'ultimo?*
Abfahrt/Ankunft	*partenza/arrivo*
Verspätung	*ritardo*
Eingang/Ausgang	*entrata/uscita*
aussteigen	*scendere*

Hotel/Camping

Haben Sie ein Einzel/Doppelzimmer?	*C'è una camera singola/doppia?*
Können Sie mir ein Zimmer zeigen?	*Può mostrarmi una camera?*
Ich nehme es/ wir nehmen es	*La prendo/ la prendiamo*
Zelt/ kleines Zelt	*tenda/canadese*
Schatten	*ombra*
mit Dusche/Bad	*con doccia/bagno*
ein ruhiges Zimmer	*una camera tranquilla*
Wir haben reserviert	*Abbiamo prenotato*
Schlüssel	*la chiave*
Vollpension	*pensione completa*
Halbpension	*mezza pensione*
Frühstück	*prima colazione*
Hoch-/Nebensaison	*alta/bassa stagione*

Arzt

Ich brauche einen Arzt	*Ho bisogno di un medico*
Erste Hilfe	*pronto soccorso*
Krankenhaus	*ospedale*
Schmerzen	*dolori*
Ich bin krank	*Sono malato*
Biss/Stich	*puntura*
Fieber	*febbre*
Durchfall	*diarrea*

Zahlen

der Erste	*il primo*	6	*sei*	21	*ventuno*
Zweite	*il secondo*	7	*sette*	22	*ventidue*
Dritte	*il terzo*	8	*otto*	30	*trenta*
einmal	*una volta*	9	*nove*	40	*quaranta*
zweimal	*due volte*	10	*dieci*	50	*cinquanta*
halb	*mezzo*	11	*undici*	60	*sessanta*
ein Viertel	*un quarto di*	12	*dodici*	70	*settanta*
ein Paar	*un paio di*	13	*tredici*	80	*ottanta*
einige	*alcuni*	14	*quattordici*	90	*novanta*
0	*zero*	15	*quindici*	100	*cento*
1	*uno*	16	*sedici*	101	*centuno*
2	*due*	17	*diciassette*	102	*centodue*
3	*tre*	18	*diciotto*	200	*duecento*
4	*quattro*	19	*diciannove*	1.000	*mille*
5	*cinque*	20	*venti*	2.000	*duemila*

Erkältung	*raffreddore*
Halsschmerzen	*mal di gola*
Magenschmerzen	*mal di stomaco*
Zahnweh	*mal di denti*
Zahnarzt	*dentista*
verstaucht	*slogato*

Restaurant

Haben Sie einen Tisch für x Personen?	*C'è un tavolo per x persone?*
Ich möchte zahlen	*Il conto, per favore*
Gabel	*forchetta*
Messer	*coltello*
Löffel	*cucchiaio*
Mittagessen	*pranzo*
Abendessen	*cena*
Eine Quittung, bitte	*Vorrei la ricevuta, per favore*
Es war sehr gut	*Era buonissimo*
Trinkgeld	*mancia*
Extra-Preis für Gedeck, Service und Brot	*coperto/ pane e servizio*
Vorspeise	*antipasto*
erster Gang	*primo piatto*
zweiter Gang	*secondo piatto*
Nachspeise (Süßes)	*dessert*
Käse	*formaggio*

Getränke

(Mineral-)Wasser	*acqua (minerale)*
mit Kohlensäure	*con gas (frizzante)*
ohne Kohlensäure	*senza gas (naturale)*
Wein	*vino*
weiß/rosé/rot	*bianco/rosato/rosso*
Bier	*birra*
hell/dunkel	*chiara/scura*
Saft	*succo di ...*
Milch	*latte*
heiß	*caldo*
kalt	*freddo*
einen Kaffee	*un caffè*
einen Cappuccino	*un cappuccino*
einen Kaffee mit Milch	*un caffè macchiato*
einen Eiskaffee	*un caffè freddo*
einen Tee	*un tè*
mit Zitrone	*con limone*
Cola	*coca*
(ein) Glas	*un bicchiere di ...*
(eine) Flasche	*una bottiglia*

Alimentari/Diversi Lebensmittel, Verschiedenes

aceto	Essig
brodo	Brühe
burro	Butter
minestra/zuppa	Suppe
minestrone	Gemüsesuppe
olio	Öl
olive	Oliven
pane	Brot
panino	Brötchen
l'uovo/le uova	Ei/Eier
zucchero	Zucker

Erbe Gewürze

aglio	Knoblauch
alloro	Lorbeer
capperi	Kapern
pepe	Pfeffer
prezzemolo	Petersilie
sale	Salz
salvia	Salbei
senape	Senf
timo	Thymian

Preparazione Zubereitung

affumicato	geräuchert
ai ferri	gegrillt
al forno	überbacken
con panna	mit Sahne
allo spiedo	am Spieß
al pomodoro	mit Tomatensauce
arrosto	gebraten/geröstet
bollito	gekocht/gedünstet
alla casalinga	hausgemacht
crudo/cotto	roh/gekocht
duro	hart/zäh
fresco	frisch
fritto	frittiert
grasso	fett
in umido	im Saft geschmort
lesso	gekocht/gedünstet

morbido	weich
piccante	scharf
tenero	zart

Contorni — Beilagen

asparago	Spargel
carciofo	Artischocke
carote	Karotten
cetriolo	Gurke
cicoria	Chicoree
cipolla	Zwiebel
fagioli	Bohnen
funghi	Pilze
finocchio	Fenchel
insalata	allg. Salat
lattuga	Kopfsalat
lenticchie	Linsen
melanzane	Auberginen
patate	Kartoffeln
peperone	Paprika
peperoncini	Peperoni
piselli	Erbsen
polenta	Maisbrei
pomodori	Tomaten
riso	Reis
spinaci	Spinat

Pasta — Nudeln

cannelloni	gefüllte Teigrollen
farfalle	Schleifchen
fettuccine	Bandnudeln
maccheroni	Makkaroni
penne	Röhrennudeln
tagliatelle	Bandnudeln
tortellini	gefüllte Teigtaschen
tortelloni	große Tortellini
gnocchi	(Kartoffel-) Klößchen

Pesce e frutti di mare — Fisch & Meeresfrüchte

aragosta	Languste
aringhe	Heringe
baccalà	Stockfisch
calamari	Tintenfische
cozze	Miesmuscheln
gamberi	Garnelen
merluzzo	Schellfisch
nasello	Seehecht
orata	Goldbrasse
pesce spada	Schwertfisch
polpo	Oktopus
salmone	Lachs
sardine	Sardinen
seppia/totano	großer Tintenfisch
sgombro	Makrele
sogliola	Seezunge
tonno	Thunfisch
triglia	Barbe
trota	Forelle
vongole	Muscheln

Carne — Fleisch

agnello	Lamm
anatra	Ente
bistecca	Beafsteak
capretto	Zicklein
cinghiale	Wildschwein
coniglio	Kaninchen
fegato	Leber
lepre	Hase
lingua	Zunge
maiale	Schwein
manzo	Rind
pollo	Huhn
polpette	Fleischklöße
trippa	Kutteln
vitello	Kalb

Frutta — Obst

albicocca	Aprikose
arancia	Orange
ciliegia	Kirsche
cocomero	Wassermelone
dattero	Dattel
fichi	Feigen
fragole	Erdbeeren
lamponi	Himbeeren
limone	Zitrone
mela	Apfel
melone	Honigmelone
pera	Birne
pesca	Pfirsich
pompelmo	Grapefruit
uva	Weintrauben

Kartenverzeichnis

Zeichenerklärung für die Karten und Pläne

- Autobahn
- Hauptverkehrsstraße
- Nebenstraße
- Piste
- Wanderweg
- Wanderung (mit GPS-Punkt)
- Bebaute Fläche
- Grünanlage
- Gewässerfläche
- Flughafen/ -platz
- Allg. Sehenswürdigkeit
- Kirche
- Festung
- Berggipfel
- Badestrand
- Aussicht
- Leuchtturm
- Höhle
- Turm
- Bushaltestelle
- Taxistandplatz
- Information
- Museum
- Post
- Supermarkt
- Parkplatz
- Krankenhaus
- Campingplatz
- Ruine

Alles im Kasten

Fotonachweis

Alle Fotos **Sabine Becht** außer: S. 136, 137 (Nello Anselmi) | S. 274 (mauritius images / Digitalsignal / Alamy / Alamy Stock Photos) | S. 44 (Alessandra Ribaldone, Centro-Museo Italo Bolano) | S. 24 (Sven Scharr) | S. 8, 10, 12, 25, 36, 39, 45, 47, 58, 61, 68, 104, 108, 109, 110, 111, 112, 114, 122 (rechts), 123 (links), 143, 147, 153, 168, 181, 186, 195, 196, 206, 207, 227, 225, 227, 242, 245, 256, 266 (Sven Talaron)

Vielen Dank!

Mein ganz herzlicher Dank geht an alle Leser, die durch ihre Zuschriften mit vielen wertvollen Tipps und Hinweisen die Arbeit an diesem Reiseführer unterstützt haben.

Des Weiteren danke ich ganz herzlich Peter Ritter für das „Eselchen Grisella“, Klaus Vogt für gemeinsames Wandern und Mountainbiken und Sven Talaron für seine Unterstützung bei der Recherche sowie zahlreiche Fotos.

Was haben Sie entdeckt?

Haben Sie ein besonderes Restaurant, ein neues Museum oder ein nettes Hotel entdeckt? Wenn Sie Ergänzungen, Verbesserungen oder Tipps zum Buch haben, lassen Sie es uns bitte wissen!

Schreiben Sie an:

Sabine Becht, Stichwort „Elba“
c/o Michael Müller Verlag GmbH | Gerberei 19 | D – 91054 Erlangen
sabine.becht@michael-mueller-verlag.de

Impressum

Text und Recherche: Sabine Becht | **Lektorat:** Peter Ritter | **Redaktion:** Carolin Hellwig | **Layout:** D&M Services GmbH: Sven Talaron | **Karten:** Judit Ladik, Gábor Sztrecska, Joachim Bode, Theresa Flenger, Carlos Borell | **Fotos:** siehe Fotonachweis S. 273 | **GIS-Consulting:** Rolf Kastner | **Innentitel:** Bei Marciana Marina © Sabine Becht | **Covergestaltung:** Karl Serwotka | **Covermotiv:** Blick auf die Altstadt von Portoferraio © mauritius images / StevanZZ / Alamy / Alamy Stock Photos

ISBN 978-3-966805-272-2

 Druck: Westermann Druck Zwickau GmbH.

Haftungsausschluss

Die in diesem Reisebuch enthaltenen Informationen wurden von der Autorin nach bestem Wissen erstellt und von ihr und dem Verlag mit größtmöglicher Sorgfalt überprüft. Dennoch sind, wie wir im Sinne des Produkthaftungsrechts betonen müssen, inhaltliche Fehler nicht mit letzter Gewissheit auszuschließen. Daher erfolgen die Angaben ohne jegliche Verpflichtung oder Garantie der Autorin bzw. des Verlags. Autorin und Verlag übernehmen keinerlei Verantwortung bzw. Haftung für mögliche Unstimmigkeiten. Wir bitten um Verständnis und sind jederzeit für Anregungen und Verbesserungsvorschläge dankbar.

Register